맹자정독

부남철 夫南哲

1958년 제주도에서 태어나 한국외국어대학교 대학원에서 한국정치사상을 전공하여 정치학 박사학위(1990년)를 받았다. 전통서당인 유도회(儒道會) 한문연수원에서 실시하는 3년간의 동양고전 교육과정을 수료했다. 서울교육대, 인천대, 충남대, 한국외국어대에서 강의를 했으며, 영산대학교 학부대학 학장, 동양문화연구원장을 역임했다. 현재 영산대학교 자유전공학부 교수로 재직하고 있으면서 논어, 맹자를 비롯한 동양고전과 정치학을 강의하고 있다.

1996년에 『조선시대 7인의 정치사상』을 저술했고, "정도전의 유교국가론과 주례", "학자군주 정조의 종교정책", "조선건국 이후 불교 승려의 정치의식과 행동", "한국정치사상의 현황과 과제" 등의 논문을 발표했다. 사회과학으로서의 정치학과 전통적인 한국사상을 통합적으로 접근하면서 한국정치사상사 연구의 지평을 확대하는 작업을 하고 있다. 경남 양산에 살면서, 1997년부터 현재까지, 부산 울산 경남 지역의 교사와 시민을 위한 인문학 교육 프로그램을 운영하면서 동양고전을 강의하고 있다. 2010년에 논어를 역주한 『논어정독』에 이어서 그 연속의 작업으로 이번에 『맹자정독』을 저술했다.

맹자정독

초판 1쇄 인쇄 2019년 3월 11일
초판 1쇄 발행 2019년 3월 15일
역주자 부남철
펴낸이 지현구 **펴낸곳** 태학사 **등록** 제406-2006-00008호
주소 경기도 파주시 광인사길 223
전화 마케팅부 (031) 955-7580~1 편집부 (031) 955-7584~90 **전송** (031) 955-0910
홈페이지 www.thaehaksa.com **전자우편** thaehak4@chol.com

값은 뒤표지에 있습니다.

ISBN 979-11-6395-015-8 03900

이 도서의 국립중앙도서관 출판예정도서목록(CIP)은 서지정보유통지원시스템
홈페이지(http://seoji.nl.go.kr)와 국가자료종합목록시스템(http://www.nl.go.kr/kolisnet)에서
이용하실 수 있습니다.(CIP제어번호 : CIP2019007311)

孟

맹자정독

子

부남철 역주

태학사

머리말

　이 책은『맹자』를 꼼꼼하지만 읽기 쉬운 고전으로 접할 수 있게 하자
는 목적으로 시작되었다. 그러나 어찌 고전의 가독성(읽기에 편리함)이
단지 표현의 기교나 평이한 용어 사용으로 해결될 문제인가?『맹자』는
『논어』의 2배 이상의 분량이고『맹자』14권(卷)에 들어있는 262개의 장
(章)이 각각인 것 같아도 하나로 연결된 체계적이고 거대한 고전이다.
『맹자』는『논어』와 함께 조선시대 교육의 필수 교재였기 때문에 국가적
으로 표준화된 해석을 제시한『맹자언해』라는 국정교과서가 1590년에
나왔다. 그것의 한자음 중에는『맹자집주대전』에 표시된 것과 다른 사
례가 있다. 세월이 지남에 따라 또한 그 한자음이 많이 달라졌다. 지금의
『맹자』번역서를 보면『논어』와 마찬가지로 그 한자음 표시가 제각각이
고, 무심코 각자가 다르게 읽고 있는 형편이다.
　필자는 구할 수 있는 한 최대로『맹자』에 관한 고금의 주석서를 모으
고 그것을 집약하여 역주에 반영했다.『맹자』주석서로 잘 알려진 것으
로, 조주(조기), 집주(주희),『맹자주소』(손석),『맹자정의』(초순) 등 과
거 중국의 자료는 물론, 이황, 이이, 김장생, 박세당, 정약용, 정조대왕
등 조선시대 유학자들의『맹자』에 관한 학설, 조선 말기에 유행했던 등

림 비지, 그 이후 근현대 중국과 한국의 학자들이 『맹자』를 주석한 자료를 종합 정리하다보니 책이 시간이 지날수록 더욱 두껍게 되었다. 쉽게 읽는 『맹자』를 역주하겠다는 것이 오히려 무거운 『맹자』를 만든 것이다. 다시 독자에게 꼭 필요하지 않은 주석과 필자의 해설은 줄이기 시작했는데 그렇게 하는 과정에서 (그 동안의 노력은 사라지고) 결국 『맹자』 본문만 남게 될 것이라는 두려움에 떨기도 했다. 다시 처음으로 돌아온 것이다. 이렇게 『맹자』를 역주하는데 있어서 '넓을 박(博)', '간략할 약(約)'의 미덕을 함께 살리는 것이 참으로 어려웠다. 이런 시행착오를 거치면서 비로소 필자 나름대로의 관점을 가지고 『맹자』를 역주하게 되었고, 독자의 입장에서 『맹자』 본문을 이해하는데 꼭 필요한 것이 아니면 모두 삭제했다. 다만, 필자가 이런 작업을 하면서 알게 된 조선시대 유학자 도암 이재의 『맹자강설』과 같은 필사본 강의노트와 무명의 학자들이 만든 『맹자』 필사본 주석서들은 그 해설이 쉽고 실감나기에 가급적 소개했고, 본문에서 해석의 논란이 있는 부분은 고금의 학자들의 견해를 최대한 소개하여 그 차이를 비교할 수 있게 했다.

　한자음에 관해서는 『맹자집주대전』에 나오는 것은 물론, 조선시대에 간행된 여러 종류의 관본 『맹자언해』, 『율곡언해』, 그리고 『전운옥편』을 비롯한 각종의 오래된 사전과 한자음에 관한 자료와 여러 사례를 소개하였다. 『맹자』 한자음에 관해서는 이 책이 가장 업데이트 된 것이라고 생각한다. 그러면서 필자의 주된 전공이 정치사상이기 때문에 어쩔 수 없이 역주의 핵심이 맹자의 왕도정치와 인의(仁義)와 같은 추상적인 개념 설명에 두어져 있다. 본문에서 보충설명이 필요할 때마다 그것에 대해 언급하면서 인의가 『맹자』의 모든 문장에 담겨있으며 처음과 끝을 일관하는 정신임을 알리려고 했다. 인의를 알면 『맹자』를 쉽게 읽을 수 있다는 생각 때문에 그렇게 했다.

이 책『맹자정독』은 필자가 2010년에 저술했던『논어정독』의 후속편이다. 그 특징은 동일한데, 다만『맹자』에 관한 고금의 여러 주석과 학설의 차이, 다양한 한자음, 판본에 따른 글자의 차이 등에 대한 설명은 각주에 배치하여『맹자』를 심도 있게 읽고자 하는 고급독자에게 도움이 되도록 했다. 이렇게 하면서 이 책의 분량을 최대한 줄이려고 했지만 이 정도로 나오게 되었다. 더 이상 줄이면 본문을 이해할 수 없다는 그 지점까지 갔었다는 점을 말씀드린다. 그동안『맹자』를 역주하면서 매일 접하는 것을 일상의 즐거움으로 삼았는데 이제 원고를 출판사에 보내니 허전할 뿐이다. 이 책이 나올 수 있도록 격려해주신 은사이신 현길언 선생님, 태학사 지현구 사장님과 좋은 책으로 만들어주신 최형필 이사님과 편집부 여러분께 감사드린다.

2019년 1월
부남철

차례

서문

『맹자』를 이해하는 기본 개념

공자는 인(仁)을 말했다. 인(仁)은 '내가 주체가 되어 다른 사람을 사랑한다.'는 뜻이다. 맹자는 그것을 인·의·예·지로 세분하고 본성[性]이라는 개념으로 정비했다. 맹자는 그런 본성[性]을 사람이 타고난 것, 하늘이 사람에게 내려 준 것이라고 주장했다. 이것이 맹자의 성선설이다. 사람은 원래 다른 사람을 사랑하고 의롭게 행동하고 예절을 지키고 지혜롭게 처신하도록 (하늘에 의해 이미) 설계되어 있다는 말이다. 또 중요한 것은, 공자와 맹자는 공히, 사람은 누가 시키지 않아도 사람들의 공동체 속에서 서로 다른 역할을 하면서 함께 살아가도록 되어 있다는 생각을 갖고 있었다. 그런 최초의 자연적인 공동체가 가족이고, 그것이 더 커진 것이 국가라고 본 것이다. 그런 국가의 규모는 여러 가지였는데, 맹자가 주로 염두에 둔 국가는 제후국이었다. 맹자는 그런 국가를 다스리는 지도적인 인물들에게 백성을 사랑하는 어진 정치를 역설했다. 그러면서 그들에게 천하를 다스릴 위대한 왕(王)에 대한 꿈을 갖도록 격려했다.

1. 본성[性]

사람에게는 원래 선한 본성[타고난 성품]이 내장되어있다는 맹자의 주장에 반대하는 사람들도 많았다. 고자(告子)는 옳게 행동하게 하는 가치는 교육을 통해 사람에게 주입되는 것이라고 하면서 맹자와 논쟁을 벌였다. 맹자에 의하면, 사람에게 원래 내장된 선한 본성이라는 (사랑과 정의와 예절과 지혜의) 프로그램이 100% 다 활용되는 것이 아니라고 한다. 대부분은 이것을 쓰지 않고 방치하기 때문에 무지한 또는 비도덕적인 존재로 살아간다고 한다. 반면, 이것을 다 쓰는 사람이 있는데, 일부러 노력하지 않아도 저절로 다 쓰는 완벽한 사람을 성인(聖人)이라고 한다. 맹자는 요임금과 순임금이 그런 인물이라고 했다. 그렇지만 대부분의 사람은 (원래 자기에게 있는 그) 선한 본성을 회복하도록 애써 노력해야 하는 그런 존재로 설명된다.

2. 인(仁)

맹자가 공자를 계승했다는 평가를 듣는 것은 공자의 인(仁) 개념을 체계화했기 때문이다. 인(仁)이란 다른 사람을 자신과 똑같은 존재로 사랑하는 것이다. 그 사랑의 대상은 자기 자신, 자기 가족, 친척, 이웃, 백성, 심지어는 생명을 가진 모든 존재를 포함하는 것이다. 이런 인(仁)을 실천하는 주체는 바로 자기 자신이라는 말은 『논어』에 나온다. 그러나 인을 어떻게 실천할 것인지에 대해서는 좀 막연했다. 맹자는 그런 인(仁)의 실천 방법론을 간명하게 제시했다. 우선 자기 자신[己]에서 시작하여 가족에게, 그리고 이웃에게 사랑을 펼치면서 그 대상을 단계적으로 확대해서 결국에는 국가, 천하로 펼쳐나간다는 논리다. 인(仁)을 국가에서 펼치는 것, 그것이 맹자가 역설한 왕도(王道) 정치다.

3. 인의(仁義)

『논어』는 배울 '학'(學)자로 시작하지만, 『맹자』는 '인의'(仁義)로 시작한다. 『논어』는 '공부하는 인간'을 목표로 하지만, 『맹자』는 그것을 토대로 해서 '인의(仁義)를 가지고 정치하는 인간'을 목표로 한다. 『맹자』는 리더를 위한 책이고 인의(仁義)는 이 책을 일관하는 핵심 개념이다. 맹자가 여러 나라 제후들을 만나서 역설한 말에는, 그리고 그의 문인과 그의 비판자들에게 했던 말에는 언제나 인의라는 개념이 전제되어 있다. 그러면 인과 한 짝을 이루는 의(義)는 무엇인가? 『맹자』에서 의(義)는 여러 가지 의미로 사용된다.

우선 ① 맹자가 오륜으로 말한 '군신유의'(君臣有義)에서 의(義)는 현대적인 용어로 표현하자면 '의무'와 같은 것이다. 임금에게는 그 백성을 보살필 의무가 있다. 백성은 임금의 소유라기보다는 임금의 부양가족과 같은 존재다. 그런 백성은 곧 임금의 존재이유인 것이다. 군신유의는 신하의 입장에서는 그 임금에게 복무할 의무가 있다는 말이다. 신하의 임금에 대한 의무는 일반적으로 임금의 명령에 대한 복종과 충성의 의미로 알려져 있지만, 사실 이것은 정치공동체의 한 구성원으로서 나라 살림에 당연히 참여해야 할 정치적 의무를 말하는 것이다. 지식인으로서 현실의 정치에 참여하고 관심을 가질 의무이고 재야에 있어도 사회적 교사로서 예법에 맞는 윤리적인 삶의 방식으로 백성을 선도할 의무를 말하는 것이다. 본문(대문)에 '사군무의'(事君無義)라는 말이 나오는데 '임금을 섬기는데 (신하로서의) 의무를 다함이 없다.'는 뜻으로 해석한다. 의무를 이행하지 않았다는 말이다.

② 그러나 『맹자』에서 의(義)는 대부분 '올바르다'는 의미로 사용된다. '해서 될 일인지 해서는 안 될 일인지를 정하는 것'("可不可義也")이 의

(義)라는 말이 있다. '의는 사람이 마땅히 걸어가야 할 길'("義 人路也")이라는 맹자의 설명이 있는데 역시 같은 뜻이다. 옳고 그름, 머물 곳인지 아닌 지, 이런 것을 알아서 판단하고 행하는 것이 의(義)다. 맹자는 진정한 용기란 바로 이런 의(義)에 의해 그 힘을 공급받는다고 주장한다. 의로운 사람만이 진정 큰 용기를 발휘할 수 있다는 말이다. 한편, 맹자는 개인적 이익[利]과 대립적인 뜻으로 의(義)라는 말을 사용한다. 여기서 의(義)는 공적인 전체의 이익과 올바름의 의미가 혼합된 것이다. 『논어』에 '군자는 의에 밝고 소인은 이익에 밝다'는 말이 있다. 맹자는 공자의 이런 생각을 계승하면서 의(義)라는 개념을 사용했다.

③ 맹자에게 의(義)는 인(仁)을 순서에 맞게 실천하는 방법을 의미하기도 한다. 이것은 맹자 사상에 있어서 매우 중요한 것이다. 인(仁)은 자기가 시작한 사랑이 부모, 이웃, 백성, 만물에게로 점차적으로 단계적으로 확대되는 것이다. 그래서 자기가 다른 사람과, 더 나아가서는 만물과 하나가 되는 것을 목표로 한다. 하나가 된다는 것은 (육체적으로 피가 통하고 신경이 통할 정도의 그런 수준으로) 진실로 하나가 되는 것이다. 그래서 사랑하는 대상을 위해 죽는다고 해도 그것은 곧 자기 자신을 위해 죽는 것이기에 아무런 아쉬움과 후회가 없는 것이다. 공자는 이런 인(仁)에 대해서는 가급적 언급하지 않았다고 한다. 그만큼 실천하기 어렵기 때문일 것이다. 그렇지만 인(仁)은 분명하게 공자 사상의 중심이고 핵심이다. 맹자는 이것을 계승했다. 그러면서 그것을 더욱 발전시켰는데, 그것이 바로 지금 설명하는 의(義)다. 맹자는 의(義)라는 개념을 가지고 인(仁)을 좀 더 실천 가능한 것으로 만들려고 했다. 맹자는 그것이 바로 사랑을 자기와 가까운 대상부터 순서에 따라 단계적으로 차등적으로 베푸는 것이라고 생각했다. 이런 그의 어법에서는, 자기 아버지보다 남의 아버지를 먼저 신경 쓰는 것은 불의(不義)라고 표현된다.

4. 정치

맹자는 위대한 인물들의 좋은 말과 행적을 살폈다. 요, 순, 우, 탕, 문, 무, 주공, 그리고 그가 존경했던 공자가 그들이다. 맹자는 그들을 모델로 삼고 그들이 했던 바를 그대로 따라 하기를 제후들에게 역설했다. 그러면 제후가 아닌 지식인은 무엇을 해야 하는가? 맹자는 지식인이라고 자부한다면 꼭 정치(政治)하라고 했다. 정치라는 것은 당시에는 관직을 맡아 벼슬하는 것이었다. 이 역시 공자 사상을 그대로 계승한 것이다. 맹자는 정치를 통해서 많은 사람들에게 혜택을 줄 수 있다고 생각했다. 맹자는 보행자를 위한 다리가 없어서 물에 빠지면서 시냇물을 건너는 사람을 자기 마차로 건너게 해준 그 때의 고위 관리에게 정치를 모른다고 비판했다. 다리를 건설해주어서 많은 사람들이 물을 건널 걱정이 없게 하는 것이 정치라고 했다. 맹자는 정치를 지식인에게는 나라와 백성에 대한 외면할 수 없는 의무나 사명과 같은 것으로 여겼다. 그런 일을 하는 지식인, 공직자, 정치가는 백성이 세금으로 낸 곡식으로 먹고 살기 때문에 벼슬을 맡은 자는 그들을 먹이는 백성이 먹고 살아갈 방도를 마련해 주어야 하는 것이다.

5. 지식인의 삶

이 책『맹자』는 정치로 천하의 백성을 구제할 지식인에 관한 이야기다. 맹자 자신이 또한 그런 사람이다. 이런 삶을 살기로 자부한 그는 큰일을 해야 할 지식인의 삶의 자세에 관한 말을 많이 했다. 그는 '호연지기'(浩然之氣)를 역설했다. 막힘없이 탁 트인 기백이며 용기이며 의로운 정신이다. 이런 호연지기를 가진 지식인은 자존심이 강하다. 누구라도 진실한 예법으로 대하지 않으면 초빙에 응하지 않는다. 예의를 갖추지 않는 제후는 지식인의 말을 들을 준비가 되어 있지 않은 자라고 판단했기 때문이다. 그런 자에게 어떤 좋은 말을 한들 실행하겠는가? 그래서 지식인은 제후의 마음의 상태를 파악하는 지표로서 예의를 중시한다고 했다. 이런 지식인은 가난하다. 그들의 가치관과 태도가 늘 현실에서 용납되는 것은 아니기 때문이다. 그러니 어찌할 것인가? 자신이 택한 삶의 방식이기에 가난을 자연스럽게 받아들일 뿐이다.

6. 정치의 공공성

맹자는 나라와 관직이 결코 통치자 개인의 사적 소유가 아니라고 했다. 그런 공공의 정신이 『맹자』 전체를 관통한다. 천자가 후계자에게 자리를 물려주는 것도 사람이 사람에게 개인적으로 주는 것이 아니라 하늘이 적임자에게 그 역할을 맡기는 것이라고 설명했다. 이것은 사서삼경을 공부했던 동아시아에서 중요한 정치전통이 되었다. 정치를 공공의 장(場)으로 보고 그렇게 만드는 정신과 전통이 확고했다.

7. 정통과 이단

공자 사상의 핵심은 물론 인(仁)이다. 맹자는 그런 인(仁)을 어떻게 실천해야 하는지를 자신과 견해를 달리하는 사람들, 예를 들면 양자(揚子) 또는 묵자(墨子)를 따르는 사람들과 논쟁했다. 맹자가 이런 사람들의 주장을 추종하는 인물들과 벌이는 논쟁이 이 책 『맹자』의 중요한 부분이기도 하다. 그가 생각한 정통과 이단의 차이는 간단하다. 기본적으로 사랑의 실천 순서가 다르다. 맹자가 생각하는 사랑이란 앞서 언급한 바와 같이 자기와 가까운 사람부터 사랑하기 시작하는 것이다. 자신에게 가장 가까운 사람은 그 자신이다. 그렇지만 사랑을 널리 펼치기 위해서는 그 자신이 크게 사랑을 펼칠 힘을 가지고 있어야 한다. 사랑의 실천 방법과 힘에 대해 맹자는 이렇게 설명했다. 물이 근원에서 샘솟아 바로 앞에 있는 웅덩이를 채우고 그 넘치는 물이 다시 그 다음 웅덩이를 채우면서 결국은 바다로 흘러가는 그런 방식으로 사랑을 실천하는 것이 바른 방법이라고 했다. 그러니까 핵심은 자기 자신인 것이다. 자기 수양이 모든 것의 시작이고 근본이다. 맹자는 이런 인(仁)에 대한 이론을 가지고 다른 학파들과 공방을 벌였다. 맹자는 일과 직업에 대해 역할 분화와 기능주의적 관점을 가지고 있었다. 정치인은 정치를 하고, 백성은 농사를 짓고, 장인은 물건을 만드는 바와 같이 각자가 맡은 일에 최선을 다하는 방식을 이상적으로 생각했다. 자기 직분을 다하는 것이 중요하다는 것이다. 이런 생각을 가졌던 맹자는 정치인도 자기가 먹을 것은 직접 농사지어서 먹어야 한다고 주장하는 사람들과 논쟁을 벌였다. 이런 맹자의 생각의 뿌리는 공자였다. 자기 밖에 모르는 양자와 이상적인 이타주의자인 묵자를 배척하고, 공자의 생각을 사수하는 것이 맹자 그 자신과 지식인의 임무라고 역설했다.

8. 운명[命]과 하늘(天)

공자는 하늘이 사람의 일과 운명을 결정한다고 생각했다. 맹자도 이런 생각을 이어받았다. 지식인이 공직자로서 능력을 펼 기회를 갖는 것도 결국은 사람의 의지로 되는 것이 아니라고 생각했다. 장창자라는 간신이 맹자를 만나보려는 임금에게 맹자를 모함했다. 그래서 그 임금은 맹자를 찾지 않았다. 자신의 출세를 방해한 자에 대해 맹자는 이렇게 말했다. "그 사람이 막은 것이 아니라 하늘이 막은 것이다." 맹자는 제자들에게 자신이 관직을 맡을지 그 여부는 하늘이 정한다고 말했다. 하늘이 이 세상을 바로 잡을 것이라면 자신에게 일을 줄 것이고 그렇지 않으면 그냥 버려둘 것이라고. 그렇지만 운명 전체를 하늘의 명에 맡기는 것은 아니다. 바르게 살 책임은 자기 자신에게 있기 때문이다. 일부러 사고를 치거나 위험을 무릅쓰는 것은, 그래서 그런 결과로 발생하는 불행은, 하늘의 명이 아님을 맹자는 이렇게 말한다. "군자는 자신을 수양하면서 천명을 기다린다."

9. 맹자의 말과 글

이렇게 맹자는 공자 사상을 잘 정리한 이론가였지만, 『맹자』라는 책을 통해서 알려진 그는 말 잘하는 선동가다. 이것도 사실이다. 『맹자』라는 책에는 말 잘하는 방법이 나온다. 그러나 그것은 웅변의 기교가 아니다. 말을 잘 할 수 있게 하는 힘과 그 바탕에 관한 것이다. 맹자는 그것을 '효효연'(囂囂然)이라는 좀 어려운 말로 설명했다. '자득한 바가 있어서 태연히 무심하게 대응한다.'는 뜻이다. 높은 사람을 상대로 강의를 잘하기 위해서는 그들의 높은 벼슬과 부귀, 거창한 의전, 이런 것을 하찮은 가치로 보는 자세가 필요하다는 말이다. 세속적 가치에 종속되는 순간, 그 마음은 절대 '효효연'일 수 없다. 나에겐 벼슬과 부귀보다 더 중요한 것이 있고 나는 그것을 추구할 뿐이라고 생각하면 강연은 저절로 잘된다고 한다. 긴장하지 않고 자연스럽게 임하기 때문에 이런 것이 가능하다. 맹자는 위정자를 상대로 말할 때 그 위엄을 보지 말라고 조언했다. 그 위세에 주눅 들고서야 어찌 말을 잘할 수 있겠는가? 이런 것은 말을 잘하기 위한 마음의 상태이고, 맹자가 말을 잘했다는 평가를 듣는 것은 그 설명의 기술 때문이다.

맹자는 늘 두 가지를 대립적으로 비교하면서 설명한다. 인(仁)과 불인
(不仁), 의(義)와 불의(不義), 지(知)와 무지(無知), 예(禮)와 무례(無禮),
대인(大人)과 소인(小人), 과거의 영광과 오늘의 타락을 동시에 말한다.
또 어떤 경우에는 종류와 수준이 다른 3가지, 4가지, 5가지를 단계적으
로 나열하면서 그 중에서 최고를 따라 배우라고 역설한다. 이런 그의
말에는 단순하게 반복되는 리듬과 논리가 있다. 그런 설명을 따라가면
이미 맹자에게 설득된 자신을 발견하게 된다. 그래서 맹자의 말은 독자
에게 쉽게 이해된다. 그러나 『맹자』, 이 책은 은근하게 이론적이다. 맹
자의 주장, '인의'(仁義)는 간단하지만 이 두 개념은 그의 모든 말과 행동
에 일관되게 연결되어 있다.

10. 자기[己]의 재발견

맹자가 살았던 시대는 공자와 백년 정도 차이가 난다. 맹자는 공자에
게 직접 배우지 않고도 그의 사상적 계승자가 되었다. 그러면 무엇을
계승했다는 말인가? 그것은 인(仁)이라고 하겠다. 그렇지만 인(仁)이라
는 개념은 공자를 배운 사람이라면 누구든지 말 할 수 있는 것이다. 공자
의 인(仁)에 대해 전해 들으면서 맹자가 특히 주목한 것은 자기[己]라는
개념이다. 자기는 인(仁)을 실천하는 주체이며, 인을 실천하는 저력의
저수지이며, 인을 실천하는 출발점이다. '자신의 몸을 수양하니 천하가
다스려지네.'("脩其身而天下平")라는 말이 바로 이것이다. 이것은 곧 나
라를 다스리겠다고 나서는 사람들에게 던지는 엄중한 교훈이다. 자기를
다스려서 자발적인 감동을 이끌어내는 그런 방법을 써서 나라를 다스리
라는 말이다. 임금과 백성, 치자와 피치자, 그런 대립적이고 상대적인

관계가 아니라 자기가 다스림의 기준과 대상이 되고, 자기가 다스림의 출발점이 될 때 나라를 다스리는 것, 심지어는 평천하도 가능하다는 말이다.『맹자』 전체를 관통하는 인의(仁義)라는 가치를 실제로 실천에 옮기는 그 주체는 바로 자기 자신이라는 말이『맹자』의 핵심이다. 인의는 좋은 말인데 그것을 어떻게 구현할 것인가를 질문한다면 맹자는 먼저 자기 자신을 수양하라고 대답할 것이다. 맹자가 양혜왕을 처음 만났을 때 인의를 말하고 제자에게 호연지기를 말하고 운명을 하늘에 맡기지만 인격 수양에 전념하라고 말한 것 이 모두가 자기 자신이 인의 실천 주체이며 이렇게 하는 것이 진실한 방법이라고 역설한 것이다. 맹자가 그랬듯이 수신(修身)의 가치와 필요성을 재발견한 것, 이것은 모두가 남을 탓하고 상대를 제압하기 위한 테크닉에 집중하는 이 시대에 다시『맹자』를 읽어야 하는 이유다.

권 1

양혜왕장구상
梁惠王章句上

모두 7장(章)이다. 책의 첫 부분(제1장)에 이 책『맹자』의 주제가 나온다. ① 지식인과 제후의 만남 ② 인의(仁義)에 입각한 왕도정치다. 맹자는 만나는 제후들에게 천하의 왕자(王者)가 되는 법을 말해준다.

1. 孟子見梁惠王하신대
맹 자 견 량 혜 왕

맹자가 양혜왕을 찾아가서 만났더니

『맹자』의 첫 문장이다. 간단하지만『맹자』가 어떤 책인지를 말해주는 문장이다. 이 문장에 들어있는 3단어(① 맹자, ② 견(見), ③ 양혜왕) 하나하나가 핵심적인 내용을 담고 있다. 맹자는 당대의 지식인이고, 양혜왕은 세속의 권력자다. 의(義)와 왕도정치를 설파하는 맹자는 이상(理想)이고, 권력과 세속의 이익(利)을 추구하는 제후는 현실이다. 이상과 현실의 만남, 그리고 이상을 실현하려는 맹자의 열변이 전개된다.

'견'(見)은 지식인의 현실참여이고, '불견'(不見)은 지식인의 현실정치에 대한 거부다. 희망의 정치와 절망의 정치를 곧 '견'(見)과 '불견'(不見)으로 구분할 수 있겠다. 이 책 후반부에 '불견제후'(不見諸侯)라는 말이 나온다. 맹자는 당시의 제후들을 그가 찾아가 뵐 '왕견'(往見)의 제후와 만날 필요가 없는 '불견'(不見)의 제후로 구분했다.

王曰叟不遠千里而來하시니 亦將有以利吾國乎잇가¹
왕 왈 수 불 원 천 리 이 래　　　　역 장 유 이 리 오 국 호

왕이 말했다. "노인께서 천 리를 멀다 않고 오셨으니 또한 내 나라에 이익이 될 일이 있겠지요?"

孟子對曰王은² 何必曰利잇고 亦有仁義而已矣니이다³
맹자 대 왈 왕   하 필 왈 리   역 유 인 의 이 이 의

맹자가 대답했다. "왕께서는 하필 이익을 말씀하십니까? (이익 말고도) 또한 인의(仁義)가 있으니 그것만을 말씀하십시오.

王曰何以利吾國고하시면 大夫曰何以利吾家오하며
왕 왈 하 이 리 오 국   대 부 왈 하 이 리 오 가

---

1 '성현의 고전에는 글자마다 의미가 있다.'("聖賢之書 字字有味"). 해석할 때 한 글자도 빼놓지 말라는 뜻인데, 正祖(재위 1776-1800)가 『맹자』의 이 문장을 신하들과 공부하며 했던 말이다. 정조는 여기에 굳이 "亦"(역)자 있는 이유를 이렇게 설명했다. '이미 맹자가 (천 리길을) 와 준 것 자체가 나라에 이익인데 (왕은) 그를 본 다음에 나라에 이익이 되는 방도를 듣고자 했기에 또한 장차 내 나라를 이롭게 하리라고 말한 것이다.'("而既見之後 又欲聞利國之術 故曰亦將利吾國"『弘齋全書』「經史講義」孟子)
2 맹자가 말할 때, '맹자왈'(曰)이라고 하는데 여기서는 '대왈'(對曰)이라고 했다. 대(對)자는 신하가 임금에게 대답하는 것이다("以臣答君故曰對"『新訂四書補註備旨 孟子』(鄧林 著, 鄧煜 編次, 祁文友 重校, 杜定基 補註)]. 『맹자』 전반부에는 제후의 질문에 맹자가 대답하는 말이 많이 나온다. 후반부는 제자들 또는 논쟁자들과의 대화이기 때문에 '맹자왈'로 시작한다. 한편, 이 책『맹자』의 저자에 대해 사마천(『사기』)과 조기는 맹자의 저술이라고 했다. 주자도 『사기』를 따랐다. '맹자왈'(孟子曰)이라는 말이 나오기 때문에 맹자의 문인들이 들었던 말을 기록한 것으로 보는 견해도 있다.
3 여기의 "亦"(역)자의 의미에 대한 질문과 대답이 陶菴 李縡(1680-1746)의 『孟子講說』에 있다. '亦有仁義에서 亦자의 의미를 여쭙겠습니다. 설명해주겠다. 꼭 실제 의미가 있는 것으로 볼 필요는 없다. 이것은 단지 위를 이어서 아래에 접속시켜주는 말일 뿐이다.'("問 亦有仁義之亦字 曰 不必實看 只是承接得語也"). 『맹자강설』은 이재의 제자들이 질문하고 이재가 대답해 준 말을 필사한 강의 노트인데 현재 필사본으로 전해지고 있다. 『맹자』를 공부하는 입장에서 궁금한 것에 대해 질문한 것이어서 조선시대에 『맹자』를 학습하는 교실의 수준과 분위기를 알 수 있게 하는 유용한 자료다.

士庶人曰何以利吾身고하여 上下交征利면 而國이 危矣리이다
사 서 인 왈 하 이 리 오 신　　　 상 하 교 정 리　　 이 국　　 위 의

萬乘之國에 弑其君者는 必千乘之家요 千乘之國에 弑其君者는
만 승 지 국　　 시 기 군 자　　 필 천 승 지 가　　 천 승 지 국　　 시 기 군 자

必百乘之家니 萬取千焉하며 千取百焉이 不爲不多矣언마는
필 백 승 지 가　　 만 취 천 언　　 천 취 백 언　　 불 위 부 다 의

苟爲後義而先利면 不奪하여는 不饜이니이다[4]
구 위 후 의 이 선 리　　 불 탈　　　 불 염

왕께서 말씀하시기를 '어떻게 하면 내 나라에 이익이 될까?'라고 하시
면, 대부는 말하기를 '어떻게 하면 내 집[家]에[5] 이익이 될까?'라고 하고,
일반 백성은 말하기를 '어떻게 하면 내 몸에 이익이 될까?'라고 합니다.
이렇게 (임금과 신하) 위아래가 서로 이익을 다투면 나라가 위태로워집
니다. (전투에 동원되는 수레 만 대를 굴리는 강대국) 만승의 나라에서
그 임금을 시해하는 자는 반드시 (공경 벼슬을 받아 수레 천 대를 굴리
는) 천승의 집입니다. 천승의 나라(제후국)에 그 임금을 시해하는 자는
반드시 (대부 벼슬을 받아 수레 백 대를 굴리는) 백승의 집입니다. 만에
서 천을 취하고 천에서 백을 취하는 것이 적지 않은데(그것으로도 적당

---

4 만승과 천승의 나라는 어떤 규모인가? 집주에 설명이 있다. '만승의 나라는 천자국이다.
왕성(王城)에서 벋어나간 기내(畿內)의 땅이 사방 천리가 되고 수레[兵車] 만 대를 낸다.
천승의 가(家)는 천자의 공경(公卿)으로서 식읍지가 사방 백리가 되고 수레 천 대를 낸다.'
("萬乘之國者 天子畿內 地方千里 出車萬乘 千乘之家者 天子之公卿 采地方百里 出車千乘
也" 집주)
5 여기서 가(家)는 대부와 가족, 하사받은 토지라는 의미로 본다. 대부는 자기가 가지고
있는 가(家)의 이익을 생각하고, 자기 한 몸을 생각하는 사서인은 자기에게 이익이 무엇인
가를 생각한다는 말이다.

한데), 만약 의(義)를 나중으로 하고 이익을 우선으로 하면 (아래는 위가 가진 것을 모두) 빼앗지 않고는 결코 만족하지 않을 것입니다.

未有仁而遺其親者也며　未有義而後其君者也니이다
미 유 인 이 유 기 친 자 야　　미 유 의 이 후 기 군 자 야

어진 사람으로서 부모를 버릴 자는 있지 않으며 (임금에 대한 신하의) 의무를 알고 있는 사람으로서 임금을 뒤로 할 자는 있지 않습니다.

인(仁)은 다른 사람을 자기 자신과 똑같은 존재로 사랑하는 것인데, 그런 사랑의 실천 주체는 자기 자신이고, 그 실행의 첫 대상은 부모다. 그래서 『논어』에 '효는 인을 실천하는 근본'이라는 말이 있는 것이고, 여기에 '어진데 그 부모를 버릴 자는 있지 않다.'고 하는 것이다.[6] 여기서 의(義)는 세상에 대한 지식인의 의무(義務), 신하의 군주에 대한 의무라는 개념으로 사용되었다. 맹자는 인(仁)을 아버지[父]에 대한 효도, 의(義)를 임금[君]에 대한 의무를 상징적으로 표현하는 용어로 사용한다. 그래서 어진 사람은 아버지를 버리지 않고 의로운 사람은 임금을 소홀하게 여기지 않는다는 말을 하는 것이다.

王은 亦曰仁義而已矣시니　何必曰利잇고
왕　　역 왈 인 의 이 이 의　　하 필 왈 리

---

6 집주에서는 이 문장을 양혜왕이 맹자를 만나자마자 이익을 언급한 것에 대해 맹자가 "亦有仁義而已矣"라고 하면서 인의(仁義)야말로 이익이 아닌 적이 없는 진정한 이익이라고 했던 말의 의미를 설명하는 것으로 보았다("此 言仁義 未嘗不利 以明上文 亦有仁義而已之意也").

왕께서는 오직 인의(仁義)만 말씀하실 것인데 하필 이익[利]을 말씀하십니까?"

2. 孟子見梁惠王하신대 王이 立於沼上이러시니 顧鴻鴈麋鹿曰賢者도[7]
   맹 자 견 량 혜 왕   왕   립 어 소 상   고 홍 안 미 록 왈 현 자

亦樂此乎잇가
역 락 차 호

맹자가 양혜왕을 다시 뵈었더니 왕이 연못가에 서 있다가 크고 작은 기러기와 크고 작은 사슴을 돌아보며 말했다. "어진 사람도 또한 이런 것을 즐깁니까?"

孟子對曰賢者而後에[8] 樂此니 不賢者는 雖有此나 不樂也니이다
맹 자 대 왈 현 자 이 후   락 차   불 현 자   수 유 차   불 락 야

맹자가 대답했다. "어진 사람이어야 이런 것을 즐깁니다. 어질지 못한

---

7 여기서 현자는 누구인가? 임금으로 보기도 한다["賢者 指君之賢者"『新訂四書補註備旨 孟子』鄧林]. 그렇지만 양혜왕이 연못가에서 말한 현자(賢者)를 맹자로 보는 설명도 있다. '이것은 혜왕이 맹자를 현자로 칭송하면서 맹자도 이런 것을 즐기는지 질문한 것이다.'("是 惠王稱譽孟子為賢者問孟子亦樂此"『孟子注疏』孫奭 疏). 이렇게 다만 현자라고 하면서 누구라고 특정하지 않으면서 질문한 양혜왕의 조심스러움과 긴장감이 느껴진다.
8 여기의 "賢"(현)자에 대해, '이 賢자는 임금을 말하는 것이다.'("此賢字指君而言")라는 설명이 있다[저자 및 필사자 미상의 순한문 필사본『四書釋義』. 이 필사본은 퇴계 이황(1501-1570)의 유명한『四書釋義』「孟子釋義」와는 이름은 같으나 다른 책이다.] 위아래의 현자에 대해 "양혜왕은 넌지시 맹자를 가리킨 말이요 맹자는 옛날 현군을 가리킨 말"이라는 『正本 孟子集註』(서울: 세창서관, 1957), p.3의 보충 설명도 적합한 것으로 생각된다.

자는 비록 이런 것이 있어도 즐기지 못합니다.

詩云經始靈臺하여 經之營之하시니 庶民攻之라 不日成之로다
시 운 경 시 령 대　　경 지 영 지　　　서 민 공 지　　불 일 성 지

經始勿亟하시나 庶民子來로다 王在靈囿하시니 麀鹿攸伏이로다
경 시 물 극　　　서 민 자 래　　왕 재 령 유　　　우 록 유 복

麀鹿濯濯이어늘 白鳥鶴鶴이로다 王在靈沼하시니 於牣魚躍이라하니
우 록 탁 탁　　　백 조 학 학　　왕 재 영 소　　　오 인 어 약

文王이 以民力爲臺爲沼하시나 而民이 歡樂之하여
문 왕　 이 민 력 위 대 위 소　　 이 민　 환 락 지

謂其臺曰靈臺라하고 謂其沼曰靈沼라하여 樂其有麋鹿魚鼈하니
위 기 대 왈 령 대　　 위 기 소 왈 령 소　　 락 기 유 미 록 어 별

古之人이 與民偕樂故로 能樂也니이다
고 지 인　 여 민 해 락 고　 능 락 야

『시경』에 이르기를, '(주나라 문왕이) 영대를 만들기를 시작했는데 백성이 달려들어 일하니 며칠도 되지 않아 완성되었다. 공사 시작을 서둘지 말라고 하셨으나 백성은 자식이 부모 일 하듯이 몰려들었다. 왕이 동산에 계시니 암사슴이 (편안히) 엎드려 있구나! 암사슴은 윤기가 흐르고 백조는 깨끗하고 희도다! 왕이 동산의 연못에 계시는데, 오! 가득히 물고기가 뛰노는구나! (이렇게 만물이 편안하네)'라고 했습니다. 문왕이 백성의 힘으로 누각을 짓고 연못을 만드셨으니 백성이 기뻐하고 즐거워하여 그 누각을 칭하여 영대라 했고 또 그 연못을 칭하여 영소라 했고, 그곳에 크고 작은 사슴과 물고기와 자라가 있는 것을 즐겼습니다. 옛사람은 이렇게 백성과 함께 즐겼기 때문에 진정한 즐거움을 누릴 수 있었

습니다.

湯誓에 曰時日은 害喪고 予及女로 偕亡이라하니 民欲與之偕亡이면
탕서　왈시일　갈상　여급여　해망　　　　민욕여지해망

雖有臺池鳥獸나 豈能獨樂哉리잇고[9]
수유대지조수　　기능독락재

(이제 어질지 못한 자를 말씀드리겠습니다.)『서경』「탕서」에 이르기
를, '(하나라 폭군 걸을 향하여) 이 해는 언제 없어지나? 내 너와 함께
망하리라!'고 했습니다. 백성이 함께 망하겠다는데 비록 누각과 연못과
기르는 짐승과 새가 있은들 어찌 능히 혼자서 즐길 수 있겠습니까?"

3. 梁惠王이 曰寡人之於國也에 盡心焉耳矣로니 河內凶則移其民
　　 량혜왕　왈과인지어국야　진심언이의　하내흉즉이기민

於河東하며 移其粟於河內하고 河東이 凶커든 亦然하노니
어하동　　이기속어하내　　하동　흉　　역연

察鄰國之政한댄 無如寡人之用心者로대 鄰國之民이 不加少하며
찰린국지정　　무여과인지용심자　　린국지민　불가소

寡人之民이 不加多는 何也잇고[10]
과인지민　불가다　하야

<hr />

9 "害"자는 '曷'(갈)자를 가차(假借)한 것으로, '何'(어찌 하) 또는 '何不'(어찌 하지…않는가)
의 의미다. 『맹자집주대전』에 '害의 한자음은 갈이다.'("害音曷")라고 직음(直音: 한 글자
로 음을 표시하는 방식)으로 표시되어 있다.
10 양혜왕 본인은 백성을 위해 진심을 다했다고 하지만 그것은 다만 작은 혜택을 베풀고
생색을 낸 것일 뿐이라는 설명이 있다. '진심(盡心)'이라는 두 글자에서 양혜왕이 자기가

양혜왕이 말했다. "과인은 나라에 마음을 다했습니다. 하내에 흉년이 들면 그 백성을 (식량을 구하도록) 하동으로 옮기고 (옮겨갈 수 없는 노약자를 위해서는) 그 곡식을 하내로 옮겼습니다. 하동이 흉년이면 또한 그렇게 했습니다. 이웃나라에서 기근 때 백성을 구조하는 정책을 살펴도 과인처럼 마음 쓰는 자가 없는데 이웃나라 백성이 더 줄지 않고 과인의 백성이 더 늘지 않음은 어떤 이유입니까?'

孟子對日王이 好戰하실새 請以戰喩호리이다 塡然鼓之하여
맹자 대 왈 왕   호 전   청 이 전 유   전 연 고 지

兵刃旣接이어든 棄甲曳兵而走호대 或百步而後에 止하며
병 인 기 접   기 갑 예 병 이 주   혹 백 보 이 후   지

或五十步而後에 止하여 以五十步로 笑百步則何如하니잇고
혹 오십 보 이 후   지   이 오십 보   소 백 보 즉 하 여

日不可하니 直不百步耳언정 是亦走也니이다
왈 불 가   직 불 백 보 이   시 역 주 야

日王如知此則無望民之多於鄰國也하소서
왈 왕 여 지 차 즉 무 망 민 지 다 어 린 국 야

맹자가 대답했다. "왕께서 전쟁을 좋아하시니 전쟁에 비유해 말씀드리겠습니다. (진격의) 북소리가 둥둥 울리고 병기가 이미 부딪치며 교전

한 일은 생각하지 않고 다만 흉년을 탓하는 속내를 알 수 있다. (그가 옮겨준 곡식) 移粟이란 나라의 창고를 열어서 백성을 구휼한 것이 아니고 다만 민간의 곡식일 뿐이다.' "盡心二字 可知梁王罪歲之意也 移粟 非發倉賑民而乃民間之粟也"『四書釋義』(저자 및 필사자 미상의 필사본). 『新訂四書補註備旨 孟子』(鄧林)의 句解에도 '移粟 이것은 민간의 곡식을 옮긴 것이다.'("移粟 是移民間之粟也")라는 동일한 설명이 있다.

중인데 (무거운) 갑옷은 버리고 (자신을 보호하기 위해 휴대할 수 있는) 병기를 질질 끌고 달아나는데 어떤 병사는 백 보를 달아난 다음에 멈추고 어떤 병사는 오십 보를 달아난 다음에 멈췄습니다. 오십 보를 달아난 자가 백 보를 달아난 자를 비웃는다면 어떻습니까?" 왕이 말했다. "안되지요. 다만 백 보가 아닐 뿐이지 이 또한 달아난 것입니다." 맹자가 말했다. "왕께서 만일 이런 이치를 아신다면 이웃나라보다 백성이 많기를 바라지 마십시오. (왕은 흉년에 백성을 위해 다만 곡식을 옮기는 정도의 작은 은혜만 베풀었으니, 신이 보기에 그것은 다만 오십 보 백 보입니다.)

不違農時면 穀不可勝食也며 數罟를[11] 不入洿池면 魚鼈을
불위농시　곡불가승식야　촉고　　불입오지　어별

不可勝食也며 斧斤을 以時入山林이면 材木을 不可勝用也니
불가승식야　부근　이시입산림　　재목　불가승용야

穀與魚鼈을 不可勝食하며 材木을 不可勝用이면 是는
곡여어별　불가승식　　재목　불가승용　　시

使民養生喪死에 無憾也니 養生喪死에 無憾이 王道之始也니이다
사민양생상사　무감야　양생상사　무감　왕도지시야

씨 뿌리고 밭 갈고 수확하는 농부의 일을 방해하지 않으면 (그 많은) 곡식을 다 먹을 수 없습니다. 눈이 촘촘한 그물을 연못에 들이지 않으면 (그 많은) 물고기와 자라를 다 먹을 수 없습니다. 도끼를 들고 초목에 낙엽이 지는 시기에 입산하면 (그 많은) 목재를 다 쓸 수 없습니다. 곡식

---

11 "數"은 '촉'이라고 읽는다. 『맹자집주대전』에 '數의 음은 촉이다.'("數音促")라고 표시되어 있다.

과 물고기와 자라를 다 먹을 수 없고 목재를 다 쓸 수 없다면 이것은 백성이 살아있는 사람을 먹여 살리고 죽은 이를 장사지내는데 있어서 왕의 정치에 대해 유감스러워하는 마음이 없게 하는 것입니다. 살아있는 사람을 먹여 살리고 죽은 이를 장사지내는데 아쉬움 없는 것이 (그래서 민심을 얻는 것이) 왕도정치의 시작[근본]입니다.

五畝之宅에¹² 樹之以桑이면 五十者可以衣帛矣며 雞豚狗彘之畜을
오묘(무)지 택   수 지 이 상   오 십 자 가 이 의 백 의   계 돈 구 체 지 휵

無失其時면 七十者可以食肉矣며 百畝之田을 勿奪其時면
무 실 기 시   칠 십 자 가 이 식 육 의   백 묘 지 전   물 탈 기 시

數口之家可以無飢矣며 謹庠序之教하여 申之以孝悌之義면
수 구 지 가 가 이 무 기 의   근 상 서 지 교   신 지 이 효 제 지 의

頒白者不負戴於道路矣리니 七十者衣帛食肉하며
반 백 자 불 부 대 어 도 로 의   칠 십 자 의 백 식 육

黎民이 不飢不寒이요 然而不王者未之有也니이다
려 민   불 기 불 한   연 이 불 왕 자 미 지 유 야

(풍족하게 한 다음에는 윤리를 가르치는데) 5묘의 집에 뽕나무를 심으면 나이 오십인 자가 비단옷을 입으며, 닭과 돼지 같은 가축을 기르는데 (새끼를 밸) 시기를 놓치지 않으면 나이 칠십인 자가 고기를 먹을 수

---

12 "畝"는 토지 단위인데 앞으로 토지를 언급할 때 계속 나온다, 한자음은 '묘', 또는 '무'다. 사방 10보를 1묘라고 하는데, 『新訂四書補註備旨 孟子』(鄧林) 句解에 '畝'에 대한 설명이 있다. '옛날에는 100보가 1묘였는데 지금은 240보가 1묘다. 옛날의 100묘가 지금의 42묘다.'("古以百步爲畝 今以二百四十步爲一畝 古之百畝 今之四十二畝"). 또한 "현대는 약 100㎡가 1묘이다."(『東亞 百年玉篇』, 서울: 두산동아, 2005년 제2판)라는 설명도 있다.

있습니다. (농부가 나라에서 지급받은) 100묘의 밭을 경작하는데 (나랏일에 동원되는 일이 없어서) 농사철을 놓치지 않게 하면 (부모와 처자를 비롯한) 여러 식구가 굶주리지 않으며, 학교에서의 교육을 제대로 실시하여 효제(孝悌)의 뜻을 거듭 강조하면 반백인 자가 짐을 등에 지고 머리에 이고서 길을 가는 일은 없을 것입니다. 나이 칠십인 자가 비단옷을 입고 고기를 먹으며 일반 백성이 굶주리지 않고 추위에 떨지 않게 했는데 그렇게 하고도 천하에 왕 노릇 못한 자는 있지 않았습니다.

狗彘食人食而不知檢하며 塗有餓莩而不知發하고 人死則曰非我也라
구 체 식 인 식 이 부 지 검   도 유 아 표 이 부 지 발   인 사 즉 왈 비 아 야

歲也라하나니 是何異於刺人而殺之曰非我也라[13] 兵也리오
세 야   시 하 이 어 척 인 이 살 지 왈 비 아 야   병 야

王無罪歲하시면 斯天下之民이 至焉하리이다
왕 무 죄 세   사 천 하 지 민   지 언

(이와 반대로) 개돼지가 사람의 식량을 먹어도 막을 줄 모르고, 길에 굶어죽은 사람이 있어도 나라의 창고를 개방하여 백성을 구휼할 줄 모르고, 사람들이 죽으면 말하기를 '내가 (그런 것이) 아니다. 흉년 때문이다.' 라고 합니다. 이것이 어찌 사람을 찔러 죽이고 말하기를 '내가 아니다. 무기가 그런 것이다.'라고 하는 것과 다르겠습니까? 왕께서 흉년으로 탓을 돌리지 않으면 이에 천하의 백성이 몰려올 것입니다."

---

13 여기서 "刺"자는 '척'으로 읽는다. 『맹자집주대전』에 '刺의 음은 척이다.'("刺七亦反")라고 반절(半切: 두 글자로 한자음 표시)로 그 한자음이 표시되어 있다.

4. 梁惠王이 曰寡人이 願安承教하노이다
　　 량혜왕　 왈과인　 원안승교

양혜왕이 (감동하여) 말했다. "과인은 선생의 가르침을 받들겠습니다."

孟子對曰殺人以梃與刃이 有以異乎잇가 曰無以異也니이다
맹자 대 왈 살 인 이 정 여 인　 유 이 이 호　　 왈 무 이 이 야

맹자가 대답했다. "사람을 죽이는데 몽둥이로 하는 것과 칼로 하는
것이 차이가 있습니까?" 왕이 말했다. "차이가 없습니다."

以刃與政이 有以異乎잇가 曰無以異也니이다
이 인 여 정　 유 이 이 호　　 왈 무 이 이 야

맹자가 말했다. "(사람을 죽이는데) 칼로 하는 것과 (가혹한) 정치로
하는 것이 차이가 있습니까?" 왕이 말했다. "차이가 없습니다."

曰庖有肥肉하며 廐有肥馬요 民有飢色하며 野有餓莩면
왈 포 유 비 육　　 구 유 비 마　 민 유 기 색 하며　 야 유 아 표

此는 率獸而食人也니이다
차　 솔 수 이 식 인 야

맹자가 말했다. "부엌에는 살찐 고기가 있고 마구간에는 살찐 말이
있는데 백성은 굶주린 기색이 있으며 들에 굶어죽은 시체가 있으면 이것
은 짐승을 몰아다가 사람을 먹게 한 것입니다.

獸相食을 且人이 惡之하나니 爲民父母라 行政호대
수상식　차인　오지　　　위민부모　　행정

不免於率獸而食人이면 惡在其爲民父母也리잇고
불면어솔수이식인　　　오재기위민부모야

짐승이 서로 잡아먹는 것도 사람이 미워하는데, 백성의 부모가 되어서 나라의 정치를 맡고 있으면서 짐승을 몰아다가 사람을 먹게 하는 지경을 면치 못하면 백성의 부모가 된 그 직분은 어디에 있나요?

仲尼曰始作俑者其無後乎인저하시니 爲其象人而用之也시니
중니왈시작용자기무후호　　　　　　위기상인이용지야

如之何其使斯民飢而死也리잇고
여지하기사사민기이사야

공자께서 말씀하시기를, '(장례에 쓰려고) 인형을 처음으로 만든 자는 그 후손이 없을 것이다!'라고 하셨습니다. 사람 형상을 만들어서 썼기 때문입니다. (사람 죽이는 흉내를 내도 이런데) 어찌 그런 가혹한 정치로 이 백성을 굶어 죽게 합니까?"

5. 梁惠王이 曰晉國이[14] 天下에 莫強焉은 叟之所知也라
　　량혜왕　　왈진국　　천하　　막강언　　수지소지야

---

14 위나라 제후 양혜왕이 왜 자기 나라를 진국(晉國)이라고 했는가? 집주에 그 설명이 있다. '위나라는 본래 진의 대부 위사가 한씨 조씨와 더불어 함께 진나라 땅을 분할하고 삼진(三晉)이라고 불렀다. 그래서 혜왕이 스스로 진나라라고 말한 것이다.'("魏 本晉大夫 魏斯 與韓氏趙氏 共分晉地 號曰三晉 故 惠王 猶自謂晉國")

及寡人之身하여 東敗於齊에 長子死焉하고 西喪地於秦七百里하고
급 과 인 지 신　　 동 패 어 제　 장 자 사 언　　 서 상 지 어 진 칠 백 리

南辱於楚하니 寡人이 恥之하여 願比死者하여 一洒之하노니
남 욕 어 초　　 과 인　 치 지　　 원 비 사 자　　 일 세 지

如之何則可니잇고
여 지 하 즉 가

양혜왕이 말했다. "(진나라 대부 위사의 후손인 과인의) 진(晉)나라가
천하에 막강이라는 것은 노인께서도 들어서 잘 아시는 바입니다. 과인
의 시대에 이르러 동쪽으로는 제나라에 패배하여 큰 아들이 죽었고, 서
쪽으로는 토지 칠백 리를 진(秦)나라에 잃었고, 남쪽으로는 초나라에 욕
을 당했습니다. 과인은 수치스러워서 원컨대 죽은 자를 위하여 한번 설
욕하려고 합니다. 어떻게 하면 가능하겠습니까?"

孟子對曰地方百里而可以王이니이다
맹 자 대 왈 지 방 백 리 이 가 이 왕

맹자가 대답했다. "백 리의 작은 나라로도 (천하에) 왕 노릇할 수 있습
니다.

王如施仁政於民하사 省刑罰하시며 薄稅斂하시면 深耕易耨하고
왕 여 시 인 정 어 민　　 생 형 벌　　 박 세 렴　　 심 경 이 누

壯者以暇日로 脩其孝悌忠信하여 入以事其父兄하며
장 자 이 가 일　 수 기 효 제 충 신　　 입 이 사 기 부 형

出以事其長上하리니 可使制梃하여 以撻秦楚之堅甲利兵矣리이다
출 이 사 기 장 상　　　가 사 제 정　　　이 달 진 초 지 견 갑 리 병 의

왕께서 만일 백성에게 어진 정사를 베풀어서 형벌을 줄이고 세금을 적게 부과하면, (백성은) 밭을 깊이 갈고 김을 잘 매고 (수확을 많이 할 것이며 여유 있는 삶 속에서) 청장년들은 한가한 날에 효제충신(孝弟忠信)의 도리를 닦아서 집에 들어가서는 그들의 부형을 섬기고 밖에 나가서는 그들의 어른을 섬길 것입니다. (부모를 섬기고 임금을 위하는 기풍이 서면 이들이 자발적으로) 몽둥이를 만들어 진(秦)나라와 초(楚)나라의 견고한 갑옷과 날카로운 무기를 때려 부수게 할 수 있습니다.

彼奪其民時하여 使不得耕耨하여 以養其父母하면 父母凍餓하며
피 탈 기 민 시　　　사 부 득 경 누　　　이 양 기 부 모　　　부 모 동 아

兄弟妻子離散하리니
형 제 처 자 리 산

(이와 반대로 진나라 초나라) 저들은 그 백성이 일할 시기를 빼앗아서 (백성이) 밭 갈고 김을 매어 그들의 부모를 봉양하는 것을 하지 못하게 한다면 (그들의) 부모는 추위에 떨고 굶주리고 형제 처자는 떠나고 뿔뿔이 흩어질 것입니다.

彼陷溺其民이어든 王이 徃而征之하시면 夫誰與王敵이리잇고
피 함 닉 기 민　　　왕　　왕 이 정 지　　　부 수 여 왕 적

저들이 그 백성을 가혹한 정치의 지옥에 빠지게 했을 때 왕이 가서

그들의 죄를 바로잡으면 누가 왕과 대적하겠습니까?

故로 曰仁者는 無敵이라하니 王請勿疑하소서
고　　　왈인자　　무적　　　　왕청물의

그래서 말하기를 '어진 사람은 대적할 자가 없다.'고 하는 것입니다.
왕은 부디 (이런 말을) 의심하지 마십시오."

6. 孟子見梁襄王하시고[15]
맹 자 견 량 양 왕

맹자가 (혹시라도 새로 등극한 임금은 가능성이 있는지 알아보기 위해) 양양왕을 찾아가서 뵙고

出語人曰望之不似人君이요[16] 就之而不見所畏焉이러니
출 어 인 왈 망 지 불 사 인 군　　　취 지 이 불 견 소 외 언

---

15 '양양왕은 왕혜왕 아들이다.'("襄王 惠王 子" 집주)
16 "出語人曰"을 글자 그대로 맹자가 양(梁)나라에 있을 때 양왕을 만나보고 나와서 사람들에게 하는 말로 이해할 수 있다. 보통 이렇게 해석한다. 한편, 出자를 좀 다르게 설명하기도 한다. '出자는 여기서는 국경을 나가면서(떠나면서) 말하는 것이다. 도를 실행할 희망이 끊어져 탄식하며 사람들에게 말한 것이다.'("出是出境而語也 望絕行道故語人以發歎"『四書釋義』저자 필사자 미상 필사본). 실제로 맹자는 곧 떠났다. 이에 관한 설명이 있는 자료를 인용한다. "通鑑에 상고하건데 愼靚王2년 壬寅에 惠王이 죽자 맹자는 위나라를 버리시고, 齊나라로 가시니, 이는 襄王을 한번 보신뒤에 곧 가심이니라"(역자 재해석).『儒敎經典諺譯叢書 孟子』(儒敎經典講究所, 1923년) 孟子卷之一p.29.

卒然問曰天下는 惡乎定고하여늘 吾對曰定于一이라호라
졸 연 문 왈 천 하　　　 오 호 정　　　　　　 오 대 왈 정 우 일

　나와서 사람들에게 (아쉬운 듯) 말했다. "멀리서 봐도 임금 같지 않고 가까이 다가가서 대해도 임금의 위엄이라곤 찾아볼 수 없었다. 그런데 돌연 질문하기를 '천하는 어떻게 될까요?'라고 하기에, 나는 대답하기를 '하나로 정해질 것입니다.'라고 했다.

　孰能一之오하여늘
　숙 능 일 지

　(왕이 묻기를) '누가 하나로 통합할 수 있겠습니까?'라고 하기에,

　對曰不嗜殺人者能一之라호라
　대 왈 불 기 살 인 자 능 일 지

　대답하기를 '사람 죽이기를 즐기지 않는 자가 능히 (천하를) 하나로 통합할 것입니다.'라고 했다.

　孰能與之오하여늘
　숙 능 여 지

　'(그렇지만 각국의 제후들이 백성의 이동을 막는데) 어느 백성이 그에게로 갈 수 있겠습니까?'라고 다시 질문하기에,

對曰天下莫不與也니 王은 知夫苗乎잇가 七八月之間이
대왈천하막불여야　왕　지부묘호　칠팔월지간

旱則苗槁矣라가 天이 油然作雲하여 沛然下雨則苗浡然興之矣나니
한즉묘고의　천　유연작운　패연하우즉묘발연흥지의

其如是면 孰能禦之리오 今夫天下之人牧이 未有不嗜殺人者也니
기여시　숙능어지　금부천하지인목　미유불기살인자야

如有不嗜殺人者則天下之民이 皆引領而望之矣리니 誠如是也면
여유불기살인자즉천하지민　개인령이망지의　성여시야

民歸之由水之就下하리니 沛然을 誰能禦之리오호라[17]
민귀지유수지취하　패연　수능어지

　　이렇게 대답했다. '천하에 그에게로 가지 않을 백성은 없을 것입니다.
왕은 저 싹을 아십니까? (주나라의 달력으로) 칠팔월 사이에 가뭄으로
싹이 시들었는데 (그때) 하늘이 뭉게뭉게 구름을 만들어 비가 줄기차게
쏟아지면 싹은 힘차게 돋아납니다. 그 기운이 이와 같으면 누가 막겠습니
까? 지금 천하를 돌아보면 백성을 다스리는 임금 중에 사람 죽이기를 좋
아하지 않는 자가 있지 않습니다. 만일 사람 죽이기를 좋아하지 않는 자
가 있다면 천하의 백성이 모두 목을 길게 빼고 (그를) 고대할 것입니다.
진실로 이와 같으면 백성이 그에게로 가는 것이 물이 아래로 쏟아지는
것 같을 것입니다. 줄기차게 쏟아지는데 그 흐름을 누가 막을 수 있겠습
니까?'

---

17 '유연(油然)은 (구름이 왕성한 모양이니) 인(仁), 패연(沛然)은 (비가 줄기차게 쏟아지
는 모양이니) 은택, 발연(浡然)은 (싹이 힘차게 돋아나는 모양이니) 백성이다.'("油然仁也
沛然澤也 浡然民也" 저자 및 필사자 미상의 필사본 『四書釋義』)

7. 齊宣王이 問曰齊桓晉文之事를 可得聞乎잇가
　　제선왕　　문왈제환진문지사　　가득문호

　제선왕이 질문했다. "(힘으로 천하의 패권을 잡은) 제환공과 진문공의
일을 들어볼 수 있겠습니까?"

孟子對曰仲尼之徒無道桓文之事者라 是以로 後世에 無傳焉하니
맹자대왈중니지도무도환문지사자　　시이　　후세　　무전언

臣이 未之聞也호니 無以則王乎인저
신　　미지문야　　무이즉왕호

　맹자가 대답했다. "공자를 배우는 문도 중에는 제환공과 진문공의 사
업을 언급한 자는 없습니다. 이런 이유로 후세에 전한 바 없어서 신이
듣지 못했습니다. 그래도 그만두지 말라고 하시면 (힘으로 천하의 패권
을 잡은 사례보다는) 천하에 왕 노릇하는 도를 말씀드리겠습니다."

曰德이 何如則可以王矣리잇고 曰保民而王이면 莫之能禦也리이다
왈덕　　하여즉가이왕의　　　왈보민이왕　　막지능어야

　왕이 말했다. "덕이 어느 정도면 (천하에) 왕 노릇 할 수 있습니까?"
맹자가 말했다. "백성의 보호자라는 마음으로 왕 하면 누구도 막지 못합
니다."

曰若寡人者도 可以保民乎哉잇가 曰可하니이다 曰何由로 知吾의
왈약과인자　　가이보민호재　　왈가　　　왈하유　　지오

可也잇고 曰臣이 聞之胡齕호니 曰王이 坐於堂上이어시늘
가야　　　 왈신　　 문지호흘　　　 왈왕　 좌어당상

有牽牛而過堂下者러니 王이 見之하시고 曰牛는 何之오
유견우이과당하자　　 왕　 견지　　　 왈우　 하지

對曰將以釁鍾이니이다[18] 王曰舍之하라
대왈장이흔종　　　　　　 왕왈사지

吾不忍其觳觫若無罪而就死地하노라 對曰然則廢釁鍾與잇가
오불인기곡속약무죄이취사지　　　　 대왈연즉폐흔종여

曰何可廢也리오 以羊易之라하샤소니 不識케이다 有諸잇가
왈하가폐야　　 이양역지　　　　　 불식　　 유저

　왕이 말했다. "(그렇다면) 덕이 부족한 과인도 백성의 보호자가 될 수 있겠습니까?" 맹자가 말했다. "될 수 있습니다." 왕이 말했다. "무슨 근거로 과인이 될 수 있다는 것을 아십니까?" 맹자가 말했다. "신이 (전하의 신하) 호흘에게 들은 말이 있습니다. 그가 이렇게 말하더군요. '왕이 대청 위에 앉아계실 때, 소를 끌고 당 아래를 지나가는 자가 있었는데 왕이 보시고 말씀하시기를 〈소는 어디에 쓰려고 끌고 가는가?〉라고 하셨답니다. 그러자 그가 대답하기를 〈장차 죽여서 (그 피를 주조하는 종의 틈을 바르는) 흔종에 쓰려고 합니다.〉라고 하자, 왕께서 말씀하시기를 〈소를 놔줘라. 나는 그것이 벌벌 떨면서 아무런 죄 없이 사지로 끌려가는 것을 차마 그대로 두고 볼 수 없구나!〉라고 하셨다고 합니다. 그가 대답하기를 〈그러면 흔종을 그만둘까요?〉라고 했더니 왕께서 말씀하시기를 〈어

---

18 '흔종은 종을 새로 주조할 때 희생을 죽여 피로 그 틈을 발라서 제사 지내는 의식이다.' ("新鑄鍾 殺犧牲以血塗其釁郤因以祭之曰釁" 조주)

찌 그만두겠는가? 양으로 소를 대신해라!)'고 하셨답니다. 알지 못하겠습니다만, 이런 일이 있었나요?"

日有之하니이다 曰是心이 足以王矣리이다 百姓은
왈유지   왈시심   족이왕의   백성

皆以王爲愛也어니와 臣은 固知王之不忍也하노이다
개이왕위애야   신   고지왕지불인야

왕이 말했다. "있었습니다." 맹자가 말했다. "이런 마음이면 족히 (천하에) 왕 할 수 있습니다. 백성은 모두 왕께서 (소 대신 양을 쓰라고) 하신 일을 가지고 인색하게 (재물을) 아낀다고 하지만 신은 진실로 왕께서 (소를 불쌍하게 여겨 그것이 죽는 것을) 차마 견디지 못하셨다는 것을 잘 알고 있습니다."

王曰然하다 誠有百姓者로다마는 齊國이 雖褊小나 吾何愛一牛리오
왕왈연   성유백성자   제국   수편소   오하애일우

卽不忍其觳觫若無罪而就死地라 故로 以羊易之也호이다
즉불인기곡속약무죄이취사지   고   이양역지야

왕이 말했다. "그렇습니다. 실제로 그렇게 말하는 백성이 있겠지만 제 나라가 비록 좁고 작다고 해도 내 어찌 소 한 마리를 아끼겠습니까? 그것이 벌벌 떨면서 죄 없이 사지로 끌려가는 것을 차마 그대로 두고 볼 수 없었던 때문입니다. 그래서 양으로 바꾸라고 한 것이지요."

曰王은 無異於百姓之以王爲愛也하소서 以小易大어니
왈 왕　　무이어백성지이왕위애야　　　이소역대

彼惡知之리잇고 王若隱其無罪而就死地則牛羊을 何擇焉이리잇고
피오지지　　　왕약은기무죄이취사지즉우양　　하택언

王이 笑曰是誠何心哉런고 我非愛其財而易之以羊也언마는
왕　　소왈시성하심재　　아비애기재이역지이양야

宜乎百姓之謂我愛也로다
의호백성지위아애야

맹자가 말했다. "왕께서는 백성이 왕께서 인색하게 아낀다고 하더라
도 이상하게 여기지 마십시오. 큰 것 대신 작은 것을 썼으니 저들이 어찌
왕의 진심을 알겠습니까? 그런데 왕께서는 그 죄 없는 것이 사지로 끌려
가는 것을 가슴 아프게 여기셨다면 (소와 양은 다 같은 생명인데) 왜
소와 양을 구별하셨습니까?" 왕이 웃으며 말했다. "이것 참, 어떤 마음인
가요? 내가 그 재물을 아끼려고 양으로 바꾸라고 한 것이 아니지만 백성
은 내가 (인색하게도 재물을) 아낀다고 말하는 것은 당연하겠지요."

曰無傷也라 是乃仁術也니 見牛코 未見羊也일새니이다
왈무상야　시내인술야　견우　미견양야

君子之於禽獸也에 見其生하고 不忍見其死하며 聞其聲하고
군자지어금수야　견기생　　불인견기사　　문기성

不忍食其肉하나니 是以로 君子는 遠庖廚也니이다
불인식기육　　　시이　군자　원포주야

맹자가 말했다. "(그렇게 말 하는 백성이 있으나) 해(害)가 될 것은

없습니다. 이것이 바로 인(仁)을 행하는 방법입니다. 왕께서는 소는 직접 보았지만 양은 보지 못했기 때문입니다. 군자는 그 짐승이 살아있는 것을 보고는 차마 그것이 죽는 것은 보지 못하고 그것이 죽어가는 슬픈 비명소리를 듣고는 차마 그 고기를 먹지 못합니다. 이런 이유로 군자는 (짐승을 죽이는) 푸줏간을 멀리합니다."

王이 說曰詩云他人有心을 予忖度之라하니 夫子之謂也로소이다
왕　열왈시운타인유심　여촌탁지　　　부자지위야

夫我乃行之하고 反而求之호대 不得吾心이라니 夫子言之하시니
부아내행지　　반이구지　　부득오심　　　부자언지

於我心에 有戚戚焉하여이다 此心之所以合於王者는 何也잇고
어아심　유척척언　　　　차심지소이합어왕자　하야

왕이 기뻐하며 말했다. "『시경』에 이르기를, '다른 사람의 마음을 내가 헤아려 안다.'고 했는데, 바로 선생을 두고 하는 말이군요. 나도 그렇게 하고는 돌이켜 (왜 그랬는지 그 이유를) 찾았으나 내 마음을 알 수 없었습니다. 선생께서 말씀해주니 내 마음에 감동하는 바가 있습니다. (그런데 소를 불쌍히 여긴) 이 마음이 (천하의) 왕으로 군림하는데 부합한다는 말씀은 무엇인가요?"

曰有復於王者曰吾力足以擧百鈞而不足以擧一羽하며
왈유복어왕자왈오력족이거백균이부족이거일우

明足以察秋毫之末而不見輿薪이라하면 則王은 許之乎잇가 曰否라
명족이찰추호지말이불견여신　　　　즉왕　허지호　　왈부

今에 恩足以及禽獸而功不至於百姓者는 獨何與잇고
금　　은족이급금수이공부지어백성자　　독하여

然則一羽之不擧는 爲不用力焉이며 輿薪之不見은 爲不用明焉이며
연즉일우지불거　위불용력언　　여신지불견　위불용명언이며

百姓之不見保는 爲不用恩焉이니 故로 王之不王은 不爲也언정
백성지불견보　위불용은언　　고　　왕지불왕　불위야

非不能也니이다
비불능야

　　맹자가 말했다. "(설명해드리겠습니다.) 왕께 아뢰는 자가 있어서 말하기를, '제 힘으로 (무거워서 들기 어려운 무게인) 백 균을 족히 들어 올리지만 (지극히 가벼워서 쉽게 들 수 있는) 깃털 하나를 족히 들지 못하며, 눈이 밝아서 족히 (끝이 아주 가늘어서 보기 어려운) 가을철 짐승의 털끝은 분간하지만 (규모가 커서 쉽게 볼 수 있는) 수레에 실은 나무 단은 보지 못합니다.'라고 한다면, 왕께서는 그 말을 믿겠습니까?" 왕이 말했다. "안 되지요." 맹자가 말했다. "이제 왕의 은덕이 족히 짐승에게도 미치는데 왕의 다스림의 성과가 백성에겐 이르지 못하니 유독 어떤 이유입니까? 깃털 하나를 들지 못한다는 것은 힘을 쓰지 않은 것이고 수레의 장작을 보지 못한다는 것은 시력을 쓰지 않은 것이며 백성이 왕의 사랑과 보호를 받지 못함은 (왕이) 은혜를 베풀지 않은 것입니다. 그렇기 때문에 왕께서 (천하의) 왕으로 군림하지 못하는 것은 하지 않은 것일 뿐 결코 할 수 없는 것은 아닙니다."

曰不爲者와 與不能者之形이 何以異잇고 曰挾太山하여
왈불위자　　여불능자지형이　하이이　　왈협태산

以超北海를 語人曰我不能이라하면 是는 誠不能也어니와
이초북해　　어인왈아불능　　　　　시　　성불능야

爲長者折枝를[19] 語人曰我不能이라하면 是는 不爲也언정
위장자절지　　　어인왈아불능　　　　시　　불위야

非不能也니 故로 王之不王은 非挾太山以超北海之類也라
비불능야　고　왕지불왕　　비협태산이초북해지류야

王之不王은 是折枝之類也니이다
왕지불왕　　시절지지류야

　왕이 말했다. "하지 않는 자와 할 수 없는 자의 형상이 어떻게 다릅니까?" 맹자가 말했다. "태산을 옆에 끼고서 북해를 뛰어넘으라고 하는데 사람들에게 말하기를 '나는 할 수 없다.'고 하면 이것은 진실로 할 수 없는 일입니다. 그러나 어른을 위해 나뭇가지를 꺾어드리라는데 사람들에게 말하기를 '나는 할 수 없다.'고 한다면 이것은 하지 않은 것이지 할 수 없는 것이 아닙니다. 그래서 왕께서 천하의 왕으로 군림하지 못하는 것은 태산을 옆에 끼고서 북해를 건너뛰는 일과 같은 것이 아닙니다. 왕께서 천하의 왕으로 군림하지 못함은 바로 나뭇가지를 꺾어드리는 일과 같은 종류입니다.

---

19 "爲長者折枝"(위장자절지)에 대해 여러 해석이 있다. ① 집주에는 '어른의 명령으로 초목의 가지를 꺾는 것이니 어렵지 않음을 말한 것이다.'("爲長者折枝 以長者之命 折草木之枝 言不難也")라고 되어 있다. ② 조주에는 '절지는 안마인데 손마디를 구부리고 사지를 풀어주는 것이다. 어린 사람은 이런 사역을 부끄럽게 여겨서 하지 않는다. 할 수 없는 것이 아니다.'("折枝 案摩 折手節 解罷枝也 小者恥是役故不爲耳 非不能也")라고 되어있다. 행하기 쉬운 일을 비유했다는 점과 어른은 지팡이로 쓸 나뭇가지가 필요할 것이라는 상상을 하면서 집주를 따랐다.

老吾老하여 以及人之老하며 幼吾幼하여 以及人之幼면
로오로   이급인지로   유오유   이급인지유

天下는 可運於掌이니 詩云刑于寡妻하여 至于兄弟하여
천하   가운어장   시운형우과처   지우형제

以御于家邦이라하니 言擧斯心하여 加諸彼而已니
이어우가방   언거사심   가저피이이

故로 推恩이면 足以保四海요 不推恩이면 無以保妻子니
고   추은   족이보사해   불추은   무이보처자

古之人이 所以大過人者는 無他焉이라 善推其所爲而已矣니
고지인   소이대과인자   무타언   선추기소위이이의

今에 恩足以及禽獸而功不至於百姓者는 獨何與니잇고
금   은족이급금수이공부지어백성자   독하여

우리 집 노인을 노인으로 잘 섬겨서 (그런 마음을 확대 적용하여) 남의 집 노인을 잘 섬깁니다. 우리 아이를 사랑으로 길러서 (그런 마음을 확대 적용하여) 남의 집 아이를 사랑으로 기른다면, 천하가 비록 크다고 해도 (이런 방식으로 사랑의 대상을 점차 확대해나가면 천하를) 다스리는 것이 손바닥에서 운영하는 것처럼 쉬운 일이 됩니다. 『시경』에 이르기를, '내 아내에게 모범이 되어 형제에 이르고 그렇게 해서 집과 나라를 다스린다.'고 했습니다. (자기에게 가까운 사람부터 사랑을 베푸는) 이 마음을 들어서 저 사람들에게로 사랑을 펼쳐나갈 뿐이라는 말입니다. 그래서 은혜를 베푸는 마음을 확대 적용해 나가면 족히 천하를 보전할 수 있고 은혜를 베푸는 마음을 확대 적용해 나가지 않는다면 결국에는 처자도 보호할 수 없을 것입니다. 옛 사람이 다른 사람보다 크게 뛰어난 바에는 다른 이유가 없습니다. 다만 (사랑과 은혜를 베푸는 순서를 지키

며) 확대 적용해나가기를 잘 했을 뿐입니다. 이제 왕의 은택은 족히 짐승에게도 미치는데 왕이 덕택이 백성에게는 베풀어지지 못했으니 유독 어떤 까닭인가요?

權然後에 知輕重하며 度然後에 知長短이니 物皆然이어니와
권 연후 지 경 중   도 연후   지 장 단   물 개 연

心爲甚하니 王請度之하소서
심 위 심   왕 청 탁 지

저울에 달아본 다음에 가볍고 무거움을 알고 자로 잰 다음에 길고 짧음을 압니다. (물건은 필히 저울로 달아야 정확하게 그 무게를 알 수 있습니다.) 사물은 다 그러한데, 특히 마음은 (변화무쌍하기에 정확한 판단의 필요성이) 더욱 심합니다. (동물은 사랑하면서 백성은 사랑할 줄 모른다면 그것은 사랑을 베푸는 우선순위를 모르는 것입니다.) 왕께서는 부디 잘 헤아리십시오.

抑王은 興甲兵하며 危士臣하여 構怨於諸侯然後에야 快於心與잇가
억 왕   흥 갑 병   위 사 신   구 원 어 제 후 연 후   쾌 어 심 여

아니면 왕께서는 갑옷과 병기를 들게 해서 (전쟁에 패배하여) 병사와 장수를 잃고 제후들과 원한을 맺은 다음에야 마음이 흔쾌하시겠습니까?"

王曰否라 吾何快於是리오 將以求吾所大欲也로이다
왕 왈 부   오 하 쾌 어 시   장 이 구 오 소 대 욕 야

왕이 말했다. "아닙니다. 내 어찌 이런 것에 기뻐하겠습니까? 장차 내가 크게 하고자 하는 바를 이루고 싶어서 그러는 것입니다."

曰王之所大欲을 可得聞與잇가 王이 笑而不言하신대
왈왕지소대욕　가득문여　　왕　소이불언

曰爲肥甘이 不足於口與며 輕煖이 不足於體與잇가
왈위비감　부족어구여　경난　부족어체여

抑爲采色이 不足視於目與며 聲音이 不足聽於耳與며
억위채색　부족시어목여　성음　부족청어이여

便嬖不足使令於前與잇가 王之諸臣이 皆足以供之하나니
편폐부족사령어전여　　왕지제신　개족이공지

而王은 豈爲是哉시리잇고 曰否라 吾不爲是也로이다
이왕　기위시재　　왈부　오불위시야

曰然則王之所大欲을 可知已니 欲辟土地하며 朝秦楚하여
왈연즉왕지소대욕　가지이　욕벽토지　　조진초

莅中國而撫四夷也로소이다 以若所爲로 求若所欲이면
리중국이무사이야　　　이약소위　구약소욕

猶緣木而求魚也니이다
유연목이구어야

맹자가 말했다. "(그렇다면) 왕께서 크게 하고자 하는 바에 대해 들어볼 수 있겠습니까?" 왕이 웃으며 말하지 않았다. 맹자가 말했다. "기름지고 단 음식이 입에 부족한가요? 가볍고 따뜻한 옷이 몸에 부족한가요? 아니면 화려하고 아름다운 것들이 눈을 즐겁게 하는데 부족한가요? 음악이 귀를 즐겁게 하는데 부족한가요? 옆에서 시중드는 사람이 부리기에 부족한가요? 왕의 신하들이 이런 것들을 모두 충분히 마련해줄 터인데 왕께서 어찌 이런 것 때문에 그러시겠습니까?" 왕이 말했다. "아니오. 내가 이런 것 때문에 그러는 것이 아닙니다." 맹자가 말했다. "그렇다면 왕께서 크게 하고자 하는 바가 어떤 것인지 알겠습니다. 영토를 확장해 (강대국) 진나라와 초나라가 조회하게 만들어 중국 천하를 다스리고 사방 오랑캐를 어루만지겠다는 것이겠지요. 그러나 왕께서 (전쟁을 통하여 목적을 이루겠다는) 이렇게 하는 방법으로 이와 같이 크게 바라는 욕심을 이루기를 구하신다면 그것은 마치 나무에 올라가 물고기를 구하는 것과 같습니다."

王曰若是其甚與잇가 曰殆有甚焉하니 緣木求魚는 雖不得魚나
왕왈약시기심여   왈태유심언   연목구어   수부득어

無後災어니와 以若所爲로 求若所欲이면 盡心力而爲之라도
무후재   이약소위   구약소욕   진심력이위지

後必有災하리이다 曰可得聞與잇가 曰鄒人이 與楚人戰則王은
후필유재   왈가득문여   왈추인   여초인전즉왕

以爲孰勝이니잇고 曰楚人이 勝하리이다
이위숙승   왈초인   승

曰然則小固不可以敵大며 寡固不可以敵衆이며
왈연즉소고불가이적대   과고불가이적중

弱固不可以敵强이니 海內之地方千里者九에 齊集有其一하니
약고불가이적강   해내지지방천리자구   제집유기일

以一服八이 何以異於鄒敵楚哉리잇고 蓋亦反其本矣니이다[20]
이 일 복 팔   하 이 이 어 추 적 초 재   개 역 반 기 본 의

왕이 말했다. "과인이 생각하는 이런 방법으로 과인의 큰 욕심을 구하는 것이 나무에서 물고기를 구하는 것보다 더 가능성이 없다는 말씀인가요?" 맹자가 말했다. "더 심각합니다. 나무에서 물고기를 구하는 것은 물고기를 얻지 못하는 것으로 끝나기에 후환은 없지만 이와 같이 (전쟁을) 행하는 방식으로 그와 같이 (천하의 왕이 되겠다는) 크게 바라는 욕심을 실현하려고 한다면 아무리 마음과 힘을 다해 전쟁을 하더라도 반드시 재앙이 뒤따를 것입니다." 왕이 말했다. "왜 그런지 그 이유를 들어볼 수 있겠습니까?" 맹자가 말했다. "(약소국) 추나라 사람이 (강대국) 초나라 사람과 전쟁을 한다면 왕께서는 어느 쪽이 이긴다고 보십니까?" 왕이 말했다. "초나라 사람이 이깁니다." 맹자가 말했다. "그렇습니다. (영토가 작은) 소국은 당연히 (영토가 큰) 대국을 대적할 수 없으며, (인구가) 작은 나라는 당연히 (인구가 많은) 큰 나라를 대적할 수 없으며, (군사력이) 약한 나라는 당연히 (군사력이) 강한 나라를 대적할 수 없습니다. 중국에 사방 천 리가 되는 나라가 아홉인데, 제나라는 영토를 합해도 그 아홉 나라 중에서 단지 하나의 영토를 가지고 있습니다. 그 하나를 가지고 여덟을 굴복시키겠다는 것이 어찌 (약소국) 추나라가 (강대국) 초나라와 대적하겠다는 것과 다르겠습니까? (왕께서 크게 욕심내는 바

---

20 이 문장의 "蓋" 한자음이 내각장판 『맹자언해』와 율곡 『맹자언해』에 "개"로 되어 있다. 조선시대 최초의 『맹자언해』(1590년 교정청간행 도산서원소장본)와 임술계춘(壬戌季春) 영영중간(嶺營重刊)본도 동일한데, 다만 한자 자형이 "盖"로 되어 있다. 蓋를 "何不"의 의미로 해석하고 "합"으로 읽을 수도 있겠다. 그러면 "왜 그 근본으로 돌아가지 않으십니까?" (차주환 역, 『맹자』, 명문당, 1972년 3판)라고 해석한다.

를 실현하려면) 역시 그 근본으로 돌아가는 방법뿐입니다.

今王이 發政施仁하사 使天下仕者로 皆欲立於王之朝하며 耕者로
금 왕　발 정 시 인　　사 천 하 사 자　개 욕 립 어 왕 지 조　　경 자

皆欲耕於王之野하며 商賈로 皆欲藏於王之市하며 行旅로
개 욕 경 어 왕 지 야　　상 고　　개 욕 장 어 왕 지 시　　행 려

皆欲出於王之途하시면 天下之欲疾其君者皆欲赴愬於王하리니[21]
개 욕 출 어 왕 지 도　　　천 하 지 욕 질 기 군 자 개 욕 부 소 어 왕

其如是면 孰能禦之리잇고
기 여 시　　숙 능 어 지

이제 왕이 어진 정책을 시행하고 덕을 베풀어 천하에 벼슬을 하는 자
가 모두 왕의 조정에서 일하려는 의욕을 갖게 하고, 농사짓는 자가 모두
왕의 토지에서 경작하려는 의욕을 갖게 하고, 상인이 모두 왕의 시장에
서 물건을 펼칠 의욕을 갖게 하고, 여행자들이 모두 왕의 길을 다닐 의욕
을 갖게 한다면, 천하에 자기 임금을 미워하는 자는 모두가 왕에게 하소
연하러 올 것입니다. 그 양상이 이와 같으면 (백성이 왕에게로 몰려오는
것을) 누가 막을 수 있겠습니까?"

王曰吾惛하여 不能進於是矣로니 願夫子는 輔吾志하여
왕 왈 오 혼　　불 능 진 어 시 의　　　원 부 자　　보 오 지

---

21 "欲疾其君"(욕질기군)을 어떻게 해석할 것인가? ①'그 임금을 증오하고자 하는 자'로
이해할 수 있겠다. 대개 이렇게 해석한다. '疾자는 미워한다는 의미다. 君은 난폭한 학정
을 하는 임금이다.'("疾 惡也 君 暴虐之君)『新訂四書補註備旨 孟子』(鄧林). ②다른 해석
도 가능하다. 저자 및 필사자 미상의 필사본『四書釋義』에 나오는 이에 대한 설명을 본다.

明以教我하소서 我雖不敏이나 請嘗試之호리이다
명이교아   아수불민   청상시지

曰無恒産而有恒心者는[22] 惟士爲能이어니와
왈무항산이유항심자   유사위능

若民則無恒産이면 因無恒心이니 苟無恒心이면
약민즉무항산   인무항심   구무항심

放辟邪侈를 無不爲已니 及陷於罪然後에 從而刑之면
방벽사치   무불위이   급함어죄연후   종이형지

是는 罔民也니 焉有仁人이 在位하여 罔民을 而可爲也리오
시   망민야   언유인인   재위   망민   이가위야

왕이 말했다. "나는 우매하여 (선생께서 충고해주신) 이 방향으로 나아갈 능력이 안 됩니다. 부디 선생께서 내 뜻을 보필하여 밝게 나를 가르쳐 주십시오. 내 비록 영민하지는 못해도 한 번 해보기를 간청하는 바입니다." 맹자가 말했다. "(일정한 생업과 재산) 항산이 없어도 (언제나 선한 마음) 항심을 유지하는 것은 오직 선비만 가능합니다. 백성의 경우는 항산이 없으면 이로 인해 항심도 없습니다. 만약에 항심이 없으면 거리낌 없이 제멋대로 놀고 간사하고 사치한 행동을 하지 않음이 없습니다.

'疾은 몹시 미워한다는 뜻이 아니다. 몹시 빠르게 한다는 뜻이니 속히 왕도정치를 행하기를 원한다는 뜻이다.'("疾者 非疾惡之意 而乃疾速之意則欲速行王之意也"). 퇴계는 이런 해석에 대해 신중한 입장이었다. '欲疾其君'에 대한 다른 견해가 있다. 〈그 임금이 왕다운 왕이 되기를 몹시 빠르게 원하는 자〉라는 해석인데, 이런 해석은 다시 세밀하게 살필 필요가 있다.'(퇴계 이황『四書釋義』중 하나인「孟子釋義」에 있는 글 "그 君을 疾코져 홀者 或云 途호며 欲疾其君者로 王이니 此說 更詳之")
22 '항산은 항상 살아나갈 수 있게 하는 생업이나 재산이다. 항심은 사람이 늘 가지고 있는 선한 마음이다.'("恒産 可常生之業也 恒心 人所常有之善心也" 집주)

그렇게 죄의 구렁텅이에 빠지게 한 다음에 그것을 형벌로 다스린다면 이는 백성을 (법을 범하게 만들어 놓고 나중에 법의) 그물로 잡는 것입니다. 어찌 어진 사람이 (다스리는) 지위에 있으면서 백성을 그물질하는 일을 할 수 있겠습니까?

是故로 明君이 制民之産호대 必使仰足以事父母하며
시고　　명군　　제민지산　　　필사앙족이사부모

俯足以畜妻子하여 樂歲에 終身飽하고 凶年에 免於死亡하나니
부족이휵처자　　　락세　　종신포　　　흉년　　면어사망

然後에 驅而之善故로 民之從之也輕하나이다
연후　　구이지선고　　민지종지야경

이런 이유에서 현명한 임금은 먼저 백성의 생활 기반을 마련해주는데 반드시 위로는 족히 부모를 섬기고 아래로는 족히 처자를 부양하게 하여 풍년에는 종신토록 배부르고 흉년에도 굶주려 죽는 일은 면하게 해줍니다. (이렇게 먼저 항산이 있게 합니다.) 그렇게 한 다음에 선한 방향으로 인도하기 때문에 백성이 (임금의 교화를) 따르기가 쉬운 것입니다.

今也에 制民之産호대 仰不足以事父母하며 俯不足以畜妻子하여
금야　　제민지산　　　앙부족이사부모　　　부부족이휵처자

樂歲에 終身苦하고 凶年에 不免於死亡하나니
락세　　종신고　　　흉년　　불면어사망

此惟救死而恐不贍이어니 奚暇에 治禮義哉리오
차유구사이공불섬　　　　해가　　치례의재

그런데 지금은 (그렇지 않아서) 백성의 생활 기반을 마련해준다고 해도 (항산이 없어서) 위로는 족히 부모를 봉양하지 못하며 아래로는 족히 처자를 부양하지 못하여 풍년에도 몸이 죽도록 고달프고 흉년에는 죽기를 면할 수 없습니다. 이는 오직 목숨 구하기에도 부족할까 두려운 것이니 어느 겨를에 예(禮)와 의(義)를 다스리겠습니까?

王欲行之則盍反其本矣니잇고[23]
왕 욕 행 지 즉 합 반 기 본 의

왕께서 (어진 정치를) 실행하려고 한다면 어찌 (백성에게 항산을 마련해주고 어진 덕을 베푸는 정치의) 그 근본으로 돌아가지 않으십니까?

五畝之宅에　樹之以桑이면　五十者可以衣帛矣며　雞豚狗彘之畜을
오 묘 지 택　　　수 지 이 상　　　오 십 자 가 이 의 백 의　　　계 돈 구 체 지 휵

無失其時면　七十者可以食肉矣며　百畝之田을　勿奪其時면
무 실 기 시　　칠 십 자 가 이 식 육 의　　백 묘 지 전　　　물 탈 기 시

八口之家可以無飢矣며　謹庠序之教하여　申之以孝悌之義면
팔 구 지 가 가 이 무 기 의　　근 상 서 지 교　　　신 지 이 효 제 지 의

頒白者不負戴於道路矣리니　老者衣帛食肉하며
반 백 자 불 부 대 어 도 로 의　　　로 자 의 백 식 육

黎民이　不飢不寒이요　然而不王者未之有也니이다
려 민　　불 기 불 한　　　연 이 불 왕 자 미 지 유 야

---

23 여기서 '盍'자는 '어찌 아니하는가?'라는 '何不'의 의미다("盍 何不也" 집주). '합'이라고 읽는다.

(이제 백성의 생활기반을 마련해주는 방법을 말씀드리겠습니다.) 5묘의 집에 뽕나무를 심으면 나이 오십인 사람이 비단옷을 입으며 닭과 돼지 같은 가축을 기르는데 시기를 놓치지 않으면 나이 칠십인 사람이 고기를 먹을 수 있으며, 100묘의 토지를 경작하는데 농사짓는 그 시기를 빼앗지 않으면 여덟 식구의 집이 굶주리지 않을 수 있으며, 학교에서의 교육을 제대로 실시하여 효제의 기풍을 거듭 강조하면 반백인 사람이 도로에서 짐을 지고 머리에 이고 가는 일이란 없을 것입니다. 노인이 비단옷을 입으며 고기를 먹으며 일반 백성이 굶주리지 않으며 추위에 떨지 않게 했는데 그렇게 하고도 천하의 왕 노릇 못한 자는 있지 않습니다."

之心及閒文王之囿為七十里僭以為言敎斤明四十里之不足為大其意興十

同之一類也

文舞國章　格致

同樂字有自然之意畏字有□憚之意仁者固四為智者之事智者未必

名之事未知如曰此

同引詩不及樂天何耶曰先儒之是亦俟世而此章歸重蓋在畏天一邊故於

則更未之及曰

同其助上帝助字之義曰勅五典庸五刑皆是助之事

雪宮章　治國

同石曰孟子見齊宣王兩曰齊宣王見孟子何以曰雪宮王之別宮而有圉

現之樂王以待賢之意歟孟子於此兩見之那

권 2

양혜
왕장구
하

梁惠王章句下

모두 16장이다. 맹자는 제후에게 ① 여민동락(與民同樂)의 정치를 말하고, 그런 정치를 함께 이끌어갈 ② 지식인 신하를 찾는 일이 중요하다고 역설한다. 그러면서 맹자는 제후와 지식인의 만남이 실현되는 것을 ③ 하늘의 뜻으로 돌린다.

1. 莊暴見孟子曰暴見於王호니 王이 語暴以好樂이어시늘
　　장 포 견 맹 자 왈 포 현 어 왕　　왕　　어 포 이 호 악

　暴未有以對也호니 曰好樂이 何如하니잇고
　　포 미 유 이 대 야　　왈 호 악　　하 여

　孟子曰王之好樂이 甚則齊國은 其庶幾乎인저
　　맹 자 왈 왕 지 호 악　　심 즉 제 국　　기 서 기 호

(제나라 신하) 장포가 맹자를 뵙고 말했다. "포(장포)가 조정에서 왕을 뵈었는데 왕께서 포에게 음악을 좋아하신다고 (하면서 정치에 문제가 되지 않겠냐고) 말씀하셨습니다. (갑작스런 질문에) 포(장포)는 대답하지 못했습니다. 여쭙겠습니다. (왕께서) 음악을 좋아하신다고 하는데 어떻습니까?" 맹자가 말했다. "왕께서 음악을 좋아하는 정도가 심하면 제나라는 (다스려지는) 그 수준에 거의 도달한 것입니다."

　他日에 見於王曰王이 嘗語莊子以好樂하샤소니 有諸잇가
　　타 일　　현 어 왕 왈 왕　　상 어 장 자 이 호 악　　　　유 저

　王이 變乎色曰寡人이 非能好先王之樂也라 直好世俗之樂耳로이다
　　왕　　변 호 색 왈 과 인　　비 능 호 선 왕 지 악 야　　직 호 세 속 지 악 이

다른 날에 (맹자가) 왕을 뵙고 말했다. "왕께서 예전에 장자(장포)에게 음악을 좋아한다고 말씀하셨다는데, 그런 적이 있습니까?" 왕이 부끄러운 표정을 지으며 말했다. "과인은 선왕의 음악을 좋아하는 그런 수준이 아닙니다. 다만 세속의 음악을 좋아할 뿐입니다."

日王之好樂이 甚則齊其庶幾乎인저 今之樂이 由古之樂也니이다
왈 왕 지 호 악   심 즉 제 기 서 기 호   금 지 악   유 고 지 악 야

맹자가 말했다. "왕께서 음악을 좋아하는 정도가 심하면 제나라는 (잘 다스려지는) 그 수준에 거의 도달한 것입니다. (고대의 음악과 지금의 음악이 차이는 있지만 백성과 즐거움을 함께 한다는 점에서) 지금의 음악은 고대의 음악과 같습니다."

日可得聞與잇가 日獨樂樂과 與人樂樂이[24] 孰樂이니잇고
왈 가 득 문 여   왈 독 악 락   여 인 악 락   숙 락

日不若與人이니이다 日與少樂樂과 與衆樂樂이 孰樂이니잇고
왈 불 약 여 인   왈 여 소 악 락   여 중 악 락   숙 락

日不若與衆이니이다
왈 불 약 여 중

---

24 ① 조선시대 『맹자언해』(내각장판)에서는 위와 같이 "獨樂樂"을 "독악락", "與人樂樂"을 "여인악락"으로 읽었다. '樂'자를 '악'으로 읽는 것은 음악, '락'으로 읽는 것은 즐긴다는 뜻이다. '독악락'은 '홀로 하는 음악의 즐거움', '여인악락'은 '사람들과 더불어 하는 음악의 즐거움'이라고 해석한 것이다. 집주에 '樂樂의 아래 樂자의 음은 락("樂樂下字音洛"), '독락'에서 樂자의 음은 洛("獨樂音洛")이라는 설명이 있는데 이를 따른 것으로 여겨진다. ② 한편, 박세당(1629-1703)은 獨樂, 與人樂, 與小樂, 與衆樂에서 樂자를 음악의 '악'으로 읽는 것은 잘못이고 마땅히 즐긴다는 '낙'으로 읽어야 한다고 주장했다("註於此段中 獨樂 與人樂 與少樂 與衆樂 皆讀爲音樂之樂 恐非是 皆當爲歡樂之樂" 『사변록』).

왕이 말했다. "무슨 말씀인지 (자세히) 들어볼 수 있겠습니까?" 맹자가 말했다. "왕께서 홀로 음악을 즐기는 것과 사람들과 더불어 음악을 즐기는 것이 어느 쪽이 더 즐겁겠습니까?" 왕이 말했다. "사람들과 더불어 즐기는 것만 못하겠지요." 맹자가 말했다. "소수와 더불어 즐기는 음악과 다수와 더불어 즐기는 음악이 어느 쪽이 더 즐겁겠습니까?" 왕이 말했다. "다수와 더불어 즐기는 것만 못하겠지요."

臣이 請爲王言樂호리이다
신   청위왕언악

맹자가 말했다. "신이 왕을 위하여 음악을 말씀드리고자 합니다.

今王이 鼓樂於此어시든 百姓이 聞王의 鍾鼓之聲과 管籥之音하고
금왕   고악어차   백성   문왕   종고지성   관악지음

擧疾首蹙頞而相告曰吾王之好鼓樂이여 夫何使我로
거질수축알이상고왈오왕지호고악   부하사아

至於此極也오하여 父子不相見하며 兄弟妻子離散하며
지어차극야   부자불상견   형제처자리산

今王이 田獵於此어시든 百姓이 聞王의 車馬之音하며
금왕   전렵어차   백성   문왕   거마지음

見羽旄之美하고 擧疾首蹙頞而相告曰吾王之好田獵이여
견우모지미   거질수축알이상고왈오왕지호전렵

夫何使我로 至於此極也오하여 父子不相見하며 兄弟妻子離散하면
부하사아   지어차극야   부자불상견   형제처자리산

此는 無他라 不與民同樂也니이다
차　　무타　　불여민동락야

이제 왕께서 여기에서 음악을 연주하는데 백성이 왕의 종소리, 북소리, 생황과 젓대소리를 듣고 모두 머리 아파하고 이맛살을 찌푸리며 서로 말하기를, '우리 왕께서 음악 연주를 좋아하시네! 어찌 우릴 이런 지경에 몰아넣어서 아비와 자식이 서로 보지 못하고 형제 처자가 뿔뿔이 흩어지게 하는가!'라고 합니다. 이제 왕께서 이에 사냥을 나가면 백성이 왕의 수레와 말 움직이는 소리를 들으며 새 깃과 소털로 만든 깃발의 아름다움을 보고 모두 머리를 (흔들며) 아파하고 이마를 찡그리며 서로 말하기를, '우리 왕께서 사냥을 좋아하시네! 어찌 우릴 이런 지경에 몰아넣어서 아비와 자식이 서로 보지 못하고 형제 처자가 뿔뿔이 흩어지게 하는가!'라고 한다면 이는 다른 이유가 없습니다. (왕께서) 백성과 더불어 즐거움을 함께 하시지 않은 때문입니다.

今王이 鼓樂於此어시든 百姓이 聞王의 鍾鼓之聲과 管籥之音하고
금왕　　고악어차　　　　백성　　문왕　　종고지성과　관약지음하고

擧欣欣然有喜色而相告曰吾王이 庶幾無疾病與아 何以能鼓樂也오하며
거흔흔연유희색이상고왈오왕　서기무질병여　하이능고악야오하며

今王이 田獵於此어시든 百姓이 聞王의 車馬之音하며 見羽旄之美하고
금왕　　전렵어차　　　　백성　　문왕　　거마지음하며　견우모지미

擧欣欣然有喜色而相告曰吾王이 庶幾無疾病與아 何以能田獵也오하면
거흔흔연유희색이상고왈오왕　서기무질병여　하이능전렵야오하면

此는 無他라 與民同樂也니이다
차　　무타　　여민동락야

이제 왕께서 여기에서 음악을 연주하는데 백성이 왕의 종소리, 북소리, 생황과 젓대소리를 듣고 모두 기분 좋은 표정으로 서로 말하기를 '우리 왕께서는 질병이란 거의 없으실 것이야. 어찌 저렇게 음악을 잘 연주하실까!'라고 합니다. 이제 왕께서 이에 사냥을 나가면 백성이 왕의 수레와 말 움직이는 소리를 듣고 새 깃과 소털로 만든 깃발의 아름다움을 보고 모두 기분 좋은 표정으로 서로 말하기를 '우리 왕께서는 병환은 없으실 것이야. 어찌 저렇게 사냥을 잘 하실까!'라고 하면, 이는 다른 이유는 없습니다. (왕께서) 백성과 더불어 즐거움을 함께 하신 때문입니다.

今王이 與百姓同樂則王矣시리이다
금 왕　　여 백 성 동 락 즉 왕 의

이제 왕께서 백성과 더불어 즐거움을 함께 하신다면 (천하의) 왕으로 군림할 것입니다."

2. 齊宣王이 問曰文王之囿方七十里라하니 有諸잇가
　제 선 왕　　문 왈 문 왕 지 유 방 칠 십 리　　　　유 저

孟子對曰於傳에 有之하니이다
맹 자 대 왈 어 전　　유 지

제선왕이 질문했다. "(주나라) 문왕의 (왕실 동산) 원유는 사방 칠십 리라고 합니다. 그런 일이 있습니까?"라고 했다. 맹자가 대답했다. "옛 글에 있습니다."

曰若是其大乎잇가 曰民이 猶以爲小也니이다 曰寡人之囿는
왈약시기대호　　　왈민　유이위소야　　　왈과인지유

方四十里로대 民이 猶以爲大는 何也잇고 曰文王之囿方七十里에
방사십리　　민　유이위대　　하야　　왈문왕지유방칠십리

芻蕘者往焉하며 雉兎者往焉하여 與民同之하시니 民이
추요자왕언　　치토자왕언　　여민동지　　　민

以爲小不亦宜乎잇가
이위소불역의호

　　왕이 말했다. "이처럼 그것이 컸습니까?' 맹자가 말했다. "그렇지만 문
왕의 백성은 오히려 작다고 여겼습니다." 왕이 말했다. "과인의 원유는
사방 사십 리에 불과한데 백성이 오히려 크다고 여기는 것은 무슨 이유
입니까?' 맹자가 말했다. "문왕의 원유는 사방 칠십 리 인데 풀 베고 나무
하는 사람들이 들어가고 날짐승과 들짐승을 사냥하는 사람들이 들어갔
습니다. (문왕은) 백성과 함께 그것을 공유했습니다. 그러니 백성이 작
다고 여기는 것 또한 당연하지 않겠습니까?

臣이 始至於境하여 問國之大禁然後에 敢入호니 臣은 聞郊關之內에
신　시지어경　　문국지대금연후　감입　신　문교관지내

有囿方四十里에 殺其麋鹿者를 如殺人之罪라하니 則是方四十里로
유유방사십리　살기미록자　여살인지죄　　즉시방사십리

爲阱於國中이니 民이 以爲大不亦宜乎잇가
위정어국중　민　이위대불역의호

　　신이 (제나라) 국경에 당도한 처음에 이 나라의 중대 금지사항을 물어

본 뒤에 감히 입국했습니다. 신이 들으니 교외 관문 안에 원유가 사방 사십 리 인데 그 안에서 크고 작은 사슴을 죽이는 자는 살인죄와 동급으로 처벌한다고 합니다. 그렇다면 이것은 나라 안에 사방 사십 리 규모로 죽음의 함정을 만든 것입니다. 그러니 백성이 크다고 하는 것이 또한 당연하지 않겠습니까?"

3. 齊宣王이 問曰交鄰國이 有道乎잇가 孟子對曰有하니
　　제선왕　　문왈교린국　　유도호　　　맹자대왈유

　惟仁者아 爲能以大事小하나니 是故로 湯이 事葛하시고
　　유인자　　위능이대사소　　　시고　　탕　사갈

　文王이 事昆夷하시니이다 惟智者아 爲能以小事大하나니
　　문왕　　사곤이　　　　유지자　　위능이소사대

　故로 大王이²⁵ 事獯鬻하시고 句踐이 事吳하니이다
　　고　태왕　　사훈육　　　구천　　사오

---

25 "大王"은 太王(태왕)으로 읽는대"大王之大音泰"『비지구해 맹자집주』(신구서림, 1914)의 한자음표시]. 『맹자』의 한자음에 대해서는 일반적으로 『맹자집주대전』의 한자음 표시를 참고하지만 여기의 '大王'의 '大'자에 대해서는 『맹자집주대전』에 설명이 없다. 그리고 일부 판본에는 아예 "太"자로 쓰고 있다(『新訂四書補註備旨 孟子』 鄧林; 『현토석자구해 집주맹자』, 성문사, 1917 등). 그런데 『비지구해 맹자집주』(신구서림, 1914)에는 여기의 "大"자에 대한 한자음 표시가 추가되어 있다. 이런 점에서, 1900년대 이후에 간행된 여러 종류의 현대적인 인쇄본『맹자집주』는 조선시대『맹자집주』나『맹자집주대전』을 그대로 복사 인쇄한 것이 아니고 그 당시 해석과 한자음에 대한 일반 독자들의 편의와 수요를 반영하여 집주나 집주대전에 새로운 설명이나 조선시대 유학자의 학설을 추가하거나 요약한 특징이 있다. 보통, 1900년대 이후에 현대적 인쇄본으로 간행된 여러 종류의『맹자집주』는 다 똑같은 것이라고 여기는 경향이 있는데, 그렇지 않다는 말이다. 『논어』태백편 제1장 집주에 '周大王'이 나오는데 그 大자에 대해 "音泰"라는 보충설명이 있다(『논어집주대전』). 태왕은 문왕의 조부 古公亶父(고공단보)다.

제선왕이 질문했다. "이웃 나라와 교류하는데 법도가 있습니까?" 맹자가 대답했다. "있습니다. 오직 어진 사람이어야 능히 대국의 위치에서 (너그러운 마음으로) 소국을 섬길 수 있습니다. 이런 이유로 탕왕이 갈을 섬겼고 문왕이 곤이를 섬겼습니다. 오직 지혜로운 사람이어야 능히 소국의 위치에서 대국을 섬길 수 있습니다. 그래서 태왕이 훈육을 섬겼고 (월나라 왕) 구천이 오나라를 섬겼습니다.

以大事小者는 樂天者也요 以小事大者는 畏天者也니
이 대 사 소 자　락 천 자 야　이 소 사 대 자　외 천 자 야

樂天者는 保天下하고 畏天者는 保其國이니이다
락 천 자　보 천 하　외 천 자　보 기 국

대국이면서 소국을 섬기는 자는 하늘의 이치를 즐기는 자입니다. 약소국이면서 대국을 섬기는 자는 하늘의 이치를 (공경하고) 두려워하는 자입니다. 하늘의 이치를 즐기는 자는 천하를 보전하고 하늘의 이치를 (공경하고) 두려워하는 자는 그 나라를 보전합니다.

詩云畏天之威하여[26] 于時保之라하니이다[27]
시 운 외 천 지 위　우 시 보 지

『시경』에 이르기를, '하늘의 위엄을 두려워하여 이에 (천명을) 보전하

---

26 '낙천'과 '외천'을 함께 말하고 맹자는 왜 외천에 관한 시를 인용했을까? 아래의 설명이 참고가 되겠다. '어진 자의 일은 제나라 왕이 할 수 있는 수준이 아니기에 다만 지혜로 할 수 있는 외천(畏天)의 일을 시로 나타내 알려준 것이다.'("仁者之事 齊王之不可及 故只以智 畏天者之事 表以告之"『四書釋義』저자 및 필사자 미상의 필사본)
27 '時'는 '是'의 뜻이다("時 是也" 집주).

라."고 했습니다."

王曰大哉라 言矣여 寡人이 有疾호니 寡人은 好勇하노이다
왕왈대재　　언의　　과인　　유질　　과인　　호용

왕이 말했다. "훌륭하신 말씀입니다! 그러나 과인은 병통이 있습니다.
과인은 용맹을 좋아합니다. (그래서 사대를 잘 할 수 없습니다.)"

對曰王請無好小勇하소서 夫撫劍疾視曰彼惡敢當我哉리오하나니
대왈왕청무호소용　　　　부무검질시왈피오감당아재

此는 匹夫之勇이라 敵一人者也니 王請大之하소서
차　　필부지용　　　적일인자야　왕청대지

맹자가 말했다. "왕께서는 부디 (혈기의) 하찮은 용기를 좋아하지 마
십시오. 검을 움켜쥐고 성난 눈으로 노려보며 말하기를 '저것이 어찌 감
히 나를 감당하랴!'라고 합니다. 이것은 평범한 사내의 용기입니다. 단지
한 사람을 상대하는 자입니다. 왕께서는 부디 (용기를) 크게 하십시오.

詩云王赫斯怒하사 爰整其旅하여 以遏徂莒하여²⁸ 以篤周祜하여
시운왕혁사노　　　원정기려　　이알조려(거)　　이독주호

以對于天下라하니 此는 文王之勇也니 文王이
이대우천하　　　　차　　문왕지용야　　문왕

---

28 "以遏徂莒"(莒로 가는 것을 막았다)는 『시경』에 "以按徂旅"('침략하러 가는 무리를 막
았다)로 되어 있다. 『시경』에 나오는 이 시에 대한 이야기는 이런 것이다. 불공한 밀(密)나
라 사람들이 완(阮)나라를 침공하자 문왕이 크게 화를 내고는 군대를 정비하여 침략하는

一怒而安天下之民하시니이다
일 노 이 안 천 하 지 민

『시경』에 이르기를, '(문)왕께서 (불의를 보고) 불끈 화를 내시고, 이에 그 군대를 정비하여 (침략자 무리가) 거(莒)로 가는 것을 막아서 주나라 복을 돈독히 하여 천하의 기대에 부응하셨네!'라고 했습니다. 이것은 문왕께서 큰 용기를 발휘하신 일입니다. 문왕께서는 (불의를 보고) 한번 분노하시어 천하 백성의 삶을 안정시키셨습니다.

書曰天降下民하사 作之君作之師하샨든[29] 惟曰其助上帝라
서 왈 천 강 하 민   작 지 군 작 지 사   유 왈 기 조 상 제

寵之四方이시니[30]
총 지 사 방

무리를 막았고, 문왕은 천하의 기대에 부응했다는 말이다. 문왕은 불공한 침략자 밀(密)나라 사람들에게는 두려움을 갖게 했고 완(阮)나라 사람들에게는 포용력을 발휘했으니, 문왕은 이런 용기는 천하 백성을 안정시켰다는 말이다. 그러면서 제선왕에게 문왕과 같은 큰 용기를 가지라고 격려하는 것이다. 집주의 설명을 추가한다. '遏는 시에 按자로 썼으니 그친다[止]는 의미다. 徂는 간다는 의미다. 莒는 시에 旅자로 썼다. 徂旅는 밀나라 사람이 완나라를 침략하려고 공나라에 가는 무리라는 말이다.'("遏 詩作按 止也 徂 往也 莒 詩作 旅 徂旅 謂密人 侵阮徂共之衆也"). 『맹자언해』(1590년 교정청간행 도산서원소장본; 1612년판; 내각장판; 임술계춘 영영장판; 갑신신간 영영장판; 율곡언해)에 '徂莒'의 한자음은 "조려"로 되어 있다. 1923년에 儒敎經典講究所에서 발행한 『儒敎經典諺譯叢書 孟子』에도 徂莒는 그 한자음이 "조려"라고 되어 있다. 이렇게 『맹자』의 '以遏徂莒'는 조선시대는 물론 근대화 시기인 1920년대에도 "이알조려"로 읽었다.

29 임금이며 스승인 자를 군사(君師)라고 한다. 조선시대 학자군주였던 정조(재위 1776-1800)는 임금이 스승을 겸했던 고대의 전통을 주장하며 그 자신을 군사(君師)로 자임했다.

30 "寵之四方"의 주체는 누구인가? 집주에는 '사방에 寵異하는 것'("寵異之於四方也")이라고 설명되어 있다. 군사(君師)가 상재를 돕기에 하늘이 그를 사방에 특별하게 총애 받는 (사랑받는) 존재가 되게 했다는 것인지, 사방의 백성 중에서 그를 특별히 총애했다는 것인지,

有罪無罪에 惟我在커니 天下曷敢有越厥志리오하니
유 죄 무 죄　　유 아 재　　천 하 갈 감 유 월 궐 지

一人이 衡行於天下어늘[31] 武王이 恥之하시니 此는
일 인　　횡 행 어 천 하　　무 왕　치 지　　　차

武王之勇也니 而武王이 亦一怒而安天下之民하시니이다
무 왕 지 용 야　　이 무 왕　　역 일 노 이 안 천 하 지 민

『서경』에 이르기를 '하늘이 모든 백성을 내리시고는 임금을 세워주고
스승을 세워주고 오직 말씀하시기를 그 상제를 도우라고 하시고 (君師
를) 사방에 귀한 존재로 올려서 특별하게 하셨으니, 죄가 있거나 죄가
없거나 오직 (그 관리 책임을 맡은 君師로서 여기에) 내가 있으니 천하에
어찌 감히 (하늘의) 그 뜻을 어기는 자가 있으랴!'라고 했습니다. 그때

또는 사방의 백성을 총애하라는 것인지, 여러 가지로 다르게 해석할 수 있겠다. 관본『맹
자언해』(내각장판)와 그 경향을 따르는 1900년대 이후 간행된 대부분의 현대적인 활자본
『맹자집주』본에서는 이를 "사방에 寵케 하시니"[『맹자집주』(민준호 발행, 동양서원, 1909),
『孟子講演』(문익서관, 1913), 『비지구해 맹자집주』(신구서림, 1914), 『言解孟子』(문언사,
1932), 『정본 맹자집주』(세창서관, 1957) 등]라고 해석하고 있다. "惟曰其助上帝라 寵之四
方이시니"라는 조선시대 관본『맹자언해』(내각장판)의 구두와 현토는 (君師가 하늘의 일
을 대신하며 돕고 백성을 편안하게 하기에) 하늘이 그를 사해만방에서 군사(君師)라는
특별한 지위로 존경받게 했다는 의미로 여겨진다. 그러나 집주와 이러한 언해에 구애 받
지 않는다면, 다양한 해석이 가능하다. "이것은 상제를 도와서 이들 백성을 편안하게 하기
위한 것이다."(이민수, 1979), "네 상제(上帝)를 돕는지라, 사방 백성들의 괴임을 받게 하노
라."(이을호, 1958), "그리곤 오직 〈상제(上帝)를 도와 사방 백성들을 총애하라〉 하셨다."
(허경진, 1992). 한편, 조주에 "四方善惡皆在己所謂在予一人"이라는 설명이 있어서 '四方
有罪無罪'라고 구두를 하는 것으로 볼 수 있는데, 그러면 '사방의 죄 있는 자와 죄 없는
자'로 해석할 수 있겠다. 楊伯峻도 "四方有罪無罪"의 관점에서 해석하면서 이 부분의 注釋
10)에서 주자 集註에서 "寵之四方"를 하나의 句로 본 것은 맞지 않다고 하였다(『孟子譯注』).
이또 진사이(伊藤仁齋)『맹자고의』(최경열 역, 2016)에서는 집주의 "寵之四方"을 인용하면서
이를 따랐다.
31 "衡"은 '橫'(횡)의 뜻이다[假借字]. '횡'으로 읽는다.

한 사람(폭군)이 천하에 거리낌 없이 행동하자 무왕이 (이를 방치하면 君師로서의 임무를 다하지 못하는 것이라고) 수치스럽게 여기고 다스렸으니 이는 무왕의 용기입니다. (문왕을 이어서) 무왕이 또한 한번 분노하시어 천하 백성의 삶을 안정시키셨습니다.

今王이 亦一怒而安天下之民하시면 民이 惟恐王之不好勇也리이다
금왕   역일노이안천하지민   민   유공왕지불호용야

이제 왕께서도 또한 (문왕과 무왕의 뒤를 이어) 한번 분노하여 (폭군을 제거하고 백성을 구제하고) 천하 백성을 편안히 하면 백성은 오직 왕께서 용기를 좋아하지 않을 것을 걱정할 것입니다."

4. 齊宣王이 見孟子於雪宮이러시니 王曰賢者도 亦有此樂乎잇가
   제선왕   견맹자어설궁   왕왈현자   역유차락호

孟子對曰有하니 人不得則非其上矣니이다
맹자대왈유   인부득즉비기상의

제선왕이 (왕의 별궁) 설궁에 맹자를 (머물게 하고 몸소) 찾아가서 보았다. 왕이 말했다. "현자도 또한 이런 즐거움을 추구함이 있습니까?" 맹자가 대답했다. "있지요. 사람들은 이것을 얻지 못하면 그 윗사람을 비난합니다.

이 책 『맹자』는 맹자가 왕을 찾아가 뵙는(만나는) 장면으로 시작한다 ("孟子見梁惠王"). 이번에는 왕이 현자를 찾아가 보는 장면이다 ("齊宣王

見孟子"). 동사 볼 '見'자는 같은데 주어와 목적어가 바뀐 것이다.[32]

不得而非其上者도 非也며 爲民上而不與民同樂者도 亦非也니이다
부득이비기상자　　비야　　위민상이불여민동락자　　역비야

얻지 못한다고 해서 그 윗사람을 비난하는 자도 잘못이고, 백성의 윗
사람이 되었는데 백성과 더불어 즐거움을 함께 하지 않는 자도 또한 잘
못입니다.

樂民之樂者는 民亦樂其樂하고 憂民之憂者는 民亦憂其憂하나니
락민지락자　　민역락기락　　　우민지우자　　민역우기우

樂以天下하며 憂以天下하고 然而不王者未之有也니이다
락이천하　　　우이천하　　　연이불왕자미지유야

백성이 즐기는 것을 즐기는 자에 대해서는 백성 또한 그가 즐기는 것
을 즐깁니다. 백성이 근심하는 것을 근심하는 자에 대해서는 백성 또한
그가 근심하는 것을 근심합니다. 천하 백성이 즐기는 것으로 (자신의)
즐거움으로 삼고 천하 백성이 근심하는 것으로 (자신의) 근심으로 삼는
데 그렇게 하고도 왕으로 군림하지 못할 자는 있지 않습니다.

---

32 이에 대해 도암 이재의 『맹자강설』에서의 질의응답을 본다. '여쭙겠습니다. 맹자가 제
선왕을 설궁으로 찾아가 만나지 않고 오히려 제선왕이 맹자를 설궁으로 찾아가서 만난
것은 무엇 때문입니까? 설명해주겠다. 설궁은 왕의 별궁이고 원유를 관람하는 즐거움이
있으니 왕이 현인을 대접할 의사를 가지고 맹자를 맞이했음을 이에서 볼 수 있다.'("問
不曰孟子見齊宣王於雪宮而曰齊宣王見孟子於雪宮何也　曰　雪宮王之別宮而有園囿游觀之
樂王以待賢之意邀孟子於此而見之耶"). 『孟子講說』은 필사본으로 전해지기 때문에 그 필
사본에 따라 어조사 등, 글자의 차이가 있고 내용이 일부 축약된 바가 있어서 이를 참고할
때는 위와 같이 참고한 그 원문을 해석과 함께 소개한다.

昔者에 齊景公이 問於晏子曰吾欲觀於轉附朝儛하여[33] 遵海而南하여
석자　　제경공　　문어안자왈오욕관어전부조무　　　준해이남

放于琅邪하노니[34] 吾何脩而可以比於先王觀也오
방우랑야　　　　　오하수이가이비어선왕관야

---

33 '전부와 조무는 모두 산 이름이다.'("轉附朝儛 皆山名也" 조주와 집주 동일). 산동성에 있는 명산인데 바다를 볼 수 있다고 한다. '낭야는 제나라 동남쪽 국경에 있는 고을 이름이다.'("琅邪 齊東南境上邑名" 집주). "邪"자는 고을 이름인데 '야'로 읽는다. 전부와 조무에 대해서는 이런 설명이 있다. '전부(轉附)는 태공의 묘가 있는 무릉이고, 조무(朝儛)는 환공의 묘가 있는 목릉이고, 랑야(琅邪)는 산 이름인데 월 구천의 고국이다.'("轉附 乃 太公之墓 武陵 是也 朝儛 乃桓公之墓 穆陵 是也 琅邪 山名 越王 句踐故國也"『비지구해 맹자집주』, 신구서림, 1914).『맹자』에는 고대 중국의 지명과 인명이 많이 나온다. 집주에 언급된 그런 것은 가급적 본문에 괄호를 하거나 각주에서 간략히 설명하여『맹자』를 이해하는데 지장이 되게는 하지 않았다. 그렇지만 그 이상의 상세한 설명은 자제했다. 왜 글자 하나와 한자음, 추상적인 개념 설명에는 그렇게 집착하면서 역사적 사실과 지리에 대한 설명은 소략한가라는 질문을 독자로부터 받을 것은 분명하다. 楊伯峻의『孟子譯注』를 보면 그런 인명, 지명, 역사적 사실에 대한 자세한 설명이 있다. 그런 시대 상황 속에 있었으니 맹자가 그렇게 할 수 밖에 없었던 그 처지를 이해하는데 도움이 된다. 그렇지만 지금『맹자정독』을 쓰고 있는 역자로서는 한편으로는 맹자의 사상이 그가 살았던 그 시대와 특정 지역에 갇히게 하고 싶지 않은 생각도 있었다. 맹자가 자부한 바, 오백년 뒤 그리고도 그 이후에도 계속 대대로 이어질 인류에게 전하고자 했던 그 사상적 메시지, 약간은 추상적이고 이론이지만 보편성으로 확장될 그 무엇인가를 찾아내서 지금의 독자들이 이해할 수 있도록 현대적인 용어로 전달하는 것에 역자의 우선적인 관심이 있었다. 인의, 성선설, 호연지기, 왕도정치, 정치의 목적, 왕과 백성, 왕과 신하, 지식인의 삶의 태도와 가치관 등이 그런 것이다. 맹자는 춘추전국 시대 추(鄒)나라의 인물이었지만 그를 그의 시대와 그가 활동했던 지역을 초월하여 이천년 이상이 지난 지금에도 인류가 공감할 수 있는 그런 말을 해주는 사상가로 소개하는데 더 역점을 두었다.

34 '于'는『孟子注疏』(孫奭 疏),『孟子正義』(焦循 撰),『漢文大系』「孟子定本」에 "於"로 되어 있다. 위의 이런 책은 공통적으로 조기의 주를 위주로 하는 것이다. 이렇게 맹자본문(대문)에 있어서 집주를 위주로 하는 책과 조주를 위주로 하는 책이 그 주석만 다른 것이 아니라 맹자본문(대문)의 글자에 있어서도 다른 것이 있다. 바로 위의 사례가 그러한데, 집주본에는 '于'자로 되어 있는데 조주본에는 '於'자로 되어 있다. 이 책『맹자정독』의 맹자본문(대문)은『맹자집주대전』(정유자본)을 따랐고, 그렇기 때문에 집주를 위주로 하는 판본이 된다. 관본『맹자언해』와 1900년대 이후에 현대적인 책으로 다수 간행된 다양한『맹자집주』도 집주의 경향을 따랐다. 이런 집주본과 다른 글자가 있으면 그것은 대부분 조주

(그런 사례를 말씀드리겠습니다.) 옛날에 제경공이 (신하) 안자(안영)에게 묻기를 '내가 전부산과 조무산에서 놀고 바다를 따라서 남하하여 낭야에 이르고자 한다. 내 어찌 처신해야 선왕이 놀았던 바에 비견될 수 있겠는가?'라고 했습니다.

晏子對曰善哉라 問也여 天子適諸侯曰巡狩니 巡狩者는 巡所守也요
안자 대 왈 선 재　　문 야　천 자 적 제 후 왈 순 수　　순 수 자　　순 소 수 야

諸侯朝於天子曰述職이니 述職者는 述所職也니 無非事者요
제 후 조 어 천 자 왈 술 직　　술 직 자　　술 소 직 야　　무 비 사 자

春省耕而補不足하며 秋省斂而助不給하나니 夏諺에 曰吾王이 不遊면
춘 성 경 이 보 부 족　　추 성 렴 이 조 불 급　　　하 언　왈 오 왕　불 유

吾何以休며 吾王이 不豫면 吾何以助리오
오 하 이 휴　　오 왕　불 예　오 하 이 조

본인데, 이런 글자가 나오면 각주에서 언급하면서 그런 책들을 총칭하여 "조주본"이라고 하였다. 다만, 『趙註孟子』라고 일본에서 1789년에 간행된 책이 있는데, 이 책은 맹자본문(대문)과 조주로 구성된 것인데, 위에서 열거한 조주본과 맹자본문(대문)이 같은데, 특이하게도 다른 조주본과는 달리 집주본과 동일한 글자로 된 사례가 있어서 필자가 총칭하는 "조주본"에서는 제외하였다. 이런 사례가 있기 때문에 맹자본문(대문)을 집주를 위주로 하는 판본과 조주를 위주로 하는 판본으로 일률적으로 구분하는 것 자체가 조심스러운 작업이기도 한다. 필자가 이 책에서 말하는 "조주본"이란 것은 위의 3개의 책을 지칭하는 것인데, 『맹자』를 심도 있게 공부하는 독자들이 지금도 많이 보는 책으로 위에서 언급한 조주에 대한 손석 소, 초순 찬 『孟子注疏』 2책과 일본에서 간행된 『漢文大系』ー「孟子定本」의 맹자본문(대문)을 말하는 것이다. 다만 『漢文大系』「孟子定本」의 경우, 조주와 집주가 함께 소개되어 있는데 맹자 본문(대문), 그리고 조주 등이 나온 다음에 각각의 章 끝 부분에 '朱注'[집주]를 붙였고, 맹자 본문(대문) 자체는 위에서 말하는 조주본을 따랐다. 또한 『新訂四書補註備旨 孟子』(鄧林)은 맹자 본문(대문)과 鄧林 句解에 이어서 "註"[집주], "講"의 순서로 설명이 이어지는데 위에서 지적한 바 "放于琅邪"의 于자가 그 본문(대문)에는 조주본과 같이 "於"로 되어있다. 이렇기 때문에 맹자본문(대문)을 조주본과 집주본으로 분류하는 것 자체가 곤란하다. 다만, 이 책에서는 중복적으로 서명을 나열하는 것을 피하기 위하여 그 본문이 동일한 3종류만을 조주본이라고 하였다.

一遊一豫爲諸侯度라하니이다
일 유 일 예 위 제 후 도

　안자가 대답했습니다. '참으로 좋은 질문을 하셨습니다! 천자가 제후의 나라에 가는 것을 순수라고 합니다. 순수는 지키는 곳을 둘러보는 것입니다. 제후가 천자에게 조회하는 것을 술직이라고 합니다. 술직은 맡은 직무를 보고하는 것이니 일 아닌 것이 없습니다. 봄에는 경작 상황을 살펴서 부족한 물자를 보충해주고 가을에는 수확을 살펴서 부족한 인력을 보조해줍니다. 하나라 속담에 이르기를 〈우리 왕께서 유람하지 않으면 우리가 어찌 편히 쉬며 우리 왕께서 병환으로 즐기지 못하면 우리가 어찌 도움을 받을 수 있겠는가! (우리 왕께서) 한번 유람하고 한번 즐기는 것이 제후에게 법도가 된다.〉고 했습니다.

今也에는 不然하여 師行而糧食하여 飢者弗食하며 勞者弗息하여
금 야　　불 연　　사 행 이 량 식　　기 자 불 식　　로 자 불 식

睊睊胥讒하여 民乃作慝이어늘 方命虐民하여 飮食若流하여
견 견 서 참　　민 내 작 특　　　방 명 학 민　　음 식 약 류

流連荒亡하여 爲諸侯憂하나니이다
류 련 황 망　　위 제 후 우

　(그런데 왕께서 다스리는) 이제는 그렇지 않아서 (왕을 따라) 무리로 몰려다니면서 백성의 양식을 먹어치우니 굶주린 자가 먹지 못하고 노역하는 자가 쉬지 못하여 곁눈질로 흘겨보며 서로 비방합니다. 이에 백성은 원망하고 증오합니다. 그럼에도 (선왕의) 명을 거역하고 백성을 학대하고 먹고 마시기를 물 쓰듯 사치스럽게 하여 (끝없이 놀러 다니며 나라

를 망치는) 유련황망의 행패를 부리니 (작은 나라) 제후들의 근심거리가
되고 있습니다.

從流下而忘反을 謂之流요 從流上而忘反을 謂之連이요
종 류 하 이 망 반　　위 지 류　　종 류 상 이 망 반　　위 지 련

從獸無厭을 謂之荒이요 樂酒無厭을 謂之亡이니
종 수 무 염 을　위 지 황　　락 주 무 염 을　위 지 망

(유흥으로 배를 띄워놓고) 물길을 따라 아래로 멋대로 흘러가게 하고
돌아오기를 잊은 것을 유(流)라고 하고, (배를 끌어서 물길을) 거슬러
올라가 돌아오기를 잊은 것을 연(連)이라고 합니다. (사냥하러 가서) 짐
승을 쫓는데 만족이 없는 것을 황(荒)이라고 합니다. 술을 즐겨서 싫증
내지 않는 것을 망(亡)이라고 합니다.

先王은 無流連之樂과 荒亡之行하더시니 惟君所行也니이다
선 왕　　무 류 련 지 락　황 망 지 행　　　　유 군 소 행 야

선왕께서는 이런 유련의 오락과 황망의 행차가 없었습니다. (고을 수
령과 부용국 제후의 근심거리가 될 것인지, 아니면 선왕의 법도를 행할
것인지 그것은) 오직 임금께서 행하시는 바에 달려있습니다.'

景公이 說하여 大戒於國하고 出舍於郊하여 於是에 始興發하여
경 공　　열 하 여　대 계 어 국　　출 사 어 교　　어 시　　시 흥 발

補不足하고 召大師日爲我하여 作君臣相說之樂하라하니
보 부 족　　소 태 사 왈 위 아　　작 군 신 상 열 지 악

蓋徵招角招是也라 其詩曰畜君何尤리오하니 畜君者는
개 치 소 각 소 시 야　　 기 시 왈 축 군 하 우　　　　 축 군 자

好君也니이다[35]
호 군 야

(제)경공이 (안자의 진심어린 충고를 듣고는 놀라고 또한) 기뻐하면서
나라에 크게 명(命)을 내리고 자책하는 마음으로 교외에 나가서 거처하
면서 백성의 형편을 살피며 이에 비로소 창고를 열어 부족한 것을 보충
해주고 악사의 대장을 불러서 말하기를, '나를 위하여 임금과 신하가 서로
기뻐하는 음악을 만들라!'고 했으니, 치소와 각소입니다. 그 가사에 이르
기를, '(신하가) 임금의 욕심을 제지하는데 무엇을 탓하랴!'라고 했으니
(신하가) 임금의 욕심을 제지하는 것은 임금을 좋아하는 것입니다."

5. 齊宣王이 問曰人皆謂我毁明堂이라하나니[36] 毁諸아 已乎잇가
　　제 선 왕　　 문 왈 인 개 위 아 훼 명 당　　　　　　 훼 저　　 이 호

　제선왕이 질문했다. "사람들이 모두 나에게 말하기를 (천자가 제후에

---

35 '소는 순임금의 음악이다.'("招 舜樂也" 집주). '畜'(축)자에 대해 '안자가 능히 그 임금의
욕심을 제지하니("晏子能畜止其君之欲" 집주)라는 설명이 있다. 안자가 제경공의 잘못을
바로잡았다는 말이다. '徵招'와 '角招'의 한자음은 『맹자언해』(1590년 교정청간행 도산서
원소장본; 내각장판; 임술계춘 영영장판; 율곡언해)와 『한한대사전』(단국대학교 동양학연
구소 편찬, 단국대학교 출판부 발행, 1999)에 '치소', '각소'로 되어 있다. 『맹자집주대전』에
'徵자의 한자음은 반절로 척이다.'("徵陟里反")라고 되어 있다. '招'는 순임금의 음악인 '韶'
(소)와 통용된다("招與韶同" 집주대전 소주)고 한다.
36 명당에 대해 이런 설명이 있다. '조씨가 말하기를 명당은 태산의 명당인데 주나라 천자
가 동쪽으로 순수할 때 제후에게 조회 받던 곳이다.'("趙氏曰明堂 泰山明堂 周天子東巡守
朝諸侯之處" 집주)

게 조회를 받으며 명령하던) 명당(明堂)을 (이제 다시는 천자가 제후를 순수할 일이 없으니) 헐라고 합니다. (명당을) 헐까요? 그만둘까요?"

孟子對曰夫明堂者는 王者之堂也니 王欲行王政則勿毀之矣소서
맹자 대 왈 부 명 당 자　　왕 자 지 당 야　　왕 욕 행 왕 정 즉 물 훼 지 의

맹자가 대답했다. "(순수의 예법은 사라졌으나 아직 왕자의 정신은 살아있습니다.) 명당은 왕자(王者)가 정치하던 곳이니 왕께서 (천하를 다스리는) 왕자의 정치를 목표로 하신다면 헐지 마십시오."

王曰王政을 可得聞與잇가 對曰昔者文王之治岐也에 耕者를 九一하며
왕 왈 왕 정　　가 득 문 여　　대 왈 석 자 문 왕 지 치 기 야　　경 자　　구 일

仕者를 世祿하며 關市를 譏而不征하며 澤梁을 無禁하며 罪人을
사 자　세 록　　관 시　　기 이 부 정　　　택 량　　무 금　　죄 인

不孥하더시니 老而無妻曰鰥이오 老而無夫曰寡요 老而無子曰獨이오
불 노　　　로 이 무 처 왈 환　　로 이 무 부 왈 과　　로 이 무 자 왈 독

幼而無父曰孤니 此四者는 天下之窮民而無告者어늘
유 이 무 부 왈 고　　차 사 자　　천 하 지 궁 민 이 무 고 자

文王이 發政施仁하사대 必先斯四者하시니 詩云哿矣富人이어니와
문 왕　　발 정 시 인　　　필 선 사 사 자　　　시 운 가 의 부 인

哀此煢獨이라하니이다
애 차 경 독

왕이 말했다. "(그렇다면) 왕자의 정치에 대해 들어볼 수 있겠습니까?"
맹자가 대답했다. "옛날에 주나라 문왕이 기(岐)를 다스릴 때 (정전법을

시행하여) 경작자에겐 (여덟 가구가 공동으로 하나의 공전을 경작하여 그것을 세금으로 내는) 구일(九一)의 세제를 적용했습니다. 선왕 때 벼슬한 신하의 자손은 (교육하여 우수한 자는 벼슬을 주고 그렇지 못한 자에게도 생활할 수 있도록) 대대로 녹봉을 주었습니다. 도로의 관문과 도읍의 시장에서는 (다만 특이한 자를) 살필 뿐 과세하지 않았고, 물이 흐르는 곳에 통발을 설치하여 어로행위를 하는 것을 금하지 않았고, 죄인만 처벌할 뿐 그 처자에겐 연좌하지 않았습니다. 늙고 처가 없는 이를 홀아비, 늙고 남편이 없는 이를 과부, 늙고 자식이 없는 이를 독거노인, 어리고 부모 없는 아이를 고아라고 합니다. 이 네 종류의 사람들은 천하에 궁핍한 백성이니 어디 하소연할 데가 없습니다. 문왕이 좋은 정치를 행하고 어진 덕을 베풀 때 반드시 이들 넷을 우선으로 했습니다. 『시경』에 이르기를 '그래도 부자는 괜찮아, 의지할 데 없는 이들이 애처롭지!'라고 했습니다."

王曰善哉라 言乎여 曰王如善之則何爲不行이니잇고
왕왈선재　　언호　　왈왕여선지즉하위불행

王曰寡人이 有疾호니 寡人은 好貨하노이다 對曰昔者에
왕왈과인　유질　　과인　호화　　　　대왈석자

公劉好貨하더시니 詩云乃積乃倉이어늘
공류호화　　　　시운내적내창

乃裹餱糧을 于橐于囊이오아 思戢用光하여 弓矢斯張하며
내과후량　우탁우랑　　　사집용광　　궁시사장

干戈戚揚으로 爰方啓行이라하니 故로 居者有積倉하며
간과척양　　원방계행　　　　고　거자유적창

行者有裹糧也然後에야 可以爰方啓行이니 王如好貨어시든
행 자 유 과 량 야 연 후　　가 이 원 방 계 행　　왕 여 호 화

與百姓同之하시면 於王에 何有리잇고
여 백 성 동 지　　　어 왕　　하 유

왕이 말했다. "참으로 좋은 말씀입니다!" 맹자가 말했다. "왕께서는 저의 말을 좋게 여기시면서 왜 실행은 하지 않으십니까?" 왕이 말했다. "과인에겐 병통이 있습니다. 과인은 재물과 돈을 좋아합니다." 맹자가 대답했다. "(그러면 왕께서 좋아하시는 바를 가지고 말씀을 드리겠습니다.) 옛날에 (제후국 주나라 임금) 공유가 재화를 좋아했습니다. 『시경』에 '(들판에) 노적가리 높게 쌓고 (집안) 곳간에도 먹을 것을 쌓아두고, (이동할 때 먹을) 말린 밥을 전대에 넣고 자루에도 넣었네. 백성을 편안하게 하여 나라를 빛낼 일을 생각하며 활과 화살을 이에 마련하고 창과 방패와 도끼를 가지고 이에 비로소 (새 도읍지로) 먼 길을 떠나네!'라고 했습니다. 그래서 거주하는 백성에게는 노적가리와 곳간에 비축한 식량이 있고, 떠날 때 따르는 백성에게는 전대와 자루에 마련한 식량이 있은 다음에 이에 비로소 먼 길을 떠날 수 있었습니다. 왕께서 재물과 돈을 좋아하시면 그것을 백성과 함께 하십시오. 그러면 천하에 왕으로 군림하는데 어떤 어려움이 있겠습니까?"

王曰寡人이 有疾호니 寡人은 好色하노이다 對曰昔者에 大王이[37]
왕 왈 과 인　유 질　　과 인　호 색　　　대 왈 석 자　태 왕

---

37 '태왕은 공유의 9세손이다…고공은 태왕의 본래 칭호이다. 후에 그를 추존하여 태왕이라고 했다. 단보는 태왕의 이름이다.'("大王 公劉九世孫…古公 大王之本號 後乃追尊 爲大王也 亶父 大王名也" 집주)

好色하사 愛厥妃하더시니 詩云古公亶父來朝走馬하사
호색　　애궐비　　　　　시운고공단보래조주마

率西水滸하여 至於岐下하여[38] 爰及姜女로 聿來胥宇라하니
솔서수호　　지어기하　　　원급강녀　　율래서우

當是時也하여 內無怨女하며 外無曠夫하니 王如好色이어시든
당시시야　　내무원녀　　　외무광부　　　왕여호색

與百姓同之하시면 於王에 何有리잇고
여백성동지　　　　어왕　　하유

왕이 말했다. "과인은 병통이 (또) 있습니다. 과인은 여색을 밝힙니다." 맹자가 대답했다. "옛날에 태왕이 여색을 밝혀서 그의 왕비를 사랑했습니다. 『시경』에 이르기를 '고공단보가 (침략을 피해) 아침에 말을 달려 서쪽 물가를 따라가서 기산 아래에 이르시니 이에 (부인) 강녀와 함께 와서 살 집터를 보시니라!'고 했습니다. 이런 시대에는 안으로는 남편이 없어서 원망하는 여자가 없었고 밖으로는 홀아비가 없었습니다. 왕께서 여색을 밝히신다면 백성도 함께 그렇게 할 수 있게 해주십시오. 그러면 천하에 왕으로 군림하는데 어떤 어려움이 있겠습니까?"

6. 孟子謂齊宣王曰王之臣이 有託其妻子於其友而之楚遊者比其反也하여
　맹자위제선왕왈왕지신　유탁기처자어기우이지초유자비기반야

則凍餒其妻子어든 則如之何잇고 王曰棄之니이다
즉동뇌기처자　　　즉여지하　　　왕왈기지

맹자가 제선왕에게 말했다. "왕의 신하 중에 그의 처자를 그의 친구에게 맡기고 초나라로 가서 유람한 자가 있었는데, 그가 돌아와서 보니 그의 처자가 헐벗고 굶주린 상태로 방치되었다면 어떻게 할까요?" 왕이 말했다. "그런 자를 버립니다."

日士師不能治士어든 則如之何잇고 王曰已之니이다
왈 사 사 불 능 치 사　　　즉 여 지 하　　　왕 왈 이 지

맹자가 말했다. "형벌을 관장하는 법관이 수하의 관리들을 다스리지 못하면 (그래서 형벌이 공평함을 잃으면) 곧 그를 어떻게 조치하시겠습니까?" 왕이 말했다. "그를 그만두게 하지요."

日四境之內不治어든 則如之何잇고 王이 顧左右而言他하시다
왈 사 경 지 내 불 치　　　즉 여 지 하　　　왕　　　고 좌 우 이 언 타

맹자가 말했다. "(이제 왕께서 다스리는 제나라를 둘러보니 백성은 헐벗고 굶주리며 형벌은 공평함을 잃어서) 사방으로 나라 안이 다스려지지 않았다면 어떻게 하시겠습니까?" 왕이 좌우를 둘러보고 화제를 돌렸다.

7. 孟子見齊宣王曰所謂故國者는 非謂有喬木之謂也라 有世臣之謂也니
　　맹 자 견 제 선 왕 왈 소 위 고 국 자　　　비 위 유 교 목 지 위 야　　　유 세 신 지 위 야

王無親臣矣샤소이다 昔者所進을 今日에 不知其亡也온여³⁹
왕 무 친 신 의　　　석 자 소 진　　　금 일　　　부 지 기 망 야

맹자가 제선왕을 뵙고 말했다. "이른바 유구한 역사의 나라는 높고 큰 나무가 있음을 말하는 것이 아닙니다. 대대로 벼슬하면서 나라와 운명을 같이하는 오랜 신하가 있음을 말하는 것입니다. 그런데 왕에게는 친히 신임하여 고락을 같이할 신하가 없습니다. 예전에 등용한 신하가 이제는 없다는 것을 알지도 못합니다."

王曰吾何以識其不才而舍之잇고
왕 왈 오 하 이 식 기 부 재 이 사 지

왕이 말했다. "내 어찌해야 그렇게 재주 없는 자를 알아보고 버립니까?"

曰國君이 進賢호대 如不得已니 將使卑로 踰尊하며 疏로 踰戚이니
왈 국 군   진 현   여 부 득 이   장 사 비   유 존   소   유 척

可不愼與잇가
가 불 신 여

맹자가 말했다. "나라 임금이 현인을 초빙할 때 마지못해서 하는 것처럼 (신중히) 합니다. (왕의 측근 신하 중에는 적임자가 없어서 현인으로서) 낮은 위치에 있는 사람을 뽑아서 높은 사람보다 위에 있게 하고,

---

39 "不知其亡"을 집주에서는 이렇게 설명한다. '어제 등용한 사람이 오늘에는 가버리고 없는데도 알지 못하니 임금이 신임하여 운명을 같이할 친신이 없는 것이다. 그러니 어찌 여러 대에 공이 있는 신하로서 나라와 더불어 운명을 같이할 세신을 기대하랴!("昨日所進 用之人 今日 有亡去而不知者 則無親臣矣 況世臣乎"). 조주에서는 이렇게 설명한다. '왕이 신하를 쓸 때 잘 살피지 않아서 지난 날 알게 된 자가 이제 악인이 되어서 마땅히 죽여야 하는데 왕은 그것을 모른다.'("言王取臣不詳審 往日之所知 今日為惡 當誅亡 王無以知也")

(왕이 친히 신임하는 신하 중에는 적임자가 없어서 현인으로서 친분이
적은) 소원한 사람을 뽑아서 가까운 사람보다 위에 있게 하려고 하는데
(이렇게 특별한 경우에 어찌) 신중하지 않을 수 있겠습니까?

左右皆曰賢이라도 未可也하며 諸大夫皆曰賢이라도 未可也하고
좌 우 개 왈 현   미 가 야   제 대 부 개 왈 현   미 가 야

國人이 皆曰賢然後에 察之하여 見賢焉然後에 用之하며
국 인   개 왈 현 연 후   찰 지   견 현 언 연 후   용 지

左右皆曰不可라도 勿聽하며 諸大夫皆曰不可라도 勿聽하고
좌 우 개 왈 불 가   물 청   제 대 부 개 왈 불 가   물 청

國人이 皆曰不可然後에 察之하여 見不可焉然後에 去之하며
국 인   개 왈 불 가 연 후   찰 지   견 불 가 언 연 후   거 지

좌우의 가까운 신하들이 모두 어질다고 말해도 부족하고, (그들보다
더 공정한) 대부들이 모두 어질다고 말해도 (자기 쪽 사람을 추천한 것
인지 모르니) 그것으론 부족합니다. 나라 사람들이 모두 어질다고 말한
뒤에야 (공론이니) 살펴서 그의 현명한 장점을 직접 본 연후에 씁니다.
좌우가 모두 쓰지 말라고 말해도 듣지 말고 대부들이 모두 안 된다고
말해도 듣지 말고, 나라 사람들이 모두 안 된다고 말한 뒤에 살펴서 써선
안 될 사유를 직접 본 뒤에 버립니다.

左右皆曰可殺이라도 勿聽하며 諸大夫皆曰可殺이라도 勿聽하고
좌 우 개 왈 가 살   물 청   제 대 부 개 왈 가 살   물 청

國人이 皆曰可殺然後에 察之하여 見可殺焉然後에 殺之니
국 인   개 왈 가 살 연 후   찰 지   견 가 살 언 연 후   살 지

故로 曰國人이 殺之也라하니이다
고　　왈국인　　살지야

　　좌우의 신하들이 모두 죽일 수 있다고 말해도 듣지 말고 대부들이 모두 죽일 수 있다고 말해도 (파벌적인 감정 때문에 그런 것인지 알 수 없으니) 듣지 말고 나라 사람들이 모두 죽일 수 있다고 말한 다음에야 살펴보고 죽일만한 사유를 직접 본 다음에 죽입니다. 이렇게 했기 때문에 말하기를 '(왕이 죽인 것이 아니라) 나라 사람이 죽인 것'이라고 하는 것입니다.

如此然後에 可以爲民父母니이다
여차연후　　가이위민부모

　　이런 다음에야 백성의 부모가 되는 것입니다."

8. **齊宣王이 問曰湯이 放桀하시고 武王이 伐紂라하니 有諸잇가**
　　제선왕　　문왈탕　　방걸　　　　무왕　　벌주　　　　유저

孟子對曰於傳에 有之하니이다
맹자대왈어전　　유지

　　제선왕이 질문했다. "탕이 (폭군) 걸을 유폐시키고 무왕이 (폭군) 주를 토벌했다는데 그런 일이 있었나요?" 맹자가 대답했다. "『서경』에 그런 말이 있습니다."

曰臣弑其君이 可乎잇가
왈 신 시 기 군   가 호

제선왕이 말했다. "신하가 (섬기던) 그 임금을 시해하는 것이 가능합
니까?"

曰賊仁者를 謂之賊이요 賊義者를 謂之殘이요 殘賊之人을
왈 적 인 자   위 지 적   적 의 자   위 지 잔   잔 적 지 인

謂之一夫니 聞誅一夫紂矣요 未聞弑君也케이다
위 지 일 부   문 주 일 부 주 의   미 문 시 군 야

맹자가 말했다. "인(仁)을 해롭게 하는 자를 적(賊)이라 하고, 의(義)를
해롭게 하는 자를 잔(殘)이라 합니다. 잔과 적으로 분류된 자는 (백성이
모두 떠난) 한 사내에 불과합니다. (지지자와 백성이 모두 떠나고 홀로
남은) 한 사내인 주(紂)를 죽였다는 말은 들었지만 (신하가) 임금을 시해
했다는 말은 듣지 못했습니다."

9. 孟子見齊宣王曰爲巨室則必使工師로 求大木하시리니
   맹 자 견 제 선 왕 왈 위 거 실 즉 필 사 공 사   구 대 목

   工師得大木則王이 喜하여 以爲能勝其任也라하시고 匠人이
   공 사 득 대 목 즉 왕   희   이 위 능 승 기 임 야   장 인

斲而小之則王이[40] 怒하여 以爲不勝其任矣라하시리니
착 이 소 지 즉 왕　　노　　　이 위 불 승 기 임 의

夫人이 幼而學之는 壯而欲行之니 王曰姑舍女의 所學하고
부 인　　유 이 학 지　　장 이 욕 행 지　　왕 왈 고 사 여 의　　소 학

而從我라하시면 則何如하니잇고
이 종 아　　　　즉 하 여

맹자가 제선왕을 뵙고 말했다. "큰 궁궐을 짓는다면 반드시 목수의 대장에게 큰 목재를 구하게 하실 것입니다. 목수의 대장이 큰 목재를 구하면 왕은 기뻐하면서 (이런 큰 목재라면) 능히 그 맡은 바 임무를 감당할 수 있다고 할 것입니다. 목수들이 그것을 깎다가 작게 하면 왕은 노하여 (이런 작은 목재로는) 능히 그 맡은 바 임무를 감당할 수 없다고 할 것입니다. (나라의 큰 인재가 될) 사람이 어려서부터 공부하는 것은 장년이 되어 (배운 것을) 실행하기 위함인데, 왕께서 말씀하시기를 '아직은 너의 배운 바를 놔두고 나를 따르라!'고 하시면 (이것은 크게 배운 사람을 왕께서 작게 하시는 것이니) 어떻게 되겠습니까?

今有璞玉於此하면 雖萬鎰이라도 必使玉人彫琢之하시리니
금 유 박 옥 어 차　　　　수 만 일　　　　필 사 옥 인 조 탁 지

---

40 "斲"자는 도선서원 소장본 『맹자언해』(1590)에 "툭", 그 이후에 간행된 『맹자언해』(내각장판을 비롯한 관본언해, 율곡언해)에 "촉"이라고 되어 있다. 1932년에 간행된 『언해맹자』(문언사)까지도 "촉"으로 되어 있다. 그러나 1913년 간행된 『현토석자구해 집주맹자』(대창서원)에는 "착"이라고 되어 있다. 한자 사전을 보면, 1915년에 나온 조선광문회 『新字典』(신문관)을 비롯하여 지금의 『한한대사전』(단국대학교 출판부, 1999) 등에서 "착"으로 표시하고 있다.

至於治國家하여는 則曰姑舍女의 所學하고 而從我라하시면
지어치국가   즉왈고사여   소학   이종아

則何以異於敎玉人彫琢玉哉잇고
즉하이이어교옥인조탁옥재

이제 여기에 (옥이 돌 가운데 박혀있는) 박옥이 있으면 비록 만 일(萬
鎰)의 큰 비용이 들더라도 반드시 옥 다듬는 전문 장인에게 가공을 맡기
실 것입니다. (지금 나라는 가공하지 않은 박옥과 같은 상태인데) 그런
데 나라를 다스리는 데에 있어서는 말씀하시기를, '잠시 너의 배운 바를
버려두고 나를 따르라'고 하시면 옥 다듬는 장인을 가르쳐서 옥을 다듬
게 하는 것과 무엇이 다르겠습니까?'

10. 齊人이 伐燕勝之어늘
    제인   벌연승지

제나라 사람들이 (연나라 왕 자쾌가 그의 신하 자지에게 왕위를 물려
준 사건으로 크게 혼란했던) 연나라를 쳐서 이겼다.

宣王이 問曰或謂寡人勿取라하며 或謂寡人取之라하나니
선왕   문왈혹위과인물취   혹위과인취지

以萬乘之國으로 伐萬乘之國호대 五旬而擧之하니 人力으로
이만승지국   벌만승지국   오순이거지   인력

不至於此니 不取하면 必有天殃이니 取之何如하니잇고
부지어차   불취   필유천앙   취지하여

제선왕이 질문했다. "어떤 이는 과인에게 차지하지 말라고 하고 또 어떤 이는 과인에게 차지하라고 합니다. (제나라와 같이 전투에 쓰는) 수레 만대 규모의 나라의 국력으로 (연나라 같은) 수레 만대 규모의 나라를 공격해 50일 만에 쳐서 멸망시켰습니다. 사람의 힘만으로는 이런 성과에 이를 수 없었을 것입니다. 그 나라를 차지하지 않으면 반드시 하늘이 내리는 재앙이 있을 것인데 차지하는 것이 어떻겠습니까? (연나라를 차지하는 것이 하늘의 뜻 아니겠습니까?)"

孟子對曰取之而燕民이 悅則取之하소서 古之人이 有行之者하니
맹 자 대 왈 취 지 이 연 민　　열 즉 취 지　　　고 지 인　　유 행 지 자

武王이 是也니이다 取之而燕民이 不悅則勿取하소서
무 왕　　시 야　　　취 지 이 연 민　　불 열 즉 물 취

古之人이 有行之者하니 文王이 是也니이다
고 지 인　　유 행 지 자　　문 왕　　시 야

맹자가 대답했다. "(연나라를) 차지하려는데 연나라 백성이 기뻐하면 차지하십시오. 옛 사람이 그렇게 했는데 (은나라 폭군 紂를 친) 무왕이 이런 사례입니다. 차지하려는데 연나라 백성이 기뻐하지 않으면 차지하지 마십시오. 옛 사람이 그렇게 했는데 (천하의 2/3를 소유하고도 은나라를 섬긴) 문왕이 이런 사례입니다.

以萬乘之國으로 伐萬乘之國이어늘 簞食壺漿으로 以迎王師는
이 만 승 지 국　　　벌 만 승 지 국　　　단 사 호 장　　　이 영 왕 사

豈有他哉리오 避水火也니 如水益深하며
기 유 타 재　　피 수 화 야　　여 수 익 심

如火益熱이면 亦運而已矣니이다
여 화 익 열   역 운 이 이 의

　수레 만대 규모의 나라가 수레 만대 규모의 나라를 공격하는데 (백성이) 대나무 소쿠리에 밥을 담고 단지에 마실 것을 담고서 (제나라) 왕의 군대를 노상에서 환영하는 데에는 어찌 다른 이유가 있겠습니까? 불과 물(과 같이 무서운 연나라 폭정)을 피하자는 것입니다. 만약 물이 더욱 깊어질 것 같고 만약 불이 더욱 뜨거워질 것 같으면 또한 (백성의 마음은 다른 데로) 옮겨갈 것입니다.”

11. 齊人이 伐燕取之한대 諸侯將謀救燕이러니
　　제 인　벌 연 취 지　　제 후 장 모 구 연

　宣王이 曰諸侯多謀伐寡人者하니 何以待之잇고
　선 왕　왈 제 후 다 모 벌 과 인 자　　하 이 대 지

　孟子對曰臣은 聞七十里로 爲政於天下者는 湯이 是也니
　맹 자 대 왈 신　문 칠 십 리　위 정 어 천 하 자　탕　시 야

　未聞以千里로 畏人者也케이다
　미 문 이 천 리　외 인 자 야

　제나라 사람들이 연나라를 공격해서 그 나라를 차지했다. 제후들이 (연합해서) 장차 연나라를 구할 것을 도모했다. 제선왕이 말했다. “제후 중에 과인을 치기를 도모하는 자가 많으니 어떤 방법으로 대비해야 합니까?” 맹자가 대답했다. “신은 칠십 리 영토로 일어나 천하를 정벌한 분에 대해서는 들은 적이 있습니다. 탕이 바로 이런 분입니다. 그러나 (제나

라와 같이) 천 리의 영토를 가지고 있으면서 남을 두려워했다는 자에 대해서는 들어보지 못했습니다.

書에 日湯이 一征을 自葛로 始하신대 天下信之하여
서　 왈탕　 일정　 자갈　 시　　 천하신지

東面而征에 西夷怨하며 南面而征에 北狄이 怨하여
동면이정　 서이원　　 남면이정　 북적　 원

日奚爲後我오하여 民이 望之호대 若大旱之望雲霓也하여
왈해위후아　　 민　 망지　 약대한지망운예야

歸市者不止하며 耕者不變이어늘 誅其君而弔其民하신대
귀시자부지　 경자불변　　 주기군이조기민

若時雨降이라 民이 大悅하니 書에 日徯我后하다소니
약시우강　 민　 대열　 서　 왈혜아후

后來하시니 其蘇라하니이다
후래　　 기소

『서경』에 이르기를, '탕이 첫 정벌을 갈에서 시작했다.'고 했습니다. 당시 천하가 탕을 믿어서 동쪽으로 치면 서쪽 오랑캐 백성이 원망하고 남쪽으로 치면 북쪽 오랑캐 백성이 원망하며 말하기를, '어찌 우리를 나중으로 하는가!'라고 했고, 백성이 탕을 기다리는데 마치 큰 가뭄에 비를 내리는 구름과 무지개를 갈구하는 것과 같았습니다. 시장에 가는 자는 걸음을 멈추지 않았고 경작하는 자는 밭 경작을 멈추지 않았습니다. 그 나라 폭군을 죽여 그 백성을 위로하니 마치 때에 맞게 단비가 내리는 것 같아서 백성이 크게 기뻐했습니다. 『서경』에 이르기를, '우리 (탕)임금을 기다렸는데 (탕)임금이 오시니 백성은 다시 살아나네.'라고 했습니다. (이렇게 탕임금은 칠십 리 영토로도 정치를 잘했습니다.)

今에 燕虐其民이어늘 王往而征之하시니 民이
금   연학기민   왕왕이정지   민

以爲將拯己於水火之中也라하여 簞食壺漿으로
이위장증기어수화지중야   단사호장

以迎王師어늘 若殺其父兄하며 係累其子弟하며
이영왕사   약살기부형   계루기자제

毀其宗廟하며 遷其重器하면 如之何其可也리오
훼기종묘   천기중기   여지하기가야

天下固畏齊之疆也니 今又倍地而不行仁政이면 是는
천하고외제지강야   금우배지이불행인정   시

動天下之兵也니이다
동천하지병야

이제 연나라가 그 백성을 학대하기에 왕께서 가서 쳤던 것이고 백성
은 장차 자신들을 물과 불같은 고통스런 지옥 가운데서 구해줄 것으로
믿고 대나무 소쿠리에 밥을 담고 단지에 마실 것을 담고서 왕의 군대를
노상에서 환영했던 것입니다. 그런데 만일 (탕이 했던 바와는 정반대로)
그들의 부형을 살해하고 그들의 자제를 결박하고 그들의 종묘를 훼손하
고 그들의 보배로운 기물을 옮긴다면 어찌 그런 짓이 가당하겠습니까?
천하가 진실로 제나라의 강함을 두려워하는데 이제 또 (추가로 연나라
를 차지해) 영토를 배로 확장하고 어진 정치를 행하지 않는다면 이는
천하의 군대를 출동하게 만드는 것입니다.

王速出令하사 反其旄倪하시며 止其重器하시고
왕 속 출 령   반 기 모 예   지 기 중 기

謀於燕衆하여 置君而後에 去之則猶可及止也리이다
모 어 연 중   치 군 이 후   거 지 즉 유 가 급 지 야

　왕께서는 속히 장수와 병졸들에게 명령을 내려서 그들의 노인과 아이를 돌려보내고 그들의 보배로운 기물을 약탈하기를 멈추고 연나라 백성의 무리에게 논의를 붙여서 (명망 있는 어진 자로) 임금을 세워준 다음에 떠난다면 (천하의 군대와 대적하는 사태를) 아직은 막을 수 있습니다."

12. 鄒與魯閧이러니 穆公이 問曰吾有司死者三十三人이로대
　　추 여 로 홍   목 공   문 왈 오 유 사 사 자 삼 십 삼 인

而民은 莫之死也하니 誅之則不可勝誅요
이 민   막 지 사 야   주 지 즉 불 가 승 주

不誅則疾視其長上之死而不救하니 如之何則可也잇고
부 주 즉 질 시 기 장 상 지 사 이 불 구   여 지 하 즉 가 야

　추나라와 노나라 사이에 전투가 있었다. (추나라 임금) 목공이 질문했다. "우리 유사[장수] 33명이 전사했는데 (일반) 백성은 죽은 자가 없습니다. (이런 백성을) 죽이려 해도 죄다 죽일 수 없고, 죽이지 않으려고 해도 그들의 유사[장수]들이 죽는데 증오하는 눈으로 보기만 하고 구하지 않으니 어찌하면 좋습니까?"

孟子對曰凶年饑歲에 君之民이 老弱은 轉乎溝壑하고
맹자대왈흉년기세　군지민　로약　전호구학

壯者는 散而之四方者幾千人矣요 而君之倉廩이 實하며
장자　산이지사방자기천인의　이군지창름　실

府庫充이어늘 有司莫以告하니 是는 上慢而殘下也니
부고충　유사막이고　시　상만이잔하야

曾子曰戒之戒之하라 出乎爾者反乎爾者也라하시니
증자왈계지계지　출호이자반호이자야

夫民이 今而後에 得反之也로소니 君無尤焉하소서
부민　금이후　득반지야　군무우언

맹자가 대답했다. "가뭄과 역병이 발생한 흉년에 임금의 백성 중에 노약자는 (죽어서 그 시체가) 구렁에 버려지고 청장년은 흩어져 사방으로 갔는데 (그 숫자가) 몇 천입니까? (33명 장수가 죽은 것이 이에 비교가 됩니까?) 그런데 임금의 곡식 창고는 충실하고 재물 곳간은 꽉 채워져 있는데 유사(장수)는 (백성의 이런 상황을) 보고하지 않았습니다. 이것은 (임금과 유사와 같은) 윗사람이 (백성을 살피고 걱정하기를) 태만하여 (결과적으로) 아래 백성에게 잔혹한 짓을 한 것입니다. 증자가 말하기를, '경계하고 경계하라, 너에게서 나온 것이 너에게로 돌아갈 것이니!'라고 했습니다. 백성은 이제야 되갚은 것이니 임금께서는 너무 탓하지 마십시오.

君行仁政하시면 斯民이 親其上하여 死其長矣리이다
군행인정　사민　친기상　사기장의

임금께서 어진 정치를 행하면 (유사[장수]도 백성을 구휼할 줄 알게 되고) 이 백성은 그 윗사람을 친근하게 여겨서 그들의 상관을 위해 기꺼이 죽을 것입니다."

13. 滕文公이 問曰滕은 小國也라 間於齊楚하니 事齊乎잇가
　　등문공　　문왈등　　소국야　　간어제초　　사제호

事楚乎잇가
사초호

등문공이 질문했다. "등나라는 작은 나라입니다. 제나라와 초나라 사이에 끼어있습니다. 제나라를 섬길까요? 초나라를 섬길까요?"

孟子對曰是謀는 非吾의 所能及也로소이다 無已則有一焉하니
맹자대왈시모　　비오　　소능급야　　　　　　무이즉유일언

鑿斯池也하며 築斯城也하여 與民守之하여
착사지야　　　축사성야　　　여민수지

效死而民弗去則是可爲也니이다
효사이민불거즉시가위야

맹자가 대답했다. "(전략적인) 이런 계책은 제 능력 밖입니다. 그래도 그만두지 말라고 하시면 한 가지 자구책은 말씀드릴 수 있겠습니다. 이 나라의 성을 둘러싼 연못을 더 깊게 파고 이 나라의 성을 더 높게 쌓아서 백성과 함께 수비하는데 백성이 기꺼이 목숨을 바치고 떠나지 않는다면 이런 경우에는 해볼 만합니다."

14. 滕文公이 問曰齊人이 將築薛하니 吾甚恐하노니 如之何則可잇고
등문공   문왈제인   장축설   오심공   여지하즉가

등문공이 질문했다. "제나라 사람이 (등나라 이웃) 설나라를 차지하고 곧 성을 쌓으려고 합니다. 나는 몹시 두렵습니다. 어찌 하면 좋습니까?"

孟子對曰昔者에 大王이 居邠하실새 狄人이 侵之어늘 去하시고
맹자대왈석자   태왕   거빈   적인   침지   거

之岐山之下하사 居焉하시니 非擇而取之라 不得已也시니이다
지기산지하   거언   비택이취지   부득이야

맹자가 대답했다. "태왕이 빈(邠)에 계실 때, 적인(狄人)이 침략하자 떠나서 기산 아래로 가서 거처했습니다. 선택해서 정한 것이 아닙니다. 어쩔 수 없었던 것입니다.

苟爲善이면 後世子孫이 必有王者矣리니 君子創業垂統하여
구위선   후세자손   필유왕자의   군자창업수통

爲可繼也라 若夫成功則天也니 君如彼에 何哉리오
위가계야   약부성공즉천야   군여피   하재

彊爲善而已矣니이다[41]
강위선이이의

진실로 선행을 해나가면 후에 자손 중에 반드시 왕자(王者)가 나옵니

---

41 "彊"자는 조주본에 "强"으로 되어 있다.

다. 군자는 일할 터전을 새로 만들고 그 일을 자손에게 전하여 계속 이어
지게 할 뿐입니다. 그 일의 성공은 다만 하늘의 뜻에 달려있습니다. 임금
께서는 위협하는 저들 제나라에 대해서 어떤 조치를 할 수 있겠습니까?
(다만 덕을 쌓고) 선행에 힘쓸 뿐입니다."

15. 滕文公이 問曰滕은 小國也라 竭力하여 以事大國이라도
　　　등문공　　문왈등　　소국야　　갈력　　　이사대국

則不得免焉이로소니 如之何則可잇고 孟子對曰昔者에
즉부득면언　　　　여지하즉가　　　맹자대왈석자

大王이 居邠하실새 狄人이 侵之어늘 事之以皮幣라도
태왕　　거빈　　　　적인　　침지　　　사지이피폐

不得免焉하며 事之以犬馬라도 不得免焉하며
부득면언　　　사지이견마　　　부득면언

事之以珠玉이라도 不得免焉하여
사지이주옥　　　　부득면언

乃屬其耆老而告之曰狄人之所欲者는 吾土地也니 吾는 聞之也호니
내촉기기로이고지왈적인지소욕자　　오토지야　　오　　문지야

君子는 不以其所以養人者로 害人이라호니 二三子는
군자　　불이기소이양인자　　　해인　　　　이삼자

何患乎無君이리오 我將去之호리라하시고 去邠하시고
하환호무군　　　　아장거지　　　　　　　거빈

踰梁山하사 邑于岐山之下하사 居焉하신대
유량산　　　읍우기산지하　　　거언

邠人이 曰仁人也라 不可失也라하고 從之者如歸市하더라
빈인 　 왈인인야 　 불가실야 　 　 종지자여귀시

등문공이 질문했다. "등나라는 작은 나라입니다. 있는 힘을 다해 (진나라 초나라 같은) 큰 나라를 섬겨도 (침략 당함을) 면하지 못하니 어찌해야 좋겠습니까?" 맹자가 대답했다. "옛날에 태왕이 빈(邠)에 거주할 때 적인이 침략해왔습니다. 가죽 갖옷과 비단으로 섬겨도 (침략 당함을) 면하지 못했고 개와 말을 주면서 섬겨도 (침략 당함을) 면하지 못했고 귀한 진주와 옥을 주면서 섬겨도 (침략 당함을) 면하지 못했습니다. (태왕은) 그 나이든 사람들을 모아놓고 이렇게 말했습니다. '적인이 노리는 것은 우리 땅이다. 나는 이런 말을 들었다. 군자는 사람이 먹고 살게 하는 토지 때문에 사람이 다치게 하지는 않는다고 한다. 여러분은 어찌 임금 없는 것을 걱정할 필요가 있는가! 나는 장차 떠날 것이다.' 그런 다음에 빈을 떠나 양산을 넘어 기산 아래에 도읍을 정했습니다. 빈 사람들이 말하기를, '어진 분이시다. 이런 분을 놓칠 수 없다.'고 하면서 (태왕을) 따르는 사람이 많아서 마치 시장에 인파가 모여드는 것 같았습니다.

或曰世守也라 非身之所能爲也니 效死勿去라하나니
혹 왈 세 수 야 　 비 신 지 소 능 위 야 　 효 사 물 거

혹자는 말하기를, '대대로 지켜왔으니 이 몸이 마음대로 할 수 있는 것이 아니다. 기꺼이 죽을 것이지 떠나지는 못한다.'고 했습니다.

君請擇於斯二者하소서
군 청 택 어 사 이 자

왕께서는 부디 이 두 가지에서 선택하십시오."

16. 魯平公이 將出할새 嬖人臧倉者請曰他日에
　　로평공　　장출　　　폐인장창자청왈타일

君이 出則必命有司所之러시니 今에 乘輿已駕矣로대
군　출즉필명유사소지　　　　금　　승여이가의

有司未知所之하니 敢請하노이다 公曰將見孟子호리라
유사미지소지　　　감청　　　　공왈장견맹자

曰何哉잇고 君所爲輕身하여 以先於匹夫者는 以爲賢乎잇가
왈하재　　君소위경신　　　이선어필부자　　이위현호

禮義는 由賢者出이어늘 而孟子之後喪이 踰前喪하니
례의　　유현자출　　　　이맹자지후상　유전상

君無見焉하소서 公曰諾다
군무견언　　　　공왈낙

　　노평공이 출타하려는데 그가 총애하는 장창이 질문했다. "다른 날에
는 임금께서 출타하시면 반드시 실무자에게 가시는 곳을 말씀하셨는데
이제는 타실 수레가 준비되었는데 실무자가 가시는 곳을 알지 못해서
감히 여쭙니다." 평공이 말했다. "맹자를 찾아가 만나보려고 한다." 장창
이 말했다. "무슨 말씀이십니까? 존엄한 임금께서 처신을 가볍게 하시면
서 평범한 사내(맹자)에게 먼저 예의를 갖추고 찾아가시니 그를 현인이
라고 여기십니까? 예의는 현자에게서 나오는데 맹자는 나중에 치른 모
친상은 후하게 했고 그 이전에 치른 부친상은 박하게 했습니다. (그는
예법을 모르는 자입니다.) 임금께서는 그를 만나보지 마십시오." 평공이

말했다. "알았다."

樂正子入見曰君이 奚爲不見孟軻也잇고
악 정 자 입 현 왈 군　　해 위 불 견 맹 가 야

曰或이 告寡人曰孟子之後喪이 踰前喪이라할새 是以로
왈 혹　　고 과 인 왈 맹 자 지 후 상　　유 전 상　　　　시 이

不往見也호라 曰何哉잇고 君所謂踰者는 前以士요
불 왕 견 야　　왈 하 재　　군 소 위 유 자　　전 이 사

後以大夫며 前以三鼎而後以五鼎與잇가 曰否라
후 이 대 부　　전 이 삼 정 이 후 이 오 정 여　　왈 부

謂棺槨衣衾之美也니라 曰非所謂踰也라 貧富不同也니이다[42]
위 관 곽 의 금 지 미 야　　왈 비 소 위 유 야　　빈 부 부 동 야

(맹자의 제자로서 노나라에서 벼슬하는) 악정자가 입궐하여 (노평공
을) 뵙고 말했다. "임금께서는 어찌 맹가(맹자)를 찾아가서 만나보시지
않으십니까?" 평공이 말했다. "누가 과인에게 보고하는데 맹자는 (예법
에 어긋나게도) 나중에 치른 (모친)상을 앞에 치른 (부친)상보다 더 잘
지냈다고 한다. 이런 이유로 그를 찾아가서 보지 않았다." 악정자가 말
했다. "무슨 말씀이십니까? 임금께서 더 잘 지냈다고 말씀하시는 것은
앞에 치른 상은 사(士)의 예법으로 했고 나중에 치른 상은 대부의 예법으

---

42 맹자의 생애와 그의 부모에 대한 기록은 극히 적다. 조선시대 유학자들은 맹자의 부모
에 대해『공자통기(孔子通記)』에 맹자의 부친은 격공의(激公宜)고 모친은 장씨(仉氏)인데
격공의는 맹자가 3세 때 별세했다는 기록이 있다는 정도로 알고 있었다. 그런데 위의 대화
에는 맹자가 부친상을 당했을 때 선비[士]였고 모친상을 당했을 때 대부(大夫)였던 것으로
되어 있다.

로 했기 때문입니까? 아니면 앞의 것은 사(士)의 예법인 삼정(三鼎)으로 했고 나중의 것은 대부의 예법인 오정(五鼎)으로 했기 때문입니까?" 평공이 말했다. "아니다. 상을 치를 때 쓴 관과 관을 덮는 외곽, 수의와 같은 장례물품이 화려했다는 말이다." 악정자가 말했다. "그렇다면 예법에 어긋났다고 말할 것이 아닙니다. (상을 치를 당시 그의) 살림 형편이 달랐기 때문입니다."

樂正子見孟子曰克이 告於君호니 君이 爲來見也러시니
악정자견맹자왈극　고어군　　군　　위래견야

嬖人有臧倉者沮君이라 君이 是以로 不果來也하시니이다
폐인유장창자저군　　군　시이　　불과래야

曰行或使之며 止或尼之나 行止는 非人의 所能也라
왈행혹사지　지혹닐지　행지　비인　소능야

吾之不遇魯侯는 天也니 臧氏之子焉能使予로 不遇哉리오
오지불우로후　천야　장씨지자언능사여　불우재

악정자가 맹자를 뵙고 말했다. "극(악정자)이 임금께 말씀드렸더니 임금께서 (선생님을 먼저) 찾아뵈려고 했는데 총애하는 신하 장창이라는 자가 임금을 막았다고 합니다. 이렇게 해서 임금께서는 결과적으로 오시지 못하게 되었습니다." 맹자가 말했다. "벼슬을 하는 것도 혹 누가 추천해서 하는 경우가 있고 또 벼슬을 하지 못하는 것도 누가 막아서 못하는 경우가 있다. 벼슬을 하는 것과 못하는 것은 사람 의지로 가능한 것이 아니다. 내가 노나라 임금과의 만남을 이루지 못한 것은 하늘의 뜻이다. 장씨의 자식이 어찌 내가 임금을 만나는 것을 못하게 할 수 있겠냐?"

이렇게 『맹자』 양혜왕(상·하)편은 맹자가 양혜왕을 찾아가서 만나는 대화로 시작하고, 노평공이 간신의 비방에 의해 맹자를 찾아가서 만나기를 그만두는 것으로 끝난다. 왕도정치에 대한 맹자의 꿈은 이루어질 것인가?

集註四十強仕君子道明德立之時道明即物格知至德立即誠意正心故

養氣兩集註先道明

問孟舍之養勇加二字以何曰黙之勇是見於事者故但以養勇為言

存諸心故必著兩字

問黝務敵人子夏屬信瞷人務敵兩篤信何以相似耶曰非以務敵篤信

相類只是他一列唯以必勝人事一列唯以篤信瞷人為意此人所行皆依著

氣儒君相似山

問孟施舍曾子此一段專以舍為勇漸次脫去此宮黝太尖底勇敢向

之旁約二字蓋取其守近於重面山何曾子云者下將以曾子義理

說歌并去舍血氣之勇故目此著文法奇妙蓋歇言曾子義理之勇故

舍血氣之勇以衛驚之此處說此此如此家歇尋正心列必先差東童及窟

공손추장구상

公孫丑章句上

志不得於心何以乃動不暴四心有所不安亦固其所不能明誠而求如集義所謂

心有所敬事志乃先窮理以明諸心而又不何不養氣以覺其所謂可慮則推言

如助郭下又合而有明之助心

陸不得慮乃於氣而不得於言也乃不必可於其所謂可慮則有事

其不可為乃更不得論何以覺其不可之意乃曰目夫志氣之動之至乃有事

言壽氣至事至何謂知言之明始說世達之西病時由於四病此獨非志而

問知言養氣同為不動心之根本久持志別其志大地頗視智言養氣先其

當次乃持其志無暴其氣說末以為志固當持而氣上乃無

乃非達別言持志乃氣如所以異屆敦是家理之卒如教乃

又當持志然后為可乃

鴻程乃曰春秋成兩獨委是志必動氣之驗右善義之曰即人經世之志至

모두 9장이다. 맹자는 천하를 구제할 왕자(王者)를 기다리는 그 시대 백성의 갈망을 전한다. 그러면서 자신의 '호연지기'와 '지언'(知言)에 대해 설명한다. 제후를 도와서 위대한 정치를 하려면 큰 용기와 지혜가 필요한데 그것을 말하는 것이다.

1. 公孫丑問曰夫子當路於齊하시면 管仲晏子之功을 可復許乎잇가
   공손추문왈부자당로어제   관중안자지공   가부허호

(제나라 출신의 제자) 공손추가 질문했다. "선생님께서 제나라에서 요직을 맡으시면 관중과 안자의 공적을 다시 기대할 수 있겠지요?"

孟子曰子誠齊人也로다 知管仲晏子而已矣온여
맹자왈자성제인야   지관중안자이이의

맹자가 말했다. "자네는 참으로 제나라 사람이군. (성현의 일은 모르고) 다만 (현실정치로 이름을 알린) 관중과 안자만 알뿐이니."

或이 問乎曾西曰吾子與子路孰賢고 曾西蹵然曰吾先子之所畏也니라[43]
혹   문호증서왈오자여자로숙현   증서축연왈오선자지소외야

---

[43] 증서(曾西)는 조주에 '曾子의 孫이다.'("曾子之孫")라고 되어 있다. '先子'에 대해 이가원은 "부친"(『논어 맹자』, 동서문화사, 1976, p.260)으로, 차주환(『맹자 상』, 1972)은 "조부"로 번역했다. 楊伯峻은 '先子'는 '그의 부친 증삼'("指其父親曾參")이라고 했다(『孟子譯注』).

曰然則吾子與管仲孰賢고 曾西艴然不悅曰爾何曾比予於管仲고[44]
왈 연 즉 오 자 여 관 중 숙 현   증 서 발 연 불 열 왈 이 하 증 비 여 어 관 중

管仲이 得君이 如彼其專也며 行乎國政이 如彼其久也로대
관 중   득 군   여 피 기 전 야   행 호 국 정   여 피 기 구 야

功烈이 如彼其卑也하니 爾何曾比予於是오하니라
공 렬   여 피 기 비 야   이 하 증 비 여 어 시

어떤 사람이 증서에게 이렇게 질문했다. '우리 그대는 자로와 비교한
다면 누가 더 현명한가요?' 증서가 놀라는 기색을 하며 말했다. '자로는
우리의 돌아가신 아버지 증자께서 경외하는 분이시오.' 다시 질문하기
를, 그러면 '우리 그대는 관중과 비교한다면 누가 더 현명한가요?'라고
했다. 증서가 발끈 성을 내며 말했다. '그대는 어찌 이에 나를 관중에
비교하시오? 관중은 임금의 신임을 그렇게 독차지 했고 국정 운영을 그
렇게 오래 했어도 업적은 그다지 보잘 것이 없었소. 그대는 어찌 나를
이런 자와 비교하시오?'라고 했다."

曰管仲은 曾西之所不爲也어늘 而子爲我願之乎아
왈 관 중   증 서 지 소 불 위 야   이 자 위 아 원 지 호

맹자가 말했다. "관중은 증서도 (탐탁하게 여기지 않아서) 하지 않았

---

44 "艴"의 한자음이 『맹자집주대전』에 '불'과 '발'("艴音拂又音勃")이라고 되어 있다. 『맹자
언해』(내각장판; 임술계춘 영영중간)에 "불"로 되어 있다. 『한한대사전』(단국대학교 출판
부, 1999)에 '艴然'은 "발연"이라고 되어 있고 『맹자』의 이 문장이 그 사례로 인용되어 있
다. 그러나 『현토석자구해 집주맹자』(대창서원, 1913)에 "성낼 불"이라고 되어 있고, 『신
자전』(1915)과 『동아 백년옥편』(2005)에도 "불"로 그 한자음이 표시되어 있고 역시 『맹자』
의 이 문장이 사례로 인용되어 있다.

던 바인데 어찌 그대는 내가 관중이 되기를 바란다는 것인가?"

日管仲은 以其君霸하고 晏子는 以其君顯하니 管仲晏子는
왈관중　이기군패　　　안자　이기군현　　　관중안자

猶不足爲與잇가
유부족위여

공손추가 말했다. "관중은 그의 임금이 패권을 잡게 했고 안자는 그의
임금의 이름을 (천하에) 드날리게 했으니 관중과 안자가 했던 일은 오히
려 족히 (지금도 다시) 해볼 만하지 않은가요?"

日以齊로 王이 由反手也니라
왈이제　　왕　유반수야

맹자가 말했다. "(지금의 시대 상황을 보면) 제나라 임금을 (패권을
잡는 것보다 더 높은 수준인) 왕자(王者)가 되게 하는 것이 손바닥 뒤집
기처럼 쉽기에 하는 말이다."

日若是則弟子之惑이 滋甚케이다 且以文王之德으로
왈약시즉제자지혹　자심　　　차이문왕지덕

百年而後崩하사대[45]
백년이후붕

---

45 '문왕은 97세까지 살았다.'("文王 九十七而崩" 집주)고 한다. '不足法與'에서 '法'은 전통
서당에서는 '법받다'고 풀이하는데 이는 '본받다'는 말로 하면 이해하기 쉽다. '法'자는 그야

猶未洽於天下어시늘 武王周公이 繼之然後에 大行하니
유미흡어천하　　武王주공　繼지연후　대행

今言王若易然하시니 則文王은 不足法與잇가
금언왕약이연　　즉문왕　부족법여

　공손추가 말했다. "(선생님께서) 이와 같이 말씀하시니 제자(공손추)는 더욱 헷갈립니다. 또 문왕은 위대한 덕으로 백년을 살다가 세상을 떠났는데 (그 덕치가) 천하에 퍼짐이 미흡하여 무왕과 주공이 계승한 뒤에야 크게 행해졌습니다. 이제 선생님께서는 왕자(王者)가 되는 것이 쉬운 듯이 말씀하시니, 그러면 문왕은 (따라 해야 할 모범으로) 본받기에 부족한가요?"

曰文王은 何可當也시리오[46] 由湯으로 至於武丁히 賢聖之君이
왈문왕　하가당야　　유탕　　지어무정　현성지군

六七이 作하여 天下歸殷이 久矣니 久則難變也라
륙칠　작　　천하귀은　구의　구즉난변야

말로 그대로 해야 할 완벽한 모범이라는 의미로 사용되는데, 맹자는 문왕, 무왕, 탕왕에 대해서 이런 '法'자를 쓰고 있다. 맹자는 그 시대의 제후들에게 이들과 똑같이 하면 천하의 왕자(王者)가 된다고 격려한다.

46 "文王何可當也"에 대해 두 가지 해석이 가능하다. 우선, ① 문왕이 처했던 그 시대의 어려움과는 비교할 수 없다는 해석이다. 문왕이 은나라를 어찌 당해낼 수 있겠냐는 말이다. 아래로 이어지는 맥락으로 보면 '제나라가 영토의 규모나 인구에 있어서 주나라 문왕이 다스리던 때와는 비교가 안 될 정도로 유리한 상황에 있다'는 서술로 이어지는 것으로 보아 이런 해석도 가능하다. 이런 해석에 조주가 참고가 된다. '맹자가 말하기를 문왕이 다스리는 시대에는 공을 이루기 어려웠기 때문에 어찌 당해낼 수 있냐고 말한 것이다.'("孟子言 文王之時 難爲功 故言何可當也"). 『맹자언해』(1612년 간행본; 내각장판; 임술계춘 영영중간)에 "文王은 何可當也시리오."라는 토를 붙인 것이 바로 이런 해석이다. 『사변

武丁이 朝諸侯有天下호대 猶運之掌也하시니 紂之去武丁이 未久也라
무정 조제후유천하 유운지장야 주지거무정 미구야

其故家遺俗과 流風善政이 猶有存者하며
기고가유속 류풍선정 유유존자

又有微子微仲王子比干箕子膠鬲이 皆賢人也라
우유미자미중왕자비간기자교격 개현인야

相與輔相之故로 久而後에 失之也하니 尺地도 莫非其有也며
상여보상지고 구이후 실지야 척지 막비기유야

一民도 莫非其臣也어늘 然而文王이 猶方百里起하시니 是以難也니라
일민 막비기신야 연이문왕 유방백리기 시이난야

맹자가 말했다. "어찌 문왕과 비교하랴? 은나라 탕으로 부터 무정(고
종)에 이르기까지 현명하고 거룩한 임금이 육, 칠 명이나 계승하여 천하

록』에도 '문왕의 덕이 비록 높고 훌륭해도 진실로 은나라에는 대적하지 못한다.'("言文王
德雖盛 固不得而敵於殷也")는 뜻으로 설명되어 있다. 그러나 ② 율곡『맹자언해』에는 "文
王을 何可當也이리오"라고 되어 있다. '문왕의 덕을 어찌 대적하겠는가!'라는 말이다. 바로
앞에 "則文王은 不足法與잇가"라는 질문에 이어서 맹자가 "文王을 何可當也이리오"라고
대답한 것으로 볼 수 있다. 이런 맥락에서는 『新訂四書補註備旨 孟子』(鄧林)의 설명이
참고가 된다. '何可當은 德을 가리켜 말한 것이니 모범으로 삼기에 부족하냐는 말을 바로
논박한 것이다.'("何可當 指德言 此正駁他不足法句"). 『순암집』「경서의의」에도 이런 논의
가 소개되어 있다. 정약용도 이런 해석을 지지했다. '註에서는 문왕이 은나라 덕을 당해낼
수 없었다고 하고, 혹자는 후인이 문왕을 당해날 수 없었다고 하는데, 혹자의 설명이 나은
것 같다. 만약 문왕이 은나라를 당해낼 수 없었다고 한다면 可자는 맞지 않다.'("註說 謂文
王不可當殷德也 或說 謂後人不可當文王也 或說似長 若云文王不當殷 則可字未安"『孟子
要義』). 현대적인『맹자』역주서에서도 文王을 목적격으로 보는 "文王을"이라는 관점에서
해석한 사례가 있다. "문왕이야 어떻게 감당할 수 있겠나?"(차주환, 1972). "문왕을 어찌
당할 수 있겠는가."(성백효, 2006). 이런 해석의 차이는 있지만 크게 보면 둘 다 종합적으로
'위대한 덕을 가진 문왕이어도 그 시대의 상황 때문에 어찌 할 수 없었다.'는 뜻으로 이해
할 수 있겠다.

의 인심이 은나라로 돌아간 지 오래되었다. 오래되면 변하기 어려운 법이다. 무정이 제후들로부터 조회를 받아 천하 다스리기를 손바닥에서 움직이는 것 같이 쉽게 했다. 은나라 폭군 주(紂)와 무정과의 (시간적) 거리가 오래 되지 않았다. (나라에 공을 세운) 옛 신하의 가문에서 대대로 전승되는 좋은 습속, 세상에 널리 퍼진 교화와 선정이 여전히 남아있었다. 또 미자와 미중, 왕자 비간, 기자, 교격이 모두 현인이었다. 이들이 서로 더불어 주(紂)를 도왔기에 오랜 세월이 지난 다음에야 천하를 잃은 것이다. 그렇게 그때까지 한 뼘의 땅도 은나라 (폭군) 주(紂)가 소유하지 않은 것이 없었으며 한 명의 백성도 (폭군) 주(紂)의 신하가 아닌 자가 없었다. 그런 상황에서 문왕이 사방 백리로 흥기하셨으니, 이런 이유로 (비교하기) 어려운 것이다.

齊人이 有言曰雖有知慧나 不如乘勢며 雖有鎡基나 不如待時라하니
제인　유언왈수유지혜　　불여승세　　수유자기　　불여대시

今時則易然也니라
금시즉이연야

제나라 사람들의 말에 이르기를, '비록 지혜가 있어도 일이 상승세를 타는 것만 못하고 비록 좋은 농기구가 있어도 (파종하기) 좋은 때를 기다리는 것만 못하다.'고 했다. 지금은 잘 되는 시대이기 때문에 그렇게 행하기가 쉬운 것이다.

夏后殷周之盛에　地未有過千里者也하니　而齊有其地矣며
하후은주지성　　지미유과천리자야　　이제유기지의

雞鳴狗吠相聞而達乎四境하니　而齊有其民矣니　地不改辟矣며
계 명 구 폐 상 문 이 달 호 사 경　　이 제 유 기 민 의　　지 불 개 벽 의

民不改聚矣라도　行仁政而王이면　莫之能禦也리라
민 불 개 취 의　　　행 인 정 이 왕　　　막 지 능 어 야

하나라 임금, 은나라, 주나라의 전성기에도 (제왕의 직할지) 왕도(王
都) 부근의 땅이 사방 천 리를 넘지 않았다. 이제 제나라는 (그와 비견될)
넓은 땅을 갖고 있으며 (인구가 조밀하여) 닭이 울고 개가 짖는 소리가
마을과 마을에 서로 들리며 사방 경계에 전달되니 제나라는 (하, 은, 주
삼대의 전성기) 정도의 백성을 갖고 있는 것이다. (그래서) 다시 영토
확장을 도모하지 않아도 되고 백성을 더 모아서 늘리지 않아도 된다.
(이럴 때 제나라 임금이) 어진 정치를 해서 왕으로 군림한다면 (제나라
임금이 천하의 왕이 되는 그 흐름을) 누구도 막지 못할 것이다.

且王者之不作이　未有疏於此時者也하며　民之憔悴於虐政이
차 왕 자 지 부 작　　미 유 소 어 차 시 자 야　　　민 지 초 췌 어 학 정

未有甚於此時者也하니　飢者에　易爲食이며　渴者에　易爲飮이니라
미 유 심 어 차 시 자 야　　　기 자　　이 위 식　　　갈 자　　이 위 음

(이렇게 지금은 제나라 왕에게 유리한 상황인데) 또한 위대한 왕이
나타나지 않음이 이 시대보다 드문 때가 있지 않았다. 백성이 학정에
시달려 초췌함이 이 시대보다 (더) 심한 때가 있지 않았다. 굶주린 자에
게는 (어떤 것도) 음식이 되기 쉽고 목마른 자에게는 (어떤 것도) 마실
것이 되기 쉬운 것이다.

孔子曰德之流行이 速於置郵而傳命이라하시니
공자왈덕지류행　속어치우이전명

공자께서도 말씀하시기를, '덕이 유행하는 것이 역마로 명을 전하는 것보다 빠르다.'고 하셨다.

當今之時하여 萬乘之國이 行仁政이면 民之悅之猶解倒懸也리니
당금지시　　만승지국　행인정　　민지열지유해도현야

故로 事半古之人이요 功必倍之는 惟此時爲然하나라
고　사반고지인　공필배지　유차시위연

지금과 같은 시대에 수레 만 대 규모의 큰 나라가 어진 정치를 행하면 백성이 기뻐하는 것이 마치 묶여서 거꾸로 매달렸다가 풀려난 것과 같을 것이다. 그래서 (지금은) 일은 옛 사람의 절반만 하는데 성과는 반드시 두 배인 것은 오직 이 시대가 그런 때문이다."

2. 公孫丑問曰夫子加齊之卿相하사 得行道焉하시면 雖由此霸王이라도
공손추문왈부자가제지경상　　득행도언　　　수유차패왕

不異矣리니 如此則動心가 否乎잇가 孟子曰否라 我는 四十이라
불이의　여차즉동심　부호　맹자왈부　아　사십

不動心호라
부동심

공손추가 질문했다. "선생님께서 제나라 고위직에 올라 임금의 일을

도와서 평소의 정치에 대한 구상을 행하시면, 이런 일을 통하여 (제나라 임금을) 힘으로 천하를 다스릴 제후로 만들거나 또는 (덕으로 천하를 다스릴) 왕자(王者)로 만들어도 이상하지 않을 것입니다. 이와 같으면 곧 (그런 중책과 큰일에 대한 부담감 때문에 두렵거나) 마음이 흔들리지 않겠습니까?" 맹자가 말했다. "아니다. 내 나이 마흔이다. 내 마음 흔들리지 않는다."

日若是則夫子過孟賁이 遠矣샤소이다 日是不難하니 告子도
왈 약 시 즉 부 자 과 맹 분   원 의   왈 시 불 난   고 자

先我不動心하니라
선 아 부 동 심

공손추가 말했다. "(그 마음 흔들리지 않음이) 이와 같다면 선생님은 (용맹한) 맹분보다 훨씬 대단하십니다." 맹자가 말했다. "(단지 혈기로 마음이 흔들리지 않게 하는) 이런 것은 어렵지 않다. (이런 경우라면 義에 대한 생각이 나오는 다른) 고자도 나보다 먼저 (마흔 이전에) 그 마음 흔들리지 않았다."

日不動心이 有道乎잇가 日有하니라
왈 부 동 심   유 도 호   왈 유

공손추가 말했다. "마음 흔들리지 않게 하는데 어떤 방법이 있습니까?" 맹자가 말했다. "있다.

北宮黝之養勇也는 不膚撓하며⁴⁷ 不目逃하여 思以一毫나
북궁유지양용야   불부요   불목도   사이일호

挫於人이어든 若撻之於市朝하여 不受於褐寬博하며
좌어인   약달지어시조   불수어갈관박

亦不受於萬乘之君하여 視刺萬乘之君호대 若刺褐夫하여
역불수어만승지군   시자만승지군   약자갈부

無嚴諸侯하여 惡聲이 至어든 必反之하니라
무엄제후   악성   지   필반지

(자객) 북궁유는 이렇게 용기를 길렀다. 그는 살을 찔러도 꿈쩍하지
않으며 눈을 찔러도 눈동자를 굴려서 피하지 않았다. 털끝만큼도 남에
게 굴욕을 당했다는 생각이 들면 (이런 사소한 치욕에도 많은 사람들이
모이는) 시장에서 매를 맞은 듯이 여겼다. 천한 옷을 입은 미천한 사람에
게도 (굴욕을) 당하지 않았음은 물론 또한 수레 만대의 큰 나라 임금에
게도 (굴욕을) 당하지 않았다. (결코 지지 않겠다는 쪽으로 용기를 기른
그는) 수레 만대의 큰 나라 임금을 찌르기를 마치 베옷을 입은 미천한
사람을 찌르는 것같이 보아서 제후를 무서워함이 없었고 귀에 거슬리게
욕하는 소리가 들리면 반드시 되갚았다.

孟施舍之所養勇也는⁴⁸日視不勝호대 猶勝也로니 量敵而後進하며
맹시사지소양용야   왈시불승   유승야   량적이후진

---

47 "撓"자는 조주본에 "橈"자로 되어 있다.

48 집주에 '孟은 姓이고 施는 말을 내는 소리고 舍는 이름이다.'("孟 姓 施發語聲 舍 名也)
라는 설명이 있다. 그래서인지 "맹사"라고 번역한 사례가 있다(『현토석자구해 집주맹자』
대창서원, 1913; 『유교경전언역총서 맹자』, 1923). 정약용은 '맹시 두 글자는 복성이다.'
("孟施二字複姓也)라고 했다(『맹자요의』).

慮勝而後會하면 是는 畏三軍者也니 舍豈能爲必勝哉리오
려 승 이 후 회   시   외 삼 군 자 야   사 기 능 위 필 승 재

能無懼而已矣라하니라
능 무 구 이 이 의

(자객) 맹시사는 이렇게 용기를 길렀다. 그는 말하기를 '이기지 못함을 보더라도 이기는 것 같이 여길 것이니, 적의 전력을 파악한 다음에 전진하고 승리를 계산한 다음에 적을 상대하는 이런 정도의 용기라면 적의 대군을 두려워하는 자이다. 사(舍)가 어찌 능히 반드시 이긴다고 장담하랴! 능히 두려움이 없을 뿐이다.'라고 했다.

孟施舍는 似曾子하고 北宮黝는 似子夏하니 夫二子之勇이
맹 시 사   사 증 자   북 궁 유   사 자 하   부 이 자 지 용

未知其孰賢이어니와 然而孟施舍는 守約也니라
미 지 기 숙 현   연 이 맹 시 사   수 약 야

(두려움 없기를 강조하는) 맹시사는 (모든 것을 자기 탓으로 돌리는) 증자와 비슷하고 (반드시 이기는데 힘쓰는) 북궁유는 (믿음이 굳은) 자하와 비슷한데, 두 사람의 용기 중에서 그 누가 더 나은지는 모르겠다. 그렇지만 맹시사는 간결하게 핵심을 지키는 요령이 있었다.

昔者에 曾子謂子襄曰子好勇乎아 吾嘗聞大勇於夫子矣로니
석 자   증 자 위 자 양 왈 자 호 용 호   오 상 문 대 용 어 부 자 의

自反而不縮이면[49] 雖褐寬博이라도 吾不惴焉이어니와
자 반 이 불 축   수 갈 관 박   오 불 췌 언

自反而縮이면 雖千萬人이라도 吾往矣라하시니라
자 반 이 축　　　　수 천 만 인　　　　오 왕 의

예전에 증자가 (그의 제자) 자양에게 말씀하시기를, '자네는 용기를
좋아하는가? 나는 일찍이 큰 용기에 대해 선생님(공자)께 들은 적이 있

---

49 "縮"(축)에 대해서 ① 집주에 '縮은 곧다'("縮 直也"), 조주에는 '縮은 義다'("縮 義也")라
고 풀이되어 있다. 한편, "吾不惴焉"(오불췌언)에 대해서는 해석이 다를 수 있다. 집주에
'惴는 (그를) 두렵게 하는 것이다'("惴 恐懼之也")라는 설명이다. 집주를 따르면 '吾不惴焉'
은 '내가 그를 두렵게 할 수 없다'고 해석해야 한다. 조주에도 '안으로 스스로 반성하여
의롭지 않고 바르지 않은 마음이 있으면 비록 갈관박 사내 한명도 마땅히 그를 가벼이
여겨 두렵게 할 수는 없는 것이다.'("內自省 有不義不直之心 雖敵人被褐寬博一夫 不當輕
驚懼之也")라고 풀이되어 있다. 『맹자언해』(내각장판; 임술계춘 영영중간)의 "갈관박이라
도 내 惴케 못하려니와"라는 해석이 그런 맥락이다. 『유교경전언역총서 맹자』(1923)의 "비
록 갈관박이라도 내 두렵게 못ᄒ려니와"라는 해석도 집주와 관본언해를 그대로 따른 것이
다. ② 그러나 앞뒤 문맥으로 보면, 자기가 곧지 않으면 아무리 미천한 사람이라도 그를
두려워하고 자기가 곧으면 아무리 많은 대중이라도 상대한다는 뜻으로 해석하는 것이 자
연스럽다. 『비지구해 맹자집주』의 구해(句解)에 '吾不惴는 내가 어찌 두려워하지 않을 수
있겠는가라는 뜻으로 말한 것이다.'("吾不惴 如云我豈得不惴")라는 설명이 있다. 이런 해
석의 혼란에 대해 안정복(1712-1791)이 비교적 정확하게 그 원인을 지적했다. 집주의 "恐
懼之"가 문제의 발단이라고 본 것이다. 여기서 "之"자는 어떤 대상을 겨냥하는 것으로,
내가 스스로 두려워한다는 것이 아니라 내가 누구를 두렵게 한다는 의미인 것이다. 안정
복의 설명을 본다. '대개(앞에서 거론한 바, 상대방을 두렵게 한다는 취지)의 해석의 경우
는 〈내가 그를 두렵게 한다〉는 집주의 설명을 따른 것이다. 아래 하나의 之자에는 문득
다른 사람을 주된 대상으로 하는 뜻이 담겨있다. 그렇기 때문에 (내 惴케 못하려니와 같
은) 이런 해석이 나오는 것이다.'("盖出於集註惴恐懼之也 下一之字 便有主人之意 故解之
如是矣"『순암집』「경서의의」). 그러면서 그는 소주(小註)에 있는 '나의 理가 바르지 않으
면 비록 한 사내의 천함에도 굽히는 바가 된다.'("吾之理不直 雖一夫之賤亦爲之屈")는 쌍
봉 요씨의 설명을 기론했다. 정약용도 이런 관점이었다. '조주는 큰 오류고 집주는 그것을
따랐다. 오불췌언은 내 어찌 그를 두려워하지 않겠는가라는 뜻이다. 위아래 節은 두려움
없게 하는 방법을 논한 것이다. 모두 내 마음에 두려움 없게 하는 것이다. 상대를 두렵게
하거나 두렵게 하지 않는 것이 어찌 그 질문이겠는가? 스스로 되돌아보아 바르지 않으면
상대가 비록 적고 미약해도 군자는 마땅히 두려워하며 스스로 반성하니, 이것이 두려움
없는 큰 용기의 방법인 것이다.'("趙註大謬 而朱子因之也 吾不惴焉者 吾豈不惴焉也 上下
節 論無懼之法 皆我心之無懼也 敵人之懼與不懼 豈所問哉 自反而不直 敵雖寡弱 君子當恐
懼自修 此大勇無懼之法也"『맹자요의』)

다. 자신을 돌아보아 곧지 않으면 비록 거친 옷감의 헐렁한 옷을 입은 미천한 사람이라도 내가 그를 두렵게 하지 못한다. 그러나 스스로 자신을 돌아보아 곧으면 비록 천만인이라도 내가 나아가 상대하리라!'라고 하셨다.

孟施舍之守는 氣라 又不如曾子之守約也니라
맹시사지수　　　기　　우불여증자지수약야

맹시사가 지킨 것은 (다만 육체적인) 기(氣)일 뿐이다. 증자가 (자신을 반성하며) 간결하게 핵심을 지키는 것 보다는 못한 것이다."[50]

曰敢問夫子之不動心과 與告子之不動心을 可得聞與잇가
왈감문부자지부동심　　여고자지부동심　　가득문여

告子曰不得於言이어든 勿求於心하며 不得於心이어든
고자왈부득어언　　　물구어심　　　부득어심

勿求於氣라하니 不得於心이어든 勿求於氣는 可커니와
물구어기　　　부득어심　　　물구어기　　가

不得於言이어든 勿求於心은 不可하니 夫志는 氣之帥也요
부득어언　　　물구어심　　불가　　부지　　기지수야

氣는 體之充也니 夫志至焉이요 氣次焉이니 故로 曰持其志오도
기　　체지충야　　부지지언　　기차언　　　고　　왈지기지

---

50 '이 문장은 앞서 혈기와 의리를 대비해서 설명했기 때문에 각각 혈기와 의리의 대표적 인물인 맹시사와 증자로 결말을 맺은 것이다.'("以血氣對義理而言故 結之以孟施舍曾子" 저자 및 필사자 불명의 『四書釋義』)

無暴其氣라하니라
무 포 기 기

공손추가 질문했다. "감히 여쭙겠습니다. 선생님의 부동심과 고자의
부동심의 차이를 말씀해주시겠습니까?" 맹자가 말했다. "고자는 말하기
를, '남의 말에 이해하지 못할 바가 있으면 (그 말을 그냥 버려둘 뿐이지,
반드시) 마음에 돌이켜 그 이치를 구하려 하지 말라고 했고, 마음에 불안
한 바가 있으면 (마음을 단속할 뿐, 반드시) 다시 기(氣)에서 조력을 구하
지 말라.'고 했다. (이렇게 그는 그의 마음이 말과 기에 의해 영향을 받지
않게 하면서 쉽게 부동심을 얻었다.) 마음에 불안한 바가 있으면 (마음
을 단속할 뿐) 다시 기에서 조력을 구하지 말라는 것까지는 그런대로
인정해주겠다. 그렇지만 남의 말에서 이해하지 못할 바가 있으면 (그
말을 버려둘 뿐) 마음에 돌이켜 그 이치를 구하지 말라는 것은 불가하다.
(무슨 말인지 알아듣지 못했다는 것이니 절대 불가하다. 내가 고자의
말 중에서 미흡하지만 임시로 인정해주었던 바, '기에서 조력을 구하지
말라'는 것의 문제에 대해서도 말해주겠다.) 마음에 있는 뜻[志]은 기(氣)
를 통솔하는 장수다. 기(氣)는 몸을 충만하게 채우는 것이다. 뜻[志]이
최고이고 (그 지휘를 받는) 기(氣)는 그 아래다. 그래서 말하기를, '그
뜻[志]을 지니면서 (뜻을 기의 장수가 되게 하면서 또한) 그 기가 난폭하
게 발동하는 일이 없게 하라.'는 것이다."

맹자는 말[言]과 기(氣)에 신경을 썼다. 맹자에게 마음은 근본이며 안
[內]이다. 말[言]은 마음의 표현이며 밖이다. 기(氣)는 마음 속 뜻[志]의
부림을 받는다. 맹자는 이런 근본과 말단, 속과 겉에 대해 그 우선순위를
고수하면서 또한 그것들의 동시 수양을 강조했다. 말[言]과 기(氣)는 마

음의 종속변수이지만 이것들도 마음에 영향을 준다고 본 때문이다. 근본만 믿고 말단(또는 외적인 표현)을 소홀히 해서는 안 된다는 말이다. 이런 것까지 신경을 쓴 맹자는 부동심을 갖는데 오래 걸렸다는 것이고, 이렇게 그 자신은 내외본말에 충실했기에 부동심의 진정한 두 가지 핵심 요소이자 요건인 지언(知言)과 양기(養氣)도 잘한다는 설명이 이어진다.

既曰志至焉이요 氣次焉이라하시고 又曰持其志오도
기 왈 지 지 언   기 차 언   우 왈 지 기 지

無暴其氣者는 何也잇고 曰志壹則動氣하고 氣壹則動志也니
무 포 기 기 자   하 야   왈 지 일 즉 동 기   기 일 즉 동 지 야

今夫蹶者趨者是氣也而反動其心이니라[51]
금 부 궤 자 추 자 시 기 야 이 반 동 기 심

공손추가 질문했다. "이미 말씀하시기를 뜻[志]은 최고이며 기(氣)는 그 다음이라고 하시고, 또 추가하여 말씀하시기를 그 뜻[志]을 가지면서 그 기가 난폭하게 발동하는 일이 없게 하라는 것은 무엇인가요? (기의 장수가 되는 뜻[志]만 잘 기르면 되지 않나요? 왜 그것에 종속적인 기를 기르는 것에도 신경을 써야하나요?) 맹자가 말했다. "뜻[志]을 하나로 집중하면 기(氣)가 움직인다. 그렇지만 기(氣)를 하나로 집중해도 뜻[志]이 움직이는 경우가 있다. (예를 들어보면) 이제 (발에 무엇이) 걸려서 넘어지는데 몸이 앞으로 튀어나가는 것, 이것은 기(氣)에 의한 것인데 도리어

---

51 "蹶"은 '궤' 또는 '궐'로 읽는데, 위 문장의 '蹶'자에 대해 『맹자언해』(1612년 간행본; 내각장판),『현토석자구해 집주맹자』(대창서원, 1913), 『유교경전언역총서 맹자』(1923)에 "궤"라고 한자음이 표시되어 있다. 전통서당의 교재로 사용된 『口訣 孟子大全 上』(艮齋 口訣 影印本)에도 "궤"라고 수기로 표시되어 있다.

그 마음을 움직인다."[52]

敢問夫子는 惡乎長이시니잇고 曰我는 知言하며 我는 善養吾의
감문부자   오호장   왈아   지언   아   선양오

浩然之氣하노라
호연지기

공손추가 다시 질문했다. "감히 여쭙겠습니다. (그렇다면) 선생님께서
는 (그 부동심이 고자와 비교하여) 어떤 장점이 있습니까?" 맹자가 말했
다. "나는 (나를 잘 수양했기 때문에 세상 이치에 대해 잘 알아서, 세상
사람들이 하는) 말의 시비득실의 그 이유를 알며 (또한) 나는 (나의 몸을
충만하게 채우고 있었던 기를 다시 회복하여) 나의 호연지기를 잘 기른
다네.(이것이 고자와 다르지.)"[53]

---

52 집주에 이런 설명이 있다. '정자가 말했다. 뜻[志]이 기(氣)를 움직이는 경우는 열에
아홉이며 기가 뜻을 움직이는 경우는 열에 하나다.'("程子曰志動氣者 什 九 氣動志者 什
一")

53 知言(지언), 호연지기, 부동심에 대한 설명은 집주가 좋다. 본문(대문)의 이해를 위해서
그 의미를 풀어서 해석한다. '지언(知言)은 마음을 잘 관리하여 그 속에 갖추어진 진리를
아는 본체를 알아서, 천하 사람들이 하는 모든 말에 대해 그 이치를 완벽하게 파악하여,
그 말의 시비득실과 그렇게 된 이유에 대해 알지 못함이 없는 것이다. 호연은 성대하고
활발하게 작동하는 모습이다. 기는 사람 몸을 충만하게 꽉 채우는 것이다. 사람은 원래
기가 몸을 꽉 채운 상태였는데 기를 잘 기르지 못하여 나중에 몸이 말라버린 것이다. 오직
맹자가 그 기를 잘 길러서 기가 몸에 충만했던 그런 원래의 상태를 회복하였다는 것이다.
이렇게 지언(知言)이면 도의(道義)에 밝아 천하의 일에 의심할 바가 없고 기(氣)를 잘 기
르면 도의와 짝함이 있어서 천하의 일에 두려울 바가 없으니, 이렇게 하여 맹자는 큰 임무
를 맡아도 부동심하는 것이다.'("知言者 盡心知性 於凡天下之言 無不有以究極其理而識其
是非得失之所以然也 浩然 盛大流行之貌 氣 卽所謂體之充者 本自浩然 失養故 餒 惟孟子
爲善養之以復其初也 蓋惟知言則有以明夫道義而於天下之事 無所疑 養氣則有以配夫道義
而於天下之事 無所懼 此其所以當大任而不動心也")

敢問何謂浩然之氣잇고 曰難言也니라
감 문 하 위 호 연 지 기　　　 왈 난 언 야

공손추가 질문했다. "(부동심의 필요 요건으로 지언과 함께 말씀하신 호연지기에 대해) 감히 여쭙겠습니다. 무엇을 호연지기라고 합니까?" 맹자가 말했다. "말로 설명하기 어렵구나.

其爲氣也至大至剛하니 以直養而無害則塞于天地之間이니라
기 위 기 야 지 대 지 강　　 이 직 양 이 무 해 즉 색 우 천 지 지 간

그 기(氣)가 되는 것을 말하자면, 기는 지극히 크고 지극히 강하니 곧 음[直]으로 기르고 (그것이 자라는 것을) 해치지 않으면 하늘과 땅 사이에 꽉 차게 된다.

其爲氣也配義與道하니 無是면[54] 餒也니라
기 위 기 야 배 의 여 도　　　 무 시　　　 뇌 야

---

[54] 여기서 "是"는 무엇인가? ① '是'를 기(氣)로 보는 견해가 있다. 집주에 '配는 합하여 돕는다는 뜻이다'("配者 合而有助之意")라는 설명이 있다. 기(氣)와 도의(道義)를 구분하고, 기(氣)는 도의(道義)와 합하여 그것을 돕는 것이니, 도의(道義)는 이끄는 장수이고 기(氣)는 따르는 병사라는 관점이다. (위의 본문은) 이런 기(氣)가 없으면 몸이 위축되어 도의를 행할 수 없다는 점을 맹자가 말하는 장면이다. 『四書釋義』(저자 및 필사자 미상의 필사본)에도 시(是)를 기(氣)로 본다. '시(是)'자는 호연지기를 가리켜 말한 것이다. 뇌(餒)자는 몸이 위축되는 것을 가리켜 말한 것이다.'("是字指浩氣而言也 餒字指體餒而言也"). 『新訂四書補註備旨 孟子』(鄧林)의 설명도 이와 같다. '是는 호연지기다'("是 浩然之氣"). ② 한편, '是'를 '도의'(道義)로 보는 여조겸[여자약]의 견해가 있다. (주자는 是를 道義로 보는 呂子約의 견해를 반박했다. 그런 주자의 주장을 인용해본다. '이미 그 위에서 그 기라고 하는 것이라는 말로 시작하고 그 아래에서 다시 말하기를 이것이 없으면 위축된다고 하면서 그것을 이어받았으니 이른바 是는 진실로 이 氣를 가리키는 것입니다. 그래서 말

그 기(氣)가 되는 것을 말하자면, 기는 도의(道義)와 짝을 이루면서 도의가 실천 가능하도록 돕는데, 이것이[호연지기] 없으면 (몸이 위축되어 시들어) 쭈글쭈글해진다.(그래서 결국 도의를 실천하지 못하는 일이 생긴다.)

是集義所生者라 非義襲而取之也니 行有不慊於心則餒矣니
시 집 의 소 생 자   비 의 습 이 취 지 야   행 유 불 겸 어 심 즉 뇌 의

我故로 曰告子未嘗知義라하노니 以其外之也일새니라
아 고   왈 고 자 미 상 지 의   이 기 외 지 야

이런 기(氣)는 내가 일마다 의(義)에 맞게 행하면서 (내 몸 안에서) 생기는 것이지 의(義)가 (몸 밖에서) 불시에 덮쳐서 취해지는 것이 아니다. 행동하는데 의(義)에 부합됨이 마음에 흡족하지 않으면 (그런 의와 한 짝이 되고 그런 의를 실천하도록 돕는 기가 몸을 꽉 채우지 못해서) 위축된다. 그래서 나는 '고자가 일찍이 의(義)를 알지 못했다.'고 말한

하기를 만약 이 氣가 없으면 몸은 채워지지 않아서 위축된다고 하는 것입니다. 그런데 만약 (그대 여자약이) 말씀하신 뜻과 같이 是는 道義를 가리키는 것이라고 하면서 만약 이 道義가 없으면 氣는 곧 위축된다고 한다면, 맹자가 마땅히 별도로 이 아래에 여러 말을 추가해 이 뜻의 곡절을 다 말해야 할 것입니다."("且其上旣言其爲氣也以發語而其下復言無是餒也以承之則所謂是者固指此氣 而言若無此氣則體不充而餒然矣 若如來喩以是爲指道義 而言若無此道義則氣爲之餒則孟子於此亦當別下數語以盡此意之曲折"『朱子書節要』권11 '答呂子約'). 그렇지만 호연지기가 도의를 먹고사는 것으로 본다면 "是"자는 도의로 볼 수 있겠다. 도의가 없으면 호연지기가 먹은 것이 없어서 몸을 채울 수 없다고 보는 관점이다. 다산자찬묘지명에 "無是" 대신 "無義與道"(도의가 없으면)를 쓰면서 이렇게 하는 것이 呂子約[여조겸]과 율곡의 해석이라는 설명이 있다. 史次耘은 이렇게 설명한다. '무시뇌야에서 是자는 도의를 가리키는 것이다. 위축된다는 것은 기가 위축되는 것이니 도의가 없으면 즉 기가 위축된다는 말이다.'("無是餒也 是 指道義 餒 氣餒也 言無道義 卽氣餒也"『孟子今註今譯』)

것이다. (그는) 그것 의(義)가 (마음) 밖에 있다고 본 때문이다.

必有事焉而勿正하여 心勿忘하며 勿助長也하여 無若宋人然이어다
필유사언이물정　심물망　물조장야　무약송인연

宋人이 有閔其苗之不長而揠之者러니 芒芒然歸하여
송인　유민기묘지부장이알지자　망망연귀

謂其人曰今日에 病矣와라 予助苗長矣와라하여늘
위기인왈금일　병의　여조묘장의

其子趨而往視之하니 苗則槁矣러라
기자추이왕시지　묘즉고의

天下之不助苗長者寡矣니 以爲無益而舍之者는 不耘苗者也요
천하지부조묘장자과의　이위무익이사지자　불운묘야

助之長者는 揠苗者也니 非徒無益이라 而又害之니라
조지장자　알묘자야　비도무익　이우해지

(이런 호연지기를 기르는 자는) 일마다 반드시 의에 부합되게 하지만 필히 성과를 이룰 것이라는 기대는 하지 말고 (다만 묵묵히 자신이 할 바를) 마음에서 잊지 말아야 한다. (호연지기가) 자라기를 (조급하게) 재촉하지 말아서 송나라 사람이 했던 것처럼 오히려 해롭게 하는 일은 없어야 한다. 송나라 사람이 경작하는 작물의 싹이 빨리 자라지 않는 것을 걱정해서 싹을 억지로 잡아당겨 늘려놓고 무식하게도 아무 생각 없는 모습으로 돌아와 집사람에게 말하기를 '오늘 난 피곤하다. 나는 싹이 빨리 자라도록 잡아당겨 늘려놓고 왔다.'고 했다. 그의 자식이 달려가 보았더니 싹은 시들어 말라죽었다. 천하에 조장(助長)하지 아니할 자를 찾아보기 어렵다. 이익이 없다고 방치하는 것은 싹이 자라는 밭에 김을 매지

않는 자이고 (호연지기를 기르지 않은 자이고), 빨리 자라기를 재촉하는
자는 싹을 잡아당겨 늘려놓는 자이니 (억지로 호연지기를 기르려고 하
는 자이니) 비단 무익할 뿐 아니라 또한 해를 끼친다."

何謂知言이니잇고 曰詖辭에 知其所蔽하며 淫辭에 知其所陷하며
하 위 지 언   왈 피 사   지 기 소 폐   음 사   지 기 소 함

邪辭에 知其所離하며 遁辭에 知其所窮이니 生於其心하여
사 사   지 기 소 리   둔 사   지 기 소 궁   생 어 기 심

害於其政하며 發於其政하여 害於其事하나니 聖人이 復起샤도
해 어 기 정   발 어 기 정   해 어 기 사   성 인   부 기

必從吾言矣시리라
필 종 오 언 의

공손추가 (지언에 대해 다시) 질문했다. "말을 안다는 것[知言]은 무엇
을 말씀하는 것입니까?" 맹자가 말했다. "(마음이 이치에 통달했다는 것
이지. 그렇기에 마음의 병이 끼치는 해악을 알 수 있다네. 마음의 병은
그 사람이 하는 말을 통해서 알 수 있는데 잘못된 마음에서 나온 말의
병, 네 가지를 말해주겠네.) 편벽된 말에서는 그 마음이 (무엇에 의해)
가려져 있음을 알며, 방탕한 말에서는 그 마음이 (어떤 욕망에) 중독되어
있음을 알며, 간사한 말에서는 그 마음이 (바른 것에서) 벗어나 있음을
알며, 핑계를 대면서 회피하는 말에서는 그 마음이 (논리적으로) 곤궁하
다는 것을 알 수 있다. (이렇게 잘못된 것이) 그 마음에 생겨나 그 정치에
해를 끼치고, 그 정치에 (잘못된 해악이) 발로하여 그 (나라와 백성의)
일에 해를 끼치는 것이다. 성인이 다시 나와도 반드시 내 말을 따르실
것이다."

宰我子貢은 善爲說辭하고 冉牛閔子顔淵은 善言德行이러니
재아자공   선위설사   염우민자안연   선언덕행

孔子兼之하사대 曰我於辭命則不能也로라하시니
공자겸지   왈아어사명즉불능야

然則夫子는 旣聖矣乎신저
연즉부자   기성의호

공손추가 말했다. "재아와 자공은 (지언에 속하는) 언어를 잘하고, 염우와 민자와 안연은 (양기에 속하는) 덕행을 잘 말했습니다. (이렇게 단지 하나만 잘했습니다.) 공자께서는 모두를 겸비하셨어도 말씀하시기를, '나는 문장과 말에는 능하지 못하네!'라고 하셨습니다. 그렇다면 선생님(맹자)은 (지언과 양기 이 둘에 대해서 자부하시니) 이미 성인이십니다!"

曰惡라 是何言也오 昔者에 子貢이 問於孔子曰夫子는 聖矣乎신저
왈오   시하언야   석자   자공   문어공자왈부자   성의호

孔子曰聖則吾不能이어니와 我는 學不厭而敎不倦也로라
공자왈성즉오불능   아   학불염이교불권야

子貢이 曰學不厭은 智也요 敎不倦은 仁也니 仁且智하시니
자공   왈학불염   지야   교불권   인야   인차지

夫子는 旣聖矣신저하니 夫聖은 孔子도 不居하시니 是何言也오
부자   기성의   부성   공자   불거   시하언야

맹자가 말했다. "아니, 이 무슨 말이냐! 예전에 자공이 공자께 질문하며 '선생님은 성인이십니다!'라고 말씀드렸다. 공자께서는 '성(聖)이라

면 내가 능할 바가 아니다. 나는 다만 배우기를 싫어하지 않으며 가르치기를 게을리 하지 않을 뿐이다.'라고 대답하셨다. 그러자 자공이 말하기를 '배우기를 싫어하지 않는 것은 지(智)요, 가르치기를 게을리 하지 않는 것은 어짐[仁]입니다. 어질고 또 지혜로우시니 선생님께서는 이미 성인이십니다.'라고 했다. 성인은 공자께서도 자처하시지 않았는데, 이 무슨 말이냐? (다시는 그런 말 하지마라. 내가 어찌 공자와 비교되겠는가?)"

昔者에 竊聞之호니 子夏子游子張은 皆有聖人之一體하고
석자　절문지　　자하자유자장　　개유성인지일체

冉牛閔子顔淵은 則具體而微라하니 敢問所安하노이다
염우민자안연　　즉구체이미　　　　감문소안

공손추가 질문했다. "(선생님께서 감히 공자와 비교되기를 원하지 않는다는 것을 잘 알겠습니다. 그렇다면 공자의 제자들은 어떻습니까?) 예전에 제가 개인적으로 들었는데, (문학에 재능이 있는) 자하, 자유, (단정한 용모의) 자장은 모두 성인의 한 지체(肢體)를 가졌고, 염우, 민자건, 안연은 성인의 전체를 가졌으나 그것이 미약했다고 합니다. (선생님께서는 이들 중) 누구를 자처하시는지 감히 여쭙니다."

日姑舍是하라
왈고사시

맹자가 말했다. "(내가 공자의 제자들 수준에 머물러 있겠는가! 그들 나름대로 장점이 있겠지만 나도 그 이상의 자부심이 있다. 그러니 공자의 제자들과 나를 비교하는) 이런 일은 이제 그만해라."

曰伯夷伊尹은 何如하니잇고 曰不同道하니[55] 非其君不事하며
왈 백 이 이 윤　　　　하 여　　　　왈 부 동 도　　　　비 기 군 불 사

非其民不使하여 治則進하고 亂則退는 伯夷也요
비 기 민 불 사　　　치 즉 진　　　란 즉 퇴　　　백 이 야

何事非君이며 何使非民이리오하여 治亦進하며
하 사 비 군　　　하 사 비 민　　　　　　치 역 진

亂亦進은 伊尹也요 可以仕則仕하고 可以止則止하며
란 역 진　　　이 윤 야　　　가 이 사 즉 사　　　가 이 지 즉 지

可以久則久하며 可以速則速은 孔子也시니 皆古聖人也라
가 이 구 즉 구　　　가 이 속 즉 속　　　공 자 야　　　개 고 성 인 야

吾未能有行焉이어니와 乃所願則學孔子也로라
오 미 능 유 행 언　　　　　　내 소 원 즉 학 공 자 야

공손추가 질문했다. "(그렇다면 선생님) 백이와 이윤은 어떻게 생각하
십니까?" 맹자가 말했다. "(이분들은 한쪽으로 치우쳐서) 도를 실천하는
방식이 같지 않았다. 섬길만한 임금이 아니면 섬기지 않았고 부릴만한
백성이 아니면 부리지 않았고 세상이 다스려지면 벼슬하러 나아갔고 세
상이 어지우면 물러난 분은 백이다. 어떤 임금을 섬긴들 임금이 아니며

---

55 "不同道"(부동도)를 해석할 때, 백이와 이윤의 도가 서로 같지 않다는 뜻으로 해석했다.
이들은 서로 도를 추구하는 방식이 다르고 각자 한 쪽으로 치우친 반면에 공자는 치우침
이 없다는 점에서 맹자는 공자의 방식을 배우려고 했다고 보았다. 한편, 『新訂四書補註備
旨 孟子』(鄧林) 講에 '맹자는 말하기를, (내가 배우고자 하는 것은 공자의 道이니) 백이와
이윤은 나와 추구하는 도가 같지 않다'("孟子曰 伯夷伊尹 與我不同道")라는 표현이 있다.

어떤 백성을 부린들 백성이 아니겠는가라고 하면서 세상이 다스려져도 벼슬했고 어지러워도 또한 벼슬했던 분은 이윤이다. 벼슬할만하면 벼슬했고 그만둘만하면 그만두었고 (공직에) 오래 있을만하면 오래있었고 (공직을) 그만두고 빨리 떠나야 할 때에는 빨리 떠났던 분은 공자다. 이분들은 모두 고대의 성인이시다. 내가 이분들이 했던 일을 그대로 따라 할 수는 없겠지만 그래도 내가 원하는 바는 공자를 배우는 것이다!"

伯夷伊尹이 於孔子에 若是班乎잇가 曰否라 自有生民以來로
백 이 이 윤   어 공 자   약 시 반 호   왈 부   자 유 생 민 이 래

未有孔子也시니라
미 유 공 자 야

(공손추가 질문했다.) "(이 분들이 모두 성인이라면) 백이와 이윤이 공자와 이렇듯이 같은 반열입니까?" 맹자가 말했다. "아니다. 백성이 생긴 이래로 공자와 같은 분은 있지 않았다."

曰然則有同與잇가 曰有하니 得百里之地而君之면
왈 연 즉 유 동 여   왈 유   득 백 리 지 지 이 군 지

皆能以朝諸侯有天下어니와 行一不義하며
개 능 이 조 제 후 유 천 하   행 일 불 의

殺一不辜而得天下는 皆不爲也리니 是則同하니라
살 일 불 고 이 득 천 하   개 불 위 야   시 즉 동

공손추가 질문했다. "그렇다면 (백이와 이윤이 공자와는 그 등급이 달라도) 공통점이 있습니까? 맹자가 말했다. "있다. 백 리의 (작은) 영토로

임금 노릇을 하면 이 분들은 모두 제후들에게 조회를 받아 천하를 다스릴 수 있었다. 그러나 만약 하나라도 불의를 행하며 한 명이라도 죄 없는 백성을 죽여서 천하를 얻는 일은 이 분들 모두가 하지 않았을 것이다. 이런 점이 같다."

日敢問其所以異하노이다 日宰我子貢有若은 智足以知聖人이니
왈 감 문 기 소 이 이   왈 재 아 자 공 유 약   지 족 이 지 성 인

汙不至阿其所好니라[56]
와 부 지 아 기 소 호

공손추가 질문했다. "그렇다면 (이제는 백이, 이윤, 공자의) 다른 점에 대해서 감히 여쭙겠습니다." 맹자가 말했다. "재아, 자공, 유약은 그 지혜가 족히 성인을 알아보는 수준에 있었다. 그런 그들은 아무리 굽혀도

---

56 "汙"(와)자에 대해 여러 견해가 있다. ① '汙'를 '낮다[下]'의 의미로 보는 것이다. 집주와 조주가 그렇다. '汙'는 낮다는 뜻이다. 세 분의 지혜가 족히 선생님의 도를 알기에 충분했는데 설사 낮더라도 개인적으로 좋아한다고 해서 (특정인을 사적으로) 공연히 예찬하고 아부하는 그런 짓은 절대 하지 않을 것이다. 그 말이 가히 믿을만하다는 것을 분명히 한 것이다.'("汙 下也 三子 智足以知夫子之道 假使汙下 必不阿私所好而空譽之 明其言之可信也"집주). ② 한편, '맹자가 汙자를 夸(과)자의 假借(가차)로 썼다면 夸자가 과장하다[大]의 의미이기에 말이 비록 과장되어도 아부하는 지경에는 이르지는 않았다는 말로 해석할 수 있겠다.'("按汙本作洿 孟子盖用爲夸字之假借 夸者大也" 焦循 撰『孟子正義』疏. 이는『孟子譯注』3-2 注釋 63에도 인용되어 있는데, 楊伯峻은 이런 焦循의 설명이 맞지 않는 것으로 생각한다고 논평했다). 이제 '汙'의 한자음을 보면, 집주에 '와'라고 표시되어 있다(汙音蛙). 이 부분에 대한 채침 疏에도 '조씨는 汙자를 窪(와)로 읽었다'("趙氏讀汙爲窪也")는 설명이 있다.『맹자언해』(1590년 교정청간행 도산서원소장본; 1612년 간행본; 내각장판; 임술계춘 영영중간; 율곡언해)에 이 한자의 자형이 '汙'로 되어 있고 한자음이 "와"로 되어 있다. 1913년에 간행된『현토석자구해 집주맹자』(대창서원)와 그 이후 간행된 이와 같은 종류의『맹자집주』에도 한자음이 "와"로 표시되어 있다.『맹자집주대전』에 구결을 붙여서 영인 간행한『口訣 孟子大全 上·下』(艮齋 口訣 影印本)에는 수기로 "와"로 표시되어 있다.

(개인적으로 좋아한다는 그 이유만으로 특정인을) 헛된 말로 높이는 그런 짓은 결코 하지 않는 인품을 갖고 있었다.

宰我曰以予觀於夫子컨대 賢於堯舜이 遠矣샷다
재 아 왈 이 여 관 어 부 자 　　　 현 어 요 순 　　 원 의

(그런 그들이 공자에 대해서 했던 말이다.) 재아는 이런 말을 했다. '내가 보건데 선생님(공자)은 (도를 후세에 전한 그 공적이 있으니) 요순보다 더욱 위대하시다.'

子貢이 曰見其禮而知其政하며 聞其樂而知其德이니[57]
자 공 　　 왈 견 기 례 이 지 기 정 　　 문 기 악 이 지 기 덕

由百世之後하여 等百世之王컨대 莫之能違也니 自生民以來로
유 백 세 지 후 　　 등 백 세 지 왕 　　 막 지 능 위 야 　　 자 생 민 이 래

未有夫子也시니라
미 유 부 자 야

자공은 이런 말을 했다. '그 예법을 보고 그 정치를 알며, 그 음악을

---

57 여기서 "其禮"와 "其樂"은 누구의 것을 말하는 것인가? 『맹자집주대전』소주에 설명이 있다. '질문합니다. 그 예를 보고 그 정치를 알며 그 음악을 듣고 그 덕을 안다고 했는데, 이것은 공자를 말하는 것인가요? 타인을 말하는 것인가요? 주자가 말했다. 이것은 대개가 이렇다는 말이다.'("問見其禮而知其政 聞其樂而知其德 是謂夫子是謂他人 朱子曰只是大槪如此說"). 일반적으로 그렇다는 설명이다. 다른 해석도 가능하다. 『맹자집주대전』소주에 그 해석을 소개한 부분도 있다. '이런 해석도 있다. 선생님께서 사람들의 예를 보시고 그의 정치를 알며 사람들의 음악을 들으시고 그의 덕을 아시니 백세 이후에 백세의 왕들을 차등 평가하는데 선생님께서 보시는 것을 능히 피할 자는 없을 것이다.'("一說 夫子見人之禮而知其政 聞人之樂而知其德 由百世之後 等百世之王 莫能逃夫子之見者")

듣고 그 덕을 아는 것이다. 백세가 지난 다음에 백세의 왕들을 평가할 때 아무도 이런 기준에서 벗어나지 못할 것인데 백성이 난 이래로 선생님(공자) 같은 분은 있지 않았다.'

有若이 曰豈惟民哉리오 麒麟之於走獸와 鳳凰之於飛鳥와
유 약   왈 기 유 민 재   기 린 지 어 주 수   봉 황 지 어 비 조

泰山之於丘垤과 河海之於行潦에[58] 類也며 聖人之於民에
태 산 지 어 구 질   하 해 지 어 행 료(료)   류 야   성 인 지 어 민

亦類也시니 出於其類하며[59] 拔乎其萃나 自生民以來로
역 류 야   출 어 기 류   발 호 기 췌   자 생 민 이 래

未有盛於孔子也시니라
미 유 성 어 공 자 야

유약은 이런 말을 했다. '어찌 다만 백성뿐이랴! 달리는 짐승 중에서 기린, 날아다니는 새 중에서 봉황, 땅 위에 솟아난 언덕 중에서 태산, 땅 위에 고인 물 중에서 바다는 그 종류에서 가장 뛰어난 것이다. 예전의

---

58 "潦"는 『맹자언해』(1590년 교정청간행 도산서원 소장본; 1612년 간행본; 내각장판; 율곡언해)와 『집주맹자』(1913년)에 한자음이 "로"로 되어 있다. '潦'의 음은 로다("潦音老")라는 『맹자집주대전』의 한자음 설명을 따른 것으로 여겨진다. 임술계춘 영영중간본 『맹자언해』에는 "료"로 되어 있다.

59 "出於其類 拔乎其萃"에 대해, 『맹자언해』(내각장판)에 "그 萃에 拔하나"로 되어 있어서 뒤에 이어지는 말이 이를 극복하는 의미로 이해된다. 한편, 앞에서 백이와 이윤의 정치를 공자와 비교하는 말이 이어지는 점을 고려할 필요가 있다. 『사서석의』(저자 필사자 미상의 필사본)의 '그 종류에서 특출함과 뛰어남과 그 무리에서 빼어났음은 백이와 이윤을 두고 하는 말이다.'("出類拔萃指伯夷伊尹而言也")라는 설명을 참고한다면, 위의 문장을 '(옛 성인으로서 백이 이윤은) 그 종류에서 특출하고 그 무리에서 빼어났으나 백성이 난 이래로 공자보다 더 위대한 분은 없다.'라고 해석할 수도 있겠다.

여러 성인도 (기린, 봉황, 태산, 바다와 같이) 백성에 있어서 또한 그렇게 뛰어난 존재이어서 그 인류에서 특출했고 그 무리에서 빼어나셨다. 그렇지만 사람이 난 이래로 (어떤 성인도) 공자보다 위대한 분은 없었다.' (이것이 공자가 백이나 이윤과 다른 점이다.)"

3. 孟子曰以力假仁者는 霸니 霸必有大國이요 以德行仁者는 王이니
　　맹자왈이력가인자　　패　　패필유대국　　　이덕행인자　　왕

　王不待大라 湯이 以七十里하시고 文王이 以百里하시니라
　　왕부대대　탕　이칠십리　　　　문왕　이백리

맹자가 말했다. "힘으로 다스리며 어진 척하는 자는 패자(霸者)인데 이렇게 힘으로 천하를 다스리는 제후는 필히 큰 영토가 있어야 한다. 덕으로 인(仁)을 행하는 자는 왕자(王者)인데 왕자는 큰 영토를 필요로 하지 않는다. 탕은 칠십 리로 근거지를 삼아 시작했고 문왕은 백 리로 근거지를 삼아 시작했다.

　以力服人者는 非心服也라 力不贍也요 以德服人者는 中心이
　　이력복인자　　비심복야　　력불섬야　　이덕복인자　　중심

　悅而誠服也니 如七十子之服孔子也라 詩云自西自東하며
　　열이성복야　　여칠십자지복공자야　　시운자서자동

　自南自北이 無思不服이라하니 此之謂也니라
　　자남자북　무사불복　　　　차지위야

힘으로 사람을 복종하게 하면 마음으로 복종하지 않는다. 힘이 부족해

서 복종한 것일 뿐이다. 덕으로 사람을 복종하게 하면 마음으로 기쁘게 복종한다. 칠십 제자들이 공자를 자발적으로 따른 것과 같다. 『시경』에 이르기를, '서쪽에서 오고 동쪽에서 와서, 남쪽에서 오고 북쪽에서 와서, 마음으로 복종하지 않는 자가 없었다.'고 하니 이를 말하는 것이다."

4. 孟子曰仁則榮하고 不仁則辱하나니 今에 惡辱而居不仁이
   맹 자 왈 인 즉 영   불 인 즉 욕   금   오 욕 이 거 불 인

是猶惡濕而居下也니라
시 유 오 습 이 거 하 야

맹자가 말했다. "어질면 영광, 어질지 못하면 치욕이다. 이제 (여러 나라 임금들의 행태를 보건데) 치욕을 싫어하면서 불인(不仁)한 곳에 자기 몸을 두는데 이런 것은 눅눅한 습기를 싫어하면서 하류에 머무는 것과 같다.

如惡之인댄 莫如貴德而尊士니 賢者在位하며 能者在職하여
여 오 지   막 여 귀 덕 이 존 사   현 자 재 위   능 자 재 직

國家閒暇어든 及是時하여 明其政刑이면 雖大國이라도
국 가 한 가   급 시 시   명 기 정 형   수 대 국

必畏之矣리라
필 외 지 의

만약 (치욕을) 싫어한다면 (그 해법으로) 덕을 숭상하고 선비를 존중하는 것보다 나은 것이 없다. 현명한 인재가 직위에 있고 능력 있는 인재

가 직책을 맡아서 나라가 여유롭거든 이런 때를 당하여 그 정령과 형정을 밝게 살피면 비록 강대국이라도 반드시 두려워할 것이다.

詩云迨天之未陰雨하여　徹彼桑土하여[60]　綢繆牖戶면　今此下民이
시운태천지미음우　　　철피상두　　　　주무유호　　　금차하민

或敢侮予아하여늘　孔子曰爲此詩者其知道乎인저　能治其國家면
혹감모여　　　　공자왈위차시자기지도호　　　능치기국가

誰敢侮之리오하시니라
수감모지

『시경』에 이르기를, '(새가 말하기를) 하늘이 흐리고 아직 비 내리지 않을 때 저 뽕나무뿌리껍질을 물어다가 둥지의 문을 튼튼하게 얽어매면 이제 이 아래 백성이 혹여 감히 나를 업신여기랴!'라고 했다. 공자께서 말씀하시기를 '이 시를 지은 자, 그 도를 아는구나! (주밀하게 환난에 대비하며) 그 나라를 잘 다스린다면 누가 감히 업신여기겠는가!'라고 하셨다.

今國家閒暇어든　及是時하여　般樂怠敖하나니　是는　自求禍也니라
금국가한가　　　급시시　　　반락태오　　　　시　　자구화야

이제 국가가 한가한데 이런 때를 당하여 크게 놀고 나태하고 오만하니 이는 스스로 재앙을 불러들이는 것이다.

---

60 "徹彼桑土"에서 '土'자는 '杜'(두)자를 가차(假借)한 것이어서 '두'라고 읽는다. 『맹자집주대전』에 '土의 음은 두다("土音杜")라고 표시되어 있다. '齊東에서는 뿌리를 杜라고 한다.'("齊東謂根曰杜")는 설명도 있다(楊伯峻 『孟子譯注』).

禍福이 無不自己求之者니라
화복　　무 부 자 기 구 지 자

재앙과 복록은 자기 스스로 불러들이지 않는 것이 없다.

詩云永言配命이[61]　自求多福이라하며　太甲에　曰天作孽은
시 운 영 언 배 명　　자 구 다 복　　　　　태 갑　왈 천 작 얼

猶可違어니와　自作孽은　不可活이라하니　此之謂也니라
유 가 위　　　　자 작 얼　　불 가 활　　　　차 지 위 야

『시경』에 이르기를, '길이 천명에 부합되기를 생각하는 것이 큰 복이 내게로 오게 하는 방법이라!'고 했다. 『서경』「태갑」에 이르기를, '하늘이 내린 재앙은 오히려 피할 수 있어도 스스로 초래한 재앙은 피해서 살아날 수 없다.'고 했으니 (불행과 행복의 원인은 바로 자신이라는) 이것을 말하는 것이다.”

5. 孟子曰尊賢使能하여　俊傑이　在位則天下之士皆悅而願立於其
　 맹 자 왈 존 현 사 능　　준 걸　재 위 즉 천 하 지 사 개 열 이 원 립 어 기

朝矣리라
조 의

---

61 “言”을 집주에서는 '생각할 염'(念)이라고 했다(“言 猶念也”). 『시경』 본문(대문)에서는 어조사로 보아서 '길이 천명에 부합되게 하는 것'으로 해석하기도 한다. '永言'을 글자 그대로 “기리 말슴하야”라고 해석하기도 한다(『유교경전언역총서 맹자』, 1923).

맹자가 말했다. "현인을 존중하고 실력 있는 사람에게 일을 맡겨서 재주와 덕이 출중한 인재가 조정에 있으면 천하의 선비가 모두 기뻐서 그 조정에 서기를 원할 것이다.

市에 廛而不征하며[62] 法而不廛則天下之商이
시   전 이 부 정   법 이 부 전 즉 천 하 지 상

皆悅而願藏於其市矣리라
개 열 이 원 장 어 기 시 의

시장에서 지세(地稅)는 받으나 물품에는 과세하지 않으며, (장소가 불리해서 이익이 적으면) 법으로 (시장 질서를) 관리만하고 세금을 거두지 않으면 천하의 상인이 모두 기뻐서 그 시장에 팔 물건을 쌓아두기를 원할 것이다.(상인은 세금이 없는 시장을 좋아한다.)

關에 譏而不征則天下之旅皆悅而願出於其路矣리라
관   기 이 부 정 즉 천 하 지 려 개 열 이 원 출 어 기 로 의

관문(세관)에서 (다만 특이한) 동태를 살필 뿐 (도로에 대해) 세금을 거두지 않으면 천하의 나그네가 모두 기뻐하며 그 길로 다니길 원할 것이다. (나그네는 통행세가 없는 길을 좋아한다.)

---

62 "廛"(전)에 대한 집주의 설명이 도움이 된다. '廛은 도읍 시가지 주택이다. 장자가 말했다. 혹 그 시장의 토지에 있는 창고나 자리에 세를 부과하지만 그 화물은 과세하지 않는다. 혹 市官의 법으로 다스리나 그 창고나 자리는 세를 부과하지 않는다. 상인이 많으면 창고나 자리에 과세하여 억제하고 상인이 적으면 창고나 자리에 대한 세를 부과하지 않는다.' ("廛 市宅也 張子曰或賦其市地之廛而不征其貨 或治以市官之法而不賦其廛 蓋逐末者多 則廛而抑之 少則不必廛也" 집주)

耕者를 助而不稅則天下之農이 皆悅而願耕於其野矣리라
경자　조이불세즉천하지농　개열이원경어기야의

경작자를 (8가구가 공전을 공동 경작하게하고 각자의 사전에는 과세
하지 않는) 조법(助法)으로 하고 추가로 과세하지 않으면 천하의 농부가
모두 기뻐서 그런 나라의 들에서 경작하기를 원할 것이다.

廛無夫里之布則天下之民이[63] 皆悅而願爲之氓矣리라
전무부리지포즉천하지민　개열이원위지맹의

점포에 대해서 (한 장정의 경작 면적 만큼의 그리고 한 마을 25가구만
큼의 베[布]를 내게 하는) 부리지포(夫里之布)라는 세법이 없으면 천하의
(다른 나라) 백성이 모두 기뻐하며 (찾아와 그 나라) 백성이 되기를 원할
것이다.

信能行此五者則鄰國之民이 仰之若父母矣리니 率其子弟하여
신능행차오자즉린국지민　앙지약부모의　솔기자제

攻其父母는 自生民以來로[64] 未有能濟者也니
공기부모　자생민이래　미유능제자야

---

63 부리지포(夫里之布)에 대해 집주에 이런 설명이 있다. '정씨(정현)는 설명하기를, 집에
뽕나무와 삼을 심지 않는 자에 대해 한 마을 리(里) 25가구에 해당하는 포(布)를 내게
하고 백성으로서 일정한 직업이 없는 자에 대해 한 사내가 경작하는 100묘에 해당하는
세(稅)를 내게 한다.'("鄭氏謂 宅不種桑麻者 罰之 使出一里二十五家之布 民無常業者 罰之
使出一夫百畝之稅" 집주). 이런 부리지포는 징벌적인 세금인 것으로 여겨진다.
64 집주본이나 조주본에는 위와 같이 "自生民以來"로 되어있으나 楊伯峻은 완원(玩元)의
교감기(『十三經注疏』『孟子注疏』校勘記)를 인용하며 '有'자를 추가하여 "自有生民以來"
로 쓰고 있다.

如此則無敵於天下하리니　無敵於天下者는　天吏也니
여 차 즉 무 적 어 천 하　　　무 적 어 천 하 자　　천 리 야

然而不王者未之有也니라
연 이 불 왕 자 미 지 유 야

실제로 (위에서 말한) 이 다섯 가지를 행할 수 있다면 이웃 나라 백성이 그를 부모인 듯 우러러 볼 것이다. 그 자제들을 몰아다가 그 부모를 공격하는 일은 사람이 생긴 이래로 성공한 적이 있지 않았다. 이렇게 (백성이 임금을 부모처럼 대하게) 한다면 천하에 대적할 자가 없을 것이다. 천하에 대적할 상대가 없는 자는 하늘이 내린 관리니 이렇게 하고도 천하에 왕 노릇하지 못한 자는 있지 않았다."

6. 孟子曰人皆有不忍人之心하니라[65]
맹 자 왈 인 개 유 불 인 인 지 심

맹자가 말했다. "사람은 모두 차마 (남을 해치지 못하는 또는 남의 고통을 보고 견디지) 못하는 마음을 가지고 있다.

그러면 사람은 짐승에 대해서도 차마 못하는 '불인물지심'(不忍物之心)도 가지고 있는가? 사랑의 실천에 차등이 있으며 그것이 단계적으로 더 확대되어야 한다는 논리에서 맹자는 사람에 대한 사랑 그 다음으로

---

65 "不忍人"을 『新訂四書補註備旨 孟子』(鄧林)에서는 '차마 남을 해롭게 못한다.'("不忍害人")는 의미로 해석한다.

짐승에게도 그런 사랑을 펼쳐야 한다고 했을 것이다.

先王이 有不忍人之心하사 斯有不忍人之政矣시니 以不忍人之心으로
선왕　유불인인지심　　사유불인인지정의　　이불인인지심

行不忍人之政이면 治天下는 可運之掌上이니라
행불인인지정　　치천하　　가운지장상

선왕은 차마 (남을 해치지 못하는 또는 남의 고통을 차마 견디지) 못
하는 마음을 갖고 있어서 이에 차마 해치지 못하는 마음의 정치를 했다.
차마 못하는 마음으로 차마 해치지 못하는 마음의 정치를 한다면 천하
다스리기란 손바닥 위에서 움직이는 것 같이 쉬울 것이다.

所以謂人皆有不忍人之心者는 今人이 乍見孺子將入於井하고
소이위인개유불인인지심자　　금인　　사견유자장입어정

皆有怵惕惻隱之心하나니 非所以內交於孺子之父母也며[66]
개유출척측은지심　　　　비소이랍교어유자지부모야

非所以要譽於鄕黨朋友也며 非惡其聲而然也니라
비소이요예어향당붕우야　　비오기성이연야

사람은 모두 차마 (남을 해치지 못하는 또는 남의 고통을 차마 견디
지) 못하는 마음을 갖고 있다고 말하는 근거를 이렇게 설명할 수 있겠다.
이제 어떤 사람이 문득 어린 아이가 우물에 빠지려는 것을 목격한다면

---

66 "內"자는 『맹자언해』(1590년 교정청간행 도산서원소장본; 내각장판; 임술계춘 영영중
간; 율곡언해)에 "納"자로 되어 있다. 한자음은 "랍"으로 되어 있다. 집주에 '內는 納으로
읽는다.'("內讀爲納")는 설명이 있다.

모두 깜짝 놀라고 가슴 아파하는 마음을 갖는다. 그것은 어린 아이 부모와 친분을 맺으려는 의도 때문도 아니고 마을의 이웃과 친구들 사이에서 좋은 명성을 얻기 위함도 아니고 또 그렇게 하지 않으면 듣게 될 나쁜 평판이 싫어서 그러는 것도 아니다.

由是觀之컨댄 無惻隱之心이면 非人也며 無羞惡之心이면 非人也며
유 시 관 지　　　무 측 은 지 심　　　비 인 야　　　무 수 오 지 심　　　비 인 야

無辭讓之心이면 非人也며 無是非之心이면 非人也니라
무 사 양 지 심　　　비 인 야　　무 시 비 지 심　　　비 인 야

이런 관점에서 본다면 (불쌍한 사람을) 측은히 여기는 마음이 없으면 사람이 아니며 (자기 잘못을) 부끄러워하고 (타인의 부정을) 미워하는 마음이 없으면 사람이 아니며 (양보하고) 사양하는 마음이 없으면 사람이 아니며 옳고 그름을 판단하는 마음이 없으면 사람이 아니다.

惻隱之心은 仁之端也요 羞惡之心은 義之端也요 辭讓之心은
측 은 지 심　　　인 지 단 야　　수 오 지 심　　　의 지 단 야　　　사 양 지 심

禮之端也요 是非之心은 知之端也니라
례 지 단 야　　　시 비 지 심　　지 지 단 야

측은히 여기는 마음은 인이 시작하는 단서(지점)이며, (자기 잘못을) 부끄러워하고 (타인의 잘못을) 미워하는 마음은 의가 시작하는 단서이며, 사양하는 마음은 예가 시작하는 단서이며, 옳고 그름을 판단하는 마음은 지혜가 시작하는 단서이다.

人之有是四端也猶其有四體也니 有是四端而自謂不能者는
인 지 유 시 사 단 야 유 기 유 사 체 야   유 시 사 단 이 자 위 불 능 자

自賊者也요 謂其君不能者는 賊其君者也니라
자 적 자 야   위 기 군 불 능 자   적 기 군 자 야

사람이 이러한 네 가지 시작하는 단서를 갖고 있음은 그가 사지를 갖고 있는 것과 같다. 이러한 네 가지 시작하는 단서를 (타고난 본성으로 원래) 갖고 있으면서 (인의예지 실천이) 불가능하다고 말하는 자는 스스로를 해치는 자다. 그 임금에 (대해 인의예지 실천이) 불가능하다고 말하는 자는 그 임금을 해치는 자다.

凡有四端於我者를 知皆擴而充之矣면 若火之始然하며 泉之始達이니
범 유 사 단 어 아 자   지 개 확 이 충 지 의   약 화 지 시 연   천 지 시 달

苟能充之면 足以保四海요 苟不充之면 不足以事父母니라
구 능 충 지   족 이 보 사 해   구 불 충 지   부 족 이 사 부 모

무릇 나에게 (원래) 구비되어 있는 네 가지 시작하는 단서를 모두 확장하여 충실히 할 줄을 알면 마치 불길이 타오르기 시작하는 것 같으며 샘물이 근원에서 솟아나기 시작하는 것 같을 것이다. 만일 능히 이를 채울 수 있다면 족히 천하를 보전하고 만일 이를 채우지 못하면 족히 부모도 섬길 수 없을 것이다."[67]

---

[67] 모든 사람이 천부적으로 갖고 있다는 이런 '인의예지'에 대한 정약용의 설명도 참고가 된다. '인의예지라는 그 명칭(개념의 外延)은 일을 행한 다음에 이루어지는 것이다. 사람을 사랑하고 그런 다음에 그것을 인(仁)이라고 하는 것이기에 사람을 사랑하기 그 이전의 상태에서는 인이라는 명칭이 성립되지 않는다. 나를 선하게 한 다음에야 의(義)라고 하는

7. 孟子曰矢人이　豈不仁於函人哉리오마는　矢人은　惟恐不傷人하고
   맹자왈시인　기불인어함인재　　　　시인　　유공불상인

函人은　惟恐傷人하나니　巫匠도　亦然하니　故로　術不可不愼也니라
함인　유공상인　　　　　무장　역연　　고　　술불가불신야

맹자가 말했다. "화살 만드는 사람이 어찌 갑옷 만드는 사람보다 어질
지 않으랴! 화살 만드는 사람은 오직 화살이 사람에게 상처를 입히지
못할 것을 걱정하고 갑옷 만드는 사람은 오직 사람이 상처 입을 것을
걱정한다. (사람의 복을 빌어주는) 무당이나 (관을 제작해서 많이 팔려
는) 장인도 또한 그렇게 상반된 입장이다. (어진 본성을 갖고 있어도 기
술의 특성이 그 관심을 직업적 이익 쪽으로 돌린 것이다.) 그렇기 때문에
(어떤 일을 성취하기 위해 목표를 세우고 추진해 나갈 때 그) 방법의
선택에 있어서 신중하지 않을 수 없다.

孔子曰里仁이　爲美하니　擇不處仁이면　焉得智리오하시니
공자왈리인　위미　　택불처인　　　언득지

夫仁은　天之尊爵也며　人之安宅也어늘　莫之禦而不仁하니
부인　　천지존작야　　인지안택야　　　막지어이불인

是는　不智也니라
시　　부지야

것이니 나를 선하게 하기 이전에는 의라는 명칭이 성립되지 않는다. 손님과 객이 예절을
갖추어 절한 다음에야 예(禮)라는 이름이 성립되는 것이다. 사물을 밝게 판별한 다음에야
지(智)라는 명칭이 성립되는 것이다. 어찌 인의예지 이 4개가 실체로서 뚜렷하게 복숭아
씨와 살구씨처럼 사람 마음 가운데 잠복해 있는 것이겠는가?("仁義禮智之名 成於行事之
後 故愛人而後謂之仁 愛人之先 仁之名未立也 善我而後謂之義 善我之先 義之名未立也 賓
主拜揖而後禮之名立焉 事物辨明而後智之名立焉 豈有仁義禮智四顆 磊磊落落 如桃仁杏仁
伏於人心之中者乎"『맹자요의』)

공자께서 말씀하시기를, '마을 인심이 어진 곳이 아름다우니 인심이 좋은 마을을 택하여 인(仁)에 처하지 않는다면 어찌 지혜롭다고 하겠는가?'라고 하셨다. 인(仁)은 하늘이 사람에게 내려준 가장 높은 벼슬[가치]이며 사람의 편안한 거처다. 이것을 하지 못하게 막는 것이 없는데 어질지 않으니 이것은 지혜롭지 못한 것이다.[68]

不仁不智라 無禮無義면 人役也니 人役而恥爲役하난대
불 인 부 지　　무 례 무 의　　인 역 야　　인 역 이 치 위 역

由弓人而恥爲弓하며 矢人而恥爲矢也니라
유 궁 인 이 치 위 궁　　　시 인 이 치 위 시 야

어질지 못해서 지혜롭지 못하다. (지혜롭지 못해서) 예의가 없으며 의(義)가 없으면 사람들이 부리는 일꾼이 된다. 그렇게 해서 사람들이 부리는 일꾼이 되고도 사람들에게 부림을 당하는 것을 부끄러워하니, 이것은 활 만드는 사람이 되었는데 활 만들기를 부끄러워하고 화살 만드는 사람이 되었는데 화살 만들기를 부끄러워하는 것과 같다.

如恥之인댄 莫如爲仁이니라
여 치 지　　　막 여 위 인

만일 (사람들에게 부림을 당하는 것을) 부끄럽게 여긴다면 (그 해법으

---

68 하늘이 내려준 본성(인의예지) 중에서 왜 인(仁)이 가장 높은가? 이에 대해 집주의 설명이 참고가 된다. '인의예지는 모두 하늘이 내려준 자연적인 덕성과 능력이지만 그 중 인(仁)은 천지가 생명을 낳는 마음이기에 그것 얻기를 최우선으로 해서 (인의예지) 네 가지를 겸하며 대표로서 통솔하는 것이다.'("仁義禮智 皆天所與之良貴而仁者 天地生物 之心 得之最先而兼統四者")

로) 인(仁)을 행하는 것 만한 것이 없을 것이다.

仁者는 如射하니 射者는 正己而後에 發하여 發而不中이라도
인자   여사   사자   정기이후   발   발이부중

不怨勝己者요 反求諸己而已矣니라
불원승기자   반구저기이이의

인(仁)이라는 것은 활을 쏘는 것과 같다. 활을 쏘는 자는 자기 마음과 몸을 바로 잡은 다음에 쏜다. 쏘았는데 명중하지 않아도 자기를 이긴 사람을 원망하지 않는다. 다만 (실패의 이유를) 자기 자신에게서 찾을 뿐이다."

8. 孟子曰子路는 人이 告之以有過則喜하더라
   맹자왈자로   인   고지이유과즉희

맹자가 말했다. "자로는 다른 사람이 자기의 허물을 알려주면 기뻐했다.

禹는 聞善言則拜러시다
우   문선언즉배

우는 좋은 말을 들으면 절을 했다.

大舜은 有大焉하시니 善與人同하사 舍己從人하시며 樂取於人하여
대순   유대언   선여인동   사기종인   락취어인

以爲善이러시다
이 위 선

위대한 순은 더욱 위대하였으니 선한 일은 (공적인 것으로 생각하여)
사람들과 함께 공유했고 (다른 사람에게 장점이 있으면) 자기를 버리고
다른 사람들을 따르며 기꺼이 다른 사람들에게서 선을 취하여 행하기를
즐겼다.

自耕稼陶漁로 **以至爲帝**히 **無非取於人者**러시다
자 경 가 도 어   이 지 위 제   무 비 취 어 인 자

밭 갈고 심고 질그릇 굽고 고기잡이 하다가 제왕이 되기까지 사람들
에게서 (장점을) 취하지 않음이 없었다.

取諸人以爲善이 **是與人爲善者也**니[69] **故**로 **君子**는
취 저 인 이 위 선   시 여 인 위 선 자 야   고   군 자

莫大乎與人爲善이니라
막 대 호 여 인 위 선

다른 사람에게서 선을 취해서 (자신의 선으로 만들고) 선을 행하는
이런 행위는 곧 사람들이 더욱 선을 행하도록 돕는 것이다. 그래서 군자
에게는 (자기의 단점을 버리고 다른 사람의 선을 취함으로써) 사람들이

---

69 "與"자를 집주에서는 '도와준다'("與 猶許也 助也)는 뜻으로 설명했다. 선을 행하도록
돕는다는 말이다. 더불어 함께한다는 해석도 가능하겠다.

선을 행하기를 돕는 것보다 큰 것이 없는 것이다."

9. 孟子曰伯夷는 非其君不事하며 非其友不友하며
　　맹자왈백이　　비기군불사　　　비기우불우

　　不立於惡人之朝하여 不與惡人言하더니 立於惡人之朝하여
　　불립어악인지조　　　불여악인언　　　　립어악인지조

　　與惡人言호대 如以朝衣朝冠으로 坐於塗炭하며 推惡惡之心하여[70]
　　여악인언　　　여이조의조관　　　좌어도탄　　　추오악지심

　　思與鄉人立에 其冠不正이어든 望望然去之하여 若將浼焉하니
　　사여향인립　　기관부정　　　　망망연거지　　　약장매언

　　是故로 諸侯雖有善其辭命而至者라도 不受也하니
　　시고　　제후수유선기사명이지자　　　불수야

　　不受也者는 是亦不屑就已니라
　　불수야자　　시역불설취이

　　맹자가 말했다. "백이는 섬길 그런 임금이 아니면 섬기지 않았고 사귈
만한 그런 벗이 아니면 사귀지 않았고 악인들이 모인 조정에서 일하지
않았고 악인들과 더불어 말하지 않았다. 악인의 조정에서 일하면서 악

---

70 推惡惡之心(추오악지심)과 思與鄉人立(사여향인립)의 주체는 누구인가? ① 둘 다 백이
를 주체로 보면, 백이가 악을 미워하는 마음으로 그렇게 했다는 뜻으로 보는 해석할 수
있겠다. ②『孟子講演』(문익서관, 1913)에 '推는 맹자가 그렇게 한다는 것이고, 思는 백이
가 스스로 그렇게 생각한다는 것이다.'("推 是孟子之推也 思則 伯夷自思也")라는 설명이
있다. ③ '思'를 語辭로 보아 의미 없는 말로 보는 설명도 있다("思. 語辭 無意義" 史次耘
『孟子今譯今註』).『口訣 孟子大全 上・下』(艮齋 田愚 口訣 영인본) 본문(대문) 상단에 '율
곡언해에서는 思자를 해석하지 않았다.'("栗谷諺解思字不釋")는 설명이 수기로 기록되어
있다.

인과 더불어 말하는 것을 조정에 나갈 때 입는 의관을 차려입고 진흙탕에 앉아있는 것처럼 불편하게 여겼다. (이렇게) 악을 미워하는 마음을 모든 일에 적용하면서 그는 마을 사람들과 함께 서 있다가 그들의 의관이 바르지 않으면 뒤돌아보지 않고 그 자리를 떠나며 마치 봉변을 당한 것처럼 여겼다. 그는 이렇게 처신했기 때문에 제후들이 (예의에 신경을 써서 미사여구로) 초빙하겠다는 말을 보내더라도 받지 않았다. 받지 않은 것은 이 또한 (그렇게 해서) 벼슬하기를 달갑게 여기지 않은 것이다.

柳下惠는 不羞汙君하며 不卑小官하여 進不隱賢하여 必以其道하며
류하혜　불수오군　　불비소관　　진불은현　　필이기도

遺佚而不怨하며 阨窮而不憫하더니 故로 曰爾爲爾요 我爲我니
유일이불원　　액궁이불민　　　고　왈이위이　아위아

雖袒裼裸裎於我側이나 爾焉能浼我哉리오하니
수단석라정어아측　　이언능매아재

故로 由由然與之偕而不自失焉하여 援而止之而止하니
고　유유연여지해이불자실언　　원이지지이지

援而止之而止者는 是亦不屑去已니라
원이지지이지자　시역불설거이

(노나라 대부) 유하혜는 타락한 임금을 섬겨도 부끄럽게 여기지 않았고 낮은 직급의 관직도 낮춰보지 않았다. 관직에 나아가면 자신의 훌륭한 능력을 감추지 않아 (잘못된 것에 대해 굽히지 않으며) 반드시 그 도에 따라 일했다. 등용되지 않아서 재야에 버려져도 원망하지 않았고 곤궁한 처지에서도 근심하지 않았다. 그래서 그는 말하기를 '너는 너, 나는 나다. 비록 누구라도 내 곁에서 (불경스럽게) 팔을 드러내고 몸을 벗은들 어찌

네가 나를 더럽힐 수 있으랴!'라고 했다. 그렇기 때문에 그런 자와 함께 있어도 느긋하게 그 자신의 바른 주관을 잃지 않았다. 관직을 떠나려고 하다가 붙잡으면 그대로 머물렀다. 떠나려고 하다가 붙잡으면 떠나지 않은 것은 이 또한 (무조건) 떠나기를 달갑게 여기지 않은 것이다."

孟子曰伯夷는 隘하고 柳下惠는 不恭하니 隘與不恭은
맹 자 왈 백 이   애   류 하 혜   불 공   애 여 불 공

君子不由也니라
군 자 불 유 야

맹자가 말했다. "백이는 (마음이) 좁았고, 유하혜는 불공(不恭)했다. 마음이 좁은 것과 불공(不恭)은 군자가 따르지 않는다."[71]

---

[71] 不恭(불공)은 보통은 '공손하지 않다'는 뜻이다. 집주에는 '불공은 소홀히 대하고 거만하다는 뜻이다.'("不恭簡慢也")라는 설명이 있다. 화합과 관용의 마음으로 모두를 용납한 유하혜의 처신이 왜 '불공'인가? 선비의 현실 정치참여에 대한 퇴계 이황의 설명이 이 문장에서의 '불공'의 의미를 이해하는데 참고가 된다. '공직에 나아갈만한 상황에서는 나아가는 것이 공손함[恭]이다. 공직에 나아가서는 안 될 상황에서는 나아가지 않는 것이 공손함이다. 나아가거나 나아가지 않음에 있어서 시대와 상황에 맞게[可] 처신하는 곳에 곧 공손함이 있다.'("先正臣李滉之言曰 可進而進者 進爲恭 不可進而不進者 不進爲恭 可之所在 卽恭之所在" 宋浚吉『同春堂集』卷之七 愚伏鄭先生年譜). 유하혜는 나아가야할 때와 나아가지 말아야 할 때를 구별하는 않았으니 '불공'(不恭)이라는 설명이다.

공손추장구 하

公孫丑章句下

모두 14장이다. 맹자가 만난 제후들은 왕도정치를 기대하기에는 부족한 인물들이었다. 맹자는 그런 제후들의 나라를 떠난다. 그러자 맹자를 조롱하는 비난이 이어진다.

1. 孟子曰天時不如地利요 地利不如人和니라
   맹 자 왈 천 시 불 여 지 리　　　지 리 불 여 인 화

맹자가 말했다. "시기적인 유리함은 지리적인 유리함만 못하고 지리적인 유리함은 (백성이 단합되어) 민심이 화락함만 못하다.

三里之城과 七里之郭을 環而攻之而不勝하나니 夫環而攻之에
삼 리 지 성　　칠 리 지 곽　　환 이 공 지 이 불 승　　　부 환 이 공 지

必有得天時者矣언마는 然而不勝者는 是天時不如地利也니라
필 유 득 천 시 자 의　　　연 이 불 승 자　　시 천 시 불 여 지 리 야

3리의 성과 7리의 외곽을 포위 공격해도 (이렇게 작은 성곽을) 이기지 못하니, 포위해서 공격할 때 반드시 천시의 좋은 때를 택했겠지만 그래도 이기지 못하는 것은 천시의 좋은 때가 지리적인 유리함만 못하기 때문이다.

城非不高也며 池非不深也며 兵革이 非不堅利也며 米粟이
성 비 불 고 야　　지 비 불 심 야　　병 혁　　비 불 견 리 야　　미 속

非不多也로대 委而去之하나니 是地利不如人和也니라
비 부 다 야　　위 이 거 지　　　시 지 리 불 여 인 화 야

성이 높지 않은 것도 아니고 성을 둘러싼 연못[해자]이 깊지 않은 것도 아니고 무기와 갑옷이 견고하지 않거나 날카롭지 않은 것도 아니고 군량미가 많지 않은 것도 아닌데 버리고 달아난다. 이것은 지리적인 유리함도 (제후의 지도력에 의해 백성이 단합하여) 민심이 화락함만 못하기 때문이다.

故로 曰域民호대 不以封疆之界하며 固國호대 不以山谿之險하며
고   왈역민   불이봉강지계   고국   불이산계지험

威天下호대 不以兵革之利니 得道者는 多助하고
위천하   불이병혁지리   득도자   다조

失道者는 寡助라 寡助之至에는 親戚이 畔之하고
실도자   과조   과조지지   친척   반지

多助之至에는 天下順之니라
다조지지   천하순지

그래서 말하기를, '백성을 떠나지 않도록 땅의 경계를 한정할 때 (덕으로 할 것이지) 나라의 경계로 하지 않으며, 국방을 튼튼히 하려고 할 때 산과 물의 험한 지형으로 하지 않는다. 천하에 위엄을 드러낼 때에도 (덕으로 할 것이지) 무기의 날카로움에 의지하지 않는다.'고 하는 것이다. 왕도를 얻은 자는 도와주는 사람이 많고 왕도를 잃은 자는 도와주는 사람이 적다. 도와주는 사람이 바닥나는 지경에는 친척도 배반한다. 도와주는 사람이 지극히 많아지면 천하가 순종한다.

以天下之所順으로 攻親戚之所畔이라 故로 君子有不戰이언정
이천하지소순   공친척지소반   고   군자유부전

戰必勝矣니라
전 필 승 의

천하가 순종하는 세력을 가지고 친척도 배반하는 세력을 치는 것이다. 그렇기 때문에 군자는 싸우지 않지만 일단 싸우면 반드시 이기는 것이다."

2. **孟子將朝王이러시니 王이 使人來曰寡人이 如就見者也라니**
   맹 자 장 조 왕   왕   사 인 래 왈 과 인   여 취 견 자 야

   有寒疾이라 不可以風일새 朝將視朝호리니 不識케이다
   유 한 질   불 가 이 풍   조 장 시 조   불 식

   可使寡人으로 得見乎잇가 對曰不幸而有疾이라 不能造朝로소이다
   가 사 과 인   득 견 호   대 왈 불 행 이 유 질   불 능 조 조

맹자가 (제나라) 왕을 먼저 찾아가서 알현하려고 했다. (이런 맹자의 의도를 몰랐던) 왕이 사람을 보내서 말을 전했다. "과인이 선생을 먼저 찾아가서 만나보아야 하는데 마침 추위를 타는 병이 있어서 바람을 쐬면 안 된다고 하는군요. 내일 아침에 장차 조회에 나아갈 것인데, 알 수 없겠습니다만, 그 때 과인이 선생을 볼 수 있겠습니까?" (말은 점잖아도 사실상 맹자를 호출한 것이다.) 맹자가 대답했다. "(미안합니다.) 불행하게도 (저도) 병이 있어서 조회에 나아갈 수 없겠습니다."

   明日에 出弔於東郭氏러시니 公孫丑曰昔者에 辭以病하시고
   명 일   출 조 어 동 곽 씨   공 손 추 왈 석 자   사 이 병

今日弔或者不可乎인저 曰昔者疾이 今日愈어니 如之何不弔리오
금 일 조 혹 자 불 가 호　　　왈 석 자 질　금 일 유　　여 지 하 부 조

맹자는 다음날 외출하여 (제나라 대부) 동곽씨에게로 조문을 갔다. 공손추가 말했다. "어제는 병을 이유로 (왕과의 만남을) 사양하셨는데 오늘 조문하시니 혹여 불가한 듯합니다." 맹자가 말했다. "어제의 병이 오늘 나았는데 어찌 조문하지 않겠는가?"

王이 使人問疾하시고 醫來어늘 孟仲子對曰昔者에 有王命이어시늘
왕　사 인 문 질　　　　의 래　　맹 중 자 대 왈 석 자　유 왕 명

有采薪之憂라[72] 不能造朝러시니 今病少愈어시늘 趨造於朝하더시니
유 채 신 지 우　　불 능 조 조　　금 병 소 유　　추 조 어 조

我는 不識케라 能至否乎아하고 使數人으로
아　불 식　　능 지 부 호　　　사 수 인

要於路曰請必無歸而造於朝하소서
요 어 로 왈 청 필 무 귀 이 조 어 조

왕이 사람을 보내서 문병하게 했고 의원이 왔다. (집에 있던 맹자의 사촌형제인데 맹자에게 배웠던) 맹중자가 응대하며 말했다. "어제는 왕명이 있었으나 선생님께서는 병 때문에 조회에 갈 수 없었습니다. 이제 병이 조금 나으셨기에 조정으로 달려가셨는데, 저는 잘 모르겠습니다만, 아직 당도하지 않으셨나요?" 이렇게 말하고 여러 사람을 시켜서 맹자가

---

72 "采薪之憂"(채신지우)는 병 때문에 나무를 하지 못한다는 말이니 겸손하게 사양하는 뜻이다.'("采薪之憂 言病不能采薪 謙辭也" 집주)

지나갈 길목에서 기다리고 있다가 "제발 귀가하지 말고 조정에 꼭 가십시오!"라는 말을 전하게 했다.

不得已而之景丑氏하여 宿焉이러시니 景子曰內則父子요 外則君臣이
부득이이지경추씨   숙언   경자왈내즉부자   외즉군신

人之大倫也니 父子는 主恩하고 君臣은 主敬하니 丑見王之敬子也요
인지대륜야   부자   주은   군신   주경   추견왕지경자야

未見所以敬王也케이다 曰惡라 是何言也오 齊人이
미견소이경왕야   왈오   시하언야   제인

無以仁義與王言者는 豈以仁義로 爲不美也리오 其心에
무이인의여왕언자   기이인의   위불미야   기심

曰是何足與言仁義也云爾則不敬이 莫大乎是하니
왈시하족여언인의야운이즉불경   막대호시

我는 非堯舜之道어든 不敢以陳於王前하노니
아   비요순지도   불감이진어왕전

故로 齊人이 莫如我敬王也니라
고   제인   막여아경왕야

(맹자는 억지로라도 왕에게 조회하라는 충고를 받아들일 생각은 없었다. 다만, 맹중자가 임시변통으로 둘러댄 말의 본의를 해명하기 위해) 마지못해 맹자가 (제나라 대부) 경추씨에게 가서 유숙했다. (맹자는 자신이 왜 조정에 나아가지 않았는지 그 진정한 의도가 경추를 통해서 왕에게 전달되기를 원했다. 소견이 좁은 경추는 다만 맹자가 군신의 의리를 저버렸다고 판단했다.) 경자(경추)가 말했다. "안에서는 부자, 밖에서는 군신관계가 인륜에서 중요합니다. 부자 관계는 은혜를 위주로 하고

군신관계는 공경을 위주로 합니다. 경자(경추)는 왕께서 선생을 존중하는 것은 보았어도 선생이 왕을 존경하는 것은 보질 못했습니다." 맹자가 말했다. "아니, 이 무슨 말이오? 제나라 신하가 인의(仁義)를 가지고 왕과 더불어 말하는 자가 없는 것이 어찌 인의가 좋지 않아서 입니까? 제나라 사람들은 그 마음속으로 말하기를, '이런 왕이 족히 인의를 함께 말할 수 있는가?'라고 해서 그런 것입니다. 그렇다면 (왕에 대한) 불경이 이보다 심할 수는 없습니다. 나는 요순의 도가 아니면 감히 왕에게 말씀드리지 않습니다. (나는 인의를 실천하라고 매번 권고합니다. 이것이 왕에 대한 진실한 공경입니다.) 그래서 제나라 사람 중에는 내가 왕을 공경하는 것만큼 하는 이가 없다는 것입니다."

景子曰否라 非此之謂也라 禮에 曰父召어시든 無諾하며
경자왈부　비차지위야　예　왈부소　　무낙

君이 命召어시든 不俟駕라하니 固將朝也라가
군　명소　　불사가　　고장조야

聞王命而遂不果하시니 宜與夫禮로 若不相似然하이다
문왕명이수불과　　　의여부례　약불상사연

경자(경추)가 말했다. "아닙니다. (선생이 말하는) 이런 것을 말하는 게 아닙니다. 『예기』에 이르기를, '아버지가 부르시면 (즉시 '예'라고 대답하면서) 지체함이 없으며 임금이 오라고 명하시면 수레가 준비되기를 기다리지 않는다.'고 했습니다. (신하는 마땅히 지체함이 없이 조회하러 가야합니다.) 선생은 애초에는 장차 먼저 조회하려고 했다가 임금의 오라는 명령을 듣고는 그렇게 하지 않았습니다. 그런 처신은 마땅히 예법과 서로 맞지 않는 듯합니다."

曰豈謂是與리오 曾子曰晉楚之富는 不可及也나 彼以其富어든
왈 기 위 시 여   증 자 왈 진 초 지 부   불 가 급 야   피 이 기 부

我以吾仁이요 彼以其爵이어든 我以吾義니 吾何慊乎哉리오하시니
아 이 오 인   피 이 기 작   아 이 오 의   오 하 겸 호 재

夫豈不義를 而曾子言之시리오 是或一道也니라[73]
부 기 불 의   이 증 자 언 지   시 혹 일 도 야

天下에 有達尊이 三이니 爵一齒一德一이니 朝廷엔 莫如爵이요
천 하   유 달 존   삼   작 일 치 일 덕 일   조 정   막 여 작

鄕黨엔 莫如齒요 輔世長民엔 莫如德이니 惡得有其一하여
향 당   막 여 치   보 세 장 민   막 여 덕   오 득 유 기 일

以慢其二哉리오
이 만 기 이 재

맹자가 말했다. "(내 말의 의도가) 어찌 (그대가 말하는)『예기』의 군
신간의 예법, 이런 것을 말하는 것이겠습니까? 증자께서 말씀하시기를
'나는 진나라와 초나라의 부유한 수준에는 이를 수 없으나, 저들이 부유
함을 가지고 나를 대하면 나는 나의 인(仁)을 가지고 대할 것이고, 저들
이 벼슬을 가지고 나를 대하면 나는 나의 의(義)를 가지고 대할 것인데,
내가 무엇 때문에 나에 대해 부족하다고 여기겠는가?'라고 하셨습니다.
어찌 의롭지 않은 것을 증자께서 말씀하셨겠습니까! (세속에서는 부귀

---

73 "是或一道也"(시혹일도야)가 무슨 말인가?『孟子講演』(문익서관, 1913)에 '이것도 혹
하나의 도라고 하는데 어떤 도를 말하는 것인가요?'("是或一道 卽何道乎")라는 질문問에
대한 답변辨으로 '임금의 명을 중하게 여기는 이런 것도 하나의 도며, 맹자가 빈사(賓師)
로 자처하는 것 또한 하나의 도다.'("爲君命重 是一道也 處賓自召 亦一道也")라는 설명이
있다.

를 높게 보지만 증자가 인의를 중시하는) 이것 또한 하나의 도입니다. (내가 임금을 만나지 않은 것 또한 하나의 도를 따른 것입니다.) 천하에 통하는 존경의 세 가지 조건이 있습니다. 벼슬이 그 중 하나이며, 나이가 그 중 하나이며, 덕이 그 중 하나입니다. 조정에는 벼슬만한 것이 없고, 마을에는 나이만한 것이 없고, 세상의 일을 돕고 백성을 육성하는 데에는 덕과 같은 것이 없습니다. 어찌 능히 (벼슬이라는) 그 하나를 가졌다고 해서 (나이와 덕) 그 둘을 (가진 나를) 가볍게 봅니까?

故로 將大有爲之君은 必有所不召之臣이라 欲有謀焉則就之하나니
고　　 장대유위지군　 필유소불소지신　　 욕유모언즉취지

其尊德樂道不如是면 不足與有爲也니라
기존덕락도불여시　 부족여유위야

그렇기 때문에 장차 천하에서 큰일을 이룰 임금에게는 반드시 함부로 부르지 못하는 신하가 있습니다. 큰일을 도모하려면 임금이 (자신을 굽히고) 그를 찾아갑니다. 덕을 존중하고 도를 즐기는 수준이 이와 같지 않으면 큰일을 함께 하기에는 부족한 것입니다.

故로 湯之於伊尹에 學焉而後에 臣之故로 不勞而王하시고
고　　 탕지어이윤에　 학언이후에　 신지고　 불로이왕

桓公之於管仲에 學焉而後에 臣之故로 不勞而霸하니라
환공지어관중에　 학언이후에　 신지고　 불로이패

그래서 탕이 이윤에게 배운 다음에 신하로 삼았기 때문에 힘들이지 않고 천하에 왕으로 군림했고, 환공이 관중에게 배운 다음에 신하로 삼

았기 때문에 힘들이지 않고 천하를 제패했습니다.

今天下地醜德齊하여[74] 莫能相尙은 無他라
금 천 하 지취(취)덕 제　　　　막 능 상 상　　무 타

好臣其所敎而不好臣其所受敎니라
호 신 기 소 교 이 불 호 신 기 소 수 교

이제 천하를 보건데 지체나 덕망이 고만고만해서 능히 서로 탁월한
자가 없으니 다른 이유가 아닙니다. 그 자신이 훈계해서 부리는 신하는
좋아하지만 그 자신이 가르침을 받을 수 있는 신하는 좋아하지 않기 때
문입니다.

湯之於伊尹과 桓公之於管仲에 則不敢召하니 管仲도 且猶不可召온
탕 지 어 이 윤　　환 공 지 어 관 중　　즉 불 감 소　　관 중　　차 유 불 가 소

而況不爲管仲者乎아
이 황 불 위 관 중 자 호

---

74 "醜"의 한자음이 『맹자언해』(1590년 교정청간행 도산서원소장본; 내각장판; 임술계춘
영영중간; 율곡언해)에 "취"(취)로 되어 있다. 예전에 '지취덕제'라고 했으나 지금은 '지추
덕제'로 읽는다. 집주에 醜는 '같은 종류 또는 수준이 같다는 뜻이다.'("醜 類也")라는 설명
이 있다. 한편, 여기의 '地'자에 대해서 이것을 영토, 토지라는 의미로 해석하기 보다는
지위(地位)나 지체의 의미로 해석했다. 물론 사전에 따라서는 '地醜德齊'(지추덕제)에 대
하여 "토지의 크기가 같고 덕이 비슷함. 나라의 크기나, 군주의 덕망이 서로 차이가 없음"
(『동아 백년옥편』, 2005)이라는 설명도 있고, "두 집의 문벌이나 덕망이 서로 같음"[이희승
편저 『국어대사전』 제3판 수정판, 서울: 民衆書林, 2006, 제9쇄)이라는 설명이 있다. 결국
'地'자를 어떻게 보는가의 차이다. 이 부분에 대해서 '地'자를 지위라는 의미로 해석한 사례
로는 『유교경전언역총서 맹자』(1923)가 있는데, "이제 임금의 지위가 같고 德이 가지런하
여 능히 서로 뛰어남이 없음은 다른 이유가 아니라"(역자 재해석)라고 되어 있다.

탕이 이윤에게는, 환공이 관중에게는 곧 감히 호출하지 못했습니다. 관중도 감히 호출할 수 없는데 하물며 관중처럼 처신하지 않으려는 사람 (맹자)이겠습니까?"[75]

3. 陳臻이 問曰前日於齊에 王이 餽兼金一百而不受하시고
　　진진　　 문왈전일어제　 왕　 궤겸금일백이불수

於宋에 餽七十鎰而受하시고 於薛에 餽五十鎰而受하시니
어송　 궤칠십일이수　　　 어설　 궤오십일이수

前日之不受是則今日之受非也요 今日之受是則前日之不受非也니
전일지불수시즉금일지수비야　　 금일지수시즉전일지불수비야

夫子必居一於此矣시리이다
부자필거일어차의

(맹자의 제자) 진진이 질문했다. "전일에 제나라에서 왕이 좋은 금 100 일(鎰)을 주었는데 받지 않으셨습니다. 송나라에서는 70일을 주었는데 받으셨습니다. 설나라에서는 50일을 주었는데 받으셨습니다. 전일에 받

---

75 집주(조주도 같은 설명)에 '관중을 하지 않으려는 사람이란 맹자 스스로를 일컫는 말' ("不爲管仲 孟子自謂也")이라는 설명이 있다. 그래도 맹자가 임금을 찾아가지 않은 것에 대해 신하의 임금에 대한 의리의 차원에서는 비난이 있을 수 있다. 공자는 임금이 부르면 수레가 준비되기를 기다리지 않았다는데 공자를 계승했다는 맹자는 왜 그렇게 하지 않았 냐고 질문할 수 있다. 이에 대해서는 집주의 설명이 맹자의 처신을 변호하는데 많이 거론 된다. '범씨가 말했다. 맹자가 제나라에 갔을 때 그는 임시로 초빙된 빈사(賓師)의 위치에 있었던 것이지 고정된 벼슬을 맡은 것은 아니었기에 그 말이 이와 같았다. 주자가 말했다. 빈사는 임금의 명령에 대하여 급히 달려가 받드는 것을 공(恭)으로 여기지 않는다. 그보다 는 따끔하게 충고하고 선을 행하도록 격려하는 것을 경(敬)으로 여긴다.'("范氏曰孟子之於 齊 處賓師之位 非當仕有官職者故 其言 如此 此章 見賓師 不以趨走承順 爲恭而以責難陳 善 爲敬" 집주)

지 않으신 것이 옳다면 금일에 받으신 것은 잘못이고, 금일에 받으신 것이 옳다면 전일에 받지 않으신 것은 잘못입니다. 선생님께서는 반드시 이 둘 중에 하나일 것입니다. (분명히 하나는 잘못입니다.)"

孟子曰皆是也니라
맹 자 왈 개 시 야

맹자가 말했다. "(둘) 다 옳다.

當在宋也하여 予將有遠行이라니 行者는 必以贐이라 辭曰餽贐이어니
당 재 송 야　　여 장 유 원 행　　　　행 자　필 이 신　　사 왈 궤 신

予何爲不受리오
여 하 위 불 수

송나라에 있을 때 나는 장차 먼 길을 떠날 일이 있었다. 멀리 길 떠나는 사람을 보낼 때 필히 (재물이나) 전별금을 주는 것이 예법이다. 말하기를, '전별금으로 드립니다.'라고 하는데 내 어찌 받지 않겠는가?

當在薛也하여 予有戒心이라니 辭曰聞戒故로 爲兵餽之어니
당 재 설 야　　여 유 계 심　　　사 왈 문 계 고 로　위 병 궤 지

予何爲不受리오
여 하 위 불 수

설나라에 있을 때 나는 (해치려는 자를) 경계하는 마음을 갖고 있었다. 그런 상황에서 '(신변 안전에 대해) 경계하고 계신다는 말을 들었습

니다. 병기를 구입하는데 사용하십시오.'라고 말하면서 주는데 내가 어찌 받지 않겠는가?

若於齊則未有處也호니 無處而餽之는 是貨之也니
약 어 제 즉 미 유 처 야   무 처 이 궤 지   시 화 지 야

焉有君子而可以貨取乎리오
언 유 군 자 이 가 이 화 취 호

제나라에서는 (마땅히) 쓸 곳이 있지 않았다. (멀리 떠날 일도 없었고 신변안전을 우려할 일도 없었다. 합당하게) 쓸 곳이 없는데 주는 것은 이런 방법으로 돈을 뇌물로 주는 것이다. 어찌 군자라고 하면서 뇌물을 받을 수 있겠는가?"

4. 孟子之平陸하사 謂其大夫曰子之持戟之士一日而三失伍則去之아
   맹 자 지 평 륙   위 기 대 부 왈 자 지 지 극 지 사 일 일 이 삼 실 오 즉 거 지

  否乎아 曰不待三이니이다
  부 호   왈 부 대 삼

맹자가 (제나라 하읍) 평륙에 갔다. 그 (읍을 다스리는) 대부에게 말했다. "그대의 병기를 가진 병사가 하루에 세 번이나 대오를 이탈하면 그를 죽이겠습니까? 죽이지 않겠습니까?" 대부가 말했다. "세 번을 기다리진 않을 것입니다."

然則子之失伍也亦多矣로다 凶年饑歲에 子之民이 老羸는
연 즉 자 지 실 오 야 역 다 의　　凶 년 기 세　　자 지 민　　노 리

轉於溝壑하고 壯者는 散而之四方者幾千人矣오
전 어 구 학　　　장 자　　산 이 지 사 방 자 기 천 인 의

曰此非距心之所得爲也니이다
왈 차 비 거 심 지 소 득 위 야

맹자가 말했다. "그렇다면 그대가 대오를 이탈함 또한 여러 번입니다. 흉년이 들어서 그대의 백성 중에 늙고 쇠약한 자는 그 시체가 구렁에 버려지고 젊은이는 흩어져 사방으로 갔는데 그 몇 천 명입니까?" 그러자 그가 말했다. "이것은 거심이가 어찌 할 수 있는 일이 아닙니다."

曰今有受人之牛羊而爲之牧之者則必爲之求牧與芻矣리니
왈 금 유 수 인 지 우 양 이 위 지 목 지 자 즉 필 위 지 구 목 여 추 의

求牧與芻而不得則反諸其人乎아 抑亦立而視其死與아
구 목 여 추 이 부 득 즉 반 저 기 인 호　　억 역 립 이 시 기 사 여

曰此則距心之罪也로소이다
왈 차 즉 거 심 지 죄 야

맹자가 말했다. "이제 다른 사람의 소와 양을 위탁받아서 주인을 위해 대신 길러주는 자가 있다면 그는 반드시 주인을 위해 대신 목초지를 찾아가서 (소와 양에게) 풀을 먹여야 합니다. 목초지를 찾아서 소와 양에게 풀을 먹여야 하는데 그렇게 할 수 없다면 (그 소와 양을) 주인에게 돌려주어야 합니까? 아니면 그냥 서서 그것들이 죽어가는 것을 보기만 할 것입니까?" 그러자 그가 말했다. "이는 곧 거심의 죄입니다."

他日에 見於王曰王之爲都者를 臣知五人焉이로니 知其罪者는
타 일 　 현 어 왕 왈 왕 지 위 도 자 　 　 신 지 오 인 언 　 　 　 지 기 죄 자

惟孔距心이러이다하고 爲王誦之하신대
유 공 거 심 　 　 　 　 　 　 위 왕 송 지

王曰此則寡人之罪也로소이다
왕 왈 차 즉 과 인 지 죄 야

다른 날에 맹자가 왕을 뵙고 말했다. "왕의 읍을 다스리는 자를 제가
다섯을 아는데 그 중 자기 죄를 아는 자는 오직 공거심입니다." 그러면서
왕을 위하여 거심에게 했던 말을 그대로 반복했다. 왕이 말했다. "(알겠
습니다.) 이는 곧 과인의 죄입니다."

5. 孟子謂蚔䵷曰子之辭靈丘而請士師似也는 爲其可以言也니
　 맹 자 위 지 와 왈 자 지 사 령 구 이 청 사 사 사 야 　 　 위 기 가 이 언 야

今旣數月矣로대 未可以言與아
금 기 수 월 의 　 　 　 미 가 이 언 여

맹자가 (제나라 대부) 지와에게 말했다. "그대가 (제나라 하읍) 영구를
사양하고 (형벌을 관장하는 법관) 사사(士師)[76] 자리를 청한 일이 그럴
듯한 것은 왕에게 직언한다는 그 이유 때문이었소. 그런데 이제 이미
수개월이 지났는데 (직언을) 못하고 있군요!"

---

[76] '사사(士師)는 왕의 지근에 있으면서 형벌이 바르게 집행되지 않는 것을 직언할 수
있었다.'("士師 近王 得以諫刑罰之不中者" 집주)

蚔黽諫於王而不用이어늘 致爲臣而去한대
지 와 간 어 왕 이 불 용　　　치 위 신 이 거

지와가 왕에게 직언으로 충고했는데 받아들여지지 않았다. 지와는 맡은 관직을 왕에게 반납하고 떠났다.

齊人이 曰所以爲蚔黽則善矣어니와 所以自爲則吾不知也케라
제 인　　왈 소 이 위 지 와 즉 선 의　　　소 이 자 위 즉 오 부 지 야

제나라 사람이 말했다. "(맹자가) 지와에게 충고한 일은 잘했다고 할 수 있지만 (맹자가) 스스로 한 일에 대해서는 나는 (어찌 평가해야 할지) 모르겠군!"

公都子以告한대
공 도 자 이 고

(맹자의 제자) 공도자가 이런 말을 (맹자에게) 전했다.

曰吾聞之也호니 有官守者不得其職則去하고
왈 오 문 지 야　　　유 관 수 자 부 득 기 직 즉 거

有言責者不得其言則去라하니 我無官守하며
유 언 책 자 부 득 기 언 즉 거　　　아 무 관 수

我無言責也則吾進退豈不綽綽然有餘裕哉리오
아 무 언 책 야 즉 오 진 퇴 기 부 작 작 연 유 여 유 재

맹자가 말했다. "내가 들은 말이 있다. 관리의 직책을 맡은 자는 그 직분을 다하지 못하면 떠나고, 직언할 직책을 맡은 자는 그 말이 받아들이지 않으면 떠난다고 한다. 나는 (정규직이 아니라 다만 손님으로 대우받는 빈사였으니) 관리의 직책이 없고 직언할 책임도 없으니 내가 (관직에) 나아가고 물러남에 있어서 어찌 여유롭게 처신하지 않겠는가!"

6. 孟子爲卿於齊하사 出弔於滕하실새 王이 使蓋大夫王驩으로
　　맹 자 위 경 어 제　　　출 조 어 등　　　왕　　사 합 대 부 왕 환

爲輔行이러시니 王驩이 朝暮見이어늘 反齊滕之路토록
위 보 행　　　　　왕 환　　조 모 현　　　반 제 등 지 로

未嘗與之言行事也하시다
미 상 여 지 언 행 사 야

맹자가 제나라에서 (벼슬을 받지 않고 다만) 객경(客卿)이 되어 등나라 왕의 상(喪)에 조문 가는데 왕이 (제나라의 고을) 합(蓋)의[77] 대부 왕환을 부사(副使)로 삼아서 (맹자의) 행차를 보좌하도록 했다. 왕환이 아침저녁으로 (맹자를 찾아와) 뵙는데, (맹자는) 제나라에서 등나라로 갔다가 돌아올 때까지 (엄격한 표정을 지으며) 그와는 일에 대해 말하지

---

77 집주에 '蓋은 제나라 지방 고을이다.'("蓋 齊下邑也")라고 되어 있는데 '蓋'의 한자음이 여럿이다. '蓋'은 『맹자언해』(1590년 교정청간행 도산서원소장본; 내각장판; 율곡언해; 임술계춘 영영중간; 1913년 대창서원 발행 『현토석자구해 집주맹자』; 1923년 발행 『유교경전언역총서 맹자』)에 "합"으로 되어 있다. 『孟子今註今譯』에 '蓋은 합으로 읽는다.'("蓋 讀 合")이라는 설명이 있다. '蓋'가 지명일 때 "갑"으로 읽는다는 설명도 있는데(『동아 백년옥편』, 2005) 蓋는 齊나라 下邑이고 이를 '갑'으로 읽는다고 되어있다. 『맹자집주대전』에 '蓋자의 음은 반절로 갑이다.'("蓋 古盍反")라고 한 설명을 참고한 것으로 여겨진다.

않았다.

公孫丑曰齊卿之位不爲小矣며 齊滕之路不爲近矣로대
공손추왈제경지위불위소의　　제등지로불위근의

反之而未嘗與言行事는 何也잇고 曰夫旣或治之어니[78]
반지이미상여언행사　　하야　　왈부기혹치지

予何言哉리오
여하언재

공손추가 말했다. 제나라 경(卿) 벼슬이 낮지 않으며 제나라에서 등나
라까지 그 길이 가깝지도 않은데, 갔다가 올 때까지 (냉정하게도) 일찍이
더불어 행사에 대해 한마디도 언급하지 않으셨으니 어찌된 일입니까?"
맹자가 말했다. "실무자가 이미 그 일을 처리했는데 내가 무슨 말을 하
랴? (나는 박절하게 사람 관계를 끊지 않지만 일하는 도중에 왕환이의
잘못된 바를 보았기 때문에 소인을 가르치기 위해 건조하고 엄격하게
대하며 말을 하지 않는 그런 방법을 쓴 것이다.)"

7. 孟子自齊葬於魯하시고 反於齊하실새 止於嬴이러시니
　 맹자자제장어로　　　　반어제　　　지어영

---

[78] 여기서 '或'은 누구인가? 『유교경전언역총서 맹자』(1923)에는 "夫旣或治之는 유사가
이미 다스렸다는 말이다"(역주자 표기법 수정)라는 설명이 있다. 도암 이재의 『맹자강설』
에 참고할 만한 설명이 있어서 인용한다. '여쭙겠습니다. 夫旣或治之에 대해 주자는 유사
(有司)라고 하고 남헌 장씨는 왕환이가 바로 그것을 다스린 자라고 하는데, 두 가지 설명
이 어떻습니까? 설명해주겠다. 그것을 다스린 자로서 별도로 그 사람이 있는 것 같으니
왕환이를 특정해서 말한 것은 아니다.'("問 夫旣或治之朱子以爲有司 南軒以爲驩正是治之
者 二說如何 曰 似是治之者別有其人 非指驩而言也")

充虞請曰前日에 不知虞之不肖하사 使虞敦匠事어시늘[79]
충우청왈전일　　부지우지불초　　사우돈장사[80]

嚴하여 虞不敢請호니 今願竊有請也하노니 木若以美然하더이다
엄　　우불감청　　금원절유청야　　　목약이미연

맹자가 (제나라에서 벼슬할 때 모친상을 당해) 제나라에서 노나라로
돌아와 장례를 치르고 제나라로 돌아오는 길에 (제나라 남방 고을) 영
(嬴)에 머물렀다. (맹자의 제자) 충우가 자신의 의견을 말했다. "전일에
우(충우)의 불초함을 알지 못하시고 우(충우)에게 관 제작 일을 맡기셨
는데 당시에는 몹시 급해서 우(충우)가 감히 질문할 수 없었습니다. 지
금에야 조심스럽게 질문을 드립니다. 관의 목재가 너무 좋았던 것 같습
니다."

曰古者에 棺槨이 無度하더니 中古에 棺이 七寸이요 槨을 稱之하여
왈고자　　관곽　무도　　　　중고　관　칠촌　　곽　칭지

自天子達於庶人하니 非直爲觀美也라 然後에 盡於人心이니라
자천자달어서인　　비직위관미야　연후　　진어인심

맹자가 말했다. "오랜 옛날에는 관과 그것을 담는 궤의 두께와 크기에

---

79 조선시대 『맹자언해』(내각장판; 율곡언해)에서는 "使虞敦匠事ㅣ어시늘 嚴하여"라고
구두(句讀)가 되어 있다. 『四書章句集注』(中華書局)와 『孟子譯注』(楊伯峻)에도 동일한 구
두(句讀)가 되어 있다. 엄(嚴)은 급하다는 뜻이다("嚴 急也" 집주). 조주에서는 돈장(敦匠)을
관을 두껍게 만들다("厚作棺也")로 하고 사엄(事嚴)은 상사(喪事)가 급하다는 뜻("事嚴 喪
事急")이라고 했다. 조기 주, 손석 소로 구성된 『孟子注疏』에는 "使虞敦匠 事嚴"으로 구두
가 되어 있다. '使虞敦匠'을 '우에게 관을 두껍게 만들게 했는데', 事嚴은 '상사가 긴급해서'
라고 해석하는 식이다. 『孟子今註今譯』(史次耘 註譯)에도 이렇게 되어 있다.

관한 법이 없었다. 그러다가 (주공이 예법을 제정한) 중고(中古) 이후에 관은 칠 촌(寸)이고 관을 담는 궤도 그 비율에 맞게 했다. 이렇게 한 것이 천자로부터 서인에 이르렀으니 단지 보기 좋게 하려고 한 것이 아니라 (관을 두껍게 하면 오래가기에) 그렇게 한 뒤에야 사람으로서 그 마음을 다했다고 할 수 있기에 그런 것이다.

不得이란 不可以爲悅이며 無財란 不可以爲悅이니 得之爲有財하여는
부득   불가이위열   무재   불가이위열   득지위유재

古之人이 皆用之하니 吾何爲獨不然이리오
고지인   개용지   오하위독불연

예법에 하지 못하게 되어 있으면 마음에 흡족하게 하지 못하고, 재력이 없어서 못해도 마음에 흡족하게 하지 못한다. 그러나 예법에도 맞고 재력도 있으면 옛날 사람들이 모두 그런 것을 썼으니 어찌 나만 홀로 그렇게 하지 않겠는가?

且比化者하여 無使土親膚면 於人心에 獨無恔乎아[80]
차비화자   무사토친부   어인심   독무효호

---

[80] "恔"의 한자음은 『맹자언해』(1590년 교정청간행 도산서원소장본; 내각장판; 임술계춘 영영중간; 율곡언해)에 "효"로 되어 있다. 『맹자집주대전』에 '恔자의 음은 효다.'("恔音效")라고 되어 있다. 한자사전은 근대로 오면서 '효'에서 '교'로 변하고 있다. 『전운옥편』(1790)에는 "효" 하나만 있다. 『新字典』(1915)에도 "효"로 되어 있고, 맹자의 이 문장이 그 사례로 인용되어 있다. "교"는 속음이라는 표시가 있다. 1913년에 간행된 『현토석자구해 집주맹자』(대창서원)에도 "효"로 표시되어 있다. 1923년 간행 『유교경전언역총서 맹자』도 "효"로 되어있다. 그러나 최근의 한자 사전인 『한한대사전』(단국대학교 출판부, 1999)에는 "교"와 "효" 둘 다 쓰고 있다. "효"는 "즐겁다", "만족스럽다"는 의미고, 맹자의 이 문장이 그 사례로 인용되어 있다. 『동아 백년옥편』(2005)에는 "교"로 되어 있고 맹자의 이 문장이 그런 사례로 인용되어 있고 다만 이 한자의 본음이 "효"라고 표시하고 있다.

또한 돌아가신 분을 위하여 피부에 흙이 직접 닿지 않게 하면 사람의
마음에 유독 흡족함이 없겠는가?

吾는 聞之也호니 君子는 不以天下儉其親이니라[81]
오 문지야   군자   불이천하검기친

내가 들으니, '(효자) 군자는 (경제적 여유가 있으면 부모님을 보내는
장례를 치를 때) 천하를 위한다고 (검소하게 해서) 그 부모에게 인색하
게 하는 그런 일은 하지 않는다.'고 한다."

8. 沈同이 以其私問曰燕可伐與잇가 孟子曰可하니라 子噲도
   심동   이기사문왈연가벌여   맹자왈가   자쾌

不得與人燕이며 子之도 不得受燕於子噲니 有仕於此어든
부득여인연   자지   부득수연어자쾌   유사어차

而子悅之하여 不告於王而私與之吾子之祿爵이어든
이자열지   불고어왕이사여지오자지록작

夫士也亦無王命而私受之於子則可乎아 何以異於是리오
부사야역무왕명이사수지어자즉가호   하이이어시

(제나라 신하) 심동이 그가 개인적으로 하는 질문이라고 하면서 말했
다. "연나라를 쳐도 되겠습니까?" 맹자가 말했다. "(불가하다. 다만 정당

---

81 "不以天下儉其親"에 대해 『맹자집주대전』 소주가 참고가 된다. '不以天下儉其親에 대
해 질문합니다. 주자가 말했다. 以는 爲와 같으니, 천하를 위한다고 해서 관곽의 비용을
아껴서 그 부모에게 박하게 하지 않는다.'("問 不以天下儉其親 朱子曰 以猶爲也 不爲天下
惜棺槨之費而儉於其親也")

한 경우에) 할 수 있다. (연나라 왕) 자쾌도 (천자의 명에 의하지 않고는) 사사로이 연나라를 다른 사람에게 줄 수 없고, (연나라 재상) 자지(子之)도 사사로이 자쾌에게서 연나라를 받을 수 없다. (그런데 자쾌는 신하 자지에게 제멋대로 나라를 물려주었다.) 여기에 벼슬을 구하는 사람이 있는데, 그대가 좋다고 해서 왕에게 고하지 않고 사사로이 그에게 그대의 관작을 물려줄 수 있는가? 또한 벼슬을 구하는 그 선비 역시 왕명이 없는데 사사로이 그대에게서 관직을 받는다면 옳은가? 그렇게 하면 (자쾌와 자지가 했던) 이 일과 무엇이 다르겠는가?"

齊人이 伐燕이어늘 或이 問曰勸齊伐燕이라하니 有諸잇가 曰未也라
제인 　 벌연 　 　 혹 　 문왈권제벌연 　 　 　 유저 　 　 왈미야

沈同이 問燕可伐與아하여늘 吾應之曰可라호니 彼然而伐之也로다
심동 　 문연가벌여 　 　 오응지왈가 　 　 피연이벌지야

彼如曰孰可以伐之오하면 則將應之曰爲天吏則可以伐之라호리라
피여왈숙가이벌지 　 　 즉장응지왈위천리즉가이벌지

今有殺人者어든 或이 問之曰人可殺與아하면 則將應之曰可라호리니
금유살인자 　 　 혹 　 문지왈인가살여 　 　 즉장응지왈가

彼如曰孰可以殺之오하면 則將應之曰爲士師則可以殺之라호리라
피여왈숙가이살지 　 　 즉장응지왈위사사즉가이살지

今에 以燕伐燕이어니 何爲勸之哉리오
금 　 이연벌연 　 　 하위권지재

제나라 사람이 연나라를 쳤다. 어떤 사람이 질문했다. "선생님이 제나라에 권고해서 연나라를 치라고 했다는데, 그렇습니까?" 맹자가 말했다. "아닙니다. 나는 다만 심동이 연나라를 치는 것이 가능하냐고 (원론적으

로) 질문하기에 (원론적으로) 가능하다고 대답했을 뿐입니다. 그랬더니 저들이 옳다고 여기고 연나라를 친 것입니다. 만약에 저 사람이 누가 정벌할 수 있냐고 질문했다면 '하늘의 명을 받은 관리가 그렇게 할 수 있다.'고 말했을 것입니다. 이제 여기에 살인자가 있는데 혹 어떤 사람이 질문하기를 '그 사람을 죽일 수 있습니까?'라고 하면 나는 그 말에 대해 '할 수 있다.'고 말할 것입니다. 저 사람이 만약에 '누가 죽일 수 있습니까?'라고 질문하면 나는 그 말에 대해 '법을 집행하는 관리가 된 자라면 죽일 수 있다.'고 말할 것입니다. 이제의 사태를 보니, (무도함의 수준이 연나라와 동급인 제나라가 연나라를 친 것이니) 이것은 곧 연나라가 연나라를 친 것인데 어찌 내가 이런 일을 권고했겠습니까?"

9. 燕人이 畔이어늘 王曰吾甚慙於孟子하노라
　　연인　반　　　　왕왈오심참어맹자

　연나라 사람들이 (침략자 제나라에 대항하여) 반란을 일으켰다. 제나라 왕이 말했다. "(맹자의 충고를 듣지 않은) 내가 맹자에게 심히 부끄럽구나."

　陳賈曰王無患焉하소서[82]　王이自以爲與周公孰仁且智잇고
　진가왈왕무환언　　　　　　왕　자이위여주공숙인차지

---

82 "陳賈"의 '賈'자가 『맹자언해』(1590년 교정청간행 도산서원소장본; 내각장판; 임술계춘 영영중간; 율곡언해)에 한자음이 "가"라고 되어 있다. 1923년 간행 『유교경전언역총서 맹자』에도 "가"로 되어 있다. 그렇지만, "진고"라고 읽는 책도 있다『通俗國解 정본 맹자집주』(세창서관, 1961), 『정본 맹자집주(세창서관, 1957)』에 賈자가 "앉은 장사 고"라고 설명되어 있다.

王曰惡라 是何言也오
왕 왈 오   시 하 언 야

曰周公이 使管叔監殷이어시늘 管叔이 以殷畔하니 知而使之면
왈 주 공   사 관 숙 감 은   관 숙 이   이 은 반   지 이 사 지

是不仁也요 不知而使之면 是不智也니 仁智는 周公도
시 불 인 야   부 지 이 사 지   시 부 지 야   인 지   주 공

未之盡也시니 而況於王乎잇가
미 지 진 야   이 황 어 왕 호

賈請見而解之호리이다
가 청 견 이 해 지

(제나라 대부) 진가가 말했다. "왕께서는 걱정하지 마십시오. 왕께서 스스로 주공과 비교하신다면 누가 더 어질고 지혜롭다고 여기십니까?" 왕이 말했다. "아니, 이 무슨 말인가? (내가 어찌 주공에 비교될 수 있는가?)" 진가가 말했다. "주공이 (자신의 형) 관숙에게 (패망한) 은나라를 감독하게 했는데 (오히려) 관숙은 은나라를 거느리고 반란을 일으켰습니다. 주공이 이런 일이 발생할 것을 미리 알고도 맡겼다면 이것은 어질지 못한 것입니다. 알지 못하고 맡겼다면 이것은 지혜롭지 못한 것입니다. 어질고 지혜로움에 있어서 주공도 완벽할 수 없었는데, 하물며 왕께서 자책하십니까? 진가가 뵙고 해명하고자 합니다."

見孟子問曰周公은 何人也잇고 曰古聖人也시니라
견 맹 자 문 왈 주 공   하 인 야   왈 고 성 인 야

日使管叔監殷이어시늘 管叔이 以殷畔也라하니 有諸잇가
왈 사 관 숙 감 은　　　관 숙　이 은 반 야　　　유 저

日然하다 日周公이 知其將畔而使之與잇가 日不知也시니라
왈 연　　왈 주 공　지 기 장 반 이 사 지 여　　왈 부 지 야

然則聖人도 且有過與잇가 日周公은 弟也요
연 즉 성 인　차 유 과 여　　왈 주 공　　제 야

管叔은 兄也니 周公之過不亦宜乎아
관 숙　　형 야　주 공 지 과 불 역 의 호

(진가가) 맹자를 뵙고 질문했다. "주공은 어떤 분인가요?" 맹자가 말했다. "고대의 성인이시오." 진가가 말했다. "관숙에게 은나라를 감독하게 했는데 관숙이 은나라를 거느리고 반란을 일으켰다고 합니다. 그런 일이 있었습니까?" 맹자가 대답했다. "그렇소." 진가가 말했다. "주공은 그가 장차 반란을 일으킬 것을 알고도 그런 일을 맡겼습니까?" 맹자가 말했다. "알지 못하셨소." 진가가 말했다. "그렇다면 성인도 잘못할 때가 있습니까?" 맹자가 말했다. "주공은 동생이고 관숙은 형인데, 주공이 잘못을 범하는 것은 또한 당연하지 않습니까?

且古之君子는 過則改之러니 今之君子는 過則順之로다
차 고 지 군 자　　과 즉 개 지　　금 지 군 자　　과 즉 순 지

古之君子는 其過也如日月之食이라 民皆見之하고 及其更也하여는
고 지 군 자　기 과 야 여 일 월 지 식　　민 개 견 지　　급 기 경 야

民皆仰之러니 今之君子는 豈徒順之리요 又從而爲之辭로다
민 개 앙 지　　금 지 군 자　기 도 순 지　　우 종 이 위 지 사

또 (주공과 같은) 옛날의 군자는 잘못이 있으면 고쳤습니다. 그런데 (노골적으로 말하지는 않겠습니다만, 제나라 왕처럼) 지금의 군자는 잘못이 있어도 그대로 밀고 나아가는군요. 옛날의 군자(주공)에게는 그 허물이 해와 달이 (일식과 월식으로) 이지러지는 것과 같아 백성이 모두 그것을 보았습니다. 그것을 고치면 백성이 모두 우러러 보았습니다. 그런데 지금의 군자는 (잘못을 고치지 않고) 어찌 다만 그대로 밀고 나아갈 뿐인가요! 게다가 이어서 변명까지 하는군요."

10. 孟子致爲臣而歸하실새
맹 자 치 위 신 이 귀

맹자가 (제나라에서 오래 머물렀으나 왕도정치의 가능성이 없음을 알고 일시적으로 맡은 객경) 벼슬을 내놓고 돌아갈 때,

王이 就見孟子曰前日에 願見而不可得이라가 得侍하여는
왕   취 견 맹 자 왈 전 일   원 견 이 불 가 득   득 시

同朝甚喜러니[83] 今又棄寡人而歸하시니 不識케이다
동 조 심 희   금 우 기 과 인 이 귀   불 식

可以繼此而得見乎잇가 對曰不敢請耳언정 固所願也니이다
가 이 계 차 이 득 견 호   대 왈 불 감 청 이   고 소 원 야

---

83 楊伯峻은 "得侍하여는 同朝甚喜러니"로 句를 분리하는 것을 잘못이라고 하면서, '得侍同朝'를 하나의 句로 보고 '맹자와 더불어 군신이 되어 함께 조정에 있었다는 말'("言與孟子得爲君臣而同朝也")이라고 설명했다(『孟子譯注』).

(제나라) 왕이 직접 찾아가 맹자를 보고 말했다. "(선생이 제나라를 방문하기) 이전에는 뵙고자 해도 그럴 수 없었습니다. 마침내 (객경 벼슬로 선생을) 곁에서 모실 수 있어서 함께 조정에 서는 사람들이 심히 기뻐했는데, 이제 또 과인을 버려두고 돌아가시니 이 이후에도 계속 뵐 수 있겠습니까?" 맹자가 대답했다. "감히 (제가 먼저 그것을) 청하지 못할 뿐이지 (저도) 진실로 원하는 바입니다."

他日에 王이 謂時子曰我欲中國而授孟子室하고 養弟子以萬鍾하여
타일   왕   위시자왈아욕중국이수맹자실   양제자이만종

使諸大夫國人으로 皆有所矜式하노니 子盍爲我言之리오
사제대부국인   개유소긍식   자합위아언지

다른 날에 (제나라) 왕이 (그의 신하) 시자에게 말했다. "나는 나라 가운데에 맹자를 위해 교실을 지어주고 만종(萬鍾)의 녹봉으로 제자를 길러서 모든 대부와 백성이 그를 존경하여 본받는 바가 있게 해주려고 한다. 그대는 어찌 이런 나를 위해 (맹자에게) 말을 전해주지 않는가?"

時子因陳子而以告孟子어늘 陳子以時子之言으로 告孟子한대
시자인진자이이고맹자   진자이시자지언   고맹자

시자가 (맹자의 제자) 진자(진진)에게 이런 말을 맹자에게 전하게 했다. 진자가 시자의 말을 맹자에게 전했다.

孟子曰然호다 夫時子惡知其不可也리오 如使予欲富인댄
맹자왈연   부시자오지기불가야   여사여욕부

辭十萬而受萬이 是爲欲富乎아

사 십 만 이 수 만　　　시 위 욕 부 호

맹자가 말했다. "그런가? 시자가 어찌 (만종의 녹봉으로 나를 만류하는) 그런 것이 불가하다는 것을 알겠는가? 만약 내가 돈에 욕심을 낸다면 (고위직을 맡으면 받을) 십만을 사양하고 (그것의 1/10에 불과한) 만을 받겠는가? (십만을 버리고 만을 받는) 이것이 돈을 욕심내는 사람이 할 선택인가?

季孫이 曰異哉라 子叔疑여 使己爲政호대 不用則亦已矣어늘

계 손　　왈 이 재　　자 숙 의　　사 기 위 정　　　불 용 즉 역 이 의

又使其子弟爲卿하니 人亦孰不欲富貴리오마는

우 사 기 자 제 위 경　　　인 역 숙 불 욕 부 귀

而獨於富貴之中에 有私龍斷焉이라하니라[84]

이 독 어 부 귀 지 중　　　유 사 롱 단 언

계손이 이런 말을 했다. '특이하네, 자숙의가 하는 짓이! 자기가 국정을 맡아서 권력을 누리다가 그만두게 되었으면 또한 그것으로 그치면 되는데, (부귀에 대한 욕심으로) 또 그의 자식이 경상 벼슬을 맡게 했구나. 사람이 누군들 또한 부귀를 욕심내지 않으랴마는 저 혼자 부귀를 독점하며 사사롭게 권력을 농단하는구나!'(이제 내가 다시 돈을 받고 복귀하는 것은 그런 자숙의가 하는 짓과 다름이 없다.)

---

84 "龍斷"에서 龍은 높은 언덕을 뜻하는 '壟'(롱)자 대신 쓴 것이다. 제 마음대로 독점한다는 '농단'은 '壟斷'으로 쓴다.

古之爲市者以其所有로 易其所無者어든 有司者治之耳러니
고 지 위 시 자 이 기 소 유　　역 기 소 무 자　　유 사 자 치 지 이

有賤丈夫焉하니 必求龍斷而登之하여 以左右望而罔市利어늘
유 천 장 부 언　　필 구 롱 단 이 등 지　　이 좌 우 망 이 망 시 리

人皆以爲賤故로 從而征之하니 征商이 自此賤丈夫始矣니라
인 개 이 위 천 고　　종 이 정 지　　정 상　　자 차 천 장 부 시 의

옛날에 시장에서 교역하는 자는 그가 가진 것을 그가 갖지 않은 것과 교환했다. (서로 필요한 것을 구할 뿐, 이익이 남지 않으니) 시장의 행정 관리는 (세금을 징수하지 않고) 다만 다툼을 관리할 뿐이었다. 그런데 어떤 천한 사내가 있어서 반드시 높은 언덕을 찾아 올라가서는 좌우를 둘러보면서 (시장의 거래 동향을 살피고) 시장의 이익을 남김없이 싹 쓸어버렸다. 사람들이 모두 그가 하는 짓을 천하게 여겼기 때문에 시장의 행정 관리도 쫓아가서 세금을 부과했다. 상인에게 (벌어들인 이익에 대해) 세금을 부과하는 일이 이런 천한 사내로 부터 비롯되었다. (내 어찌 이익을 모조리 긁어모으는 이런 천한 사내처럼 행동하랴? 내가 기대했던 이상정치가 제나라에서는 불가능하니 다만 떠날 뿐이다. 내가 바라는 것이 돈, 명예, 높은 자리, 이익을 죄다 가지는 그런 것인 줄 아는가? 그런 것으로 나를 끌어들일 수 있다고 생각하는가?)"

11. 孟子去齊하실새 宿於晝러시니
　　맹 자 거 제　　　　숙 어 주

맹자가 (뜻을 펴지 못하고) 제나라를 떠나는 길에 (차마 갑자기 떠날

수 없어서 아쉬운 마음에 제나라의 서남쪽 고을) 주에서 유숙했다.

有欲爲王留行者坐而言이어늘 不應하시고 隱几而臥하신대
유 욕 위 왕 류 행 자 좌 이 언   불 응   은 궤 이 와

제나라 왕을 위하여 (그 자신의 판단으로) 맹자가 떠나는 것을 만류하려고 찾아온 사람이 앉았더니 말을 걸었다. 맹자는 (왕명도 아니고 다만 자기 생각으로 찾아와서 떠나기를 만류하는 그에 대해) 응하지 않고 안석에 몸을 기대고 누웠다.

客이 不悅曰弟子齊宿而後敢言이어늘 夫子臥而不聽하시니
객   불 열 왈 제 자 재 숙 이 후 감 언   부 자 와 이 불 청

請勿復敢見矣로리이다 曰坐하라 我明語子호리라
청 물 부 감 견 의   왈 좌   아 명 어 자

昔者에 魯繆公이 無人乎子思之側則不能安子思하고 泄柳申詳이
석 자   로 목 공   무 인 호 자 사 지 측 즉 불 능 안 자 사   설 류 신 상

無人乎繆公之側則不能安其身이러니라
무 인 호 목 공 지 측 즉 불 능 안 기 신

그 사람이 불쾌한 내색을 하며 말했다. "저는 (존경하는 마음으로) 몸을 단정히 하고 밤을 지낸 다음에 정성을 다하여 감히 말씀드리는데 선생님은 누운 채로 듣지 않으시니 다시는 뵙기를 청하지 않겠습니다." 맹자가 말했다. "앉아보시오. 내가 그대에게 분명하게 말해주겠소. 옛날에 노나라 목공은 자사의 곁에 (자기의 성의를 전달하는) 사람을 두지 않으면 (자사가 떠날까봐 걱정하여) 자사를 편하게 대하지 못했습니다.

(노나라 현인) 설류와 신상은 목공의 곁에 (바른 도를 말해주는) 사람을 두지 않으면 자신들의 (마음과) 몸을 편하게 할 수 없습니다. (목공이나 설류, 신상은 이런 자세로 현인을 대했습니다.)

子爲長者慮而不及子思하니 子絕長者乎아 長者絕子乎아
자 위 장 자 려 이 불 급 자 사　　자 절 장 자 호　　장 자 절 자 호

그대가 어른[맹자]을 (형식적인 예절로) 배려하기는 했으나 (제나라 왕은 시키지도 않았는데 그대가 찾아와서 무작정 가지 말라고 할 뿐이니 그대가 나를 위해 생각해주는 것이 목공이) 자사에게 (했던 바에) 미치지 못합니다. (설류와 신상이 했던 바에도 미치지 못합니다.) 그러니 그대가 나이든 나를 거절한 것인가요? 아니면 나이든 내가 그대를 거절한 것인가요?"

12. 孟子去齊하실새 尹士語人曰不識王之不可以爲湯武則是不明也요
　　맹 자 거 제　　　　윤 사 어 인 왈 불 식 왕 지 불 가 이 위 탕 무 즉 시 불 명 야

識其不可요 然且至則是干澤也니 千里而見王하여 不遇故로 去호대
식 기 불 가　　연 차 지 즉 시 간 택 야　　천 리 이 견 왕　　　불 우 고　　거

三宿而後出晝하니 是何濡滯也오 士則茲不悅하노라
삼 숙 이 후 출 주　　시 하 유 체 야　　사 즉 자 불 열

맹자가 제나라를 떠났을 때 (제나라 사람) 윤사가 사람들에게 말했다. "(제나라) 왕이 탕왕이나 무왕과 같은 치자가 되지 못할 것을 알지 못했다면 이는 (맹자의 지혜가) 밝지 못한 것이다. (제나라 왕이) 그렇게 될

수 없다는 것을 알고도 (제나라에) 왔다면 이는 왕의 은택을 구한 것이
다. 천 리를 와서 왕을 만나보고 뜻이 맞지 않아 떠나는데 주(晝)에서
사흘이나 머문 다음에야 출발하니 왜 이토록 지체하는가? 윤사는 맹자
의 이런 행동이 불쾌하구나."

高子以告한대
고 자 이 고

(제나라 출신의 제자) 고자(高子)가 (윤사의 조롱하는 말을 맹자에게)
전했다.

曰夫尹士惡知予哉리오 千里而見王은 是予所欲也니 不遇故로
왈 부 윤 사 오 지 여 재　　천 리 이 견 왕　　시 여 소 욕 야　　불 우 고

去豈予所欲哉리오 予不得已也로라
거 기 여 소 욕 재　　여 부 득 이 야

맹자가 말했다. "저, 윤사가 어찌 나를 알겠는가? 천 리를 와서 왕을
만났으니 이것은 내가 원했던 바였다. 뜻이 맞지 않아서 떠나니 어찌
내가 바라는 바이겠는가? 나는 부득이 그랬을 뿐이다.

予三宿而出晝호대 於予心에 猶以爲速하노니 王庶幾改之니
여 삼 숙 이 출 주　　어 여 심　　유 이 위 속　　왕 서 기 개 지

王如改諸시면 則必反予시리라[85]
왕 여 개 저　　　　즉 필 반 여

나는 사흘을 머물고 (제나라 고을) 주를 출발했지만 내 마음에 오히려 성급하게 떠난다는 생각이 들었다. (비록 이익을 탐해도 솔직한 성격의 제나라 왕은 가능성이 있었다.) 나는 왕께서 혹시라도 마음을 바꾸시기를 바랐던 것이니, 만약 왕께서 마음을 바꾸셨다면 곧 반드시 나를 불러서 돌려세우셨을 것이다.

夫出晝而王不予追也하실새　予然後浩然有歸志호니　予雖然이나
부 출 주 이 왕 불 여 추 야　　　여 연 후 호 연 유 귀 지　　　여 수 연

豈舍王哉리오　王由足用爲善하시리니　王如用予시면
기 사 왕 재　　　왕 유 족 용 위 선　　　왕 여 용 여

則豈徒齊民安이리오　天下之民이　擧安하리니
즉 기 도 제 민 안　　　천 하 지 민　　　거 안

王庶幾改之를　予日望之하노라
왕 서 기 개 지　　　여 일 망 지

그렇지만 주를 떠나도 왕은 나를 만류하지 않았다. 그런 다음에야 호연히 돌아갈 뜻을 굳혔다. 내 비록 그렇게 했지만 어찌 왕을 버리겠는가? 왕은 (기본 재질은 갖추었기 때문에) 족히 선정을 베풀 수 있었다. 왕이 만약 나를 써주면 어찌 제나라 백성만 편안하겠는가? 천하의 백성이 모

---

85 이런 일 때문에 '출주'(出晝)는 현자가 벼슬하던 조정을 떠나는 것을 표현하는 상징적인 말이 되었다.

두 편안할 것이다. 나는 왕께서 마음을 고치시기를 날마다 고대한다.

予豈若是小丈夫然哉라 諫於其君而不受則怒하여 悻悻然見於其面하여
여기약시소장부연재   간어기군이불수즉노   행행연현어기면

去則窮日之力而後에 宿哉리오
거즉궁일지력이후   숙재

내 어찌 이런 속 좁은 사내처럼 처신하겠는가? 그 임금에게 충언을
했는데 받아들여지지 않았다고 격노하여 섭섭한 감정을 얼굴에 드러내
고 떠나면서 (미운 마음에) 하루 종일 힘을 다해 최대한 멀리 가서 유숙
하는 (그런 유치한) 짓을 한단 말이냐?"

尹士聞之曰士는 誠小人也로다
윤사문지왈사   성소인야

윤사가 이런 말을 전해 듣고서 말했다. "사(윤사)는 참으로 소인이었
구나."

13. 孟子去齊하실새 充虞路問曰夫子若有不豫色然하시이다
    맹자거제   충우로문왈부자약유불예색연

前日에 虞聞諸夫子호니 曰君子는 不怨天하며 不尤人이라호이다
전일   우문저부자   왈군자는 불원천   불우인

맹자가 제나라를 떠날 때 (제자) 충우가 길가는 도중에 질문했다. "선

생님 안색에 서운한 기색이 있는 듯합니다. 전일에 우(충우)가 선생님께 들었는데, 말씀에 '군자는 하늘을 원망하지 않으며 사람을 탓하지 않는 다.'고 하셨습니다."

曰彼一時며 此一時也니라
왈 피 일 시　　차 일 시 야

맹자가 말했다. "(그런 말을 했던) 그 때는 그 때고 (뜻을 펴지 못해 제나라를 떠나는) 지금은 지금일세.[86]

五百年에 必有王者興하나니 其間에 必有名世者니라
오 백 년　필 유 왕 자 흥　　　기 간　필 유 명 세 자

오백 년에 반드시 왕자(王者)로 발흥할 사람이 있고, 그 사이에는 반 드시 (덕망과 능력으로 왕을 보좌하여) 세상에 이름을 날릴 인물이 있는 법이다.

由周而來로 七百有餘歲矣니 以其數則過矣요 以其時考之則可矣니라
유 주 이 래　칠 백 유 여 세 의　이 기 수 즉 과 의　이 기 시 고 지 즉 가 의

주나라(문왕과 무왕이 다스리던 그 시대)로부터 내가 활동하는 지금 까지 700년 그 이상의 세월이 지났으니 (500년을 주기로 하는) 그 수(數) 를 보면 (왕자가 나타날 시기는) 지났고, (혼란해서 다스려짐이 절실한)

---

[86] 이러한 해석은 '그 때는 前日이고 이때는 今日이다'("彼 前日 此 今日")라는 집주를 따른 것이다.

그런 시대상황을 고려하면 지금이 가능하다.

夫天이 未欲平治天下也시니 如欲平治天下인대 當今之世하여
부천　　미욕평치천하야　　　여욕평치천하　　당금지세

舍我요 其誰也리오 吾何爲不豫哉리오
사아　　기수야　　　오하위불예재

저 하늘이 (아직은) 천하를 다스려서 안정시키려하지 않는 것이다. (그래서 내가 제나라 왕에게 발탁되지 않은 것이다.) 만약 천하를 다스려 안정시킬 것이라면 지금의 시대를 당하여 나를 놔두고 그 누가 있는가? (다만 하늘의 명령을 기다릴 뿐) 내 어찌 (제나라 왕이 나를 쓰지 않았다고 해서) 기분 나쁘고 서운한 표정을 하겠느냐?"

14. 孟子去齊居休러시니 公孫丑問曰仕而不受祿이 古之道乎잇가
　　맹자거제거휴　　　　공손추문왈사이불수록　　고지도호

맹자가 제나라를 떠나는 길에 휴(休)에 머물러 있었다. 공손추가 질문했다. "(선생님께서 하셨듯이 제나라에서 객경) 벼슬을 하고도 (받아야 할) 녹을 받지 않는 것이 옛날의 도입니까?"

曰非也라 於崇에 吾得見王하고 退而有去志호니 不欲變故로
왈비야　　어숭　　오득견왕　　　퇴이유거지　　불욕변고

不受也호라
불수야

맹자가 말했다. "아니다. 숭(崇)에서 내가 왕을 만나보고 나오는 그 때에 (이미 제나라를) 떠날 뜻을 가졌다. 그런 뜻을 바꾸지 않았기 때문에 (일시적으로 벼슬을 했으나 제나라 녹을) 받지 않은 것이다.

繼而有師命이라 不可以請이언정 久於齊는 非我志也니라
계 이 유 사 명　　불 가 이 청　　　구 어 제　　비 아 지 야

(떠나겠다고 결심했는데) 계속해서 군대 출동 명령이 있었기 때문에 (그런 비상한 시기에 떠나겠다고) 청할 수 없었던 것이지 제나라에 오래 있었던 것은 내 뜻이 아니었다."

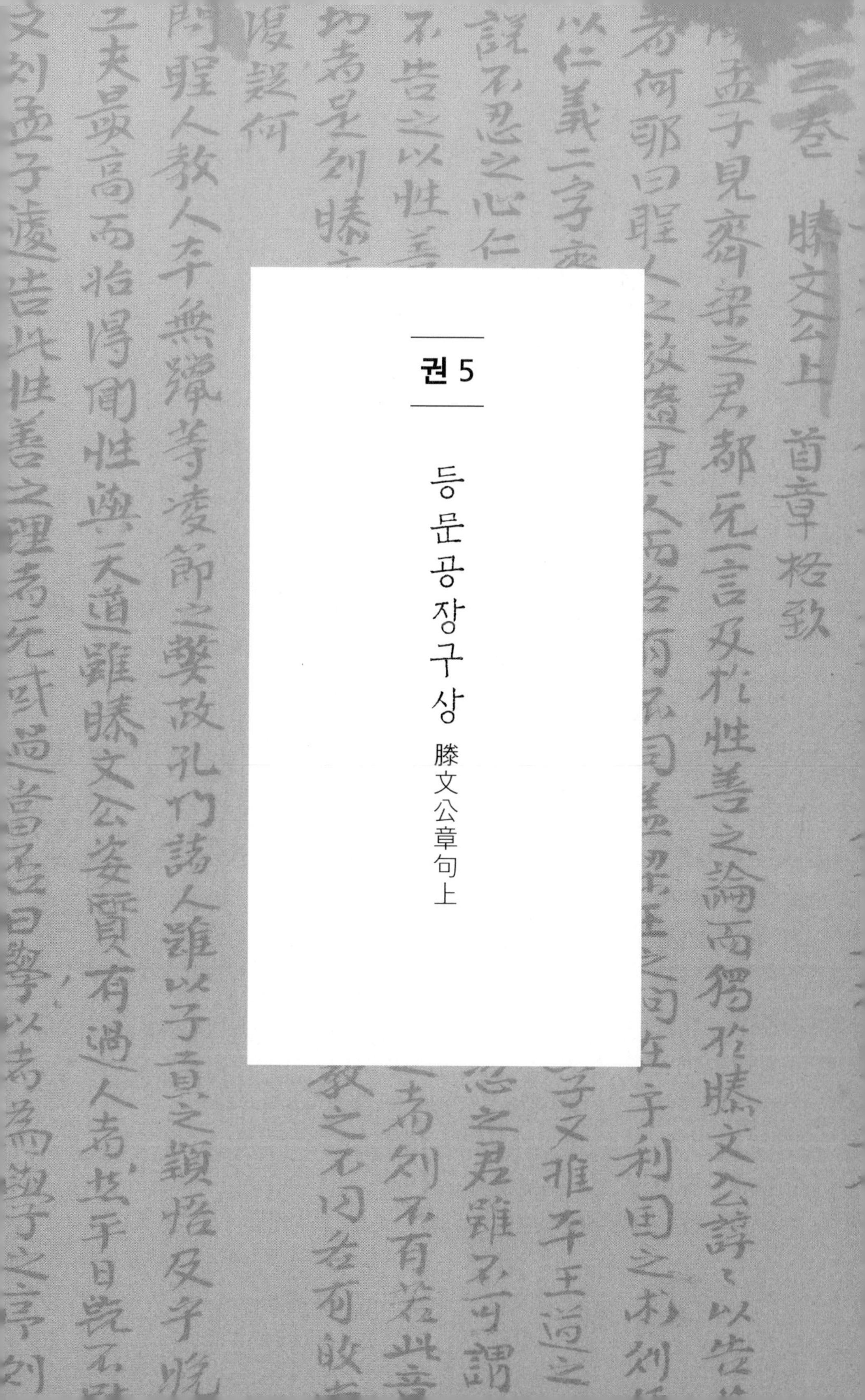

권 5

등문공장구 상

滕文公章句上

모두 5장(章)이다. ① 맹자의 성선설이 나온다. ② 이어서 맹자의 정치적 이상을 그대로 실천해보려는 등문공이 등장한다. 맹자는 그에게 이상적인 토지 제도인 정전법(井田法)을 시행해보라고 격려한다. 또한 ③ 맹자는 '도는 하나다.'라고 하면서 그와 생각을 달리하는 학파들은 논박한다. 몸으로 노동하지 않고 먹는 지식인의 가치를 인정하지 않았던 그들에게 맹자는 나라와 제후와 백성에 대한 지식인의 공헌을 역설한다.

1. 滕文公이 爲世子에 將之楚할새 過宋而見孟子하신대
　　등문공　　위세자　　장지초　　　과송이견맹자

　등문공이 세자가 되어 초나라로 갈 때 송나라를 지나다가 맹자를 만나보았다.

孟子道性善하사대 言必稱堯舜이러시다
맹자도성선　　　　언필칭요순

　맹자는 사람의 본성[타고난 성품]이 선하다고 역설하며 말할 때 반드시 요임금과 순임금을 (모범적인 인물로) 칭송했다.

　성선(性善)은 맹자의 인간관이며 그의 정치사상은 이것을 기본으로 한다. 맹자의 왕도정치가 가능하려면 성선설이 전제되어야 한다. 성선설이 없으면 왕도정치는 불가능한 것이다. 성선설은 맹자의 왕도정치를 위한 이론적 설정이다. 맹자에 의하면, 태초에 요순을 비롯한 모든 사람이 온전히 성선의 상태라고 한다. 맹자는 요, 순, 우, 탕, 문, 무, 주공,

공자와 같은 존재가 될 것인가, 아니면 타락한 존재가 될 것인가는 다만 사욕(私欲)을 어찌할지에 달려있다고 한다. 맹자는 공(公)과 사(私)를 구분하면서, 공(公)은 온전한 인간이 추구하는 길이며 '정치는 공적인 세계'라는 그의 정치사상의 핵심을 설명한다.

世子自楚反하여　復見孟子하신대　孟子曰世子는　疑吾言乎잇가
세 자 자 초 반　　　부 견 맹 자　　　맹 자 왈 세 자　　의 오 언 호

夫道는　一而已矣니이다
부 도　　일 이 이 의

(본성이 선하며 모두가 성현이 될 수 있다는 맹자의 말에 대한 확신을 가지려고) 세자가 초나라에서 돌아와서 다시 맹자를 만나보았다. 맹자가 말했다. "세자는 내 말을 의심합니까? 대저 도는 (성선설) 하나일 뿐입니다.

成覸이　謂齊景公曰彼丈夫也며　我丈夫也니　吾何畏彼哉리오하며
성 간　　위 제 경 공 왈 피 장 부 야　　아 장 부 야　　오 하 외 피 재

顔淵이　曰舜何人也며　予何人也오　有爲者亦若是라하며
안 연　　왈 순 하 인 야　　여 하 인 야　　유 위 자 역 약 시

公明儀曰文王은　我師也라하시니　周公이　豈欺我哉시리오하니이다
공 명 의 왈 문 왕　　아 사 야　　　　주 공　　기 기 아 재

성간이 제나라 경공에게 말하기를, '저들 성현도 장부고 나도 장부인데 내 어찌 저들 성현을 (따르지 못할까) 두려워하겠습니까!'라고 했습니다. 안연이 말하기를, '순임금은 어떤 사람이며 나는 어떤 사람인가? 능

히 순임금처럼 하면 또한 순임금 같을 것이다.'라고 했습니다. 공명의가 말하기를, '(주공이 말씀하시기를) 〈문왕은 나의 스승이다.〉라고 하셨으니 주공이 어찌 날 속이겠는가! (나도 문왕을 스승으로 삼겠다.)'라고 했습니다.

今滕을 絶長補短이면 將五十里也나 猶可以爲善國이니 書에
금등　　절장보단　　　장오십리야　　유가이위선국　　　　　서

曰若藥이 不暝眩이면 厥疾이 不瘳라하니이다
왈약약　불명현　　　궐질　불추

이제 등나라는 (지형의) 긴 곳을 끊어서 짧은 곳을 보충하면 50리 정도가 되는데 (이 정도면) 오히려 족히 좋은 정치로 다스릴만합니다. (지금의 현실에 안주하지 마십시오. 잘못된 것은 버리고 과감하게 선을 실행하십시오.) 『서경』에 '만약 약이 현기증이 날 정도로 어찔하지 않으면 그 병이 낫질 않는다.'고 했습니다."

2. 滕定公이 薨커늘 世子謂然友曰昔者에 孟子嘗與我言於宋이어시늘
　　등정공　　훙　　　세자위연우왈석자　　맹자상여아언어송

於心終不忘이라니 今也不幸하여 至於大故호니 吾欲使子로
어심종불망　　　　금야불행　　　지어대고　　　오욕사자

問於孟子然後에 行事하노라
문어맹자연후　　행사

등나라 정공이 훙거하자 세자(문공)가 (그의 사부) 연우에게 말했다.

"예전에 맹자께서 나와 함께 송나라에서 (성선설에 대해) 말을 나눈 적이 있었는데, 나는 마음속으로 끝내 잊지 못하고 있습니다. 이제 불행히 대상(大喪)을 당했으니 나는 선생이 맹자께 질문하게 한 다음에 일을 치르려고 합니다."

然友之鄒하여 問於孟子한대 孟子曰不亦善乎아 親喪은
연 우 지 추   문 어 맹 자   맹 자 왈 불 역 선 호   친 상

固所自盡也니 曾子曰 生事之以禮하며 死葬之以禮하며
고 소 자 진 야   증 자 왈 생 사 지 이 례   사 장 지 이 례

祭之以禮면 可謂孝矣라하시니
제 지 이 례   가 위 효 의

諸侯之禮는 吾未之學也어니와 雖然이나 吾嘗聞之矣로니
제 후 지 례   오 미 지 학 야   수 연   오 상 문 지 의

三年之喪에 齊疏之服과[87] 飦粥之食은
삼 년 지 상   재 소 지 복   전 죽 지 식

自天子達於庶人하여 三代共之하니라
자 천 자 달 어 서 인   삼 대 공 지

연우가 추나라에 가서 맹자에게 (상례에 대해) 질문하자 맹자가 말했다. "(제후들이 고대의 상례를 하지 않는 이때에, 그런 것에 대해 물어보

---

[87] "齊"(재 또는 자)는 상복(喪服) 아랫단을 꿰맨 것이다.("齊 衣下縫也" 집주). 『정본 맹자집주』(세창서관, 1957)의 이에 대한 설명이 참고가 된다. "齊疏之服은 喪服이다. 三年喪은 斬齊라고 하여 衣下를 꿰매지 않고 다음 一年의 喪服은 齊服이라 하여 衣下를 꿰맨다." 이런 "齊"자의 음에 대해 대해 『맹자집주대전』에 '齊의 음은 자다.("齊音資")라고 되어 있다. 그렇지만 『맹자언해』(1590년 교정청간행 도산서원 소장본; 1612년판; 내각장판; 임술계춘 영영중간; 율곡언해)에 "직"로 되어 있어 '재'로 읽는다.

고 하겠다니) 참으로 잘하는 일이 아닌가요? 부모의 상사(喪事)에는 마땅히 스스로 효심을 다해야 합니다. 증자는 말하기를, '살아계실 때는 섬기기를 예법으로 하고 돌아가신 뒤에는 장사지내기를 예법으로 하고 제사지내기를 예법으로 한다면 효도했다고 말할 수 있다.'고 했습니다. 제후의 예법을 내가 공부하지 못했으나 그 일의 대강은 들었습니다. 삼년상에 거친 베로 만든 상복을 입고 죽을 먹는 일은 천자로부터 서인에 이르기까지 (하,은,주) 삼대가 공통으로 했다고 합니다.'"

然友反命하여 定爲三年之喪한대 父兄百官이
연 우 반 명　　　정 위 삼 년 지 상　　　부 형 백 관

皆不欲曰吾宗國魯先君도[88] 莫之行하시고
개 불 욕 왈 오 종 국 로 선 군　　　막 지 행

吾先君도 亦莫之行也하시니 至於子之身而反之不可하이다
오 선 군　　 역 막 지 행 야　　　지 어 자 지 신 이 반 지 불 가

且志에 曰喪祭는 從先祖라하니 曰吾有所受之也니이다[89]
차 지　　왈 상 제　　종 선 조　　　왈 오 유 소 수 지 야

---

88 집주에 '등나라와 노나라는 모두 문왕의 후예다. 노나라 선조 주공이 장자가 되어 형제가 그를 종주로 삼았다. 그래서 등나라가 노나라를 종국이라고 말한 것이다.'("滕與魯 俱文王之後而魯祖周公爲長 兄弟宗之同 故滕謂魯爲宗國也")는 설명이 있다. (집주에 주공이 장자가 되었다는 말은 보충 설명이 필요하다. 무왕의 동모형제는 열인데, 그 중 주공은 넷째다. 첫째 백읍은 책봉되지 않았고, 둘째 무왕은 천자가 되었고, 셋째 관숙은 죄인이라서, 순서대로 주공이 제후로서 장자가 되어 형제들을 이끌었다는 말이다. 『史記』管蔡世家)
89 "曰吾有所受之也"에서 '曰'의 주체는 누구인가? ① 金長生(1548-1631)은 "曰吾"의 '曰'字는 志者의 말을 유추해서 말한 것이고 '吾'字는 선조를 가리켜 말한 것이라고 설명했다("曰字推作志者之言 吾字指先祖說"「經書辨疑」, 『韓國經學資料集成35(孟子1)』). 성백효(2006)와 楊伯峻은 志者의 말을 부형백관이 자신의 말로 풀어서 말한 것으로 해석했다. ② 세자가 한 말로 해석하는 사례도 있다. "세자는 「나는 이것을 받아들일 데가 있어서 그러는 것이오.」라고 말하고"(이가원 『논어 맹자』, 1976, p.294). 차주환 역시 세자의 말로 해석

연우가 돌아와서 보고하여 (장례를) 삼년상으로 정하고 실행하려고 했다. 그러자 세자와 동성(同姓)인 원로신하와 이성(異姓)의 백관이 모두 삼년상을 원치 않는다면서 말했다. "(우리가 삼년상을 행하기를 그만둔 지 오래되었습니다.) 우리 종주국 노나라 선군(先君)도 삼년상을 행하지 않았고 우리 선군도 또한 행하지 않았습니다. 그런데 이제 세자의 몸에 이르러 (고대의 예법으로) 되돌리는 것은 불가합니다. 또 전해오는 기록에 이르기를 '상례와 제례는 선조를 따른다.'고 했으니 '우리가 전해 받은 바가 있다.'는 말입니다."

謂然友曰吾他日에　未嘗學問이요　好馳馬試劍하다니　今也에
위 연 우 왈 오 타 일　미 상 학 문　호 치 마 시 검　금 야

父兄百官이　不我足也하니　恐其不能盡於大事하노니
부 형 백 관　불 아 족 야　공 기 불 능 진 어 대 사

子爲我問孟子하라　然友復之鄒하여　問孟子한대
자 위 아 문 맹 자　연 우 부 지 추　문 맹 자

孟子曰然하다　不可以他求者也라　孔子曰君薨커시든
맹 자 왈 연　불 가 이 타 구 자 야　공 자 왈 군 훙

하면서 "나는 배운 데가 있어서 그러는 것이오."(『맹자 上』, 1972, p.275)라고 하였다. 조주에서는 '부형백관이 다시 말하기를 우리는 전해 받은 바가 있다.'("父兄百官且復言 我轉有所受之")고 설명한다. 그러면서 또한 '一說에 吾有所受之는 세자가 말하기를 내가 맹자에게서 들었다.'("一說 吾有所受之 世子言我受之於孟子也")는 설명을 덧붙였다. 『정본 맹자집주(세창서관, 1957)』에는 바로 이런 설명을 택하여 吾有所受之也를 "맹자에게 배웠다는 말"이라고 표시했다. 도암 이재는 『맹자강설』에서 이렇게 설명했다. '曰吾有所受之에서 왈(曰)자에 대해 여쭙겠습니다. 설명해주겠다. 왈(曰)자는 부형백관 중에서 세자가 하는 바를 원하지 않는 자가 기록의 말을 인용하여 이와 같은 뜻의 그 근거를 나름대로 푼 것이다.'("問 曰吾有所受之曰字 曰 曰字父兄百官之不欲者引志之言而自釋其所以如此之意也")

聽於冢宰하나니 歠粥하고 面深墨하여 卽位而哭이어든
청 어 총 재　　　철 죽　　　면 심 묵　　　즉 위 이 곡

百官有司莫敢不哀는 先之也라 上有好者면 下必有甚焉者矣니
백 관 유 사 막 감 불 애　　선 지 야　　상 유 호 자　　하 필 유 심 언 자 의

君子之德은 風也요 小人之德은 草也니 草尙之風이면
군 자 지 덕　　풍 야　　소 인 지 덕　　초 야　　초 상 지 풍

必偃이라하시니[90] 是在世子하니라
필 언　　　　　　　시 재 세 자

　세자가 연우에게 말했다. "내가 예전에 어느 날에도 학문을 하지 않았
고 말 달리고 칼 쓰기를 좋아했으니 이제 나와 동성인 원로대신과 이성
(異姓)의 백관이 나를 만족스럽게 여기지 않았습니다. 나도 큰일을 당해
서 극진하게 하지 못할까봐 두렵습니다. 선생은 나를 위해 맹자께 질문
해주기 바랍니다." 연우가 다시 추나라에 가서 맹자에게 질문했다. 맹자
가 말했다. "(부형백관이 삼년상을 반대한다니 당연히) 그럴 것입니다.
(그런 원인과 방법을) 다른 데에서 찾을 것이 아니지요. (자기 자신에게
서 찾아야합니다.) 공자께서도 말씀하시기를, '임금이 훙거하면 세자는
정무에 관한 모든 명령을 총재[총리]에게 듣게 하고 자신은 죽을 마시고
얼굴이 심하게 검게 될 정도로 애통해하면서 상주 자리에 나아가 곡할
뿐이다. 그러면 온갖 관원과 유사로서 감히 애통해하지 않는 자가 없을
것이니 이것은 위에서 모범을 보이며 인도하기 때문이다. 위에 좋아하
는 자가 있으면 아래에 반드시 이보다 더 빠르게 반응하는 자가 있는

---

90 군자는 바람, 소인은 풀이라는 말과 "草尙之風"은 『논어』에도 나온다. 『논어』에는 '尙'
자가 '上'자로 되어 있다("尙 加也 論語 作上 古字通也" 집주).

법이다. 군자의 덕은 바람이고 소인은 덕은 풀이다. 풀은 반드시 바람이 누르는 방향으로 눕는다.'고 하셨습니다. 이제 (상사를 어떻게 할지는 오직) 세자에게 달려있습니다."

然友反命한대　世子曰然하다　是誠在我라하시고　五月居廬하여
연 우 반 명　　세 자 왈 연　　시 성 재 아　　　　오 월 거 려

未有命戒어시늘　百官族人이　可謂曰知라하며　及至葬하여
미 유 명 계　　　백 관 족 인　　가 위 왈 지　　　급 지 장

四方이　來觀之하더니　顔色之戚과　哭泣之哀에　吊者大悅하더라
사 방　　래 관 지　　　안 색 지 척　　곡 읍 지 애　　조 자 대 열

연우가 (맹자에게 들은) 그 말을 보고했다. 세자는 말하기를 "그렇습니다. 이번 일은 진실로 내가 어찌하는가에 달려있습니다."라고 했다. 그러면서 (초상을 치르기 위해) 5개월을 여막에 거처하며 어떤 명령도 내리지 않았다. 그러자 백관과 종문(宗門) 부형들이 감동하여 말하기를 "세자의 뜻을 알겠다."라고 했다. 장삿날에 이르러 사방에서 와서 (세자가 예법에 따라 삼년상을 행하는 것을) 보았는데, 세자의 수척한 안색과 애통하고 서럽게 우는 소리에 조문하는 사람들도 크게 감동했다.

3. 滕文公이　問爲國하신대
　　등 문 공　　문 위 국

등문공이 나라 다스리는 법을 질문했다.

孟子曰民事는 不可緩也니 詩云晝爾于茅오 宵爾索綯하여
맹자왈민사　　불가완야　　시운주이우모　　소이삭도

亟其乘屋이오사 其始播百穀이라하니이다
극기승옥　　　　기시파백곡

맹자가 말했다. "(민생은 농사가 우선입니다.) 농사는 태만히 할 수 없습니다. 『시경』에 이르기를, '낮에 (지붕에 쓸) 띠 풀을 베어오고 밤에 (지붕을 묶을) 새끼줄을 꼬아서 빨리 지붕을 이어야 다가오는 봄에 백곡을 파종할 수 있네.'라고 했습니다.

民之爲道也有恒産者는 有恒心이요 無恒産者는 無恒心이니
민지위도야유항산자　　유항심　　　무항산자　　무항심

苟無恒心이면 放辟邪侈를 無不爲已니 及陷乎罪然後에
구무항심　　　방벽사치　　무불위이　　급함호죄연후에

從而刑之면 是는 罔民也니 焉有仁人이 在位하여
종이형지　　시　　망민야　　언유인인　　재위

罔民을 而可爲也리오 是故로 賢君이 必恭儉하여 禮下하며
망민　　이가위야　　시고　　현군이　　필공검　　　례하

取於民이 有制니이다
취어민　　유제

(무엇보다도 먼저 백성에게 일정한 재산이 있게 해야 합니다.) 백성이 살아가는 방식을 보면 항산(일정한 재산)이 있는 자는 항심이 있고 항산이 없는 자는 항심이 없습니다. (백성은 재물이 있어야 도덕과 소신을 지킬 수 있습니다.) 진실로 항심이 없으면 거리낌 없이 제멋대로 놀고

간사하고 사치를 하지 않음이 없습니다. 죄에 빠진 뒤에 잡아다가 백성을 형벌로 다스리면 이것은 백성을 그물에 걸리게 하는 것입니다. 어찌 어진 사람이 다스리는 위치에 있으면서 백성을 법의 그물에 걸려들게 할수 있습니까? 이런 이유로 현군은 (나라를 다스림에 있어서) 반드시 공경하는 예법과 검소한 삶을 중시하기에 아래 신하를 예법으로 대하고 백성에게 세금을 거둘 때 (절도 있게) 정해진 한도를 둡니다.

陽虎曰爲富면　不仁矣요　爲仁이면　不富矣라하니이다
양 호 왈 위 부　　불 인 의　　위 인　　불 부 의

(노나라 계씨의 가신) 양호가 말하기를 '부를 추구하면 인을 이루기 어렵고. 인을 추구하면 부를 이루기 어렵다.(두 가지는 양립할 수 없다.)'고 했습니다.

제후가 부를 추구하는 일반적인 방법은 백성에게 세금을 더 부과하는 것이다. 맹자는 인과 부를 겸하는 방안을 찾았다. 제후가 농사를 중시하면서 백성에게 항산을 마련해주는 부지런한 정치를 하라는 것이다. 이와 병행하여 백성이 감당할 수 있는 그리고 국정 운영에 꼭 필요한 만큼 세금을 부과하라는 것이다. 아래에 적절한 세금이 어떤 것인지 설명이 이어진다.

夏后氏는[91] 五十而貢하고 殷人은 七十而助하고 周人은 百畝而徹하니
하후씨   오십이공   은인   칠십이조   주인   백묘이철

其實은 皆什一也니 徹者는 徹也요 助者는 藉也니이다
기실   개십(습)일야   철자   철야   조자   자야

하나라 임금은 50묘 토지를 경작하고 (5묘의 수확을 바치는) 공(貢)
세법으로 했습니다. 은나라 사람은 (정전법으로 토지를 우물정자로 9등
분하여 그 가운데를 공전으로 하고, 8개의 토지를 8가구가 각각 받는데,
가운데 공전) 70묘 토지를 공동 경작하여 그 수확을 세금으로 내는 조
(助) 세법으로 했습니다. 주나라 사람은 가구마다 100묘의 토지를 지급
하고 (도시 지역은 공법을 쓰고 시골에서는 정전법 세율 조법을 겸해서
쓰는) 철법(徹法)을 썼는데, 그 실제는 모두 10분의 1 세율입니다. 철(徹)
은 (그 적용이) 통(通)하고 고르다는 것이고, 조(助)는 (힘을) 빌린다는
뜻입니다.

龍子曰治地는 莫善於助요 莫不善於貢이니 貢者는 校數歲之中하여[92]
룡자왈치지   막선어조   막불선어공   공자   교수세지중

---

91 하후씨라는 말은 계속 나온다. 하은주(夏殷周) 삼대(三代)에서 은인(殷人), 주인(周人)
이라고 하면서 굳이 하후씨라고 구별한 이유는 무엇인가? 조주에 설명이 있어서 인용한
다. '우는 임금으로부터 선양(禪讓) 형식으로 자리를 물려받은 바와 같이 평화적으로 했다.
그래서 하후(夏后)라 칭하고 은나라 주나라는 백성의 인심(人心)이 원하는 방향으로 정벌
해서 역성혁명으로 자리를 차지했기에 은인(殷人) 주인(周人)이라고 말한 것이다.("禹受
禪於君 故夏稱后 殷周順人心而征伐 故言人也")
92 김장생은 "校數歲之中"(교수세지중)을 '몇 년간 수확의 많고 적음을 평균적으로 계산하
여 일정한 법으로 했을 것이다.'("愚意以爲通計其數年之間取收多寡之數而定爲常式也", 「經
書辨疑」)라고 하였다. "糞其田"(분기전)은 그 밭에 거름을 준다는 뜻인데, 집주에서는 '북
돋움'이라는 뜻인 壅(옹)으로 해석했다("糞 壅也"). (제초하고) 김매면서 줄기 부분을 북돋
아주는 것으로 본 것이다.

以爲常하나니 樂歲에 粒米狼戾하여 多取之而不爲虐이라도

이 위 상　　　락 세　　립 미 랑 려　　다 취 지 이 불 위 학

則寡取之하고 凶年에 糞其田而不足이어늘

즉 과 취 지　　　흉 년　　분 기 전 이 부 족

則必取盈焉하나니 爲民父母라 使民으로 盻盻然將終歲勤動하여[93]

즉 필 취 영 언　　　위 민 부 모　　사 민　　　예 예 연 장 종 세 근 동

不得以養其父母하고 又稱貸而益之하여 使老稚로

부 득 이 양 기 부 모　　　우 칭 대 이 익 지　　　사 로 치

轉乎溝壑이면 惡在其爲民父母也리오하니이다[94]

전 호 구 학　　　오 재 기 위 민 부 모 야

---

93 "盻盻"에 대해 조주에는 '심한 노동으로 휴식이 없는 모양("勤苦不息之貌")이라고 풀이되어 있다. 집주에는 '원망하는 마음으로 보는 눈'("盻 恨視也")이라고 되어 있다. "盻盻"의 한자음은 관본언해(1590년 교정청 간행 도산서원 소장본; 내각장판; 영영중간; 갑신신간 영영장판)에 "예"라고 되어있다. 집주에 '盻'의 한자음은 반절로 예다.("盻 五禮反")라는 설명을 따른 것으로 여겨진다. 『한한대사전』(단국대학교 출판부, 1999)에는 '盻'에 대해 "혜"와 "예" 두 가지음이 소개되어 있는데, "盻盻"의 한자음을 "혜혜"로 쓰고 맹자의 이 문장을 그 사례로 인용하면서 그 뜻을 "쉬지 않고 부지런히 일하는 모양"이라고 했다.

94 맹자가 용자의 말을 인용한 것은 "治地莫善於助莫不善於貢"까지로 보았다. 이 문장의 끝 부분 "惡在其爲民父母也"는 용자의 말이 아니라 맹자의 말로 번역했다. 도암 이재도 "孟子亦曰惡在其爲民父母也"라는 표현을 썼고(『한국문집총간』 194 「陶菴集」 卷八 講義), 그의 『맹자강설』에 이에 대한 질문과 대답이 있다. '여쭙겠습니다. 용자의 설이 아주 장황한데 맹자가 취하여 인용한 것 또한 지리한 듯합니다. 어찌된 것인지 알 수 없습니다. 설명해주겠다. 용자의 설은, 莫不善於貢에서 끝나는 것이고 그 이하는 곧 맹자의 말이다. 이미 율곡의 정론이 있다.'("問 龍子之說極爲張皇 孟子取引亦似支離 未知如何 曰 龍子說 止於莫不善於貢 其下乃孟子說也 栗谷已有之論"). 이런 도암 이재의 설명과 같이 『孟子栗谷諺解』에는 용자의 말은 莫不善於貢에서 끝나는 것으로 되어 있다. 그러나 이 문장 전체를 용자가 한 말로 보는 견해도 있다. 『맹자언해』(1590년 교정청간행 도산서원소장본; 내각장판; 임술계춘 영영중간)가 그렇다. 위의 구두와 현토는 이런 관본언해를 따랐다. 그래서 끝나는 토가 "惡在其爲民父母也리오하니이다"로 되어 있다. 이 책에서는 전체적으로 구두(句讀)와 토(吐)를 『맹자언해』(내각장판)을 따랐기 때문에 통일성을 위해 그대로 두고, 다만 역주자의 번역만 달리했다. 어느 쪽을 따라도 문장을 이해하는데 지장이 없으나,

(고대의 현인) 용자는 말하기를, '토지를 관리하는데 조법보다 좋은 것이 없고 공법보다 좋지 않은 것이 없다.'고 했습니다. 공법은 평균 생산량을 비교해서 매년 일정한 세금을 부과합니다. 풍년에는 곡식 낟알이 길에 흩어질 정도라서 많이 징수해도 가혹한 정치가 아닌데 세금을 적게 부과합니다. 흉년에는 그 밭에 거름주기도 부족한데 반드시 규정대로 세금을 꽉 채워서 부과합니다. 임금은 백성의 부모인데, 백성이 (쉬지 못해) 원망하는 눈으로 장차 한 해가 끝나도록 부지런히 몸을 움직여도 자기 부모조차 봉양하지 못하게 하고, 또 절박한 시기에 이르러 자금을 빌려주고는 나중에 과중한 이자를 받아가서 노인과 어린아이가 죽어서 구렁에 뒹굴게 한다면 어찌 그런 임금이 백성의 부모라 할 수 있겠습니까?

夫世祿은 滕이 固行之矣니이다
부세록   등   고행지의

(문왕의 정치에서는 세법과 세록이 핵심인데, 유공자 자손에게 대대로 공전의 녹을 먹게 하는) 세록은 등나라가 본래 실행해왔습니다. (그러나 조법으로 세금에 한도를 두는 제도는 아직 없으니 설명해주겠습니다.)

詩云雨我公田하여 遂及我私라하니 惟助에 爲有公田하니
시운우아공전   수급아사   유조   위유공전

현대적인 『맹자』 역주본도 두 가지로 나눠져 있다. 한국고전번역원 「고전성독(맹자)」은 『맹자언해』(내각장판)을 따랐고, 이가원(『논어 맹자』, 1976)은 "治地莫善於助莫不善於貢"까지를 용자의 말로 보았다. 성백효는 2004년 초판까지는 『맹자언해』(내각장판)를 따랐는데, 2006년 개정증보판에서 "治地莫善於助莫不善於貢"까지를 용자의 말로 보는 호산 박문호의 설을 따랐다는 설명을 붙였다.

由此觀之컨댄 雖周나 亦助也로소이다
유 차 관 지   수 주   역 조 야

   (조법에 관한 전적이 없어서 단언할 수는 없으나)『시경』에 이르기를, '먼저 우리 공전에 비 내리고 그 다음에 우리 사전에도 내려라!'고 했습니다. 오직 조법에만 공전이 있는데 이 시를 근거로 보면 주나라 또한 조법을 썼습니다.

設爲庠序學校하여 以敎之하니 庠者는 養也요 校者는 敎也요
설 위 상 서 학 교   이 교 지   상 자   양 야   교 자   교 야

序者는 射也라 夏曰校요 殷曰序요 周曰庠이요 學則三代共之하니
서 자   사 야   하 왈 교   은 왈 서   주 왈 상   학 즉 삼 대 공 지

皆所以明人倫也라 人倫이 明於上이면 小民이 親於下니이다
개 소 이 명 인 륜 야   인 륜   명 어 상   소 민   친 어 하

   (조법을 써서 백성에게 항산을 마련해주고 항심을 기르기 위해) 상(庠)·서(序)·학(學)·교(校)를 설립하여 교육합니다. 상(庠)은 (노인) 봉양을 가르치고, 교(校)는 덕행을 가르치고, 서(序)는 활쏘기 연습하는 것입니다. (교육기관을) 하나라에서는 교(校)라 했고 은나라에서는 서(序)라 했고 주나라에서는 상(庠)이라 했습니다. 학(學)이라는 이름은 (하, 은, 주) 삼대가 공통 명칭으로 했으니 모두 인륜을 밝히기를 목표로 했습니다. 인륜이 위에서 밝혀지면 백성이 아래에서 (화목하고) 친하게 됩니다.

有王者起면 必來取法하리니 是爲王者師也니이다
유 왕 자 기   필 래 취 법   시 위 왕 자 사 야

왕자(王者)로 떨쳐 일어날 사람이 있으면 반드시 (이렇게 잘하고 있는 등나라에) 와서 (모범적인) 법을 배울 것입니다. 이렇게 해서 (등문공께서는) 왕자(王者)가 배울 스승이 되는 것입니다.

詩云周雖舊邦이나 其命維新이라하니[95] 文王之謂也니
시 운 주 수 구 방   기 명 유 신   문 왕 지 위 야

子力行之하시면[96] 亦以新子之國하시리이다
자 력 행 지   역 이 신 자 지 국

『시경』에 이르기를, '주나라가 비록 (제후국으로) 오랜 나라였으나 (이제 새롭게 천자국이 되라고) 받은 그 천명은 새롭다.'고 했으니 이것은 문왕을 말하는 것입니다. 그대도 (문왕이 했던 바와 같이) 힘써 행하면 또한 그대의 나라를 (제후국에서 천자국으로) 새롭게 하실 것입니다."

使畢戰으로 問井地하신대 孟子曰子之君이 將行仁政하여
사 필 전   문 정 지   맹 자 왈 자 지 군   장 행 인 정

選擇而使子하시니 子必勉之어다 夫仁政은 必自經界始니
선 택 이 사 자   자 필 면 지   부 인 정   필 자 경 계 시

---

95 "維新"의 '維'자가 조주본에는 "惟"자로 되어 있다.
96 "子力行之"에서 '子'는 등나라 문공이다. 왜 제후를 '子'라고 했을까? 집주에 그에 대한 설명이 있다. '子는 문공을 말하는데 해를 넘기지 못한 제후에 대한 칭호이다.'("子 指文公 諸侯未踰年之稱也")

經界不正이면 井地不均하며[97] 穀祿이 不平하리니 是故로
경 계 부 정　　　정 지 불 균　　　곡 록　　불 평　　　시 고

暴君汙吏는 必慢其經界하나니 經界旣正이면
포 군 오 리　　필 만 기 경 계　　　경 계 기 정

分田制祿은 可坐而定也니라
분 전 제 록　　가 좌 이 정 야

(등문공이 그의 신하) 필전을 보내 정전법에 대해 (상세하게) 질문하게 했다. 맹자가 말했다. "그대의 임금이 장차 인정(仁政)을 행하려고 (정전법을 시행하기 위해) 선택해서 그대를 보냈으니 그대는 반드시 힘써주기 바랍니다. (등문공은 자질이 있으니 상세하게 설명하겠습니다.) 인정은 반드시 토지 경계를 바르게 구획하는 데에서 시작합니다. 토지를 구분하는 경계가 바르지 않으면 정전(井田)의 배분된 토지가 균등하지 않고 관리가 공전에서 받는 녹과 경작자가 사전에서 얻는 곡록이 공평하지 않게 됩니다. 이렇기 때문에 횡포한 임금과 부패한 관리는 반드시 그 경계의 구분을 바르게 관리하기를 태만히 합니다. 경계의 구분을 다스리는 일이 이미 바르면 토지를 나누어주고 녹봉을 제정하는 일은 (조정에) 앉아서도 (쉽게) 정할 수 있습니다.

夫滕이 壤地褊小하나 將爲君子焉이며 將爲野人焉이니 無君子면
부 등　　양 지 편 소　　　장 위 군 자 언　　　장 위 야 인 언　　　무 군 자

---

97 "井地不均"의 '均'자를 보면, 『맹자집주대전』(정유자본)에 이렇게 '均'자로 되어 있다. 조선시대에 나온 『맹자』 판본은 대부분 이렇게 쓰고 있다. 그러나 『四書章句集注』(中華書局)에는 '鈞'자로 되어 있다. 조주본에도 "鈞"자로 되어 있다. 이 문장에서 '鈞'자는 '均'의 의미로 본다.

莫治野人이요 無野人이면 莫養君子니라
막 치 야 인　　무 야 인　　막 양 군 자

등나라가 비록 그 영토가 작아도 (또한 하나의 나라이니) 벼슬하는
군자가 있어야 하고 또한 경작하는 야인이 있어야 합니다. 군자가 없으
면 야인을 다스릴 수 없고 야인이 없으면 군자를 먹여 살릴 수 없습니다.
(그러니 시급히 좋은 토지제도와 세법을 만들기 바랍니다.)

請野에 九一而助하고[98] 國中에 什一하여 使自賦하라
청 야　　구 일 이 조　　　　국 중　　십 일　　　사 자 부

권고하건데, 시골의 외곽 지역은 (넓어서 구획하기가 좋으니 정전법
으로) 토지를 구일(九一)로 정비해서 (8가구가 공전을 공동 경작하여 그
수확을 세금으로 내는) 조법을 쓰고 시내의 (좁은) 토지에서는 (각자에
게 100묘의 토지를 지급하고 그 십분의 일을 세금으로 내는) 십일의 세
율로 스스로 납부하게 하기 바랍니다.

卿以下는 必有圭田하니[99] 圭田은 五十畝니라
경 이 하　　필 유 규 전　　　　규 전　　오 십 묘

경(卿) 이하는 (그 수확을 제사비용으로 쓰는) 규전이 반드시 있으니

---

98 구일(九一)에 대해서는 조주가 참고가 된다. '구일이라는 것은 井田의 토지에 대하여
九頃을 숫자(단위)로 하여 10분의 1세를 내는 것이니 교외의 토지에 부과하는 세법이다.'
("九一者 井地以九頃爲數而共什一 郊野之賦也")
99 규전의 규(圭)에 대해, 집주에 '圭는 정결하다는 뜻이다. 제사에 쓰기 위한 것이기 때문
이다.'("圭 潔也 所以奉祭祀也")라는 설명이 있다.

규전은 50묘입니다. (세록 이외에 추가로 주는 것이니 군자를 후대하는
것입니다.)

餘夫는[100] 二十五畝니라
여부   이십오묘

(토지를 지급 받는 농부 이외에 미성년자로서) 경작 능력이 있는 남자
에게 25묘의 토지를 줍니다. (별도로 주는 것이니 야인을 후대하는 것입
니다.)

死徙에 無出鄕이니 鄕田同井이 出入에 相友하며 守望에
사사   무출향   향전동정   출입   상우   수망

相助하며 疾病에 相扶持하면 則百姓이 親睦하리라
상조   질병   상부지   즉백성   친목

(이렇게 하면 백성은) 장사를 지내거나 거처를 옮겨도 고향을 떠나는
일은 없습니다. 정전법으로 공전을 함께 경작하는 여덟 집이 출입할 때
서로 동반하고, (침략자나 도둑으로부터) 지키고 망볼 때 서로 돕고 질병

---

100 여부(餘夫)에 대해서는 조주와 집주가 참고가 된다. '여부는 누구인가? 한 가구에서
한 사람이 경작지를 받는데 그 가구에 남아있는 노인이나 소년으로서 아직 경작할 힘이
남아있는 자는 25묘를 받으니 규전의 절반이다. 이래서 여부라고 하는 것이다.'("餘夫者
一家一人受田 其餘老少尙有餘力者 受二十五畝 半於圭田 謂之餘夫也" 조주). '정자가 말했다.
한 남자 가장一夫은 위로 부모가 있고 아래로는 처자가 있어서 다섯 또는 여덟 식구로
사는데 100묘의 토지를 받는다. 만일 동생이 있으면 이는 여부다. 나이 16세가 되면 별도
로 토지 25묘를 받고 장성하여 결혼하기를 기다린 다음에 다시 100묘의 토지를 받는다.'
("程子曰一夫 上父母 下妻子 以五口八口爲率 受田百畝 如有弟 是餘夫也 年十六 別受田二
十五畝 俟其壯而有室然後 更受百畝之田" 집주)

에 서로 보살펴주면 백성이 친목하게 됩니다.

方里而井이니 井이 九百畝니 其中이 爲公田이라 八家皆私百畝하여
방 리 이 정　　　정　　구 백 묘　　기 중　　위 공 전　　　팔 가 개 사 백 묘

同養公田하여 公事를 畢然後에 敢治私事니 所以別野人也니라
동 양 공 전　　　공 사　　필 연 후　　감 치 사 사　　소 이 별 야 인 야

사방 1리를 우물 정(井)자로 구획하는 것이 정전입니다. (하나의) 정전
은 900묘이고 그 가운데가 공전입니다. (공전의 수확은 군자의 녹봉으로
사용됩니다.) 8가구가 모두 100묘씩 각각 그들의 사전을 갖고 공동으로
하나의 공전을 경작합니다. 공전의 일을 마친 뒤에야 감히 사전의 일을
하는 것이니, (선공후사 이것은) 야인을 (군자와) 구별하는 방식입니다.

此其大略也니 若夫潤澤之則在君與子矣니라
차 기 대 략 야　　약 부 윤 택 지 즉 재 군 여 자 의

이것이 (나라를 다스리는 법의) 그 대략이니 시세와 실정에 맞게 잘
운영하는 것은 임금과 그대에게 달려있습니다."

4. 有爲神農之言者許行이 自楚之滕하여 踵門而告文公曰遠方之人이
　　유 위 신 농 지 언 자 허 행　　자 초 지 등　　　종 문 이 고 문 공 왈 원 방 지 인

聞君의 行仁政하고 願受一廛而爲氓하노이다
문 군　　행 인 정　　　원 수 일 전 이 위 맹

文公이 與之處하시니 其徒數十人이 皆衣褐하고 捆屨織席하여
문공   여지처   기도수십인   개의갈   곤구직석

以爲食하더라
이위식

신농의 말을 신봉하여 행하는 자 허행이 초나라에서 등나라로 갔다.
문에 이르러서 문공에게 말했다. "먼 지방 (초나라) 사람입니다. 저희는
임금께서 (정전법으로) 어진 정치를 한다는 말을 듣고 거처할 곳 하나를
받아 (이 나라) 백성이 되고자 합니다." 문공이 거처를 마련해주었다.
그들 무리 수십 명이 모두 갈옷을 입었고 짚신을 만들고 명석과 돗자리
를 짜는 노동으로 먹고 살았다.

陳良之徒陳相이 與其弟辛으로 負耒耜而自宋之滕하여 曰聞君의
진량지도진상   여기제신   부뢰사이자송지등   왈문군

行聖人之政호니 是亦聖人也시니 願爲聖人氓하노이다
행성인지정   시역성인야   원위성인맹

(초나라 유자) 진량의 문도인 (송나라 사람) 진상이 그의 아우 신과
함께 (공부하던 유자의 서책 대신에 농사를 짓는) 쟁기와 보습을 등에
지고 송나라에서 등나라로 갔다. 그가 말했다. "임금께서 성인의 (정전
법을 시행하는) 정치를 행한다고 들었습니다. 이렇게 하시니 곧 성인이
십니다. 저희도 성인의 백성이 되고자 합니다."

陳相이 見許行而大悅하여 盡棄其學而學焉이러니 陳相이 見孟子하여
진상   견허행이대열   진기기학이학언   진상   견맹자

道許行之言曰滕君則誠賢君也어니와 雖然이나 未聞道也로다 賢者는
도 허 행 지 언 왈 등 군 즉 성 현 군 야   수 연   미 문 도 야   현 자

與民竝耕而食하며 饔飧而治하나니 今也에 滕有倉廩府庫하니
여 민 병 경 이 식   옹 손 이 치   금 야   등 유 창 름 부 고

則是厲民而以自養也니 惡得賢이리오
즉 시 려 민 이 이 자 양 야   오 득 현

　진상이 허행을 보고는 (모두 직접 일해서 먹으며 평등하게 산다는 그
주장에) 크게 감동하여 그전에 (유자인 진량에게서 배웠던 것을) 모두
버리고 허행의 주장을 배웠다. 이렇게 생각을 바꾼 진상이 맹자를 만나
자 허행의 말을 역설했다. "등나라 임금은 진실로 어진 임금이지요. 그
렇지만 (군자와 야인을 구별하지 않는) 참다운 도를 들어보지 못한 것
같습니다. (등나라 임금은 당신의 영향을 받은 분이지 않습니까?) 진실
로 어진 자는 백성과 함께 직접 경작을 해서 먹고 아침저녁 밥을 조리해
먹으며 또한 다스립니다. 이제 등나라는 곡식 창고와 금고를 두고 있으
니 (이것은 임금이 세금을 부과하여) 이 백성을 고달프게 해서 스스로
먹고사는 것입니다. 어찌 (그런 임금이) 어질다고 하겠습니까? (일하는
사람 따로 있고 먹는 사람 따로 있나요?)"

孟子曰許子는 必種粟而後에 食乎아 曰然하다
맹 자 왈 허 자   필 종 속 이 후   식 호   왈 연

許子는 必織布而後에 衣乎아 曰否라 許子는 衣褐이니라
허 자   필 직 포 이 후   의 호   왈 부   허 자   의 갈

許子는 冠乎아 曰冠이니라 曰奚冠고 曰冠素니라
허 자   관 호   왈 관   왈 해 관   왈 관 소

曰自織之與아 曰否라 以粟易之니라 曰許子는 奚爲不自織고
왈 자 직 지 여 　 왈 부 　 이 속 역 지 　 왈 허 자 　 해 위 불 자 직

曰害於耕이니라 曰許子는 以釜甑爨하며 以鐵耕乎아
왈 해 어 경 　 왈 허 자 　 이 부 증 찬 　 이 철 경 호

曰然하다 自爲之與아 曰否라 以粟易之니라
왈 연 　 자 위 지 여 　 왈 부 　 이 속 역 지

(등문공을 탓하지만 실제로는 맹자를 조롱하는 진상의 말을 듣고) 맹자가 말했다. "허자는 반드시 직접 곡식을 심어서 먹는가?" 진상이 말했다. "그렇습니다." 맹자가 말했다. "허자는 반드시 직접 베를 짜서 옷을 만들어 입는가?" 진상이 말했다. "아닙니다. 허자는 갈옷을 입습니다." 맹자가 말했다. "허자는 의관을 쓰는가?" 진상이 말했다. "관을 씁니다." 맹자가 말했다. "어떤 관을 쓰는가?" 진상이 말했다. "무늬 없는 관을 씁니다." 맹자가 말했다. "그러면 그 관의 견을 직접 짜는가?" 진상이 말했다. "아닙니다. 곡식을 주고 그것을 구합니다." 맹자가 말했다. "허자는 어째서 직접 직물을 짜지 않는가?" 진상이 말했다. "농사에 방해가 되기 때문입니다." 맹자가 말했다. "허자는 솥이나 시루를 걸은 아궁이에 불을 때고 음식을 익히고 쇠로 만든 쟁기로 경작하는가?" 진상이 말했다. "그렇습니다." 맹자가 말했다. "그렇다면, 그것들도 직접 제작해서 쓰는가?" 진상이 말했다. "아닙니다. 수확한 곡식과 교환합니다."

以粟易械器者不爲厲陶冶니 陶冶亦以其械器易粟者豈爲厲農夫哉리오
이 속 역 계 기 자 불 위 려 도 야 　 도 야 역 이 기 계 기 역 속 자 기 위 려 농 부 재

且許子는 何不爲陶冶하여 舍皆取諸其宮中而用之하고
차 허 자 　 하 불 위 도 야 　 사 개 취 저 기 궁 중 이 용 지

何爲紛紛然與百工交易고 何許子之不憚煩고 曰百工之事는
하 위 분 분 연 여 백 공 교 역　　하 허 자 지 불 탄 번　　왈 백 공 지 사

固不可耕且爲也니라
고 불 가 경 차 위 야

맹자가 말했다. "곡식을 가지고 솥과 시루 같은 기구와 교환하는 자는 시루를 만드는 사람과 대장장이를 고달프게 하는 것이 아니다. 제작한 그릇과 기구를 곡식과 교환하는 자 역시 어찌 농부를 고달프게 하는 것이겠는가? 또 허자는 어찌 시루와 기구를 직접 만들고 (실생활에 필요한) 모든 것을 오직 그 집 안에서 직접 만들어 (자급자족하면서) 사용하지 않고 왜 분주하게 백공과 필요한 물건을 교환하는가? 왜 허자는 그것을 번거롭게 여기지 않는가?" 진상이 말했다. "물건을 제작하는 백공의 일은 실제로 농사를 지으며 병행할 수 없습니다."

然則治天下는 獨可耕且爲與아 有大人之事하며 有小人之事하니
연 즉 치 천 하　　독 가 경 차 위 여　　유 대 인 지 사　　　유 소 인 지 사

且一人之身而百工之所爲備하니 如必自爲而後에 用之면
차 일 인 지 신 이 백 공 지 소 위 비　　여 필 자 위 이 후　　용 지

是는 率天下而路也니라[101] 故로 曰或勞心하며 或勞力이니
시　　솔 천 하 이 로 야　　　　고　　왈 혹 로 심　　혹 로 력

勞心者는 治人하고 勞力者는 治於人이라하니
로 심 자　　치 인　　로 력 자　　치 어 인

---

101 "路"자를 어떻게 해석할 것인가? 집주에 '로(路)자는 도로를 분주하게 돌아다녀서 쉴 시간이 없다는 말이다.'("路 謂奔走道路 無時休息也")라는 설명이 있다. 피곤하다는 의미로 연결된다.

治於人者는 食人하고 治人者는 食於人이 天下之通義也니라
치어인자　　사인　　치인자　　사어인　　천하지통의야

맹자가 말했다. "그렇다면 천하 다스리는 일은 한 사람이 농사를 지으면서 또한 겸해서 할 수 있다는 말인가? 대인의 일이 있고 소인의 일이 있다네. 또 백성 한 사람 몸에는 백공의 일이 들어 있는 것이다. 만약에 반드시 스스로 직접 필요한 것을 만들어 쓴다면 이것은 천하의 사람들을 도로에 내몰아 피곤하게 하는 것이다. 그래서 이런 말이 있다네. '어떤 이는 정신으로 노동하고, 어떤 이는 몸으로 노동한다. 정신으로 노동하는 자는 사람을 다스리고, 몸으로 노동하는 자는 다른 사람의 다스림을 받는다.' 다른 사람으로부터 다스림을 받는 자는 다른 사람을 먹여 살리고, 사람을 다스리는 자는 다른 사람으로부터 식량을 공급 받으니, 이것이 (옛날이나 지금이나) 천하에 통하는 이치인 것이다.

當堯之時하여　天下猶未平하여　洪水橫流하여　氾濫於天下하여
당요지시　　　천하유미평　　　홍수횡류　　　범람어천하

草木暢茂하며　禽獸繁殖이라　五穀不登하며　禽獸偪人하여
초목창무　　　금수번식　　　오곡부등　　　금수핍인

獸蹄鳥跡之道交於中國이어늘　堯獨憂之하사
수제조적지도교어중국　　　　요독우지

擧舜而敷治焉이어시늘　舜이　使益掌火하신대
거순이부치언　　　　　순　　사익장화

益이　烈山澤而焚之하니　禽獸逃匿이어늘　禹疏九河하며
익　　렬산택이분지　　　금수도닉　　　　우소구하

瀹濟漯而注諸海하시며 決汝漢하며 排淮泗而注之江하시니
약 제 탑 이 주 저 해　　　　결 여 한　　　배 회 사 이 주 지 강

然後에 中國이 可得而食也하니 當是時也하여
연 후　　중 국　　가 득 이 식 야　　　당 시 시 야

禹八年於外에 三過其門而不入하시니 雖欲耕이나 得乎아
우 팔 년 어 외　　삼 과 기 문 이 불 입　　　수 욕 경　　　득 호

　요임금의 시대에는 천하가 여전히 평정되지 못해서 큰물이 넘쳐흘러 천하에 범람하여 초목은 무성하고 금수가 마구 늘었다. 오곡은 익지 못하고 짐승들이 사람에게 달려들어 짐승과 새 발자국으로 만들어진 길이 (사람이 다니는) 천하에 교차했다. 요임금이 홀로 (짐승이 사람을 해치는) 이런 실정을 근심하여 순을 발탁해 다스리게 했다. 순은 익에게 불을 관리하는 업무를 주관하게 했는데 익이 산천에 불을 놓아 태우자 금수가 도망쳐 숨었다. (그런 다음에) 우는 구하(九河)를 소통시켰고, 제수와 탑수를 (준설하여) 잘 흐르도록 만들어서 바다에 이르게 했고, 여수와 한수의 물길을 막는 것을 제거하였고, 회수와 사수의 물길을 막는 것을 제거하여 그 물이 강으로 흘러들어가게 했다. 이렇게 (수토를 평정)한 다음에야 중국이 (농사를 지어) 먹고살 수 있게 되었다. 이런 시대를 당해서 우는 집밖에서 8년 근무하며 세 번 자기 집 문을 지났어도 (바쁜 업무 때문에) 들어가지 않았다. 정치하는 사람이 직접 농사를 지어 (자기가 먹을) 식량을 마련하려고 해도 어느 겨를에 그렇게 할 수 있겠는가?

后稷이 教民稼穡하여 樹藝五穀한대 五穀이 熟而民人이 育하니
후 직　　교 민 가 색　　　수 예 오 곡　　　오 곡　숙 이 민 인　　육

人之有道也에 飽食煖衣하여 逸居而無教면 則近於禽獸릴새
인 지 유 도 야   포 식 난 의   일 거 이 무 교   즉 근 어 금 수

聖人이 有憂之하사 使契爲司徒하여 教以人倫하시니
성 인   유 우 지   사 설 위 사 도   교 이 인 륜

父子有親이며 君臣有義며 夫婦有別이며 長幼有序며
부 자 유 친   군 신 유 의   부 부 유 별   장 유 유 서

朋友有信이니라 放勳이 日勞之來之하며 匡之直之하며
붕 우 유 신   방 훈   왈 로 지 래 지   광 지 직 지

輔之翼之하여 使自得之하고 又從而振德之라하시니 聖人之憂民이
보 지 익 지   사 자 득 지   우 종 이 진 덕 지   성 인 지 우 민

如此하시니 而暇耕乎아
여 차   이 가 경 호

(순의 명령에 따라) 후직이 백성에게 농사일을 가르쳐서 오곡을 심고 가꾸게 하니 오곡이 익어 백성이 먹고살만하게 되었다. 사람에게는 지켜야할 도리가 있는데 다만 배불리 먹고 따뜻한 옷을 입고 편히 놀게 하면서 가르치지 않으면 곧 짐승에 가까운 존재가 된다. 성인이 또 이를 우려하여 (순의 신하) 설을 사도로 삼아 인륜을 가르쳤다. 아버지와 아들의 도리는 자애하고 효도하는 것에 있다. 임금과 신하의 도리는, 신하는 임금을 따르는 의리에 임금은 신하를 보호하는 의무에 있다. 부부 사이의 도리는 맡은 역할을 구별함에 있다. 어른과 아이 사이의 도리는 어른이 먼저라는 순서에 있다. 벗들 사이의 도리는 믿음이라는 가치에 있다. 방훈(요임금)이 말하기를, '(백성을) 위로하고 오게 하며, 바로잡고 정직하게 해주며, 이에 도와주고 보살펴주어서, 스스로 (본성을) 얻게 하고, 또 따라서 진작시키고 은덕을 베풀라!'고 했다. 성인이 백성의 (물

질적인 그리고 정신적인) 삶을 이끌어주면서 잘 되기를 근심하기가 이와 같은데 어느 겨를에 직접 농사까지 지을 수 있겠는가?

堯以不得舜으로 爲己憂하시고 舜이 以不得禹皐陶로 爲己憂하시니
요이부득순   위기우   순 이부득우고요   위기우

夫以百畝之不易로 爲己憂者는 農夫也니라
부이백묘지불이   위기우자   농부야

요임금은 순을 얻지 못할까봐 늘 근심했고 순은 우와 고요를 얻지 못할까봐 늘 근심했다. 무릇 백 묘의 토지를 다스리지 못할까봐 근심하는 자는 농부인 것이다.

分人以財를 謂之惠요 敎人以善을 謂之忠이요 爲天下得人者를
분인이재   위지혜   교인이선   위지충   위천하득인자

謂之仁이니 是故로 以天下與人은 易하고 爲天下得人은 難하니라
위지인   시고   이천하여인   이   위천하득인   난

재물을 사람들에게 나누어주는 것을 은혜라 하고, 사람들에게 선한 가치를 교육하는 것을 충(忠)이라 한다. (이것도 백성을 위하는 것이지만 그 파급 효과에 있어서는 한계가 있다.) 천하를 위해 좋은 인재를 얻는 것을 인(仁)이라고 한다. (이것은 백성에게 광대한 은혜와 무궁한 교화를 베푸는 것이기에 그렇다.) 이렇기 때문에 천하 재물을 사람들에게 주는 것은 쉽지만 천하의 사람들을 위해 (함께 일할) 좋은 인재를 얻기란 참으로 어려운 일인 것이다.

孔子曰大哉라 堯之爲君이여 惟天이 爲大어늘 惟堯則之하시니
공자왈대재　요지위군　　유천　위대　　유요칙지

蕩蕩乎民無能名焉이로다 君哉라 舜也여
탕탕호민무능명언　　　군재　순야

巍巍乎有天下而不與焉이라하시니
외외호유천하이불여언

堯舜之治天下豈無所用其心哉시리오마는 亦不用於耕耳시니라
요순지치천하기무소용기심재　　　　역불용어경이

　　공자께서 말씀하셨다. '위대하도다! 요임금께서 임금으로 하셨던 일
이! 오직 하늘이 위대하거늘 오직 요임금이 그 하늘을 법칙으로 삼으셨
구나! (요임금의) 그 덕이 광대하여 백성이 그 덕을 말로 형용하지 못하
네. 임금의 도리를 다하셨도다, 순임금이여! 그 덕이 높고 크셔서 천하의
권력을 잡았으나 자신의 (소유나) 즐거움으로 여기지 않으셨다!' 이런
요임금과 순임금께서 천하를 다스릴 때 그 마음을 쓰지 않는 곳이 있었
겠는가? (그렇지만) 이분들도 직접 농사짓는 일은 하지 않으셨다.

吾聞用夏變夷者요 未聞變於夷者也케라 陳良은 楚産也니
오문용하변이자　미문변어이자야　　진량　초산야

悅周公仲尼之道하여 北學於中國이어늘
열주공중니지도　　　북학어중국

北方之學者未能或之先也하니 彼所謂豪傑之士也라
북방지학자미능혹지선야　　　피소위호걸지사야

子之兄弟事之數十年이라가 師死而遂倍之온여
자지형제사지수십년　　　　사사이수배지

나는 중국의 (선진) 문화를 가지고 (미개한) 오랑캐를 변화시켰다는
말은 들었어도 오랑캐에 의해 중국이 변화되었다는 말은 듣지 못했다.
진량은 (남방의 미개한) 초나라 출신으로 주공과 공자의 도를 좋아하여
북쪽으로 중국에 와서 공부했다. 북방의 학자들도 혹 그보다 특출한 자
가 없었다. 그 사람 진량은 과연 호걸의 선비라고 칭송할만했다. (그는
오랑캐를 변화시켰다.) 그러나 그대 형제들은 수십 년 (그를) 섬기다가
스승이 죽으니 즉시 (그 스승을) 배반했구나. (그대 형제들은 오랑캐로
변모했구나.)

昔者에 孔子沒커시늘 三年之外에 門人이 治任將歸할새
석자 공자몰   삼년지외   문인   치임장귀

入揖於子貢하고 相嚮而哭하여 皆失聲然後에 歸어늘
입읍어자공   상향이곡   개실성연후   귀

子貢은 反築室於場하여 獨居三年然後에 歸하니라
자공   반축실어장   독거삼년연후   귀

他日에 子夏子張子游以有若似聖人이라하여 欲以所事孔子로
타일   자하자장자유이유약사성인   욕이소사공자

事之하여 彊曾子한대 曾子曰不可하니 江漢以濯之며
사지   강증자   증자왈불가   강한이탁지

秋陽以暴之라 皜皜乎不可尚已라하시니라
추양이폭지   호호호불가상이

(진상, 그대는 지극한 예법으로 스승을 섬긴 일에 대해 들어보지 못했
는가?) 옛날에 공자께서 돌아가시자 (스승을 위한 예법으로) 삼년상을
마친 다음에 문인들이 자리와 짐을 정리하고 고향으로 돌아가려고 (喪을

주관했던) 자공에게 들어가 절하고 떠나는 일을 고하며 서로 마주보고 통곡했다. 모두 슬퍼서 소리 내서 울기도 어려울 정도가 된 다음에야 귀향했다. 자공은 (아쉬운 마음에 차마 떠나지 못하고) 되돌아와 무덤 앞에 여막을 짓고 홀로 3년을 머문 뒤에 귀향했다. 어느 날 자하, 자장, 자유는 유약이 (그 말과 행실, 외모가) 성인과 흡사하다고 해서 공자를 섬기던 예법으로 섬기자고 했다. 증자에게도 그렇게 하자고 강요했다. 그러자 증자가 말하기를, '그럴 수 없다. (선생님의 덕은) 강수와 한수로 씻어주고 가을 햇볕에 쪼여서 너무나 깨끗하고 깨끗해서 (그것에 그 무엇을) 다시 더할 수 없다(그런 선생님의 덕을 유약이 흉내 낼 수 있는 바가 아니다. 누구도 대신할 수 없다).'라고 했다.

今也에 南蠻鴃舌之人이 非先王之道어늘 子倍子之師而學之하니
금 야   남 만 격 설 지 인   비 선 왕 지 도   자 배 자 지 사 이 학 지

亦異於曾子矣로다
역 이 어 증 자 의

이제 때까치 같이 시끄러운 소리로 지껄이는 남방의 미개한 자(허행)가 하는 말은 선왕의 도가 아닌데, 그대는 스승을 배반하고 (허행) 그런 자를 배우니 또한 (스승 공자를 지극히 존중했던) 증자와는 다른 것이다.

吾聞出於幽谷하여 遷于喬木者요 未聞下喬木而入於幽谷者케라
오 문 출 어 유 곡   천 우 교 목 자   미 문 하 교 목 이 입 어 유 곡 자

나는 '어둡고 깊은 골짜기에서 나와 높은 나무로 옮겨간다.'는 말을 들었지만, '높은 나무에서 내려와 어둡고 깊은 골짜기로 들어간다.'는 말

은 듣질 못했다.

魯頌에 曰戎狄是膺하니 荊舒是懲이라하니 周公이 方且膺之어시늘
로송   왈융적시응   형서시징   주공   방차응지

子是之學하니 亦爲不善變矣로다
자시지학   역위불선변의

『시경』「노송」에 이르기를, '(북방 오랑캐) 융과 적을 이에 물리치고 (남방의) 형과 서를 이에 다스렸다.'고 했다. 주공도 바야흐로 (오랑캐를) 몰아냈는데, 그대는 이들 허행을 배우니 (이는 오랑캐로 변모한 것이니) 또한 좋게 변하지 못한 것이다."

從許子之道則市賈不貳하여 國中이 無僞하여 雖使五尺之童으로
종허자지도즉시가불이   국중   무위   수사오척지동

適市라도 莫之或欺니 布帛長短이 同則賈相若하며
적시   막지혹기   포백장단   동즉가상약

麻縷絲絮輕重이 同則賈相若하며 五穀多寡同則賈相若하며
마루사서경중   동즉가상약   오곡다과동즉가상약

屨大小同則賈相若이니라
구대소동즉가상약

그러자 진상이 (반박하며) 말했다. "허자의 방식대로 하면 시장 물건에 두 가지 가격이 없게 됩니다. 나라 안에 속이는 것이 없어서 비록 (어려서 아무것도 모르는) 어린 아이를 시장에 심부름 보내도 누구도 속이지 못합니다. 베와 비단의 길이가 같으면 가격도 서로 같으며 삼과

삼실, 생사와 솜이 무게가 같으면 가격도 서로 같으며 오곡이 분량이 같으면 가격도 서로 같으며 신발도 크기가 같으면 가격도 서로 같습니다."

日夫物之不齊는 物之情也니 或相倍蓰하며 或相什伯하며
왈부물지불제　　물지정야　　혹상배사　　　혹상십백

或相千萬이어늘 子比而同之하니 是는 亂天下也로다
혹상천만　　　　자비이동지　　시　란천하야

巨屨小屨同賈면 人豈爲之哉리오 從許子之道면
거구소구동가　 인기위지재　　종허자지도

相率而爲僞者也니 惡能治國家리오
상솔이위위자야　 오능치국가

맹자가 말했다. "무릇 물건 품질이 고르지 않고 제각각인 것은 물건의 자연적인 실정이다. 그래서 품질에 따라 그 가격이 어떤 것은 두 배, 5배가 되고 혹 어떤 것은 서로 10배, 100배가 되고 혹 어떤 것은 천 배, 만 배가 된다. (그럼에도) 그대는 일률적으로 가격을 동일하게 두려고 하니 이렇게 하는 것은 천하를 어지럽히는 것이다. 크지만 조잡한 신발과 작지만 꼼꼼하게 만든 신발 가격이 동일하다면 어찌 사람들이 잘 만들려고 하겠는가? 허자의 도를 따르면 사람들을 서로 이끌어 (조잡한 물건을 만들게 하고) 거짓을 하도록 만드는 것이다. (이렇게 하면서) 어찌 나라를 다스릴 수 있겠는가?"

5. 墨者夷之因徐辟而求見孟子한대 孟子曰吾固願見이라니
　묵자이지인서벽이구견맹자　　맹자왈오고원견

今吾尚病이라 病愈어든 我且往見호리니 夷子는 不來니라[102]
금오상병　　　병유　　　아차왕견　　　이자　　　불래

(묵자를 따르는) 이지가 (맹자의 제자) 서벽에게 맹자를 뵙게 해달라고 부탁했다. 맹자가 말했다. "나도 진심으로 보기를 원하지만 지금 나는 병중에 있다. 병이 나으면 내가 장차 찾아가서 볼 것이니 이자(이지)는 오지 말라."

他日에 又求見孟子한대 孟子曰吾今則可以見矣어니와
타일　　우구견맹자　　　맹자왈오금즉가이견의

不直則道不見하나니 我且直之호리라 吾聞夷子는
부직즉도불현　　　　아차직지　　　오문이자

墨者라호니 墨之治喪也는 以薄爲其道也라
묵자　　　묵지치상야　　이박위기도야

夷子思以易天下하나니 豈以爲非是而不貴也리요
이자사이역천하　　　　기이위비시이불귀야

102 "夷子 不來"는 누가 한 말인가? 언해(관본언해와 율곡언해)에는 맹자의 말로 되어 있다. 그러나 조주에서는 '이날 이자는 맹자가 병중이라고 들었기에 오지 않았다.'("是日 夷子聞孟子病故 不來")고 되어 있다. 맹자의 말을 전해들은 이자는 오지 않았다는 해석이다. 이런 조주에 대한 추가적인 설명인 疏를 덧붙인 焦循은 또한 '(맹자가 말하기를) 내가 장차 가서 이자를 볼 것이니 이자는 오지 말라는 말'("言我將往見夷子夷子勿來也" 焦循 撰 『孟子注疏』 「孟子正義」)이라는 설명도 소개했다. 한편, 정약용은 이렇게 설명했다. '집 주에서 〈이자불래〉를 앞 절에 붙였고 우리나라 언해에서도 不來를 읽기를 오지 말라는 勿來로 읽었다. 내 생각으로는 조주가 자연스럽게 여겨진다.'("集註夷子不來屬上節 吾東 諺解 不來讀之如勿來 恐趙注平順")고 논평했다. 『口訣 孟子大全 上・下』(艮齋 口訣 影印 本), 이가원 『논어 맹자』(1976), 김경탁 『맹자 중용(1974년 재판), 차주환 『맹자』(1972년 3판), 이민수 『맹자』(1979), 장기근 『맹자』(1976), 이을호 『한글맹자』(1958)에서는 언해와 같이 '이자불래'를 맹자의 말로 해석하였다. 楊伯峻도 맹자가 한 말로 해석했다(『孟子譯 注』).

然而夷子葬其親이 厚하니 則是以所賤事親也로다
연 이 이 자 장 기 친　　후　　　즉 시 이 소 천 사 친 야

그 이후 어느 날 또 맹자를 뵙게 해달라고 요청했다. 맹자가 말했다. "내가 이제는 만나볼 수 있겠다. (묵자의 잘못을) 바로잡지 않으면 (유자의) 도가 드러나지 않으니, 내가 장차 (그 잘못을) 바로잡겠다. 내 듣자하니, 이자는 묵자라고 하는데, 묵자는 친상을 치룰 때 검소함을 그 도로 삼는다고 한다. 이자(이지)는 천하의 풍속을 (묵자의 방식으로) 바꾸기를 생각하는데 (그 방식이) 어찌 옳지 않다고 하거나 귀하지 않다고 하겠는가! 그런데 이자는 자신의 부모 장례를 후하게 치렀으니 곧 이것은 자신이 천하게 여기는 (유자의) 방식으로 부모를 섬긴 것이다."

徐子以告夷子한대 夷子曰儒者之道에 古之人이 若保赤子라하니
서 자 이 고 이 자　　이 자 왈 유 자 지 도　　고 지 인　　약 보 적 자

此言은 何謂也오 之則以爲愛無差等이요 施由親始라하노라
차 언　　하 위 야　　지 즉 이 위 애 무 차 등　　시 유 친 시

徐子以告孟子한대 孟子曰夫夷子는
서 자 이 고 맹 자　　맹 자 왈 부 이 자

信以爲人之親其兄之子爲若親其鄰之赤子乎아
신 이 위 인 지 친 기 형 지 자 위 약 친 기 린 지 적 자 호

彼有取爾也니 赤子匍匐將入井이 非赤子之罪也라
피 유 취 이 야　　적 자 포 복 장 입 정　　비 적 자 지 죄 야

且天之生物也使之一本이어늘 而夷子는 二本故也로다
차 천 지 생 물 야 사 지 일 본　　　이 이 자　　이 본 고 야

서자가 이자(이지)에게 이런 말을 전했다. 이자(이지)가 말했다. "유자의 도에 옛 사람이 '어린아이 보호하듯 하라!'고 하는데 이 말은 무슨 뜻인가? (이자) 내가 이해하기로는 사랑에는 차등이 없고 (다만) 사랑을 베풀기를 부모로부터 시작한다는 말이다. (내가 부모를 후하게 장사지낸 것도 이에 부합한다.)" 서자가 맹자에게 이런 말을 전했다. 맹자가 말했다. "저 이자(이지)는 정말로 사람들이 자기 형의 자식을 친애하기를 그 이웃의 아이를 친애하는 것과 동일하게 한다고 생각하는 것인가? (그가 인용한) 그 말은 다른 뜻으로 취한 바가 있으니, (아무것도 모르는) 어린아이가 엉금엉금 기어서 장차 우물에 빠지려는 것은 어린아이의 죄가 아니라는 말이다. 하늘이 생명을 낳으면서 하나의 근본이 있게 했다. (형의 자식을 사랑하는 마음을 확대하여 이웃집 아이까지 사랑하는 방식은 그 시작점인 근본이 하나인 것이다.) 그러나 이자(이지)는 (형의 자식과 이웃집 아이를 동등하게 보는 입장이면서 또한 사랑을 베푸는 차례는 부모로부터 시작한다고 하니 이것은) 두 개의 근본에 입각해 있는 것이다.[103]

---

[103] '하늘이 근본을 하나이게 한다는 말과 이지는 근본이 두 개라는 말은 각각 무슨 뜻인가? 집주에 이런 설명이 있다. '또 인물이 태어남에 있어서 반드시 각기 자기 부모라고 하는 근본에서 나오게 하였으니 두 개의 근본이란 있을 수 없다. 이것은 자연의 이치이며 하늘이 그렇게 만든 것이기 때문에 그 사랑이 근본에서 비롯하여 성립하고 그 근본에서 확대되어 점차 남에게 미치는 것이어서 (사랑을 베푸는 차례에 있어서는 자기와 타인 사이에는) 자연히 차등이 있다. 이제 만약 이지의 말대로 하면, 자기를 낳아준 부모와 지나가는 행인을 (그 근본에 있어서) 다름없이 보게 된다. 그러면서 다만 그 사랑을 베풂에 있어서만 순서가 이로부터 시작된다고 말하니, 근본이 두 개가 아니고 그 무엇이냐?'("且人物之生 必各本於父母而無二 乃自然之理 若天使之然也 故 其愛 由此立而推以及人 自有差等 今如夷子之言則是視其父母 本無異於路人 但其施之之序 姑自此始耳 非二本而何哉" 집주)

蓋上世에 嘗有不葬其親者러니 其親이 死커늘 則擧而委之於壑하고
개 상 세　　상 유 부 장 기 친 자　　기 친　　사　　즉 거 이 위 지 어 학

他日過之할새 狐狸食之하며 蠅蚋姑嘬之어늘 其顙有泚하여
타 일 과 지　　호 리 식 지　　승 예 고 최 지　　기 상 유 자

睨而不視하니 夫泚也는 非爲人泚라 中心이 達於面目이니
예 이 불 시　　부 자 야　　비 위 인 자　　중 심　　달 어 면 목

蓋歸하여[104] 反虆梩而掩之하니 掩之誠是也면
개 귀　　반 류 리 이 엄 지　　엄 지 성 시 야

則孝子仁人之掩其親이 亦必有道矣니라
즉 효 자 인 인 지 엄 기 친　　역 필 유 도 의

(근본이 하나라는 의미를 다시 설명해주겠다. 장사지내는 예법이 없던) 아주 오랜 옛날에 그 어버이를 매장하지 않는 자가 있었는데 그 어버이가 죽자 (어버이의 시신을) 들어서 계곡 구렁에 버렸다. 그 이후 어느 날 그곳을 지나다 보니 (어버이의 시신을) 여우와 살쾡이가 뜯어먹고 파리와 모기가 빨아먹고 있었다. 그는 이마에서 식은땀이 흘러서 흘겨볼 뿐 똑바로 보질 못했다. 식은땀을 흘린 것은 다른 사람의 시선을 의식해서가 아니다. 속마음이 얼굴에 드러난 것이다. 그는 황급히 돌아와 삼태기와 들것을 가지고 와서 흙으로 덮어주었다. 어버이 시신을 흙으로 덮은 것이 옳았다면 효자와 어진 사람이 그 어버이 시신을 흙으로

---

104 여기의 "歸"자에 대한 해석이 퇴계 이황과 사계 김장생이 다르다. 퇴계는 집으로 돌아간다는 뜻으로 사계는 시체가 있는 곳으로 돌아간다는 뜻으로 보았다. 「經書辨疑」에 나오는 두 분의 견해 차이는 또한 『原本辨疑 孟子集註』(高裕相 著作兼發行, 조선서적업조합 1921) 上 卷五 四三에 소개되어 있다. '퇴계는 말하기를 〈귀는 자기 집으로 돌아갔다는 것〉이라고 했고, 사계는 말하기를 〈귀는 혹 다시 시체가 있는 곳으로 되돌아가는 것은 아닌지〉라고 했다.'("退溪曰 歸歸其家也 沙溪曰 歸疑復歸屍處也")

덮는 것에는 또 반드시 (부모의 시신을 매장하는 올바른) 방법이 있는 것이다."

徐子以告夷子한대　夷子憮然爲間曰命之矣샷다[105]
서 자 이 고 이 자　　　이 자 무 연 위 간 왈 명 지 의

서자가 이자(이지)에게 말을 전했다. 이자(이지)가 한참 동안 망연히 말을 잇지 못하다가 말했다. "맹자께서 지(이지)를 가르치셨구나!"

---

[105] 주자는 "之"자를 이지의 이름으로 해석했다("朱子曰之字夷子名"『맹자집주대전』).

柱已兩直尋者是道之故曰枉道而後下勾云柱已、者人之對乎義

已勾枉道矣初非兩章後字似捐諸侯

景春章

閒此章以信重在妾婦之道勾亶言丈夫冠之事何以曰將言妾婦
先言丈夫而后妾婦之道乃明此以先言丈夫又況此章以因在於大夫之
坐婦趣在於妾婦乃乳戎女之文焉以此云

閒廣居正位大道集註敕之以仁為禮必義以仁何以為廣居之禮與義
為正位大道郭智之獨不言之何以且大道之道行其道之道二道字以
郭曰仁兑不色故曰廣兩居者其安宅同意義高理之當焉人以其由苟
道礼高節文儀則微此刘兑以立身之以當立者卲正位以智別是非於
義兑以不於此段只就行处説宜其不及於苟、兩道字非有二

등문공장구하

滕文公章句下

陶不□偽其子而以子而陶□親兄之子雖曰兄以己子而□己子彼不□

今以兄之子比陶人之子而有美□豈爲刻罰已亍之陰子才其以以摩

義等之非爲孟明矣

問命之而集註解之己教我以此子是孝之中而不言義如何曰己亍□

乘其好盖是不待人負笈面命而令何徐子以得聞爲某教誨哉

滕文公下

問孟子宗百專夜不斷伯行王勾陳代之必習聞其說而万以似剉以伯

何當曰陳代公孫丑爲雖曰送車於孟門而枉不戰國兩遊說不點自

(不利)之私故問難之離垂以此以何以親初不

內志士不忘在溝壑勇士不忘喪其元賢人是亍死不雖其

是言之而曰志士之不忘溝壑勇士之不忘喪元賢人是亍死不雖其

모두 10장이다. ① 지식인이 벼슬에 나아가는 자세, ② 인정(仁政), ③ 이단(異端)에 대해 논했다.

1. **陳代曰不見諸侯宜若小然하이다 今一見之하시면 大則以王이요**
   진 대 왈 불 견 제 후 의 약 소 연　　　금 일 견 지　　　대 즉 이 왕

   小則以霸니 且志에 曰枉尺而直尋이라하니 宜若可爲也로소이다
   소 즉 이 패　　차 지　왈 왕 척 이 직 심　　　의 약 가 위 야

(맹자의 제자) 진대가 말했다. "(선생님께서) 제후를 (먼저 찾아가서) 만나 보지 않으시니 작은 소신에 고집하는 것으로 여겨집니다. 이제 한 번 제후를 (먼저 찾아가서) 만나 보면 크게는 왕자(王者)의 위업을 이룩하고 적어도 힘으로 천하를 다스리는 제후의 위업이라도 이룩할 수 있습니다. 또 옛 기록에 이르기를 '한 재尺]를 굽혀 여덟 자를 편다.'고 했습니다. (선생님께서 먼저 찾아가서 만나보기를) 마땅히 시도해볼 만하다고 생각합니다. (선생님께서 먼저 제후를 설득하는 방법도 있지 않겠습니까?)"

'불견제후'(不見諸侯)는 (예법으로 초대하지 않는) 제후를 지식인이 먼저 찾아가지는 않는다는 말이다. 이 책『맹자』는 '예의를 갖추어 초대한 양혜왕을 맹자가 찾아가서 만나보는 장면'으로 시작한다는 점이 중요하다. 맹자가 제후를 '만나본다'[見]는 것은 새로운 정치에 대한 기대와 가능성이 있다는 의미다. 그런데 이제 맹자는 불견(不見)에 대해 말한다.

孟子曰昔에 齊景公이 田할새 招虞人以旌한대 不至어늘 將殺之러니
맹자왈석　　제경공　전　　초우인이정　　부지　　장살지

志士는 不忘在溝壑이요 勇士는 不忘喪其元이라하시니
지사　불망재구학　　용사　　불망상기원

孔子는 奚取焉고 取非其招不往也시니 如不待其招而往엔 何哉오
공자　해취언　취비기초불왕야　　여부대기초이왕　하재

맹자가 말했다. "옛날에 제나라 경공이 사냥할 때 (왕실 동산) 원유를
지키는 관리를 부를 때 (가죽 冠으로 불러야 하는데) 새의 깃을 단 깃대
[旌]로 불렀다. (경공이 예법을 지키지 않은 것이다.) 그러자 그는 오지
않았다. 제경공이 장차 그를 죽이려 했다. (공자께서 말씀하시기를) '지
사(志士)는 (소신을 지키다가) 그 몸이 구렁에 버려질 것을 잊지 않으며
용사(勇士)는 머리가 날아갈 순간을 잊지 않는다.'고 하셨다. 공자께서는
원유를 지키는 관리에게서 어떤 교훈을 취한 것일까? 부르는 방식이 (예
법과 신분에) 맞지 않으면 가지 않았던 그 태도를 취한 것이다. 부르기를
기다리지 않고 먼저 찾아간다니 어찌 그렇게 한다는 말이냐?[106]

且夫枉尺而直尋者는 以利言也니 如以利則枉尋直尺而利라도
차부왕척이직심자　　이리언야　　여이리즉왕심직척이리

亦可爲與아
역가위여

---

106 대부와 우인을 부를 때 사용하는 도구가 각각 다르다고 한다. '대부를 부를 때는 깃대
[旌]를 쓰고 우인을 부를 때는 (사냥할 때 쓰는) 가죽 관을 쓴다.'("招大夫以旌 招虞人以皮
冠" 집주)

또 한 자를 굽혀 여덟 자를 편다는 것은 이익의 관점에서 말하는 것이다. 만일 이익이 생긴다면 여덟 자를 굽혀 한 자를 펴는 (작은) 이익이라도 또한 하겠다는 것이냐?"

昔者에 趙簡子使王良으로 與嬖奚乘한대 終日而不獲一禽하고
석자 조간자사왕량   여폐해승   종일이불획일금

嬖奚反命曰天下之賤工也러이다 或이 以告王良한대
폐해반명왈천하지천공야   혹   이고왕량

良이 曰請復之호리라 彊而後可라하여늘 一朝而獲十禽하고
량   왈청부지   강이후가   일조이획십금

嬖奚反命曰天下之良工也러이다
폐해반명왈천하지량공야

簡子曰我使掌與女乘호리라하고 謂王良한대
간자왈아사장여여승   위왕량

良이 不可曰吾爲之範我馳驅호니 終日不獲一하고
량   불가왈오위지범아치구   종일불획일

爲之詭遇호니 一朝而獲十하니
위지궤우   일조이획십

詩云不失其馳어늘 舍矢如破라하니라
시운불실기치   사시여파

我는 不貫與小人乘호니 請辭라하니라
아   불관여소인승   청사

예전에 (진나라 대부) 조간자가 말을 잘 다루는 왕량에게 (그가 총애하는 신하) 폐해를 태우고 사냥하는 수레를 몰게 했다. (왕량이 법도에 맞게 수레를 몰았더니) 날이 저물도록 폐해는 짐승 한 마리도 잡지 못했다. 폐해가 조간자에게 '천하에 서툰 기술자입니다.'라고 보고했다. 어떤 사람이 왕량에게 그런 폐해의 말을 전해주었다. 왕량이 말했다. '다시 수레를 몰게 해달라고 요청하겠다.' (폐해는 원하지 않았지만) 억지로 간청해서 허락을 받고 다시 수레를 몰았는데 새벽부터 식사 때까지 (그 짧은 시간에) 짐승 열 마리를 잡았다. 폐해가 돌아와서는 '천하에 우수한 기술자입니다.'라고 보고했다. 그러자 조간자가 말했다. '내가 폐해 그대를 태우고 수레 모는 일을 왕량이 전담하도록 조치하겠다.' 그런 다음에 왕량에게도 말했다. 왕량은 싫다고 거절하며 말했다. '제가 법도대로 사냥하는 수레를 몰았더니 그는 날이 저물도록 한 마리도 잡지 못했습니다. 편법으로 짐승을 잘 마주치도록 수레를 막 몰았더니 아침나절에 열 마리나 잡았습니다. 『시경』에 이르기를, ((마부가) 말 달리는 법도를 잃지 않으니 (활 쏘는 사람이) 화살 쏘는 것이 마치 부수는 것 같도다!)라고 했습니다. 저는 소인을 태우고 마차를 모는 일에는 익숙하지 않습니다.' (왕량은 이렇게) 사양하면서 명을 거두기를 청했다.

御者且羞與射者比하여　比而得禽獸雖若丘陵이라도　弗爲也하니
어 자 차 수 여 사 자 비　　　비 이 득 금 수 수 약 구 릉　　　　불 위 야

如枉道而從彼엔　何也오　且子過矣로다　枉己者未有能直人者也니라
여 왕 도 이 종 피　　하 야　　차 자 과 의　　왕 기 자 미 유 능 직 인 자 야

수레를 모는 사람도 (법도를 어기며) 사수에게 아부하기를 부끄럽게 여겨서 아부하면서 (편법으로 수레를 몰아) 새와 짐승을 비록 언덕만큼 많이 잡더라도 (결코) 그렇게 하질 않는다. 만약 (내가 먼저) 도를 굽히고 저 (무례한) 제후를 (먼저 찾아가서 그의 명령을) 따른다면 어떻게

되겠는가? 또 그대의 생각은 잘못이다. 자기를 굽혀서 다른 사람을 바로 잡을 수 있었던 사람은 결코 있지 않았다."

2. 景春이 曰公孫衍張儀는 豈不誠大丈夫哉리오 一怒而諸侯懼하고
　　경춘　　왈공손연장의　　기불성대장부재　　일노이제후구

安居而天下熄하나니라
안거이천하식

　경춘이 말했다. "(위나라 사람으로서 구변이 좋은) 공손연과 장의는 어찌 참으로 대장부가 아니겠습니까? (이들이) 한번 노하자 (전쟁을 부추겨서) 제후들이 두려워했고 (이들이 변설을 하지 않고) 조용히 지내자 천하가 조용했습니다. (대장부라면 이 정도는 되어야 하지 않겠습니까?)"

孟子曰是焉得爲大丈夫乎리오 子未學禮乎아 丈夫之冠也에
맹자왈시언득위대장부호　　　자미학례호　　장부지관야

父命之하고 女子之嫁也에 母命之하나니 往에 送之門할새
부명지　　녀자지가야　　모명지　　　왕　　송지문

戒之曰往之女家하여 必敬必戒하여 無違夫子라하나니
계지왈왕지여가　　필경필계　　무위부자

以順爲正者는 妾婦之道也니라
이순위정자　　첩부지도야

　맹자가 말했다. "(세속적인 권세를 추종하는) 이들이 어찌 대장부이겠

습니까! 그대는 『예기』를 배우지 않았나요? 남자가 관례를 행할 때 아버지가 훈계합니다. 여자가 시집을 갈 때 어머니가 당부합니다. 시집가는데 문에서 딸을 보내며 경계의 말을 해주기를, '너의 시댁에 가서는 반드시 공경하고 반드시 조심하고 남편 말을 어기지 말라.'고 합니다. 다만 순종을 미덕으로 삼는 것은 첩부(妾婦)의 도입니다.[107]

居天下之廣居하며 立天下之正位하며 行天下之大道하여 得志하얀
거 천 하 지 광 거　　　　립 천 하 지 정 위　　　　행 천 하 지 대 도　　　　득 지

與民由之하고 不得志하얀 獨行其道하여 富貴不能淫하며
여 민 유 지　　　　부 득 지　　　　독 행 기 도　　　　부 귀 불 능 음

貧賤이 不能移하며 威武不能屈이 此之謂大丈夫니라
빈 천　　불 능 이　　　위 무 불 능 굴　　차 지 위 대 장 부

천하의 넓은 곳에 살며, 천하의 바른 자리에 서며, 천하의 큰 도를 행하여 뜻을 얻으면 (벼슬하여) 백성과 더불어 그 도를 펼치고, 뜻을 얻지 못하면 (재야에 은거하여) 홀로 자신이 간직한 도를 행합니다. 부귀가 그 마음을 혼란하게 하지 못하고, 빈천이 그 절개를 버리게 하지 못하고, 어떤 위압도 (그의 뜻을) 굽히게 할 수 없습니다. 이런 사람을 대장부라고 합니다."[108]

---

107 조주에 이런 설명이 있다. '공손연과 장의, 이제 이 두 사람은 임금에게 복종하고 순응하며 상황에 따라 합종연횡을 일삼았고, 바르게 보필하려는 정의로운 마음이 없었으니 어찌 대장부랴!'("今此二子 從君順指 行權合從 無輔弼之義 安得爲大丈夫也")
108 천하의 넓은 곳, 천하의 바른 자리, 천하의 대도는 무엇인가? 집주에서는 그것을 각각 인(仁), 예(禮), 의(義)라고 설명한다("廣居 仁也 正位 禮也 大道 義也").

3. 周霄問曰古之君子仕乎잇가 孟子曰仕니라
주소문왈고지군자사호　　맹자왈사

傳에 曰孔子三月無君則皇皇如也하사 出疆에 必載質라하고[109]
전　　왈공자삼월무군즉황황여야　　출강　필재지

公明儀曰古之人이 三月無君則弔라하니라
공명의왈고지인　삼월무군즉조

(위나라 사람) 주소가 질문했다. "옛날의 군자도 벼슬했습니까?" 맹자가 말했다. "벼슬했습니다. 옛 전적에 이르기를, '공자는 석 달이라도 섬길 임금이 없으면 조급해 하면서 다른 나라로 떠날 때 반드시 (만날 때 예물로 드릴) 폐백을 싣고 갔다.'고 했습니다. 또 공명의는 말하기를, '옛날 사람은 석 달 동안이라도 섬길 임금이 없으면 (가서) 조문했다.'고 했습니다."

三月無君則弔不以急乎잇가
삼월무군즉조불이급호

(주소가 질문했다.) "석 달 동안 (섬길) 임금이 없으면 조의를 표한다고 하는데 이것은 너무 심한 것 아닌가요?"

曰士之失位也猶諸侯之失國家也니 禮에 曰諸侯耕助하여
왈사지실위야유제후지실국가야　　례　　왈제후경조

---

109 "質"는 '贄'(예물 幣帛 지)자의 뜻으로 사용되었다. 『孟子譯注』(楊伯峻)에 "質"에 대한 注釋(주석 3)에 이런 설명이 있다. '質는 贄 또는 摯와 같은데 음은 지다. 고대에는 처음에 서로 볼 때 예물로 성의를 표시했다.'("質 同 贄 摯 音出 古代初相見 一定用一定的禮物來 表示誠意")

以供粢盛하고 夫人이 蠶繅하여 以爲衣服이라하니[110]
이 공 자 성　　부 인　　잠 소　　이 위 의 복

犧牲이 不成하며 粢盛이 不潔하며 衣服이 不備하면
희 생　불 성　　자 성　불 결　　의 복　불 비

不敢以祭하고 惟士無田則亦不祭하나니 牲殺器皿衣服이
불 감 이 제　　유 사 무 전 즉 역 부 제　　생 살 기 명 의 복

不備하여 不敢以祭則不敢以宴이니 亦不足弔乎아
불 비　　불 감 이 제 즉 불 감 이 연　　역 부 족 조 호

맹자가 말했다. "선비가 자리를 잃는 것은 제후가 국가를 잃는 것과 같습니다. 『예기』에 이르기를, '제후가 몸소 농기구를 가지고 밭을 일구어 기장과 피를 제기에 담아서 공급하고 (제후의) 부인이 (여인들과 함께) 누에를 치고 실을 만들어 제사에 입을 의복을 만든다.'고 했습니다. (제후가 나라를 잃어서) 제사에 쓸 짐승을 키우지 못하고 제사에 쓸 곡물도 정결하지 못하고 제사에 입을 의복도 갖추지 못하면 감히 제사를 지내지 못합니다. 선비가 (벼슬을 잃어서) 제사 비용으로 쓸 토지를 받은 것이 없으면 역시 제사를 지내지 못합니다. 죽여서 제사에 쓸 짐승과 제기와 제사에 입을 의복이 갖추어지지 못하여 감히 제사지내지 못하면 또한 (제사를 마감하는) 연회도 베풀지 못할 것이니, 이래도 (벼슬자리 없는 사람에게) 조의를 표하기에 부족한가요?

---

110 『예기』에서 인용한 부분이 어디까지인지 견해가 다를 수 있다. 내각장판과 같은 관본 언해에는 "이라하니"라고 하여 『예기』 인용 부분은 여기까지로 본 것으로 여겨진다. 그러나 楊伯峻, 성백효(2006), 이기동(2013)은 諸侯耕助부터 惟士無田則亦不祭까지를 『예기』 인용 부분으로 해석했다. 집주에 "又曰士 有田則祭 無田則薦"이라는 설명이 있어서 그렇게 볼 수도 있겠다.

出疆에 必載質는 何也잇고
출강　　필재지　　하야

(주소가 질문했다.) "(벼슬을 잃고) 국경을 떠날 때 반드시 폐백을 싣
는 이유는 무엇인가요?"

曰士之仕也猶農夫之耕也니 農夫豈爲出疆하여 舍其耒耜哉리오
왈 사 지 사 야 유 농 부 지 경 야　　농 부 기 위 출 강　　　사 기 뢰 사 재

曰晉國이 亦仕國也로대 未嘗聞仕如此其急호니 仕如此其急也인댄
왈 진 국　　역 사 국 야　　미 상 문 사 여 차 기 급　　　사 여 차 기 급 야

君子之難仕는 何也잇고 曰丈夫生而願爲之有室하며
군 자 지 난 사　　하 야　　왈 장 부 생 이 원 위 지 유 실

女子生而願爲之有家는 父母之心이라 人皆有之언마는
녀 자 생 이 원 위 지 유 가　　부 모 지 심　　　인 개 유 지

不待父母之命과 媒妁之言하고 鑽穴隙相窺하며
부 대 부 모 지 명　　매 작 지 언　　　찬 혈 극 상 규

踰牆相從하면 則父母國人이 皆賤之하나니 古之人이
유 장 상 종　　　즉 부 모 국 인　　개 천 지　　　　고 지 인

未嘗不欲仕也언마는 又惡不由其道하니 不由其道而往者는
미 상 불 욕 사 야　　　우 오 불 유 기 도　　　불 유 기 도 이 왕 자

與鑽穴隙之類也니라
여 찬 혈 극 지 류 야

맹자가 말했다. "선비가 벼슬하는 것은 농부가 농사짓는 것과 같습니
다. 농부가 다른 나라로 떠나는데 어찌 그 쟁기를 버려두겠습니까?" 주

소가 말했다. "(위나라는 원래 진나라입니다. 그래서 나도 진나라 사람
인데) 진나라 또한 벼슬할 만했습니다. 그렇지만 벼슬하는 것이 이렇듯
이 급하다는 말은 일찍이 들어보지 못했습니다. 벼슬하는 것이 이렇듯
이 급하다면서 또 한편으론 군자(맹자)가 벼슬하기를 어렵게 여기면서
신중히 처신함은 또 무슨 이유입니까?" 맹자가 말했다. "사내가 태어나
면 그를 위해 아내를 갖게 해주려고 하고 여자가 태어나면 그녀를 위해
남편과 가정을 꾸밀 수 있게 해주려는 것이 부모의 마음입니다. 사람이
모두 이런 (부모의) 마음을 갖고 있습니다. 그런데 부모의 말이나 매파
의 중매를 기다리지 않고 구멍을 뚫고 틈을 만들어 미리 서로 엿보고
담장을 넘어가서 몰래 서로 만나면 곧 부모와 나라사람들이 모두 천하게
여깁니다. 옛날 사람이라고 해서 벼슬하고 싶은 마음이 없었던 것은 아
니지만 또한 한편으로 그 법도와 절차를 따르지 않는 것은 미워했습니다.
그 법도와 예법을 따르지 않고 (자신을 굽히고 제후를) 먼저 찾아가는
것은 (남녀가) 구멍을 뚫고 틈으로 서로 엿보는 것과 같은 부류입니다."

4. 彭更이 問曰後車數十乘과 從者數百人으로
   팽 갱   문 왈 후 거 수 십 승   종 자 수 백 인

以傳食於諸侯不以泰乎잇가 孟子曰非其道則一簞食라도
이 전 식 어 제 후 불 이 태 호   맹 자 왈 비 기 도 즉 일 단 사

不可受於人이어니와 如其道則舜이 受堯之天下하사대
불 가 수 어 인   여 기 도 즉 순   수 요 지 천 하

不以爲泰하시니 子以爲泰乎아
불 이 위 태   자 이 위 태 호

(맹자의 제자) 팽갱이 질문했다. "수레 수십 대를 뒤따르게 하고 뒤따르는 사람 수백 명을 대동하고 제후를 찾아다니며 그들에게서 숙소와 식사를 제공받는 것은 너무 과도하지 않습니까?" 맹자가 말했다. "그 도가 아니면 밥 한 그릇도 다른 사람에게서 받지 못하네. 그렇지만 만약 바른 도라면 순은 요의 천하를 받는 것도 과도하다고 여기지 않았네. 자네는 과도하다고 여기는가?"

曰否라 士無事而食이[111] 不可也니이다
왈부　사무사이식　　불가야

팽갱이 말했다. "아닙니다. (요순을 말하는 것이 아니라 지금처럼) 선비가 일이 없이 먹는 것이 불가하다고 생각했을 따름입니다."

曰子不通功易事하여[112] 以羨補不足이면 則農有餘粟하며
왈자불통공역사　　　　이연보부족　　　즉농유여속

女有餘布어니와 子如通之면 則梓匠輪輿皆得食於子하리니
녀유여포　　　자여통지　　즉재장륜여개득식어자

於此有人焉하니 入則孝하고 出則悌하여 守先王之道하여
어차유인언　　　입즉효　　　출즉제　　　수선왕지도

以待後之學者호대 而不得食於子하나니
이대후지학자　　　이부득식어자

---

111 "食"의 한자음이 『맹자언해』(1590년 교정청간행 도산서원소장본; 내각장판; 율곡언해), 『유교경전언역총서 맹자』(1923)에 "식"으로 되어 있다.
112 '통공역사(通功易事)는 직역하면 사람의 공로를 통하게 해서[만든 물건을 유통하게 해서] 그 일을 서로 바꾼다는 것인데, 현대적으로는 분업(分業)과 무역(貿易)의 의미다.

子何尊梓匠輪輿而輕爲仁義者哉오
자 하 존 재 장 륜 여 이 경 위 인 의 자 재

    맹자가 말했다. "그대가 사람들이 생산한 물자를 소통시켜서 각자 생산한 물건을 서로 바꾸어 쓰게 해주고 남는 것을 가지고 부족한 것을 보충해주지 않는다면 농부에게는 남아도는 곡식이 있고 여자에게는 남아도는 옷감이 있게 될 것이다. 그러나 만약 그대가 물자 소통을 원활하게 해주면 목수와 수레 만드는 기술자가 그대의 이런 노력 덕분에 식량을 얻게 될 것이다. (이단이 횡행하는 어지러운 이 시대에) 여기에 어떤 사람이 있어서 안에서 효도하고 밖에 나와서 공손하고 선왕의 도를 지키며 후대의 학자들을 기르지만 (그런 가치를 제대로 평가하지 않는) 그대에게서 식량을 얻지 못하는 상황을 설정해보자. 그대는 어찌 목수와 수레 만드는 기술자는 존중하면서 인의를 하는 자는 가볍게 여기는가?"

曰梓匠輪輿는 其志將以求食也어니와 君子之爲道也도
왈 재 장 륜 여   기 지 장 이 구 식 야   군 자 지 위 도 야

其志亦將以求食與잇가 曰子何以其志爲哉오 其有功於子에
기 지 역 장 이 구 식 여   왈 자 하 이 기 지 위 재   기 유 공 어 자

可食而食之矣니 且子는 食志乎아 食功乎아 曰食志니이다
가 사 이 사 지 의   차 자   사 지 호   사 공 호   왈 사 지

    팽갱이 말했다. "목수와 수레 만드는 기술자는 그 뜻이 장차 먹을 것을 구하는 것이지만, (선왕의 도를 지키고 후학을 기다려 교육하겠다는) 군자가 그런 (고상한) 일을 행하는 그 뜻이 역시 (목공과 수레 만드는 사람처럼) 장차 먹을 것을 구하겠다는 것인가요?" 맹자가 말했다. "자네

는 어찌 그 뜻에 신경을 쓰는가? 그들이 자네에게 그에 합당한 공로가 있으면 먹게 해주는 것이다. 또 그대는 그들의 뜻을 보고 먹게 하는가? 아니면 그들의 공로를 보고 먹게 하는가?" 팽갱이 말했다. "그들의 뜻을 보고 먹게 합니다."

日有人於此하니 毁瓦畫墁이요 其志將以求食也則子食之乎아 曰否라
왈유인어차　　　훼와획만　　　기지장이구식야즉자사지호　　왈부

曰然則子非食志也라 食功也로다
왈연즉자비사지야　　사공야

맹자가 말했다. "여기에 일하는 사람이 있는데 (오히려 일을 망쳐서) 기와를 훼손하고 담장 벽을 더럽혀도 그의 뜻이 장차 먹을 것을 구하는 것이라고 하면 그대는 그를 먹게 해주는가?" 팽갱이 말했다. "아닙니다." 맹자가 말했다. "그렇다면 그대는 뜻을 보고 먹게 하는 것이 아니라 공로를 보고 먹게 해주는 것이다."

5. 萬章이 問曰宋은 小國也라 今에 將行王政하나니
　　만장　문왈송　　소국야　　금　　장행왕정

齊楚惡而伐之則如之何니잇고
제초오이벌지즉여지하

(맹자의 제자) 만장이 질문했다. "송나라는 작은 나라입니다. 이제 왕도정치를 하려고 하는데 (강대국) 제나라와 초나라가 미워하여 공격한다면 어찌해야 합니까?"

孟子曰湯이 居亳하실새 與葛爲鄰이러시니 葛伯이 放而不祀어늘
맹자왈탕　　거박　　　　여갈위린　　　　　　갈백　　방이불사

湯이 使人問之曰何爲不祀오 曰無以供犧牲也로이다 湯이
탕　　사인문지왈하위불사　　왈무이공희생야　　　　탕

使遺之牛羊하신대 葛伯이 食之하고 又不以祀어늘
사유지우양　　　　갈백　　식지　　　우불이사

湯이 又使人問之曰何爲不祀오 曰無以供粢盛也로이다
탕　　우사인문지왈하위불사　　왈무이공자성야

湯이 使亳衆으로 徃爲之耕이어시늘 老弱이 饋食러니
탕　　사박중　　　왕위지경　　　　로약　　궤사

葛伯이 帥其民하여 要其有酒食黍稻者하여 奪之호대
갈백　　솔기민　　　요기유주사서도자　　　탈지

不授者를 殺之하더니 有童子以黍肉餉이어늘 殺而奪之하니
불수자　　살지　　　　유동자이서육향　　　　살이탈지

書에 曰葛伯이 仇餉이라하니 此之謂也니라
서　　왈갈백　　구향　　　　　차지위야

　맹자가 말했다. "탕왕이 박에 있을 때 갈나라와 이웃이 되었다. 갈백이 방종 무도하여 조상에게 제사를 지내지 않았다. 탕왕이 사람을 보내 갈백에게 '왜 제사를 지내지 않는가?'라고 물었다. 그러자 갈백이 말했다. '제사에 제물로 올릴 짐승이 없어서 그렇다.' 탕왕은 소와 양을 보내주었다. 갈백이 먹고 또 제사를 지내지 않았다. 탕왕이 또 사람을 보내 묻기를 '왜 제사를 지내지 않는가?'라고 했다. 갈백이 말했다. '제사에 올릴 곡식이 없어서 그렇다.' 탕왕은 박의 사람들에게 가서 그들을 위해 경작해주라고 했더니 노약자들은 (일하는 사람들에게) 먹을 것을 날랐

다. 그러자 갈백이 자기 백성을 이끌고 와서 그 술과 밥, 기장과 쌀 있는 자를 가로막고 약탈했는데 주지 않는 사람은 살해했다. 어린 아이가 기장밥과 고기를 날라다 주었는데 살해하고 약탈했다. 『서경』에 '갈백이 (자기 백성에게) 밥을 가져다 준 사람들을 죽여서 원수로 삼았다.'고 했는데, 이를 두고 하는 말이다."

爲其殺是童子而征之하신대　四海之內皆曰非富天下也라
위 기 살 시 동 자 이 정 지　　　사 해 지 내 개 왈 비 부 천 하 야

爲匹夫匹婦하여　復讐也라하니라
위 필 부 필 부　　　복 수 야

이 아이를 죽인 그 짓을 이유로 갈백의 죄를 바로 잡았는데 사해 안의 백성이 모두 말하기를, '천하를 소유해서 부자가 되려는 것이 아니라 평범한 남자 평범한 여자를 위하여 복수한 것이다.'라고 했다.

湯이　始征을　自葛로　載하사　十一征而無敵於天下하니　東面而征에
탕　　시 정　　자 갈　　재　　십 일 정 이 무 적 어 천 하　　　동 면 이 정

西夷怨하며　南面而征에　北狄이　怨하여　曰奚爲後我오하여
서 이 원　　　남 면 이 정　　북 적　　원　　　왈 해 위 후 아

民之望之若大旱之望雨也하여　歸市者弗止하며　芸者不變이어늘
민 지 망 지 약 대 한 지 망 우 야　　　귀 시 자 부 지　　　운 자 불 변

誅其君吊其民하신대　如時雨降이라　民이　大悅하니
주 기 군 조 기 민　　　여 시 우 강　　민　　대 열

書에　曰徯我后하노소니　后來하시면　其無罰아하니라
서　　왈 혜 아 후　　　　후 래　　　기 무 벌

탕임금이 첫 정벌을 갈나라에서 시작했다. 11개 나라를 쳤어도 천하에 대적할 상대가 없었다. 동쪽으로 치면 서쪽 오랑캐가 원망하고 남쪽으로 치면 북쪽 오랑캐가 원망하며 말하기를, '어찌 우리를 나중에 치는가!'라고 했다. 백성이 탕임금을 기다리는 것이 마치 오랜 가뭄에 비를 갈구하는 것 같아서 시장으로 돌아가는 자는 평소와 같이 상거래를 멈추지 않았고 김매는 자는 변함없이 밭에서 일했다. 그들의 포악한 임금을 죽여서 그동안 고생했던 백성을 위로하니 마치 때에 맞게 내리는 비 같아서 백성이 크게 기뻐했다. 『서경』에 이르기를, '우리 임금을 기다리는데 임금이 오시면 (과거에 폭군이 자행했던) 그런 형벌은 없겠지!'라고 했다.

有攸不爲臣이어늘[113] 東征하사 綏厥士女하신대[114] 匪厥玄黃하여
유유불위신   동정   유궐사녀   비궐현황

---

113 '有攸不爲臣'(유유불위신)은 주(紂)의 악행을 돕다가 주(周)나라의 신민이 되지 않은 자('有所不爲臣 謂助紂爲惡而不爲周臣者' 집주)라는 설명이 있다. 여기의 "爲"자가 조주본에는 "惟"자로 되어 있다. 집주를 따르는 판본은 "爲", 조주본은 "惟"를 쓰고 있다. 『孟子譯注』(楊伯峻)에도 '爲'자가 '惟'자로 되어 있는데 그 注釋(주석 9)에 '惟는 爲다'("惟 爲也")라는 설명이 있다. 여기서 '有攸不爲臣'의 '攸'자를 '所'자로 보는 것은 집주("有所不爲臣")를 따르는 것이다. 그런데 楊伯峻은 '攸'자를 '所'자로 보는 것은 오류인 듯하다고 하면서 나라 이름 '攸國'이라고 주장했다(注釋 8 "有攸 舊注把 攸字當所解 恐誤 根據甲文和晩商金文都有攸國之名 故譯文作攸國"). 그러면 '攸國(유국)이 신하가 되려고 하지 않아'로 해석된다. 아래에 나오는 '侵于之疆'과 '則取于殘'의 '于'도 나라 이름이라고 그는 주장한다(注釋 14 于 "這兩個 于字都是國名").
114 "綏"의 한자음은 '유'인데, 교정청 간행 도산서원 소장본 『맹자언해』(1590)에는 "슈"로 되어 있다.

紹我周王見休하여 惟臣附于大邑周하니 其君子는 實玄黃于匪하여[115]
소 아 주 왕 견 휴　　　유 신 부 우 대 읍 주　　　기 군 자　　실 현 황 우 비

以迎其君子하고 其小人은 簞食壺漿으로 以迎其小人하니
이 영 기 군 자 하 고　기 소 인　　단 사 호 장　　이 영 기 소 인

救民於水火之中하여 取其殘而已矣니라
구 민 어 수 화 지 중　　　취 기 잔 이 이 의

(폭군 紂를 추종하여 周나라 무왕의) 신민(臣民)이 되지 않으려는 자들이 있어서 (무왕은) 동쪽으로 은나라를 정벌하여 그들 사내들과 부녀자들을 편안하게 해주자 상자에 그들의 검고 누런 비단을 담고 와서 말하기를 〈우리 주(周)나라 임금을 섬기면서 (무왕이 하늘의 명령을 바르게 실행하는 바와 같은) 그 아름다움을 보아 대읍 주(周)나라로 돌아와 신하로 복종합니다.〉라고 하였다. (紂의 폭정에 시달리던 은나라의) 그 신하들은 검고 누런 비단을 상자에 담아 주나라 장수를 환영하고 (紂의 폭정에 시달리던 은나라의) 그 백성은 대나무 그릇에 밥을 담고 단지에 마실 것을 담아서 주나라 군사들을 노상에서 환영했다. 이렇게 물과 불과 같은 폭정에서 백성을 구하고 백성을 괴롭히던 그 잔학한 자들을 제거했던 것이다.

---

[115] "實玄黃于匪"(실현황우비)에서 "玄黃"은 『白首文(백수문: 『천자문』)』처음에 나오는 '천지현황'(天地玄黃)을 생각하게 한다. 『고종실록』에는 백성이 검고 누런 비단을 광주리에 담아 바친 것은 주나라 왕周王이 하늘과 땅과 같은 덕을 가지고 있음을 나타낸 것이라는 설명이 있다.(고종6년 11월 25일, 고종이 신하들과 『맹자』를 공부하는 장면). 『四書釋義』(저자 및 필사자 미상 필사본)에도 그런 설명이 있다. '주나라 왕의 덕이 천지와 같기 때문에 폐물로 검고 누런 것을 썼다.'("周王之德如天地 故幣用黃玄")

太誓에 曰我武를 惟揚하여 侵于之疆하여 則取于殘하여
태서　왈아무　유양　　침우지강　　즉취우잔

殺伐用張하니 于湯에 有光이라하니라
살벌용장　　우탕　유광

(『서경』) 「태서」에 이르기를, '우리 무왕이 위무(威武)을 떨쳐서 (은나라 폭군 紂의) 영토의 경계를 공격하여 곧 잔학한 자를 잡아들여서 죽여 토벌해 공을 크게 떨치니 (하나라 폭군 걸을 정벌했던) 탕왕에게 비교해도 더욱 빛이 나는 것이다.'고 했다.

不行王政云爾언정 苟行王政이면 四海之內皆擧首而望之하여
불행왕정운이　　　구행왕정　　사해지내개거수이망지

欲以爲君하리니 齊楚雖大나 何畏焉이리오
욕이위군　　　제초수대　하외언

왕정(王政)을 행하지 않으니 (제나라와 초나라가 공격할 것이라는) 그런 말이 있는 것이다. 이제 진실로 왕정을 행하면 사해 안의 백성이 모두 머리를 들고서 그를 바라보며 임금으로 삼고자 할 것이다. 이러면 제나라와 초나라가 비록 강대국이나 무엇을 두려워하겠는가!"[116]

---

116 '맹자의 충고에도 불구하고 송나라는 왕도정치를 행하지 않아 결국 제나라에 의해 멸망되었다. 송나라 왕 언은 폭정을 일삼다가 죽임을 당했다.'("宋 實不能行王政 後果爲齊 所滅 王偃 走死" 집주)

6. 孟子謂戴不勝曰子欲子之王之善與아 我明告子호리라
　　맹자위대불승왈자욕자지왕지선여　　아명고자

　　有楚大夫於此하니 欲其子之齊語也則使齊人傅諸아 使楚人傅諸아
　　유초대부어차　　욕기자지제어야즉사제인부저　　사초인부저

　　曰使齊人傅之니라 曰一齊人이 傅之어든 衆楚人이 咻之면
　　왈사제인부지　　왈일제인　부지　　　중초인　　휴지

　　雖日撻而求其齊也라도 不可得矣어니와
　　수일달이구기제야　　　불가득의

　　引而置之莊嶽之間數年이면 雖日撻而求其楚라도 亦不可得矣리라
　　인이치지장악지간수년　　수일달이구기초　　역불가득의

　　맹자가 (송나라 신하) 대불승에게 말했다. "그대는 그대의 (송나라)
　　왕의 선정을 기대합니까? 내가 그대에게 분명하게 알려주겠소. 여기에
　　초나라 대부가 있다고 합시다. 그의 자식이 제나라 말을 배우기를 바란
　　다면 제나라 사람에게 가르치게 하겠습니까? 초나라 사람에게 가르치게
　　하겠습니까?" 대불승이 대답했다. "제나라 사람에게 가르치게 하겠습니
　　다." 맹자가 말했다. "한 명의 제나라 사람이 가르치는데 그 주위의 초나
　　라 사람 여럿이 초나라 말로 시끄럽게 떠들면 비록 날마다 종아리를 때
　　리면서 제나라 말을 하도록 강요해도 못할 것입니다. 그러나 그의 자식
　　을 (제나라의 번잡한) 장이나 악의 저자 거리에 수년간 둔다면 비록 종
　　아리를 날마다 때리며 초나라 말을 하라고 강요해도 또한 그렇게 할 수
　　없을 것입니다.

　　子謂薛居州를 善士也라하여 使之居於王所하나니
　　자위설거주　　선사야　　　사지거어왕소

在於王所者長幼卑尊이 皆薛居州也면 王誰與爲不善이며
재어 왕소 자 장유 비 존　개 설 거 주 야　왕 수 여 위 불 선

在王所者長幼卑尊이 皆非薛居州也면 王誰與爲善이리오
재 왕 소 자 장 유 비 존　개 비 설 거 주 야　왕 수 여 위 선

一薛居州獨如宋王에 何리오
일 설 거 주 독 여 송 왕　하

그대는 (송나라 신하) 설거주를 선한 선비라고 해서 그를 왕의 지근거리에 있게 했습니다. 왕의 지근거리에 있는 자들이 나이가 많거나 적거나 존귀하거나 천하거나 모두 설거주라면 왕이 누구와 더불어 선하지 않은 정치를 하겠습니까? 왕의 지근거리에 있는 자들이 나이가 많거나 적거나 직위가 높거나 낮거나 모두 설거주가 아니라면 왕이 누구와 더불어 선정을 하겠습니까? 한 명의 설거주가 송나라 왕을 상대한다면 무슨 영향을 미치겠습니까?"

7. 公孫丑問曰不見諸侯何義잇고 孟子曰古者에 不爲臣하여는
　공 손 추 문 왈 불 견 제 후 하 의　맹 자 왈 고 자　불 위 신

不見하더니라
불 견

공손추가 질문했다. "제후를 (먼저 찾아가서) 만나보지 않는 것은 어떤 의미[의리]입니까?" 맹자가 말했다. "옛날에는 (그 나라에서 벼슬하는) 신하가 되지 않고서는 (그 나라의) 제후를 (먼저 찾아가서) 만나보지 않았다.

段干木은[117] 踰垣而辟之하고 泄柳는 閉門而不內하니[118] 是皆已甚하니
단 간 목　　　유 원 이 피 지　　　설 류　　　폐 문 이 불 납　　　시 개 이 심

迫이어든 斯可以見矣니라
박　　　　　사 가 이 견 의

(신하가 아닌 사람들의 처신에 대해 말해주겠다. 위나라) 단간목은
(임금이 찾아오자) 담을 넘어서 (찾아온 임금을) 피했고 (노나라) 설류는
문을 잠그고 (목공을) 들이지 않았다. 이 모두 너무 심하게 한 것이다.
(예의를 갖추고) 절박하게 요청하면 이에 만나볼 수 있는 것이다.

陽貨欲見孔子而惡無禮하여 大夫有賜於士어든 不得受於其家면
양 화 욕 현 공 자 이 오 무 례　　　대 부 유 사 어 사　　　부 득 수 어 기 가

則往拜其門일새 陽貨矙孔子之亡也而饋孔子蒸豚한대
즉 왕 배 기 문　　　양 화 감 공 자 지 무 야 이 궤 공 자 증 돈

孔子亦矙其亡也而往拜之하시니 當是時하여 陽貨先이면
공 자 역 감 기 무 야 이 왕 배 지　　　당 시 시　　　양 화 선

豈得不見이시리오
기 득 불 견

(노나라 계씨의 가신) 양화가 공자를 (찾아오게 해서) 만나보려 했으

나 (그렇게 했다가는) 무례하다는 평판은 듣기 싫었다. 대부가 사(士)에게 하사한 것이 있으면 사(士)는 그 집에서 직접 받지 못했으면 찾아가 (대부의 집) 그 문에 인사하는 예법이 있다. 양화는 공자가 집에 없는 틈을 엿보다가 그런 때에 공자에게 삶은 돼지고기를 보냈다. 공자 또한 그가 없을 때 가서 답례했다. 바로 이러한 때에 양화가 먼저 (적절한 예의로) 했다면 어찌 만나보지 않았겠는가?

曾子曰脅肩諂笑는 病于夏畦라하며[119] 子路曰未同而言을
증 자 왈 협 견 첨 소　　 병 우 하 규(畦)　　　 자 로 왈 미 동 이 언

觀其色컨댄 赧赧然이라 非由之所知也라하니
관 기 색　　 난 난 연　　 비 유 지 소 지 야

由是觀之則君子之所養을 可知已矣니라
유 시 관 지 즉 군 자 지 소 양　　 가 지 이 의

증자는 말하기를, '(아첨하려고) 어깨를 움츠리고 억지로 웃는 것은 여름날 땡볕아래 밭고랑에서 김매는 고생보다 힘들다.'고 했다. 자로는 말하기를, '추구하는 것이 다른데 동의하는 것처럼 말하는 사람의 표정을 보면 부끄러워서 붉게 되어 있다. 이런 자들은 자로가 결코 상대하지 않는다.'고 했다. 이런 관점에서 본다면 (증자와 자로와 같은) 군자가 평소에 기르는 바가 무엇인지를 알 수 있다."[120]

---

119 "畦"자는 『맹자언해』(1590년 교정청간행 도산서원 소장본; 내각장판; 임술계춘 영영중간; 율곡언해)에 "규"로 되어 있다. 『전운옥편』(1790), 『신자전』(1915)에는 "휴"로 되어 있으나 『현토석자구해 집주맹자』(대창서원, 1913)와 『유교경전언역총서 맹자』(1923)와 같이 여전히 "규"로 쓰는 경우가 있다. 현대적인 사전인 『한한대사전』(단국대학교 출판부, 1999)에 "휴"로 되어 있고, 최근에는 주로 "휴"로 쓰는 경향이다.
120 그렇다면 군자는 공직에 대한 요청이 있을 때 어떻게 처신해야 하는가? 어느 정도로

8. 戴盈之曰什一과 去關市之征을 今茲未能이란대 請輕之하여
대 영 지 왈 십 일　　거 관 시 지 정　　금 자 미 능　　　　청 경 지

以待來年然後에 已호대 何如하니잇고
이 대 래 년 연 후　 에　 이　　 하 여

(송나라 대부) 대영지(대불승)가 말했다. "토지 세율을 십분의 일(1/10)로 하는 것과 세관에서 부과하는 세금과 상인에게 부과하는 세금을 폐지하는 것은 금년에는 시행할 수 없겠습니다. 우선 경감해주면서 내년까지 유지한 다음에 그만두려고 합니다. 어떻습니까?"

孟子曰今有人이 日攘其鄰之雞者어든 或이
맹 자 왈 금 유 인　 일 양 기 린 지 계 자　　　혹

초빙의 예법을 기대해야 하는가? 집주에 그에 관한 설명이 있다. '이 장은 성인의 예법과 원칙이 적절함을 말한 것이다. 그런 원칙이 너무 빡빡하면 박절하여 관용성이 훼손되고 그 원칙이 느슨하면 더러운 데에 빠져들어 치욕을 당한다.'("此章 言聖人禮義之中正 過之者 傷於迫切而不洪 不及者 淪於汚賤而可恥" 집주). 그런데 위 집주에서 '치욕을 당한다'는 "可恥"가 내각장판에는 '그것을 수치로 여기지 않는다'는 뜻의 "不恥"로 되어 있다. 내각장판의 "不恥"를 오자(誤字)로 볼 수도 있지만, 이것에 대해 둘 다 가능한 것으로 볼 수 있다. 『한문대계』나 『四書章句集注』(中華書局, 1983)의 朱注에 "可恥"로 되어있고, 『맹자집주대전』소주의 경원보씨의 설명에 "淪於汚賤而可恥"라는 부분이 있다. 그래서 '可恥'가 맞는 것으로 보는 경향이 있다. 그렇지만 1909년에 간행된 『孟子集註』(東洋書院)과 1914년에 간행된 『비지구해 맹자집주』(신구서림), 1921년에 간행된 『原本辨疑 孟子集註 上下』(朝鮮書籍業組合)에는 "不治"로 되어 있다. 이것에 대해 내각장판의 오자를 그대로 답습했다고 보는 것은 곤란하겠다. '可恥'나 '不恥'에 대해 각각 일리가 있다고 보는 다음의 설명이 참고가 된다. '不恥가 어떤 판본에는 可恥로 되어 있다. 소주에 보씨의 설 또한 可恥의 의미다. 이제 보니 可자가 不자 보다 나아 보인다. 그렇지만 不자 역시 좋으니 집주의 설은 주로 불급자를 염두에 두고 말한 것이니 이런 불급자는 더러운데 빠져들어도 그것을 수치로 여기지 않는다는 말이다… 두 개의 설이 각각 주장하는 바가 있으니 병폐가 되지는 않을 것으로 생각된다.'("按不恥 一本作可恥 小註輔氏說亦以爲可恥 今觀可字似勝於不字 然不字亦好 蓋集註之說 主不及者而言也 謂此不及者 淪於汚賤而不以爲恥也.… 兩說各有所主 恐不爲病 『厚齋集』「箚記」孟子)

告之曰是非君子之道라한대
고 지 왈 시 비 군 자 지 도

曰請損之하여　月攘一雞하여　以待來年然後에　已로다
왈 청 손 지　　月 양 일 계　　이 대 래 년 연 후　　이

맹자가 말했다. "이제 날마다 그 이웃의 닭을 훔치는 자가 있었는데, 누군가가 말하기를 '이런 짓은 군자의 도가 아니다.'라고 했습니다. 그러자 그가 말하기를, '그러면 그 숫자를 줄여서 달마다 닭 한 마리씩 훔치면서 내년까지 그렇게 하다가 그만두겠다.'라고 했습니다.

如知其非義인댄　斯速已矣니　何待來年이리오
여 지 기 비 의　　사 속 이 의　　하 대 래 년

만약 옳지 않음을 안다면 즉시 신속하게 그만두어야지 어찌 내년을 기다립니까?"

9. 公都子曰外人이　皆稱夫子好辯하나니　敢問何也잇고
　　공 도 자 왈 외 인　　개 칭 부 자 호 변　　　감 문 하 야

孟子曰予豈好辯哉리오　予不得已也로라
맹 자 왈 여 기 호 변 재　　여 부 득 이 야

天下之生이　久矣라　一治一亂이니라
천 하 지 생　　구 의　　일 치 일 란

공도자가 말했다. "세상 사람들이 모두 말하는데, 선생님은 논쟁을 즐

긴다고 합니다. 왜 그러신지 감히 여쭙겠습니다." 맹자가 말했다. "내가 어찌 논쟁을 즐기겠는가? 부득이 그런 것이다. 천하에 백성이 살아온 지 오래되었다. (그 사이에 번갈아) 한번 다스려지면 한번 혼란해지곤 했다.

當堯之時하여 水逆行하여 氾濫於中國하여 蛇龍이 居之하니
당 요 지 시   수 역 행   범 람 어 중 국   사 룡   거 지

民無所定하여 下者는 爲巢하고 上者는 爲營窟하니
민 무 소 정   하 자   위 소   상 자   위 영 굴

書에 曰洚水警余라하니 洚水者는 洪水也니라
서   왈 강 수 경 여   강 수 자   홍 수 야

요임금 때에는 물이 역류해서 중국에 범람하여 뱀과 용이 (사람의 거주지에) 살았다. 백성은 정해진 거처가 없어서 저지대 사람들은 (새처럼) 나무에 둥지를 만들었고 고지대 사람들은 굴을 파서 거처로 삼았다. 『서경』에 '(하늘의 경고로 닥친) 강수(洚水)가 나에게 (자책하라는) 경각심을 갖게 했다.'고 했는데, 강수는 큰물을 말하는 것이다. (이렇게 한번 혼란해졌다.)

使禹治之어시늘 禹掘地而注之海하시고 驅蛇龍而放之菹하신대
사 우 치 지   우 굴 지 이 주 지 해   구 사 룡 이 방 지 저

水由地中行하니 江淮河漢이 是也라 險阻旣遠하며
수 유 지 중 행   강 회 하 한   시 야   험 조 기 원

鳥獸之害人者消然後에 人得平土而居之하니라
조 수 지 해 인 자 소 연 후   인 득 평 토 이 거 지

(홍수를 만나 순임금이) 우에게는 물을 다스리게 하시니, 우는 땅을 파서 물이 바다로 흘러가게 하고 뱀과 용을 몰아서 수초가 있는 늪으로 내쳤다. 물이 땅 아래 길을 따라 흐르니, 강수, 회수, 하수, 한수가 그것이다. 물의 범람이 이미 멀어지고 새와 짐승이 사람들에게 해를 끼치는 일이 사라진 다음에 사람들이 평지를 찾아서 거주했다. (이렇게 한번 다스려졌다.)

堯舜이 旣沒하시니 聖人之道衰하여 暴君이 代作하여
요순 기몰 성인지도쇠 포군 대작

壞宮室以爲汙池하여 民無所安息하며 棄田以爲園囿하여
괴궁실이위오지 민무소안식 기전이위원유

使民不得衣食하고 邪說暴行이 又作하여 園囿汙池沛澤이
사민부득의식 사설포행 우작 원유오지패택

多而禽獸至하니 及紂之身하여 天下又大亂하니라
다이금수지 급주지신 천하우대란

요와 순이 돌아가신 다음에는 성인의 도가 쇠퇴하여 폭군이 연달아 나타났다. 이들은 백성의 거주지를 연못으로 만들어서 백성이 편히 쉴 곳이 없었다. 경작지를 방치해서 왕실의 동산으로 조성하는 바람에 백성은 옷과 식량을 구할 수 없었다. 거짓 학설과 난폭한 행동이 또한 잇달아 일어나고 왕실의 동산과 연못과 풀이 무성하게 자란 습지가 많아지자 짐승들이 몰려들었다. (폭군) 주(紂)가 통치하는 시대에 이르러 천하가 또 크게 혼란했다.

周公이 相武王하사 誅紂하시고 伐奄三年에 討其君하시고
주공 상무왕 주주 벌엄삼년 토기군

驅飛廉於海隅而戮之하시니 滅國者五十이요
구 비 렴 어 해 우 이 륙 지 멸 국 자 오 십

驅虎豹犀象而遠之하신대 天下大悅하니
구 호 표 서 상 이 원 지 천 하 대 열

書에 曰丕顯哉라 文王謨여 丕承哉라 武王烈이여
서 왈 비 현 재 문 왕 모 비 승 재 무 왕 렬

佑啓我後人하사대 咸以正無缺이라하니라
우 계 아 후 인 함 이 정 무 결

주공이 무왕을 도와 폭군 주(紂)를 죽이고 (紂의 학정을 도왔던 동방의) 엄나라를 정벌하기를 3년에 그 임금을 토벌하고 (紂의 학정을 도왔던) 비렴을 바다 귀퉁이로 몰아내 죽이고 (紂와 한패가 되어) 백성을 학대했던 나라 오십을 멸망시켰다. (紂가 기르던) 호랑이와 표범, 물소와 코끼리를 내몰아 멀리 쫓아버렸다. 이에 천하가 크게 기뻐하였다. 『서경』에 이르기를, '크게 빛났네, 문왕의 빛나는 모범이여! (문왕의 뜻을) 크게 계승했구나, 무왕의 빛나는 공로여! 우리 후계자(주나라 성왕과 강왕)를 돕고 인도하기를 모두 바르게 해서 결함이 없네!'라고 했다. (이렇게 한번 다스려졌다.)

世衰道微하여 邪說暴行이 有作하여 臣弑其君者有之하며
세 쇠 도 미 사 설 포 행 유 작 신 시 기 군 자 유 지

子弑其父者有之하니라
자 시 기 부 자 유 지

(周나라 동천 이후에 세상이 다시 어지러워졌다.) 세상이 타락하고 도
가 쇠퇴하여 거짓 학설과 포악한 행동이 또 일어났다. 신하가 그 임금을
시해하고 자식이 그의 아버지를 살해한 일이 발생했다.

孔子懼하사 作春秋하시니 春秋는 天子之事也라 是故로
공자구　　　작춘추　　　춘추　　천자지사야　　시고

孔子曰知我者도 其惟春秋乎며 罪我者도[121] 其惟春秋乎인저하시니라
공자왈지아자　기유춘추호　　죄아자　　　기유춘추호

공자께서 (어지러운 세상을 깊이) 우려하시어 『춘추』를 지었다. (가치
기준을 제시하고 사건과 인물을 평가하는) 『춘추』는 임금의 일이다. 이
런 이유로 공자께서 말씀하시기를, '(후세를 근심하여 바른 법을 세우려
는) 나를 아는 자도 그 오직 『춘추』때문일 것이며, (역사서를 쓰면서 임
금도 아니면서 왜 그런 권력을 행사했냐고) 나를 탓하는 자도 그 오직
『춘추』때문일 것이다.'라고 하셨다.

聖王이 不作하여 諸侯放恣하며 處士橫議하여 楊朱墨翟之言이
성왕　　부작　　　제후방자　　　처사횡의　　　양주묵적지언

---

121 "罪我者"(죄아자)에 대한 설명이 집주에 있다. '공자를 탓하는 자들은 말하기를 (공자
가 임금이라는) 그 지위도 없이 242년간 군왕의 권위에 의탁하여 난신적자의 그 욕심을
금하고 방자하게 굴지 못하게 하였으니 슬프다고 하는 것이다.'("罪孔子者 以謂無其位而
託二百四十二年 南面之權 使亂臣賊子 禁其欲而不得肆則戚矣"). 위의 "則戚矣"에서 '戚'자
에 대해 조선 유학자들 사이에서 그것이 어떤 뜻인지에 대한 질문이 많았다. 공자가 지위
도 없이 법을 세우려고 애썼으니 그런 사정에 마음이 슬프다("其情戚矣") 또는 (난신적자
들이 또는 『춘추』의 법을 보는 사람이) 척연히 마음이 움직였다("戚然心動")는 의미 등으
로 해석할 수 있겠다.

盈天下하여 天下之言이 不歸楊則歸墨하니
영천하　　천하지언　불귀양즉귀묵

楊氏는 爲我하니 是는 無君也요 墨氏는 兼愛하니
양씨　위아　시　무군야　묵씨　겸애

是는 無父也니 無父無君은 是禽獸也니라
시　무부야　무부무군　시금수야

公明儀曰庖有肥肉하며 廐有肥馬어든 民有饑色하며 野有餓莩면
공명의왈포유비육　　구유비마　　민유기색　　야유아표

此는 率獸而食人也라하니 楊墨之道不息하면 孔子之道不著하리니
차　솔수이식인야　　양묵지도불식　　공자지도부저

是는 邪說이 誣民하여 充塞仁義也니 仁義充塞則率獸食人하다가
시　사설　무민　충색인의야　인의충색즉솔수식인

人將相食하리라
인장상식

(고대와 같은 위대한) 성왕이 출현하지 않으니 제후들은 법도를 지키지 않고 벼슬하지 않은 재야의 선비들은 의논을 함부로 하여 양주와 묵적의 말이 천하에 가득했다. 그래서 천하의 말이 양주로 귀결되지 않으면 묵적에게도 돌아갔다. 양씨는 이기적인 위아(爲我)를 주장하니, 이런 주장을 따르면 임금에 대한 신하의 의무와 의리를 잊게 된다. 묵씨는 겸애(兼愛)를 주장하니, 이런 주장을 따르면 자기 아버지를 생각하지 않는다. 임금을 잊고 아버지를 생각하지 않으면 짐승이다. (노나라 현인) 공명의는 말하기를, '푸줏간에 살찐 고기가 있고 마구간에 살찐 말이 있는데 백성이 굶주린 얼굴을 하고 있고 들판에 굶어죽은 시체가 널려 있으면 이것은 (곧 임금이) 짐승을 몰아다가 사람을 먹게 한 것이다.'라고

했다. 양주와 묵적의 도가 종식되지 않으면 공자의 도가 드러나지 않는다. 이것은 거짓 학설이 백성을 속여서 인의를 꽉 막아버리는 것이다. 인의가 꽉 막히면 짐승을 몰아다가 사람을 먹게 하다가 결국에는 사람끼리 장차 서로 먹게 될 것이다.[122]

吾爲此懼하여 閑先聖之道하여 距楊墨하며 放淫辭하여
오 위 차 구　　한 선 성 지 도　　거 양 묵　　방 음 사

邪說者不得作케하노니 作於其心하여 害於其事하며
사 설 자 부 득 작　　　　작 어 기 심　　해 어 기 사

作於其事하여 害於其政하나니
작 어 기 사　　해 어 기 정

聖人이 復起샤도 不易吾言矣시리라
성 인　　부 기　　불 역 오 언 의

나는 (양묵의 거짓 학설이 횡행하는) 이러한 사태를 두려워하여 성현의 도를 지키고 양주와 묵적의 말을 막고 그들의 방탕한 말을 멀리 추방하여 거짓 이론을 떠드는 자가 일어나지 못하게 할 것이다. 그 마음에서 (잘못된 바가) 일어나서 그 행하는 바에 해를 끼치고, 그 행하는 바에서 (잘못된 바가) 일어나서 그 대체에 해를 끼친다. 성인이 다시 나와도 내 말을 바꾸지 않으실 것이다.

---

122 '양주는 단지 자기만을 아낄 줄 알 뿐, 더 큰 사랑을 위해 몸을 던지는 의리[배운 사람의 의뤼가 있음을 알지 못하니 임금을 몰라보는 것이괴無君]. 묵자는 사랑을 베푸는 데 있어서 그 대상에 따라 우선순위를 두고 차등적으로 대하는 것이 없어서 그 부모를 일반 대중과 별 다를 바 없이 보기 때문에 아버지를 몰라보는 것이다無父].'("楊朱 但知愛身而不復知有致身之義故 無君 墨子 愛無差等而視其至親 無異衆人故 無父" 집주)는 설명이 있다.

昔者에 禹抑洪水而天下平하고 周公이 兼夷狄驅猛獸而百姓이 寧하고
석자　　우억홍수이천하평　　주공　겸이적구맹수이백성　　녕

孔子成春秋而亂臣賊子懼하나니라
공자성춘추이란신적자구

옛날에 우가 홍수에 잘 대응하니 천하가 다스려졌다. 주공이 오랑캐를 겸병하여 (침략의 가능성을) 끊어버리고 맹수를 쫓아내니 백성이 편안했다. 공자가 『춘추』를 완성하니 나라를 어지럽히는 신하와 반역자들이 두려워했다.

詩云戎狄是膺하니 荊舒是懲하여 則莫我敢承이라하니
시운융적시응　　형서시징　　즉막아감승

無父無君은 是周公所膺也니라
무부무군　　시주공소응야

『'시경'에 이르기를, '(이단을 따르는 북방 오랑캐) 융과 적을 이에 물리치고 (남방의) 형과 서를 이에 다스렸으니 감히 우리에게 대항할 자는 없을 것이다!'라고 했다. (이렇게 응징하지 못할 자가 없다고 했으니, 양주와 묵적이 주장하는바) 아버지를 방치하고 임금을 몰라보는 이런 짓은 주공이 응징하는 바이다.

我亦欲正人心하여 息邪說하며 距詖行하며 放淫辭하여
아역욕정인심　　식사설　　거피행　　방음사

以承三聖者로니 豈好辯哉리오 予不得已也니라
이승삼성자　　기호변재　　여부득이야

또한 나도 사람의 마음을 바르게 하여 (임금에 대한 의리와 부모에 대한 효도를 어지럽히는) 거짓 학설을 종식시키고 치우친 행동을 막고 부정한 말을 추방해서 (우, 주공, 공자) 세 분 성인의 뜻을 계승하려는 것이다. 내 어찌 논쟁을 좋아하겠는가? 부득이 그런 것이다.[123]

能言距楊墨者는 聖人之徒也니라
능 언 거 양 묵 자   성 인 지 도 야

능히 양주와 묵적의 말을 막는 것을 말하는 자는 성인을 따르는 무리인 것이다.

10. 匡章이 曰陳仲子는 豈不誠廉士哉리오 居於陵할새[124]
    광 장   왈 진 중 자   기 불 성 렴 사 재   거 오 릉

三日不食하여 耳無聞하며 目無見也러니
삼 일 불 식   이 무 문   목 무 견 야

井上有李螬食實者過半矣어늘 匍匐往將食之하여
정 상 유 리 조 식 실 자 과 반 의   포 복 왕 장 식 지

三咽然後에야 耳有聞하며 目有見하니라
삼 연 연 후   이 유 문   목 유 견

---

123 집주에 세 분 성인은 우, 주공, 공자라는 설명이 있다("三聖 禹 周公 孔子也"). 조주도 같다. 이들 3인은 맹자가 계승하겠다는 그 문명을 상징적으로 대표하는 인물들이다.
124 "於陵"에서 '於'의 한자음은 『맹자집주대전』에 '於의 한자음은 오다.'("於音烏")라고 되어 있다. 이에 따라 '於陵'의 한자음이 『맹자언해』(1590년 교정청간행 도산서원 소장본; 내각장판; 임술계춘 영영중간; 율곡언해)에 "오릉"으로 한자음이 표시되어 있다.

(제나라 사람) 광장이 말했다. "(제나라 사람) 진중자는 어찌 참으로 염치 있는 선비가 아니겠습니까? (제나라 읍) 오릉에 거처할 때 3일을 먹지 못해 귀가 들리지 않았고 눈이 보이지 않았습니다. 그러다가 우물 가에 굼벵이가 반쯤 파먹은 오얏이 있어서 (굶주림으로 힘이 없지만) 엎드려서 기어가 그것을 주워 먹었는데 세 번 우물우물 삼킨 다음에야 귀로 들을 수 있었고 눈으로 볼 수 있었습니다."

孟子曰於齊國之士에 吾必以仲子로 爲巨擘焉이어니와 雖然이나
맹자왈어제국지사　　오필이중자　　위거벽언　　　　　수연

仲子는 惡能廉이리오 充仲子之操면 則蚓而後可者也니라
중자　오능렴　　　충중자지조　즉인이후가자야

맹자가 말했다. "제나라의 선비들 중에서 나는 필히 중자를 큰 손가락으로 삼을 것입니다. 비록 그렇지만 중자는 어찌 능히 염치가 있다고 하겠습니까? (그는 깨끗한 척하지만 사람이 지켜야 할 도리는 생각하지 않으니) 중자가 고수하는 지조를 충족시키려면 (이 세상에서 아무것에도 의존함이 없이 자립적으로 살 수 있는 존재인) 지렁이가 된 다음에야 가능할 것입니다.

夫蚓은 上食槁壤하고 下飮黃泉하나니 仲子所居之室은
부인　상식고양　　하음황천　　　중자소거지실

伯夷之所築與아 抑亦盜跖之所築與아 所食之粟은 伯夷之所樹與아
백이지소축여　억역도척지소축여　소식지속　백이지소수여

抑亦盜跖之所樹與아 是未可知也로다
억역도척지소수여　시미가지야

지렁이는 땅 위에서는 마른 흙을 먹고 땅 아래에서는 흐린 물을 마십니다. (지렁이는 아무것에도 의존하지 않고도 자립적으로 홀로 살아갈 수 있지만 사람은 거처와 음식 등에 있어서 남에게 의존할 수밖에 없습니다. 그래서 사람에게는 사람과 사람 사이에서 버릴 수 없는 또는 지켜야 할 도리와 의무라는 것이 있습니다. 중자는 그의 거처와 음식이 어디서 나온 것인지, 그 출처를 생각해야 합니다. 만약 부당한 것에서 나왔다면 그가 고집하는 염치에도 문제가 됩니다. 그러면 지렁이와 같이 완벽하게 어느 것에도 의지하는 바 없이 사는 존재가 되지는 못하는 것입니다.) 중자가 사는 집은 (지극히 염치가 있는 선비) 백이가 건축한 것입니까? 아니면 (지극히 염치없는 도둑) 도척이 건축한 것입니까? 먹는 곡식은 백이가 심은 것입니까? 아니면 도척이 심은 것입니까? 이것이 알 수 없군요!"

日是何傷哉리오 彼身織屨하고 妻辟纑하여 以易之也니라
왈 시 하 상 재   피 신 직 구   처 벽 로   이 역 지 야

광장이 말했다. "(누가 만든 거처와 음식인지) 이것이 무슨 문제입니까? 저 사람이 직접 짚신을 삼고 처가 직접 손으로 길쌈을 하여 (필요한 물건과) 교환하며 삽니다."

日仲子는 齊之世家也라 兄戴蓋祿이[125] 萬鍾이러니 以兄之祿으로
왈 중 자   제 지 세 가 야   형 대 합 록   만 종   이 형 지 록

---

[125] 앞에서도 나왔지만, 지명으로서의 '蓋'의 한자음은 『맹자언해』(1590년 교정청간행 도산서원소장본; 내각장판; 임술계춘 영영중간; 율곡언해)에 "합"이라고 되어 있다. 『맹자집주대전』에 '蓋의 음은 합이다'("蓋音閤")라는 설명이 있다.

爲不義之祿而不食也하며 以兄之室로 爲不義之室而不居也하고
위 불 의 지 록 이 불 식 야　　　이 형 지 실　　위 불 의 지 실 이 불 거 야

辟兄離母하여 處於於陵이러니 他日에 歸則有饋其兄生鵝者어늘
피 형 리 모　　　처 어 오 릉 이러니　　他 일　　귀 즉 유 궤 기 형 생 아 자

己頻顣曰惡用是鶃鶃者爲哉리오 他日에 其母殺是鵝也하여
기 빈 축 왈 오 용 시 얼 얼 자 위 재　　　　타 일　　기 모 살 시 아 야

與之食之러니 其兄이 自外至曰是鶃鶃之肉也라한대[126]
여 지 식 지　　　기 형　　자 외 지 왈 시 얼얼(역역)지 육 야

出而哇之하니라
출 이 와 지

맹자가 말했다. "중자는 제나라에서 대대로 녹을 받는 높은 집안 출신입니다. 그의 형 대(戴)가 녹을 먹는 고을 합(蓋)에서 나오는 수입이 만종입니다. 그는 형의 녹을 불의(不義)의 녹이라고 하면서 먹지 않았습니다. 형의 집도 불의(不義)의 집이라고 하면서 거처하지 않았습니다. 그렇게 형을 피하고 어머니를 떠나 오릉에 거처했습니다. 어느 날 (오릉에서) 집으로 돌아왔는데 그 때 그의 형에게 살아있는 거위를 준 자가 있었습니다. (그것도 불의로 여긴) 그는 이마를 찌푸리면서, '이 꿱꿱거리는

---

126 "鶃鶃"의 한자음은 『맹자언해』(내각장판; 율곡언해; 갑신신간 영영장판)에 "얼얼"로 되어 있다. 『맹자집주대전』에 '鶃의 음은 반절로 얼이다'("鶃魚乙反")라고 되어 있다. 『한한대사전』(단국대학교 출판부, 1999)에는 "거위의 울음소리"라는 설명이 있고 그 한자음이 "역역"으로 되어 있다(그리고 위의 문장이 그 예문으로 인용되어 있다). 『승정원일기』(고종 10년 8월 26일 임인)에 '언해에 오류가 많은데 예를 들면 『맹자』에 나오는 鶃鶃의 음은 본래 역역인데 언해에 얼얼로 되어 있다.'("諺音頗多謬處 如孟子鶃鶃之音 本是鷁鷁而諺音蘗蘗")는 언급이 있다. 이런 지적이 있으나 『孟子栗谷諺解』에도 "鶃鶃"의 한자음이 "얼얼"로 되어 있어서 언해에 있는 그대로 한자음을 "얼얼"로 표시했다.

것을 어디에 쓰겠습니까?'라고 말했습니다. 어느 날 그의 어머니가 이 거위를 죽여서 요리해 주었더니 그는 잘 먹었습니다. 그의 형이 밖에서 돌아와 말하기를, '이것은 꿱꿱거리는 그것의 고기다.'라고 했습니다. 그러자 중자가 밖으로 나가서 토해버렸습니다.

以母則不食하고 以妻則食之하며 以兄之室則弗居하고
이 모 즉 불 식   이 처 즉 식 지   이 형 지 실 즉 불 거

以於陵則居之하니 是尙爲能充其類也乎아 若仲子者는
이 오 릉 즉 거 지   시 상 위 능 충 기 류 야 호   약 중 자 자

蚓而後充其操者也니라
인 이 후 충 기 조 자 야

어머니가 해주면 먹지 않고 처가 해주면 (義와 불의를 따지지 않고) 먹으며, 형의 집은 (불의한 곳이라고) 거처하지 않으나 오릉에는 (義와 불의를 따지지 않고 그냥) 거처했습니다. 이러면서 오히려 그가 고집하는 지조를 충족한다고 할 수 있습니까? 중자와 같은 자는 (그 무엇에도 의존하지 않고 자립적으로 살아가는) 지렁이가 된 다음에야 그 지조를 충족할 자입니다. (그렇지만 지렁이의 염치와 지조는 사람으로서는 실천 불가능한 것입니다.)"

중자가 생각한 '의'(義)는 다만 올바름[正]이나 결백[潔]과 같은 좁은 의미에 한정된 것이기에 맹자가 비판한 것이다. 그 의(義)자에 포함된 '사람으로서 마땅히 해야 할 도리와 의무'를 중자는 고려하지 않았다는 말이다. 중자도 부모에게는 자식이고 형에게는 동생이고 임금에게는 신하이기에 그에 따른 역할과 의무, 그런 인륜은 (사람으로서는 그리고 특히

배운 사람에게는) 피할 수 없다는 말이다. 이단을 물리치기를 자신의 임무로 자임한 맹자는 자기만 아는 이기적인 양주에 대해서는 의(義)가 없음, 부모를 우선으로 여기는 가치 기준을 모르고 자기 부모와 남의 부모를 동등하게 대하는 처신에 대해서는 인(仁)이 없음을 비판하는 맥락에서 진중자를 비판했다. 진중자는 피상적으로는 고결한 원칙을 지키는 인사인 것 같지만 사실은 사람으로서의 의리와 의무, 도리를 행하지 않았던 것이 문제라고 지적한 것이다.

政耶曰然

既猶心思之思與目力之思舍得力

問運用活動逗宣此力字為多

問道揆是上文以言仁政耶曰道揆以義理度量之謂不當作仁政者

問下无法守云者是色朝不信道工不信度二句兩言耶曰道揆信道征

一頼法守信度犯刑是一頼今言下无法守色得不信道云者是着得

問此段以言上下及君子小人皆以位言而道揆以君言法守

義以君子言信道犯刑以小人言而其言君子處似或并亂君臣其言小

似或雜說任民条理似不分曉曰道揆君當法守信道犯義以卿大

工不信度以小官言犯刑以小民言雖条錯言之兩以位之高下頼分君子

自不无条理矣

相照應而於目目則不言聰明而照心

何耶曰目力兩力字聰明而照心思

이루장구 상

離婁章句 上

子不得罪於曰矣仁反復引義是猶□裁屬戍物

閣引詩資鑑之詩其爲名多慨曰命是天命而配命卻命在道理之訓反

上三章與此章必詠其通故此詩不專説此章而統此三章也

友敢得是配命之氣之故此詩意是廣不獨止此三章也

問配命結交諸已私多非聽天下收之名曰此

　爲政不觀章

問不得罪於民室得罪卻即怨之謂之君之義通不便下逃罪卻

乃語頭太叔曰得罪巨怪自無得罪於君巨匹之語曲未必以此

敢以難傷時君曰大概已矣矣而人卻之列是裁舊非罪以且力

取死故下得罪字可

모두 28장이다. 인정(仁政)을 하려면 그것의 완벽한 모델인 요순의 정치를 그대로 따라하라고 권고하는 내용이다.

1. 孟子曰離婁之明과 公輸子之巧로도 不以規矩면[127] 不能成方員이요
   맹자왈리루지명   공수자지교   불이규구   불능성방원

   師曠之聰으로도 不以六律이면[128] 不能正五音이요 堯舜之道로도
   사광지총   불이륙률   불능정오음   요순지도

   不以仁政이면 不能平治天下니라
   불이인정   불능평치천하

맹자가 말했다. "이루의 밝은 눈과 공수자의 뛰어난 기술로도 (원을 그리는) 컴퍼스와 (직선을 그리는) 자를 사용하지 않으면 사각형과 원을 완벽하게 그릴 수 없다. 사광의 밝은 귀로도 (대나무 통에 음양으로 각각 구멍 6개를 뚫어 오음의 고저를 조절하는) 육률(六律)을 사용하지 않으면 (궁상각치우) 오음(五音)을 바로잡을 수 없다. 요순과 같은 마음이라도 그들의 인정(仁政)을 법도로 (삼아서 그대로) 따라 실행하지 않으면 천하를 태평하게 다스릴 수 없다.

---

127 '규는 원을 그리는 기구(컴퍼스)다. 구는 사각형을 그리는 기구다.'("規 所以爲員之器 也 矩 所以爲方之器也" 집주)

128 '육률은 대나무를 잘라 관을 만들고 (관의 길이로) 음양으로 각각 여섯으로 하고 (모두 十二律을 내고) 그것으로 오음(五音)의 상하를 절조있게 한다. (그 음양 十二律에서) 황종, 태주, 고선(姑洗), 유빈, 이칙, 무역은 양률(陽)이 되고, 대려, 협종, 중려, 임종, 남려, 응종은 음(陰)이 된다. 오음은 궁상각치우다.'("六律 截竹爲筩 陰陽各六 以節五音之上下 黃鍾 大簇 姑洗 蕤賓 夷則 無射 爲陽 大呂 夾鍾 仲呂 林鍾 南呂 應鍾 爲陰也 五音 宮商角 徵羽也" 집주)

今有仁心仁聞而民不被其澤하여 不可法於後世者는
금 유 인 심 인 문 이 민 불 피 기 택　　　불 가 법 어 후 세 자

不行先王之道也일새니라
불 행 선 왕 지 도 야

　이제 백성을 사랑하는 어진 마음과 백성을 사랑한다는 어진 소문이
있어도 백성이 (어진 정치의) 그 혜택을 입지 못하고 (왕의 어진 정치가)
후세에 모범이 되지 못하는 것은 선왕의 (모범적인) 정치를 따르하지
않았기 때문이다.

故로 曰徒善이 不足以爲政이요 徒法이 不能以自行이라하니라
고　　왈 도 선　　부 족 이 위 정　　　도 법　　불 능 이 자 행

　그래서 말하기를, '(요순을 따라함이 없이) 단지 선한 마음만으로는
정치하기에 부족하고, (요순을 따라함이 없이) 단지 법도만으로는 저절
로 행해지지 못한다.'고 하는 것이다.

詩云不愆不忘은 率由舊章이라하니 遵先王之法而過者未之有也니라
시 운 불 건 불 망　　솔 유 구 장　　　　준 선 왕 지 법 이 과 자 미 지 유 야

　『시경』에 이르기를, '잘못한 바가 없고 빠뜨림이 없음은 모두 옛 제도
문물을 따랐기 때문이다.'라고 했다. 선왕의 법도를 준수했는데 잘못된
자는 있지 않았다.

聖人이 旣竭目力焉하시고 繼之以規矩準繩하시니 以爲方員平直에
성인　기갈목력언　　　계지이규구준승　　　이위방원평직

不可勝用也며 旣竭耳力焉하시고 繼之以六律하시니
불가승용야　기갈이력언　　　계지이륙률

正五音에 不可勝用也며 旣竭心思焉하시고 繼之以不忍人之政하시니
정오음　불가승용야　기갈심사언　　　계지이불인인지정

而仁覆天下矣시니라
이인부천하의

　　성인이 이미 최대한 시력을 다하셨어도 (할 때마다 개별적으로 그렇
게 한다면 천하에 쓰는데 부족하기 때문에) 컴퍼스와 자, 수준기(水準器)
와 먹줄을 사용하여 계속하시니 사각형과 원, 수평과 직선을 만들어서
다 쓰지 못할 정도가 되었다. (성인이) 이미 최대한 청력을 다하셨어도
(할 때마다 개별적으로 그렇게 한다면 천하에 쓰는데 부족하기 때문에
표준음) 육률을 정하여 계속하시니 오음을 바르게 연주하는데 다 쓰지
못할 정도가 되었다. (성인이) 이미 마음과 생각을 다하셨어도 (할 때마
다 개별적으로 그렇게 한다면 천하에 쓰는데 부족하기 때문에) 차마 (남
을 해치지) 못하는 정치로 계속하시니 온 천하가 인(仁)의 혜택을 입게
되었다.

故로 曰爲高호대 必因丘陵하며 爲下호대 必因川澤이라하니
고　왈위고　　필인구릉　　　위하　　필인천택

爲政호대 不因先王之道면 可謂智乎아
위정　　　불인선왕지도　　가위지호

그렇기 때문에 말하기를, '높게 쌓으려면 반드시 언덕을 이용하고 낮게 굴착하려면 반드시 개울과 연못을 이용하라.'고 하는 것이다. (그러면 힘을 적게 들이고 성과를 크게 할 수 있다. 그런데) 정치를 하면서 선왕의 도를 이용하지 않는다면 지혜롭다고 하겠는가?

是以로 惟仁者아 宜在高位니 不仁而在高位면 是는
시 이　유인자　의재고위　불인이재고위　시

播其惡於衆也니라
파 기 악 어 중 야

이런 이유로 오직 어진 자가 높은 자리에 있어야 마땅하다. 어질지 않은데 높은 자리에 있다면 이것은 대중에게 그 악을 전파하는 것이다.

上無道揆也하며 下無法守也하여 朝不信道하며 工不信度하여[129]
상 무 도 규 야　하 무 법 수 야　조 불 신 도　공 불 신 도

君子犯義요 小人이 犯刑이면 國之所存者幸也니라
군 자 범 의　소 인　범 형　국 지 소 존 자 행 야

---

129 "工不信度"의 '工'에 대해 생각해본다. 집주에 '法守는 법도를 가지고 工官을 스스로 지키는 것이다.'("法守 謂以法度 自守工官也")라는 설명이 있다. 이에 대해 "法은 제도이오, 工은 官員이오"라는 설명이 있다(『유교경전언역총서 맹자』). 『비지구해 맹자집주』(신구서림, 1914) 句解에도 '工은 내외백관이다'("工 指內外百官")라고 되어 있다. 이와 맥락을 같이하는바, 최근의 역주서에서도 "工은 관원이다."("工 官也" 성백효, 개정증보 2쇄, 2006, p.282)라는 해석이 있다. 한편, 『孟子注疏』 疏(손석)에서는 '공장(工匠)이 모두 그 도량 척도를 믿지 않는다.'("百工之作皆不信其度量")는 뜻으로 해석했다. 楊伯峻도 '장인들이 척도를 믿지 않는다.'("工匠不相信尺度"『孟子譯注』)는 뜻으로 해석했다. 이 문장에서 上과 下, 道와 형법, 군자와 소인으로 구분하여 반복적으로 설명으로 하는 바가 있어서 朝는 임금을, 工은 신하의 영역으로 해석했다.

(선왕의 도를 따르지 않는 자가 위에 있으면 어떻게 되는가?) 위의 임금은 의리에 입각하여 헤아리는 것이 없고, 아래의 신하는 제도화된 법을 지키지 않는다. 그래서 조정의 신하는 도(道)를 믿지 않으며, 일반 관리는 법규를 믿지 않는다. 이런 결과로 군자가 의(義)를 범하고 소인이 형법을 능멸한다면 그 나라의 존속은 다만 운에 맡겨지게 된다.

故로 曰城郭不完하며 兵甲不多非國之災也며 田野不辟하며
고   왈성곽불완   병갑부다비국지재야   전야불벽

貨財不聚非國之害也라 上無禮하며 下無學이면 賊民이 興하여
화재불취비국지해야   상무례   하무학   적민 흥

喪無日矣라하니라
상무일의

그래서 말하기를, 성곽이 완비되지 않은 것이나 병사와 무기가 많지 않은 것이 나라의 재난이 아니며, 농지가 개간되지 않고 재화가 모이지 않은 것이 나라의 해로움이 아니라고 하는 것이다. 위의 임금이 예(禮)를 알지 못하고 (그래서 교육의 중요성을 알지 못해서) 아래의 백성이 배운 바가 없으면 (이들이 쉽게 불의에 휩쓸려서) 백성을 해치는 무리가 발흥하여 나라 망할 날이 얼마 남지 않았다고 하는 것이다. (이렇게 임금이 선왕의 인정을 행하지 않으면 나라가 망한다.)

詩曰天之方蹶시니[130]
시 왈 천 지 방 궤

---

[130] "蹶"자의 한자음은 '궐'과 '궤' 두 가지다. 여기서는 '궤'라고 읽는다. 『맹자집주대전』에 '蹶의 한자음은 궤다.'("蹶居衛反" 또는 "蹶音几")라는 설명이 있다.

無然泄泄라하니[131]
무 연 예 예

『시경』에 이르기를, '하늘이 바야흐로 뒤집으려고 하시니 〈예예(泄泄)〉 하지 말라(태만하지 말라)'고 했다.

泄泄는 猶沓沓也니라
예예 　유 답 답 야

'예예'는 답답(沓沓)하다(태만하고 느리다)는 뜻이다.[132]

事君無義하며 進退無禮하고 言則非先王之道者猶沓沓也니라
사 군 무 의 　　　진 퇴 무 례 　　　언 즉 비 선 왕 지 도 자 유 답 답 야

임금을 섬기는데 (신하로서 임금의 잘못을 바로 잡을) 의무를 다함이 없고 (관직에) 나아가고 물러나는데 (맺고 끊음을 절도 있게 하는) 예(禮)가 없고 입을 열기만 하면 선왕의 도를 비방하는 자가 바로 답답(沓沓)한 자와 같은 것이다.

'사군무의'에서 의(義)자는 글자 그대로 신하의 임금에 대한 의무라는

---

131 "泄泄"는 맹자 시대 사람들의 말인데, 그 뜻에 대해 집주에 '태만하고 해이한 모양("泄泄 怠緩悅從之貌")이라고 설명되어 있다.
132 '예예'에 대해 『孟子譯注』(楊伯峻)에는 '떠든다(多言也)'는 뜻의 설명이 소개되어 있다. '泄泄沓沓'에 대해 『한한대사전』(단국대학교 출판부, 1999)에는 "느즈러짐. 또는 게으름"이라고 설명되어 있고 『맹자』의 이 문장이 인용되어 있다.

의미다. 그 의무란 무엇인가? 지금까지 맹자가 말해온 바와 같이 그것은 지식인(군자)과 일반 백성(소인)의 역할 구분에서부터 시작한다. 지식인 (군자)은 나라 살림을 하면서 백성을 정신적으로 지도하고 백성은 그런 군자를 먹여 살린다고 한다. 군자로서는 그런 역할은 해도 되고 안 해도 되는 그런 것이 아니다. (몸으로 노동을 하지 않는 대신에) 마땅히 의무 로서 해야 한다는 의미에서 의(義)자를 쓴다. 그렇지 않으면 군자가 아 닌 것이다. 현실정치와 공직생활이 임금 주도하에 진행되기에 이를 임 금에 대한 신하의 의무라고 할 수 있고, 이러한 활동을 당시에는 '임금을 섬긴다.'는 말로 표현했다. 임금을 섬김에 있어서 그 의무를 다하지 않는 다는 '사군무의'는 무슨 말인가? 지식인으로서 의당 공직을 맡아 백성을 위해 일해야 하는데 그렇게 하지 않았다는 말이다. 나라와 백성에 대한 지식인의 의무를 다하지 않았다는 말이다. 그런 의무 중에서 중요한 것 하나는 임금을 바르게 보좌하는 것이다. 맹자는 군자의 그런 의무에 대 해 계속 설명한다.

故로 曰責難於君을 謂之恭이요 陳善閉邪를 謂之敬이요 吾君不能을
고   왈책난어군   위지공   진선폐사   위지경   오군불능

謂之賊이라하니라
위지적

그래서 말하기를, '임금에게 어려운 과업을 실행하도록 책(責)하고 권 고하는 것을 (공경한다는 의미에서) 공(恭)이라고 하고, 임금에게 어진 정치를 권유하고 사악한 학설에 접하지 못하도록 막는 것을 (사랑한다 는 의미에서) 경(敬)이라고 한다. 자신이 섬기는 임금은 개선이 불가능 하다고 그 한계를 설정하는 것을 (임금을 해롭게 한다는 의미에서) 적

(賊)'이라고 하는 것이다.

2. 孟子曰規矩는 方員之至也요 聖人은 人倫之至也니라
맹자왈규구　　방원지지야　　성인　　인륜지지야

맹자가 말했다. "원과 사각형을 그릴 때 쓰는 도구인 규구는 사각형과 원의 완벽한 모형이고, 성인은 인륜의 완벽한 표준이다.

　欲爲君인댄 盡君道요 欲爲臣인댄 盡臣道니 二者를
　욕위군　　　진군도　　욕위신　　　진신도　　이자

　皆法堯舜而已矣니 不以舜之所以事堯로 事君이면 不敬其君者也요
　개법요순이이의　　불이순지소이사요　　　사군　　　불경기군자야

　不以堯之所以治民으로 治民이면 賊其民者也니라
　불이요지소이치민　　　치민　　　적기민자야

(백성을 다스리는) 임금이 되려면 백성에게 임금의 도를 다하고, (임금을 섬기는) 신하가 되려면 (임금에게) 신하의 도를 다할 것이다. 이 두 가지를 할 때 요순을 모범[표준]으로 삼고 그들이 했던 그대로 행할 뿐이다. 순이 요임금을 섬겼던 그 방식으로 임금을 섬기지 않으면 그 임금을 공경하지 않는 것이다. 요임금이 백성을 다스렸던 그 방법으로 백성을 다스리지 않으면 그 백성을 해치는 것이다.

'법요순'(法堯舜)이라는 말이 핵심이다. '法'이라는 글자는 법칙으로 따라 배운다는 의미의 동사다. 요순을 임금과 신하의 최고 표준으로 삼고

본받으라는 말이다.

孔子曰道二니 仁與不仁而已矣라하시니라
공 자 왈 도 이　　인 여 불 인 이 이 의

공자께서 말씀하셨다. '(백성을 다스리는) 도는 둘이니, 인(仁)과 불인 (不仁)뿐이다.'

요순을 그대로 따라 하면 인(仁), 그렇지 않으면 불인(不仁)이라는 말 이다.

暴其民이 甚則身弑國亡하고 不甚則身危國削하나니 名之曰幽厲면
포 기 민　 심 즉 신 시 국 망　　불 심 즉 신 위 국 삭　　　명 지 왈 유 려

雖孝子慈孫이라도 百世에 不能改也니라
수 효 자 자 손　　　백 세　 불 능 개 야

그의 백성을 심하게 학대하면 (통치자의) 몸이 시해를 당하고 나라는 망한다. (걸, 주 같은 폭군이 이런 사례다.) 심하게 하지 않아도 몸이 위태롭고 영토 일부를 다른 나라에 빼앗길 것이다. 이런 임금에게는 어 둡다는 유(幽)와 사납다는 여(厲)라는 나쁜 시호가 붙는다. 그렇게 되면 비록 효자와 자애로운 후손이라도 백세토록 (명예롭지 못한 그 평판을) 고칠 수 없다.

詩云殷鑒不遠이라 在夏后之世라하니 此之謂也니라
시 운 은 감 불 원　 재 하 후 지 세　　 차 지 위 야

『시경』에 '은나라의 거울이 멀리 있지 않으니, 하나라 임금의 시대에 있느니라(하나라 폭군 걸의 말로를 거울삼아야 한다).'고 했으니, 이를 두고 하는 말이다."

은나라 임금 주(紂) 하나라 임금 걸(傑), 이 둘은 불인(不仁)의 대표로 거론된다. 인(仁)의 임금으로 요, 순이 있다면 불인(不仁)의 폭군으로 걸, 주가 있다는 식이다.

3. **孟子曰三代之得天下也는 以仁이요 其失天下也는 以不仁이니라**
   맹자왈삼대지득천하야　　　이인　　　기실천하야　　　이불인

맹자가 말했다. "(하나라 은나라 주나라) 삼대(三代)가 천하를 차지한 것은 인(仁)으로 (정치)했기 때문이고 천하를 잃은 것은 불인(不仁)으로 (정치)했기 때문이다.

國之所以廢興存亡者亦然하니라
국지소이폐흥존망자역연

(어찌 천자국뿐이랴! 제후국 규모의) 나라가 쇠퇴하고 발흥하고 존립하고 망하는 이유 또한 그와 같다.

天子不仁이면 不保四海하고 諸侯不仁이면 不保社稷하고
천자불인　　　불보사해　　　제후불인　　　불보사직

卿大夫不仁이면 不保宗廟하고 士庶人이 不仁이면 不保四體니라
경 대 부 불 인　　　불 보 종 묘　　　사 서 인　　불 인　　　불 보 사 체

천자가 어질지 못하면 천하를 보전하지 못하고, 제후가 어질지 못하면 (제후국의) 사직을 보전하지 못하고, 경대부가 어질지 못하면 (하사받은 채읍에 세운) 종묘를 보전하지 못하고, 일반 백성이 어질지 못하면 제 한 몸도 보전하지 못한다.

今에 惡死亡而樂不仁하나니 是猶惡醉而強酒니라
금　　오 사 망 이 락 불 인　　　시 유 오 취 이 강 주

지금 (이 시대의 제후들은) 죽기를 싫어하면서 어질지 못한 짓을 즐기고 있는데, 이것은 취하기를 싫어하면서 억지로 술을 마시는 것과 같다."

4. 孟子曰愛人不親이어든 反其仁하고 治人不治어든 反其智하고
　　맹 자 왈 애 인 불 친　　　　　반 기 인　　　치 인 불 치　　　반 기 지

禮人不答이어든 反其敬이니라
례 인 부 답　　　　반 기 경

맹자가 말했다. "남을 사랑으로 대했는데 가까워지지 않거든 어진 마음[仁]으로 했는지 자신을 되돌아본다. 남을 다스리는데 다스려지지 않거든 지혜롭게[智] 했는지 자신을 되돌아본다. 예의로 대하는데 예의로 답례하지 않으면 공경하는[敬] 마음으로 했는지 자신을 되돌아본다.

行有不得者어든 皆反求諸己니 其身이 正而天下歸之니라
행유부득자   개반구저기   기신   정이천하귀지

그렇게 했어도 원하는 성과를 얻지 못하면 자기 자신에게서 원인을
찾을 것이다. 그 몸이 바르면 천하가 (자신에게로) 돌아올 것이다.

詩云永言配命이이[133] 自求多福이라하니라
시운영언배명   자구다복

『시경』에 이르기를, '길이 천명에 부합하도록 노력하는 것이 스스로
많은 복을 구하는 방법이라!'고 했다."

시인 윤동주(1917-1945)가 "反求諸己"라는 제목으로 이 장(章) 전체를
책 표지에 친필로 쓴 유품이 있다.[134] "하늘을 우러러 한 점 부끄러움이
없기를"이라고 시작하는 그의 '서시'와 "파란 녹이 낀 구리 거울 속에 내
얼굴이 남아있는 것은"이라는 말로 시작하는 '참회록'에서 자기 성찰을
강조하는 유교적이고 전통적인 정서를 느낀다. 끊임없이 자기 자신에
대해 생각하는 그런 태도가 반구저기다.

---

133 "永言配命"(영언배명)은 공손추장구 상(上)-4에 나왔는데, '언'(言)자를 생각[念]으로
보는 집주의 해석을 따랐다. 자구다복(自求多福)은 '스스로 많은 복을 구하는 방법'이라는
뜻이다. 복은 기도[祈]한다고 생기는 것이 아니라 이치에 맞게 행동하면 그 결과로 따라온
다는 말이다. 맹자가 인용한 시는 『시경』대아(大雅)인데 문왕에 관한 시다. 그렇다면, 그
많고도 큰 복이란 무엇을 말하는 것인가? 왕이 되는 것이다. 천하의 통치자가 되는 것이다.
134 송우혜, 『윤동주평전』(서울: 열음사, 1988) 표지 뒷면에 첨부된 사진.

5. 孟子曰人有恒言호대 皆曰天下國家라하나니 天下之本은
   맹자왈인유항언   개왈천하국가   천하지본

   在國하고 國之本은 在家하고 家之本은 在身하니라
   재국   국지본   재가   가지본   재신

맹자가 말했다. "사람들이 항상 하는 말이 있는데, 모두가 말하기를
'천하국가'라고 한다. (이것은 순서를 염두에 둔 말이니) 천하의 근본은
(제후의 나라) 국(國)에 있고, 국(國)의 근본은 가(家)에 있고, 가(家)의 근
본은 한 몸에 있는 것이다."

천하(天下)에는 (제후) 국(國), 국(國)에는 가(家)가 기본 단위인데, 그러
한 모든 공동체의 근본이자 그 시작은 수신(修身)이라는 말이다. 특히 천
하와 나라를 다스리는 자에게 수신이 중요함을 강조한 뜻이 담겨있다.[135]

6. 孟子曰爲政이 不難하니 不得罪於巨室이니 巨室之所慕를
   맹자왈위정   불난   부득죄어거실   거실지소모

   一國이 慕之하고 一國之所慕를 天下慕之하나니
   일국   모지   일국지소모   천하모지

---

[135] 근본의 중요성을 강조하는 이 문장의 논리에 대해 『孟子講演』(문익서관, 1913)의 설
명도 참고가 된다. '질문: 『대학』에서는 (수신)제가치국평천하의 순서로 말했는데 맹자는
여기서 천하, 국, 가의 순서로 말했으니, 왜 그런가요? 답: 『대학』에서는 순서대로 본말을
논했기에 필히 말하기를 가, 국, 천하의 순서로 했고 맹자는 역순으로 그 본말을 논했기에
필히 말하기를 천하, 국, 가의 순서로 한 것이다.'("問 大學 言 家國天下 孟子言 天下國家
何也 演 順推而論本末故 必言家國天下 逆推而論本末故 必言天下國家")

故로 沛然德教溢乎四海하나니라
고　　패 연 덕 교 일 호 사 해

　맹자가 말했다. "(임금의 자리에서) 정치를 하는 것이 어렵지 않다. (그 나라) 세신(世臣)과 대가(大家)로부터 원망을 듣지 않는 것이다. 세신(世臣)과 대가(大家)가 흔쾌히 따르는 것을 한 나라의 신하와 백성이 따르고, 한 나라의 신하와 백성이 따르는 것을 천하가 따른다. 그래서 (좋은 정치의) 덕에 의한 가르침이 천하에 성대하게 넘친다."

　위의 문장에서 '죄'는 곧 '위정자의 몸이 바르지 않은 것'이니, 정치의 시작은 위정자의 수신임을 거듭 강조한 말이다.

7. 孟子曰天下有道엔 小德이 役大德하며 小賢이 役大賢하고
　　맹 자 왈 천 하 유 도　　소 덕　　역 대 덕　　　소 현　　역 대 현

　天下無道엔 小役大하며 弱役強하나니 斯二者는 天也니
　　천 하 무 도　　소 역 대　　약 역 강　　　　사 이 자　　천 야

　順天者는 存하고 逆天者는 亡하나니라
　　순 천 자　　존　　　역 천 자　　망

　맹자가 말했다. "천하에 도가 있으면 덕이 작은 사람이 덕이 큰 사람의 부림을 받으며 지혜가 작은 사람이 위대한 현자의 부림을 받는다. (덕과 지혜가 지배한다.) 천하에 도가 없으면 (물리적으로) 작은 것이 큰 것에 부림을 받으며 약한 것이 강한 것에 부림을 받는다. (힘이 지배한다.) 이 두 가지는 하늘의 이치다. 하늘의 이치에 순응하는 자는 살고

하늘의 이치에 거역하는 자는 망한다.

齊景公이 曰旣不能令하고 又不受命이면 是는 絶物也라하고
제경공　왈기불능령　　우불수명　　시　절물야

涕出而女於吳하니라
체출이녀어오

제경공이 말하기를 '기왕에 명령을 내려도 사람을 부릴 수 없는데 또 다른 사람의 명령마저도 받지 않는다면 이는 사람 관계를 단절하는 것이다.'라고 하면서 눈물을 흘리며 딸을 (오랑캐의 나라) 오나라에 시집보냈다.

今也에 小國이 師大國而恥受命焉하나니
금야　소국　사대국이치수명언

是猶弟子而恥受命於先師也니라
시유제자이치수명어선사야

이제 작은 나라가 큰 나라를 따라 배우면서 명령 받기를 수치스럽게 여긴다. 이는 제자이면서 선생에게 명령 받기를 수치스럽게 여기는 것과 같다.

如恥之인댄 莫若師文王이니 師文王이면 大國은 五年이요
여치지　　막약사문왕　　사문왕　　대국　오년

小國은 七年에 必爲政於天下矣리라
소국　칠년　필위정어천하의

만약 그것을 부끄럽게 여긴다면 문왕을 스승으로 삼아 배우는 것 만한 것이 없다. (문왕처럼 하면) 대국은 5년, 소국은 7년에 반드시 정치를 천하에 펼 것이다.

詩云商之孫子其麗不億이언마는¹³⁶ 上帝旣命이라 侯于周服이로다
시 운 상 지 손 자 기 려 불 억　　　상 제 기 명　　후 우 주 복

侯服于周하니 天命靡常이라¹³⁷ 殷士膚敏이 祼將于京이라하야늘
후 복 우 주　　천 명 미 상　　은 사 부 민　　관 장 우 경

孔子曰仁不可爲衆也니 夫國君이 好仁이면 天下無敵이라하시니라
공 자 왈 인 불 가 위 중 야　　부 국 군　　호 인　　천 하 무 적

『시경』에 이르기를, '은나라 (신하와 그) 자손의 숫자가 억[십만]뿐이아니거늘 하늘이 이미 (주나라에) 천명을 주었기에 (은나라 신하와 그자손이) 오직 주나라에게 복종하는구나. 오직 복종하기를 주나라에 하게 하니, 천명은 (한 나라에) 항상 고정된 것이 아니로다. 은나라 선비로서 외모가 출중하고 재주에 통달한 이들이 주나라 서울에 와서 향기로운술을 땅에 부어서 (강신하게 하여) 왕의 제사를 돕는다.'고 했다. 공자께서 말씀하기를, '어진 사람에 대해서는 (아무리 많은 무리도 그 숫자로

---

136 "商之孫子"에서 '孫子'를 '자손'으로 해석했다. "殷士"는 집주에 '商士는 상의 손자(자손)의 신하다.'("商士 商孫子之臣也")라고 되어 있다. 여기서 '億(억)은 十萬(십만)이다.' ("十萬曰億" 집주).

137 "天命靡常"(천명미상)이란 천명은 늘 옮겨 다닌다는 말이다. 이미 천명을 받은 왕이라도 항상 조심하고 두려워하라는 경고다. "仁不可爲衆"(인불가위중)에 대해 이런 설명이 참고가 된다. '공자께서 이 시를 읽고 말씀하시기를 어진 자가 있으면 비록 십만의 무리도 그를 감당할 수 없기에 나라 임금이 인을 좋아하면 반드시 천하에 대적할 상대가 없다고 하신 것이다.'("孔子 因讀此詩而言 有仁者則雖有十萬之衆 不能當之故 國君好仁則必無敵 於天下也" 집주)

위력을 발휘하지 못하여) 많은 무리가 제구실을 못하니 나라 임금이 인
(仁)을 좋아하면 천하에 그를 맞설 자가 없다.'고 하셨다.

今也에 欲無敵於天下而不以仁하나니 是猶執熱而不以濯也니
금야　욕무적어천하이불이인　　시유집열이불이탁야

詩云誰能執熱하여 逝不以濯이리오하니라
시운수능집열　　서불이탁

이제 (작은 나라들이 하는 것을 보니) 천하에 적이 없기를 바라면서
어진 정치로 하지 않는다. 이것은 뜨거운 것을 잡고 나서 (그 손을 식히
기 위해) 찬 물로 씻지 않는 것과 같다. 『시경』에 이르기를, '누가 뜨거운
것을 잡고 나서 (그 손을 식히기 위해) 찬 물에 가서 씻지 않겠는가!'라고
했다."

8. 孟子曰不仁者는 可與言哉아 安其危而利其菑하여
맹자왈불인자　가여언재　안기위이리기재

樂其所以亡者하나니 不仁而可與言이면 則何亡國敗家之有리오
락기소이망자　　불인이가여언　　즉하망국패가지유

맹자가 말했다. "(지금의 제후들처럼) 어질지 못한 자는 더불어 말할
수 있는가? 그 위기를 편하게 여기며 그 재앙을 이롭게 여겨서 망하게
만드는 그런 요인을 오히려 즐기는구나. 어질지는 못해도 그래도 더불어
말할 수 있다면 어찌 나라가 망하고 가문이 무너질 일이 있을 것인가!

有孺子歌曰滄浪之水淸兮어든 可以濯我纓이요 滄浪之水濁兮어든
유 유 자 가 왈 창 랑 지 수 청 혜   가 이 탁 아 영   창 랑 지 수 탁 혜

可以濯我足이라하여늘
가 이 탁 아 족

아이들이 노래하는 말에, '창랑의 물이 맑으면 (그 맑은 물에) 내 갓끈
을 씻고 창랑의 물이 탁하면 (그 탁한 물에) 내 발을 닦는다.'고 했다.

孔子曰小子아 聽之하라 淸斯濯纓이요 濁斯濯足矣로소니
공 자 왈 소 자   청 지   청 사 탁 영   탁 사 탁 족 의

自取之也라하시니라
자 취 지 야

공자께서 말씀하시기를, '제자들아, (저 노래를) 들어봐라. 물이 맑으
면 이에 갓끈을 씻고 물이 탁하면 이에 발을 씻는다고 하는구나. 물 그
자체가 (이렇게 다르게 사용되기를) 자초한 것이다.'라고 하셨다.

夫人必自侮然後에 人이 侮之하며 家必自毀而後에 人이 毀之하며
부 인 필 자 모 연 후   인   모 지   가 필 자 훼 이 후   인   훼 지

國必自伐而後에 人이 伐之하나니라
국 필 자 벌 이 후   인   벌 지

무릇 사람은 반드시 스스로 업신여긴 다음에 남이 그를 업신여기며,
가문은 스스로 파괴한 다음에 남이 그 가문을 파괴하며, 나라도 반드시
스스로 해롭게 해서 망하게 한 다음에 남이 그 나라를 정벌하는 것이다.

太甲에 日天作孼은 猶可違어니와 自作孼은 不可活이라하니
태갑　　왈천작얼　　유가위　　　　자작얼　　불가활

此之謂也니라
차 지 위 야

태갑에 말하기를, '하늘이 만든 재앙은 오히려 피할 수 있어도 자기가
만든 재앙은 피해서 살아남을 수 없다.'고 했으니 (재앙은 자초한 것이
라는) 이것을 두고 하는 말이다.

9. 孟子曰桀紂之失天下也는 失其民也니 失其民者는 失其心也라
　　맹자왈걸주지실천하야　　실기민야　　실기민자　　실기심야

得天下有道하니 得其民이면 斯得天下矣리라 得其民이 有道하니
득천하유도　　득기민　　사득천하의　　　득기민　유도

得其心이면 斯得民矣리라 得其心이 有道하니
득기심　　사득민의　　득기심　유도

所欲을 與之聚之요[138] 所惡를 勿施爾也니라
소욕　　여지취지　　소오　물시이야

맹자가 말했다. "폭군 걸과 주가 천하를 잃은 것은 그 백성을 잃은
때문이다. 그 백성을 잃은 것은 그 민심을 잃은 것이다. 천하를 얻는데
방법이 있다. 그 백성을 얻으면 이에 천하를 얻는다. 그 백성을 얻는데

---

138 "與之聚之"에서 與자를 '爲'(위하다)의 뜻으로 설명하기도 한다. '與는 爲와 같다. 곧
백성을 위하는 것이다.'("與 猶爲也 乃爲民也" 김장생 「經書辨疑」)

방법이 있다. 그 민심을 얻으면 이에 백성을 얻는다. 그 민심을 얻는데
방법이 있다. 백성이 하고자 하는 것을 행하면서 모아주고 백성이 싫어
하는 것을 행하지 않는 것이다.

民之歸仁也猶水之就下며 獸之走壙也니라
민 지 귀 인 야 유 수 지 취 하　　수 지 주 광 야

어진 통치자에게로 백성이 귀의하는 것은 물이 아래로 흐르고 짐승이
넓은 들판으로 달려 나가는 것과 같다.

故로 爲淵敺魚者는 獺也요 爲叢敺爵者는[139] 鸇也요 爲湯武敺民者는
고　　위 연 구 어 자　　달 야　　위 총 구 작 자　　　전 야　　위 탕 무 구 민 자

桀與紂也니라
걸 여 주 야

그래서 깊은 물로 물고기를 몰아주는 것은 수달이고, 무성한 풀숲으
로 참새를 몰아주는 것은 매고, 탕왕과 무왕에게 백성을 몰아주는 자는
(폭군) 걸과 주인 것이다.

今天下之君이 有好仁者면 則諸侯皆爲之敺矣리니 雖欲無王이나
금 천 하 지 군　　유 호 인 자　　즉 제 후 개 위 지 구 의　　　수 욕 무 왕

不可得已니라
불 가 득 이

---

139 爵(작)은 雀(작)자와 같다. 雀(작)은 작은 참새다. 鸇(전)은 참새를 잡아먹는 새매다.

(어질지 못한 제후들이 나라의 재앙을 자초하고 있는) 이제, 천하의 임금 중에서 인을 좋아할 자가 있으면 (난폭한) 제후들이 모두 그에게로 (그들의) 백성을 몰아줄 것이니 비록 왕으로 군림하지 않으려 해도 안 될 수가 없다.

今之欲王者는 猶七年之病에 求三年之艾也니 苟爲不畜이면
금 지 욕 왕 자   유 칠 년 지 병   구 삼 년 지 애 야   구 위 불 축

終身不得하리니 苟不志於仁이면 終身憂辱하여 以陷於死亡하리라
종 신 부 득   구 부 지 어 인   종 신 우 욕   이 함 어 사 망

이제 (천하에) 왕이 되려는 자는 7년의 오래된 고질병(폭군의 학정)에 3년 묵은 약쑥(선왕의 어진 정치)을 구하는 것과 같다. 진실로 약쑥을 비축하지 않으면 종신토록 얻지 못할 것이다. (폭정이 오래되었으니 빨리 어진 정치로 치유하라.) 진실로 인에 뜻을 두지 않으면 종신토록 근심하고 치욕을 당하다가 결국에는 죽는 지경에 빠질 것이다.

詩云其何能淑이리오 載胥及溺이라하니 此之謂也니라
시 운 기 하 능 숙   재 서 급 닉   차 지 위 야

『시경』에 이르기를, '(임금과 신하가 선을 권면하지 않는데) 그 어찌 이대로 좋으랴! 곧 서로 빠져죽는 지경에 이를 뿐인데!'라고 했으니 (임금과 신하가 인에 뜻을 두고 있지 않는 지금의 상황) 이것을 두고 하는 말이다."

10. 孟子曰自暴者는 不可與有言也요　自棄者는 不可與有爲也니
　　맹 자 왈 자 포 자　　불 가 여 유 언 야　　자 기 자　　불 가 여 유 위 야

　言非禮義를 謂之自暴也요 吾身不能居仁由義를 謂之自棄也니라
　언 비 례 의　　위 지 자 포 야　　오 신 불 능 거 인 유 의　　위 지 자 기 야

맹자가 말했다. "스스로 해치는 자와는 함께 말을 할 수 없다. 스스로
포기하는 자와는 함께 일을 할 수 없다. 말할 때 예(禮)와 의(義)를 비난
하는 것을 자기학대라고 하고, 내 몸은 인(仁)에 머물고 의(義)에 의거하
기를 못한다고 하는 것을 자기포기라고 한다.

　仁은 人之安宅也요 義는 人之正路也라
　인　　인 지 안 택 야　　의　　인 지 정 로 야

인은 사람의 안전한 거처이며 의는 사람이 걸어갈 바른 길이다.

　曠安宅而弗居하며 舍正路而不由하나니 哀哉라
　광 안 택 이 불 거　　사 정 로 이 불 유　　애 재

넓고 안전한 거처를 비워두고 살지 않으며 바른 길을 버려두고 다니
지 않으니 애석하도다!"

11. 孟子曰道在爾而求諸遠하며[140] 事在易而求諸難하나니 人人이
　　맹 자 왈 도 재 이 이 구 저 원　　　　사 재 이 이 구 저 난　　　　　인 인

親其親하며 長其長이면 而天下平하리라
친 기 친　　　장 기 장　　이 천 하 평

　　맹자가 말했다. "도가 가까운데 있는데 멀리서 구하며, 일의 이치가
쉬운 곳에 있는데 어려운 곳에서 구하는구나. 사람들이 각자 (가장 가까
운 존재인 그) 자신의 부모를 부모로 제대로 섬기고 자신의 형을 형으로
제대로 공경하는 것으로부터 시작하면 천하가 태평하리라."

12. 孟子曰居下位而不獲於上이면 民不可得而治也리라 獲於上이
　　맹 자 왈 거 하 위 이 불 획 어 상　　　　민 불 가 득 이 치 야　　　　획 어 상

有道하니 不信於友면 弗獲於上矣리라
유 도　　　불 신 어 우　　불 획 어 상 의

信於友有道하니 事親弗悅이면 弗信於友矣리라
신 어 우 유 도　　　사 친 불 열　　　불 신 어 우 의

悅親이 有道하니 反身不誠이면 不悅於親矣리라
열 친　　유 도　　　반 신 불 성　　　불 열 어 친 의

誠身이 有道하니 不明乎善이면 不誠其身矣리라
성 신　　유 도　　　불 명 호 선　　　불 성 기 신 의

---

140 "爾"자가 조주본에는 "邇"자로 되어있다. 『유교경전언역총서 맹자』(1923)에 "爾는 邇
字로 通用함이니 가깝다는 뜻이라"라고 언급되어 있다. "事"(사)를 운봉호씨(호병문)는 "人
爲之當然"으로 설명했다(『맹자집주대전』 소주).

맹자가 말했다. "아래에 있으면서 윗분(임금)의 신임을 얻지 못하면 백성을 다스리지 못할 것이다. 윗분의 신임을 얻는데 방법이 있다. 벗에게 신뢰를 받지 못하면 윗분의 신임을 얻지 못할 것이다. 벗에게 신뢰를 받는데 방법이 있다. 부모를 섬겨서 기뻐하시지 않으면 벗에게 신뢰를 받지 못할 것이다. 부모를 기쁘게 하는데 방법이 있다. 자신을 돌아보아 성실하지 않으면 부모가 기뻐하시지 않을 것이다. 그 몸을 성실하게 하는데 방법이 있다. (자신의 몸에 원래 갖추어진) 이치를 궁구하는데 밝지 못하면 그 몸을 성실하게 하지 못할 것이다. (임금을 섬기고 나라를 위하는 근본은 그 몸을 성실하게 수양하는데 있다.)

是故로 誠者는 天之道也요 思誠者는 人之道也니라[141]
시고   성자   천지도야   사성자   인지도야

이런 이유로 (원래 그대로) 성실한 (참된) 것은 하늘의 도며, (애써 노력하며) 성실하기를 (참되기를) 생각하는 것은 사람의 도인 것이다.

至誠而不動者未之有也니 不誠이면 未有能動者也니라
지성이부동자미지유야   불성   미유능동자야

지극히 성실한데 그것으로 감동하지 않을 자는 있지 않으며, 성실하지 (참되지) 않은데 능히 감동할 자는 있지 않다."

---

141 성(誠)과 사성자(思誠者)에 대해서는 집주가 참고가 된다. '성이라는 것은 (하늘에서 받아서) 나에게 보존되어 있는 자연 그대로의 이치가 (애쓰지 않아도 완벽하게 작동하여)

13. 孟子曰伯夷辟紂하여 居北海之濱이러니¹⁴² 聞文王作興하고¹⁴³
　　맹 자 왈 백 이 피 주　　거 북 해 지 빈　　　　문 문 왕 작 흥

曰盍歸乎來리오 吾聞西伯은 善養老者라하고
왈 합 귀 호 래　　　오 문 서 백　　선 양 로 자

太公이 辟紂하여 居東海之濱이러니 聞文王作興하고
태 공　　피 주　　거 동 해 지 빈　　　　문 문 왕 작 흥

모두 진실하여 거짓이 없는 것이니 천도의 참 모습이다. 사성자는 나에게 있는 이런 이치
가 모두 진실하여 거짓이 없도록 애써 노력하려는 것이니 사람이 할 도리의 당연한 것이
다.'("誠者 理之在我者 皆實而無僞 天道之本然也 思誠者 欲此理之在我者 皆實而無僞 人
道之當然也")

142 '북해(北海)는 제나라 군 이름인데 동해에서 멀지 않다'("北海即齊之郡名距東海不遠")
이라는 설명이 도암 이제의 『맹자강설』에 있어서 북해를 지명으로 번역했다.

143 "作興"에 대한 구두와 해석이 여러 가지다. ①"聞文王作興하고 曰"이라고 하면서,
"文王의 作興흠을 듣고"라고 해석할 수 있겠다. 作興을 하나로 묶어서 해석하는 것이다.
『맹자언해』(내각장판; 임술계춘 영영중간)와 같은 관본 언해에 이렇게 되어 있다. 이런
관본언해를 따르는 경향이 있는 근대적인 활자본 『맹자』(玄公廉 발행, 搭印社, 1908), 『맹
자집주』(동양서원, 1909), 『孟子講演』(문익서관, 1913), 『비지구해 맹자집주』(신구서림,
1914), 『현토석자구해 집주맹자』(玄采 발행, 성문사, 1917)에서도 구두와 해석이 동일하다.
정약용도 이런 논의를 소개하고 '우리는 文王作興으로 구두를 하는데 漢나라 때 독법과
부합한다.'("吾東以文王作興爲句 自與漢合")고 하면서 作興을 하나로 읽는 독법을 따랐다.
집주에는 '作과 興 모두 일어난다는 것이다.'("作興 皆起也")는 설명이 있다. 그 소주에
'문왕이 일어나 방백이 되었다는 말이다.'("言文王起而爲方伯")라는 보충 설명이 있다. '作'
과 '興'을 일어날 起자로 해석하는 것이다. 이런 집주의 설명을 참고하여 ②구두를 "聞文
王作하고 興曰"이라고 할 수도 있겠다. 『孟子栗谷諺解』, 『新訂四書補註備旨 孟子』(鄧林), 『趙
註孟子』(小林新造藏版), 『孟子譯注』(楊伯峻)에 이렇게 하는 것으로 되어 있다. 구두를 이렇게
하고서 作과 興을 모두 문왕의 행위로 해석할 수 있다. ③ 한편 『孟子栗谷諺解』와 같이
그 해석을 "文王의 作흐샤믈듯고 興흐야 굴오딕"라고 하면서 興의 주체를 백이나 태공으
로 할 수 있겠다. 金昌協(1651-1708)의 『農巖集』別集卷之三(『韓國文集叢刊』 162) 附錄
二 語錄 魚有鳳錄에, '作은 문왕이 일어나는 것이고 興은 백이와 태공 두 노인이 일어나는
것이다.'("蓋作者 文王起也 興者 二老起也")라는 설명이 인용되어 있다. 김장생의 「경서변
의」에도 '作은 당연히 문왕에 속하고 興은 당연히 백이 태공 두 노인에 속한다.'("作當屬文
王 興當屬二老")라는 설명이 있다.

曰盍歸乎來리오 吾聞西伯은 善養老者라하니라
왈 합 귀 호 래   오 문 서 백   선 양 로 자

맹자가 말했다. "백이가 주(紂)의 폭정을 피해 멀리 북해의 물가에 살
았다. 문왕이 (왕도정치를 하며) 일어났다는 말을 듣고 말하기를, '어찌
돌아가지 않겠는가! 내 듣자하니 서백(문왕)은 노인을 잘 봉양한다는데!'
라고 했다. 태공도 주의 폭정을 피해 멀리 동해의 물가에 살았다. 문왕이
(왕도정치로 나라를) 일으킨다는 말을 듣고 말하기를 '어찌 돌아가지 않
겠는가! 내 듣자하니 서백(문왕)은 노인을 잘 봉양한다는데!'라고 했다.

二老者는 天下之大老也而歸之하니 是는 天下之父歸之也라
이 로 자   천 하 지 대 로 야 이 귀 지   시   천 하 지 부 귀 지 야

天下之父歸之어니 其子焉往이리오
천 하 지 부 귀 지   기 자 언 왕

(백이와 태공) 두 노인은 천하에 존경받는 원로인데 (문왕에게) 귀의
했으니 이는 천하의 아버지들이 (문왕에게) 귀의한 것이다. 천하의 아버
지들이 귀의했는데 그 자식들이 어디로 가겠는가?

諸侯有行文王之政者면 七年之內에 必爲政於天下矣리라
제 후 유 행 문 왕 지 정 자   칠 년 지 내   필 위 정 어 천 하 의

제후로서 문왕의 (어진) 정치를 실행할 자가 있으면 7년 이내에 반드
시 (백성이 귀의하여) 천하에 정치를 할 것이다."

14. 孟子曰求也爲季氏宰하여 無能改於其德이오 而賦粟이
　　맹 자 왈 구 야 위 계 씨 재　　　無能改於其德　　이 부 속

倍他日한대 孔子曰求는 非我徒也로소니
배 타 일　　공 자 왈 구　　비 아 도 야

小子아 鳴鼓而攻之可也라하시니라
소 자　　명 고 이 공 지 가 야

　　맹자가 말했다. "(공자의 제자) 구(염구)는 계씨의 가신이 되어서 그의
덕을 고치게 하지는 못하고 세금만 평소보다 곱절로 징수했다. 공자께
서 말씀하시기를, '구는 우리의 동지가 아니다. 제자들아, 그 죄를 성토
하여 문책해도 된다!'고 하셨다.

由此觀之컨댄 君不行仁政而富之면 皆棄於孔子者也니
유 차 관 지　　군 불 행 인 정 이 부 지　　개 기 어 공 자 자 야

況於爲之強戰하여 爭地以戰에 殺人盈野하며 爭城以戰에
황 어 위 지 강 전　　쟁 지 이 전　　살 인 영 야　　쟁 성 이 전

殺人盈城잇다녀 此所謂率土地而食人肉이라
살 인 영 성　　차 소 위 솔 토 지 이 식 인 육

罪不容於死니라
죄 불 용 어 사

　　이런 관점에서 본다면, 임금이 어진 정치를 행하지 않는데 (백성의
재물을 긁어모아 주군을) 부자로 만들면 모두 공자에게 버림받을 자인
것이다. 하물며 임금에게 전쟁을 강권해서 토지를 쟁탈하는 싸움을 벌
이게 하여 사람을 죽여 그 시체가 들판에 가득하고 성을 차지하는 싸움

을 벌이게 하여 사람을 죽여 그 시체가 성안에 가득하게 만드는 자는 어떠하겠는가! (임금에게 전쟁을 강권하는) 이런 짓을 두고 토지가 인육을 먹게 한다고 말하는 것이니, 그 죄 죽어도 용서받지 못하리라.

故로 善戰者는 服上刑하고 連諸侯者次之하고
고　　선전자　　복상형　　　연제후자차지

辟草萊任土地者次之니라
벽초래임토지자차지

그래서 (영토에 대한 욕심으로 벌이는) 전투를 잘하는 자는 마땅히 극형으로 처벌하고, 제후를 연합시키는 자는 그 아래 단계로 처벌하고, 풀과 쑥대가 자라는 황무지를 개간해서 그 경작 부담을 백성에게 맡기는 자는 그 아래 단계로 처벌한다."

15. 孟子曰存乎人者莫良於眸子하니　眸子不能掩其惡하나니　胸中이
　　맹자왈존호인자막량어모자　　　모자불능엄기악　　　　흉중

正則眸子瞭焉하고 胸中이 不正則眸子眊焉이니라
정즉모자료언　　　흉중　부정즉모자모언

맹자가 말했다. "사람을 보는데 있어서 눈동자만큼 좋은 것이 없다. 눈동자는 (가슴속에 있는) 그 나쁜 것을 숨기지 못한다. 가슴속이 바르면 눈동자가 밝고 또렷하고 가슴속이 바르지 않으면 눈동자가 흐릿하다.

聽其言也요 觀其眸子면 人焉廋哉리오
청 기 언 야   관 기 모 자   인 언 수 재

그 말을 들어보고 그 눈동자를 보는데 사람이 어찌 숨기랴!"

16. 孟子曰恭者는 不侮人하고 儉者는 不奪人하나니 侮奪人之君은
     맹 자 왈 공 자   불 모 인   검 자   불 탈 인   모 탈 인 지 군

惟恐不順焉이어니 惡得爲恭儉이리오 恭儉은
유 공 불 순 언   오 득 위 공 검   공 검

豈可以聲音笑貌爲哉리오
기 가 이 성 음 소 모 위 재

맹자가 말했다. "공손한 자는 사람을 업신여기지 않는다. 검소한 자는
사람을 약탈하지 않는다. 사람을 업신여기고 약탈하는 임금은 오직 (백
성이) 순종하지 않을 것을 두려워한다. 이런 그가 어찌 공손하고 검소할
수 있으랴? 공손하고 검소한 그 미덕을 어찌 (인위적인) 목소리와 웃음,
외모로 꾸밀 수 있겠는가?"

17. 淳于髡이 曰男女授受不親이 禮與잇가 孟子曰禮也니라
     순 우 곤   왈 남 녀 수 수 불 친   례 여   맹 자 왈 례 야

曰嫂溺則援之以手乎잇가 曰嫂溺不援이면 是는 豺狼也니
왈 수 닉 즉 원 지 이 수 호   왈 수 닉 불 원   시   시 랑 야

男女授受不親은 禮也요 嫂溺이어든 援之以手者는 權也니라

남녀수수불친　례야　수닉　　　　원지이수자　권야

(제나라의 말 잘하는 사람) 순우곤이 말했다. "남녀는 물건을 주고받을 때 직접 손으로 (접촉하면서) 주고받지 않는 것이 예법이라면서요?" 맹자가 말했다. "예법이 그렇습니다." 순우곤이 말했다. "그렇다면 형수가 물에 빠졌을 때 직접 손을 잡고 구할 수 있나요?" 맹자가 말했다. "형수가 물에 빠졌는데 구하지 않으면 이것은 이리와 승냥입니다. 남녀가 손을 직접 접촉하면서 주고받지 않는 것은 (평소에 지키는) 예법입니다. 그러나 형수가 물에 빠졌을 때 손으로 직접 구하는 것은 (응급상황에 대처하는) 권도(權道)입니다."

권(權)은 막대저울에서 무게에 따라 이동하는 저울추다. 원칙을 지켜야 하지만 상황이 어쩔 수 없다면 부득이 상황에 맞게 대응한다는 권도(權道)라는 말이 있다.

曰今天下溺矣어늘 夫子之不援은 何也잇고

왈금천하닉의　　부자지불원　하야

순우곤이 말했다. "이제 천하의 사람들이 물에 빠졌는데 선생님은 왜 구하지 않습니까?"

曰天下溺이어든 援之以道요 嫂溺이어든 援之以手니

왈천하닉　　원지이도　수닉　　원지이수

子欲手援天下乎아
자 욕 수 원 천 하 호

맹자가 말했다. "천하의 사람들이 물에 빠졌을 때는 도(道)로써 구하고, 형수가 물에 빠졌을 때는 손으로 구합니다. 그대는 손으로 천하의 사람들을 구하려 합니까?"

18. 公孫丑曰君子之不敎子는 何也잇고
공 손 추 왈 군 자 지 불 교 자   하 야

공손추가 말했다. "군자는 자식을 직접 가르치지 않는다는데 왜 그렇습니까?"

孟子曰勢不行也니라 敎者는 必以正이니 以正不行이어든
맹 자 왈 세 불 행 야   교 자   필 이 정   이 정 불 행

繼之以怒하고 繼之以怒則反夷矣니 夫子敎我以正하사대
계 지 이 노   계 지 이 노 즉 반 이 의   부 자 교 아 이 정

夫子도 未出於正也라하면 則是父子相夷也니 父子相夷則惡矣니라
부 자   미 출 어 정 야   즉 시 부 자 상 이 야   부 자 상 이 즉 악 의

맹자가 말했다. "그럴 수밖에 없다. 가르칠 때에는 반드시 바른 것으로 해야 한다. 바른 것으로 가르치는데 행해지지 않으면 (벌컥) 화를 내는 일이 생기고 화를 내는 일이 생기면 도리어 마음이 상한다. '(자식도 말하기를) 아버지께서 나를 바른 것으로 가르치시지만 아버지 행실도

바른 것에서 나오는 것이 아니다.'라고 하면 이는 부자의 정을 서로 상하게 하는 것이다. 부자의 정을 서로 상하게 하는 것은 최악이다.

古者에 易子而敎之하니라
고자   역자이교지

(그래서) 옛날에는 자식을 바꿔서 가르쳤다.

父子之間은 不責善이니 責善則離하나니¹⁴⁴ 離則不祥이 莫大焉이니라
부자지간   불책선   책선즉리   리즉불상   막대언

아버지와 자식 사이에서는 서로 옳은 일을 하도록 책망하지 않는다. 서로 옳은 일을 하도록 책망하다보면 사이가 벌어진다. (부자사이에) 사이가 벌어지면 좋지 않음이 이보다 심한 것은 없다.”

19. 孟子曰事孰爲大오 事親이 爲大하니라 守孰爲大오 守身이
    맹자왈사숙위대   사친   위대   수숙위대   수신

爲大하니라 不失其身而能事其親者를 吾聞之矣요
위대   불실기신이능사기친자   오문지의

失其身而能事其親者를 吾未之聞也로라
실기신이능사기친자   오미지문야

---

144 책선은 붕우의 도라고 한다(“責善 朋友之道也” 집주).

맹자가 말했다. "섬기는 일에서 무엇이 가장 큰가? 부모 섬기는 것이 가장 큰 일이다. 지키는 일에서 무엇이 가장 큰가? (의롭게) 자신을 지키는 것이 가장 큰 일이다. (의롭게 처신해서 불의에 빠지지 않는 바와 같이) 자신을 잃지 않으면서 부모를 잘 섬긴 사람을 나는 들어본 적이 있다. 그렇지만 (불의를 행하다가) 자신을 잃어버리고 부모를 잘 섬긴 사람을 나는 들어본 적이 없다.

孰不爲事리오마는 事親이 事之本也요 孰不爲守리오마는
숙불위사   사친   사지본야   숙불위수

守身이 守之本也니라
수신   수지본야

무엇인들 (섬기는데 중요한) 일이 아니겠는가? (그렇지만 일의 중요성으로 보면) 부모 섬기는 것이 (사람이 해야 할 중요한) 일의 근본이다. 무엇인들 지키는지 않겠는가? (그렇지만) 자신을 (의롭게) 지키는 것이 지킴의 근본이다.

曾子養曾晳호대 必有酒肉이러시니 將徹할새 必請所與하시며
증자양증석   필유주육   장철   필청소여

問有餘어든 必曰有라하더시다
문유여   필왈유

曾晳이 死커늘 曾元이 養曾子호대 必有酒肉하더니
증석 사   증원 양증자   필유주육

將徹할새 不請所與하며 問有餘어시든 曰亡矣라하니 將以復進也라
장철   불청소여   문유여   왈무의   장이부진야

此所謂養口體者也니 若曾子則可謂養志也니라
차 소 위 양 구 체 자 야　약 증 자 즉 가 위 양 지 야

증자가 증석을 봉양할 때 반드시 술과 고기를 마련해드렸다. 장차 (식사를 마치고) 상을 치울 때 반드시 '누구에게 줄까요?'라고 여쭈었다. 증석이 남은 것이 있냐고 물으면 반드시 '있습니다.'라고 대답했다. 증석이 죽고 (증자의 아들) 증원이 증자를 봉양했다. 증원도 반드시 술과 고기를 마련했다. 그러나 장차 상을 치울 때 '누구에게 줄까요?'라고 물어보지 않았다. 증자가 남은 것이 있냐고 물으면 '없습니다.'라고 대답했다. 장차 증자에게 다시 올리기 위해서 그랬다. 이렇게 하는 것은 이른바 부모의 몸을 봉양한다는 것이다. 증자처럼 해야 부모의 뜻을 봉양했다고 할 수 있다.

事親을 若曾子者可也니라
사 친　　약 증 자 자 가 야

부모 섬기기를 증자처럼 해야 한다."

20. 孟子曰人不足與適也며 政不足間也라[145] 惟大人이야
　　맹 자 왈 인 부 족 여 적 야　　정 부 족 간 야　　　　유 대 인

---

145 "政不足間也"에 대해 집주에 이런 언급이 있다. '間자 위에 또한 마땅히 與자가 있을 것으로 여겨진다.'("愚 謂間字上 亦當有與字"). 『맹자언해』(1612년 판본; 내각장판; 임술계춘 영영중간본)에도 "間간字ᄌᆞ上샹有유與여字ᄌᆞ"라는 설명이 추가되어 있다.

爲能格君心之非니 君仁이면 莫不仁이요
위능 격군 심지비 　 군 인 　 막 불 인

君義면 莫不義요 君正이면 莫不正이니 一正君而國이 定矣니라
군 의 　 막불의 　 군 정 　 막부정 　 일정군이국 　 정 의

　맹자가 말했다. "인사(人事)의 과오를 번번이 탓할 것도 아니고 행정의 잘못을 번번이 탓할 것도 아니다. (근본적인 해결이 필요하다. 그것은 모든 문제의 근원인 임금의 마음을 바로잡는 것이다.) 오직 대인이어야 능히 임금 마음의 잘못을 바르게 할 수 있다. 임금이 어질면 (그가 등용하는 사람이) 어질지 않을 수 없고, 임금이 의로우면 (그가 등용한 사람이) 의롭지 않을 수 없고, 임금이 바르면 (그가 등용하는 사람이) 바르지 않을 수 없다. (대인이) 한번 임금 마음을 바로잡으면 나라가 안정된다. (그러니 신하는 시급하게 임금 마음을 바로 잡아야 한다)."

21. 孟子曰有不虞之譽하며 有求全之毁하나니라
맹 자 왈 유 불 우 지 예 　 　 유 구 전 지 훼

　맹자가 말했다. "(실력은 미치지 못하는데) 뜻밖에 얻는 명예가 있고, (내 몸을 바르게 하려고) 의롭게 처신하다가 도리어 비난받는 경우가 있다."[146]

---

146 "有不虞之譽"(유불우지예)와 "有求全之毁"(유구전지훼)에 대한 집주의 설명이 참고가 된다. '여씨가 말했다. 행적은 명예에 이르기에 부족한데 우연히 명예를 얻는 경우가 있으니 이를 불우지예라고 말한다. 훼방을 모면하기를 구하다가 도리어 훼방을 당하는 데에 이르는 이것을 구전지훼라고 말한다. 훼방과 명예의 말이 반드시 모두 실제인 것은 아님

22. 孟子曰人之易其言也는 無責耳矣니라
맹 자 왈 인 지 이 기 언 야   무 책 이 의

맹자가 말했다. "사람이 그 말을 쉽게 하는 것은 (실언에 대한) 책망이 없기 때문이다.[147]

23. 孟子曰人之患이 在好爲人師니라
맹 자 왈 인 지 환   재 호 위 인 사

맹자가 말했다. "사람의 문제는 다른 사람의 선생이 되기를 좋아하는 데에 있다."

을 말한 것이다.'("呂氏曰行不足以致譽而偶得譽 是謂不虞之譽 求免於毀而反致毀 是謂求全之毀 言毀譽之言 未必皆實"). 조주의 설명도 같은 취지다. 정약용은 이런 조주와 집주의 설명에 반대한다. '조주는 크게 잘못이다. 집주에 인용된 여씨의 설명 역시 본래 뜻과 차이가 있다. 나는 명예를 요구하다가 명예를 얻는 것이 뜻밖에 얻는 것은 아니라고 생각한다. 무릇 모든 일에 진실한 마음으로 곧게 행동하다가 훼방이 있어도 피하지 않아 도리어 이로 인해 명예를 얻는 경우가 있다. 이것이 불우지예다. 우연히 잘못되어 훼방을 받는 것이 구전지훼가 아니다. 반드시 잘못을 범한 다음에 또 허물을 오히려 좋게 포장하고 잘못을 위장하고 그 흔적을 감추려다가 도리어 혹 이로 인해서 더욱 훼손되는 이런 것이 구전지훼다. 여씨가 말한 훼방과 명예의 말이 반드시 다 실제가 아니라고 함은 이 문장의 본래 뜻은 아닌 듯하다.'("趙註大謬 呂說亦差 余謂要譽而得譽者 非不虞也 凡人遇事 信心直行 不避毀謗 反或以此而得譽 此不虞之譽也 偶誤而得毀者 非求全之毀也 必於作過之後 又從而文過飾非 以掩其跡 反或因此而增毀 此求全之毀也 呂氏謂毀譽之言 未必皆實 恐非本旨"「맹자요의」)

147 조주에 이런 설명이 있다. '사람이 경솔하게 그 말을 쉽게 하는 것은 실언에 대해 책망이 없기 때문이다.'("人之輕易其言 不得失言之咎責也"). 같은 의미로 집주에도 '실언에 대한 책망을 당하지 않았기 때문"("人之所以輕易其言 以其未遭失言之責故耳")이라는 설명이 있다.

24. 樂正子從於子敖하여 之齊러니
악 정 자 종 어 자 오　　　　지 제

(맹자의 제자였던) 악정자가 자오(왕환)를 수행하여 제나라에 갔다.

樂正子見孟子한대 孟子曰子亦來見我乎아
악 정 자 현 맹 자　　　맹 자 왈 자 역 래 견 아 호

曰先生은 何爲出此言也시니잇고 曰子來幾日矣오 曰昔者니이다
왈 선 생　　하 위 출 차 언 야　　　　　왈 자 래 기 일 의　　왈 석 자

曰昔者則我出此言也不亦宜乎아 曰舍館을 未定이라이다
왈 석 자 즉 아 출 차 언 야 불 역 의 호　　왈 사 관　　미 정

曰子聞之也아 舍館을 定然後에 求見長者乎아
왈 자 문 지 야　　사 관　　정 연 후　　구 견 장 자 호

악정자가 맹자를 찾아뵈었다. (맹자는 악정자가 권력의 실세인 右師 자오를 수행한 것을 못마땅하게 여기고 있었다.) 맹자가 말했다. "자네도 날 보러오는 일이 있는가?" 악정자 (놀라며) 말했다. "선생님 왜 그런 말씀을 하십니까?" 맹자가 말했다. "자네가 여기에 온지 며칠인가?" 악정자가 말했다. "어제입니다." 맹자가 말했다. "어제라면 내가 이런 말을 하는 것이 당연하지 않는가?" 악정자가 말했다. "머무를 숙소를 정하지 못해서 그랬습니다." 맹자가 말했다. "자네는 머무를 숙소를 정한 다음에 어른을 찾아뵌다는 말을 들어봤는가?"

曰克이 有罪호이다
왈 극　　유 죄

악정자가 말했다. "극(악정자)이 잘못했습니다."

25. 孟子謂樂正子曰子之從於子敖來는 徒餔啜也로다
　　　맹 자 위 악 정 자 왈 자 지 종 어 자 오 래　　　도 포 철 야

我不意子學古之道而以餔啜也호라
아 불 의 자 학 고 지 도 이 이 포 철 야

　　맹자가 악정자에게 말했다. "(자네가 나를 늦게 찾아온 것만 탓하는
것이 아닐세.) 자네가 자오를 수행하여 온 것은 (따를 사람과 따르지 말
아야 할 사람을 구별하지 않은 것이니 자네의 처신은) 단지 먹고 마시기
위한 것이야. 나는 자네가 옛날의 도를 공부해서 단지 먹고 마시는데
쓸 줄은 몰랐네."

26. 孟子曰不孝有三하니 無後爲大하니라
　　　맹 자 왈 불 효 유 삼　　　　무 후 위 대

　　맹자가 말했다. "불효가 세 가지인데, 후손이 없는 것이 큰 불효다.

舜이 不告而娶는 爲無後也시니 君子以爲猶告也라하니라
순　　불 고 이 취　　위 무 후 야　　군 자 이 위 유 고 야

　　순이 (부모에게) 알리지 않고 결혼한 것은 후손이 없음을 걱정한 때문
이다. 그래서 (이런 사정을 잘 아는) 군자는 이것을 부모에게 알린 것과

같다고 하는 것이다."

27. 孟子曰仁之實은 事親이 是也요 義之實은 從兄이 是也니라
　　 맹자왈인지실　　 사친　　 시야　　 의지실　　 종형　　 시야

맹자가 말했다. "인(仁)의 핵심은 부모를 섬기는 일이 바로 그것이다.
의(義)의 핵심은 형을 따르는 일이 바로 그것이다.

智之實은 知斯二者하여 弗去是也요 禮之實은 節文斯二者是也요
지지실　　 지사이자　　 불거시야　　 례지실　　 절문사이자시야

樂之實은 樂斯二者니 樂則生矣니 生則惡可已也리오
악지실　　 락사이자　　 락즉생의　　 생즉오가이야

惡可已則不知足之蹈之하며 手之舞之니라
오가이즉부지족지도지　　 　 수지무지

지(智)의 핵심은 (부모를 섬기고 형을 따르는) 이 두 가지를 잘 알아서
버리지 않는 것이다. 예(禮)의 핵심은 이 두 가지를 절도 있게 표현하는
것이다. 음악의 핵심은 이 두 가지를 즐기는 것이다. 즐기면 (효도하고
따르는 마음이) 생겨날 것이다. 그런 것이 생겨나면 (비록 효도하고 따
르기를 그만두려고 해도) 어찌 그만둘 수 있겠는가? 어찌해도 그만두지
못하는 단계라면 (인의가 저절로 되는 수준이라서) 자신도 모르게 (즐거
워 저절로) 발로 뛰고 손으로 춤추게 된다."

28. 孟子曰天下大悅而將歸己어든 視天下悅而歸己호대 猶草芥也는
　　맹 자 왈 천 하 대 열 이 장 귀 기　　　시 천 하 열 이 귀 기　　　유 초 개 야

惟舜이 爲然하시니 不得乎親이란 不可以爲人이요
유 순　　위 연　　　부 득 호 친　　　불 가 이 위 인

不順乎親이란 不可以爲子러시다
불 순 호 친　　　불 가 이 위 자

　맹자가 말했다. "천하의 백성이 크게 기뻐하여 자기에게 귀의하는데 (그런 것을) 초개와 같이 여긴 분이 있었는데 오직 순임금이 그렇게 하셨다. (그는) 부모에게 마음을 얻지 못하면 사람이 되지 못한다고 하시고 부모에게 순종하지 못하면 자식이 되지 못한다고 하셨다.

舜이 盡事親之道而瞽瞍底豫하니 瞽瞍底豫而天下化하며
순　　진 사 친 지 도 이 고 수 지 예　　　고 수 지 예 이 천 하 화

瞽瞍底豫而天下之爲父子者定하니 此之謂大孝니라
고 수 지 예 이 천 하 지 위 부 자 자 정　　　차 지 위 대 효

　순이 부모 섬기는 도리를 다하자 (자애롭지 못했던 그의 아버지) 고수가 마침내 감동하여 기뻐하게 되었다. 고수가 감동하여 기뻐하자 (순의 효도에 의해) 천하가 감화되었고 고수가 감동하여 기뻐하자 천하에 아버지와 자식의 도(道)가 정립되었으니, 바로 이런 것을 대효라 한다."

권 8

이루장구 하

離婁章句下

乎公正大之體之可見矣且九月成之章甚好震功已畢民力可因以

不可不知也

君親臣子正章

凡玉言歎為君警所而咎必王曰為子斯可為服云為金不

及兩曰責人之意在此可見必此語識也

無罪殺士章　格物

凡天下去守士下彼子何耶曰去以去官言而去國之意包在其中

後毛言也

君仁莫不仁事

凡愛不仁莫不義何為其共明由仁義者人之心畫有故立行于放使

禮智也

모두 33장이다. ① 임금과 신하가 서로를 대하는 마음과 태도, ② 지식의 문제와 지식인의 처신, 그리고 ③ 위대한 임금과 신하의 행적을 설명했다.

1. **孟子曰舜은 生於諸馮하사[148]遷於負夏하사 卒於鳴條하시니**
   맹 자 왈 순   생 어 저 풍   천 어 부 하   졸 어 명 조

   東夷之人也시니라
   동 이 지 인 야

   맹자가 말했다. "순은 저풍에서 태어나 부하에 옮겨 살았고 명조에서 돌아가셨다. 동쪽 변방 사람이다.

   文王은 生於岐周하사 卒於畢郢하시니 西夷之人也시니라
   문 왕   생 어 기 주   졸 어 필 영   서 이 지 인 야

   문왕은 기주에서 태어나 필영에서 돌아가셨다. 서쪽 변방 사람이다.

   地之相去也千有餘里며 世之相後也千有餘歲로대 得志行乎中國하산
   지 지 상 거 야 천 유 여 리   세 지 상 후 야 천 유 여 세   득 지 행 호 중 국

   若合符節하니라
   약 합 부 절

---

148 "馮"은 '탈 빙, 성 풍'으로 읽는다. 대법원 지정 인명용 한자음은 '풍'이다.

(두 분이 살았던) 지역의 거리가 천 리가 넘고, 살았던 세대의 시간 차이가 천년이 넘는다. 그러나 이들이 뜻을 세우고 중국에서 실천함에 있어서는 (증표로 삼기 위해 글을 새긴 옥돌을 쪼개어 갖는) 부절을 합한 듯하였다.

先聖後聖이 其揆一也니라
선 성 후 성　　기 규 일 야

앞의 성인이나 뒤의 성인이나 그 법도는 동일하였다."

2. 子産이 聽鄭國之政할새 以其乘輿로 濟人於溱洧한대
자 산　　청 정 국 지 정　　이 기 승 여　　제 인 어 진 유

(정나라 대부) 자산이 정나라 정무를 총괄할 때 자기 수레로 (다리가 설치되어 있지 않은) 진수와 유수에서 사람들을 건너게 해주었다.

孟子曰惠而不知爲政이로다
맹 자 왈 혜 이 부 지 위 정

맹자가 말했다. "은혜롭지만 정치를 모르는구나!

歲十一月에 徒杠이 成하며 十二月에 輿梁이 成하면 民未病涉也니라
세 십 일 월　　도 강　　성　　십 이 월　　여 량　　성　　민 미 병 섭 야

(급한 농사일이 끝나는) 11월에 걸어 다니는 사람을 위한 다리를 완성하고, 12월에 수레가 통행하는 다리를 완성하면 백성이 물 건너는 걱정이란 하지 않게 된다.

君子平其政이면 行辟人이 可也니 焉得人人而濟之리오
군자평기정　　행벽인　　가야　　언득인인이제지

군자가 (모두 혜택이 돌아가도록 공평무사하게) 그 정치를 제도로 이끌면 행차할 때 길가는 사람들을 물러서게 해도 된다. (위압적으로 하는 것이 아니라 법도와 기강이 있어서 그렇게 되는 것이다. 정치는 공적인 법도와 정책을 통하여 모두를 위한 이익을 실현하는 것이다.) 어찌 만나는 사람마다 (자기 수레로 개별적으로 은혜를 베풀 듯이) 물을 건너게 해준단 말이냐?

故로 爲政者每人而悅之면 日亦不足矣리라
고　　위정자매인이열지　　일역부족의

그렇기 때문에 정치하는 자가 만나는 사람마다 (개별적으로) 기쁘게 해주려면 날이 또한 부족할 것이다."

3. **孟子告齊宣王曰君之視臣이 如手足則臣視君을 如腹心하고**
　맹자고제선왕왈군지시신　　여수족즉신시군　　여복심

　君之視臣이 如犬馬則臣視君을 如國人하고
　군지시신　　여견마즉신시군　　여국인

君之視臣이 如土芥則臣視君을 如寇讎니이다
군지시신　　여토개즉신시군　　여구수

맹자가 제선왕에게 말했다. "임금이 신하 보기를 (자기 자신의) 팔 다리처럼 (자신과 일체로 귀하게) 여기면 신하가 임금 보기를 자기 배와 심장처럼 (귀하게) 여길 것입니다. 임금이 신하 보기를 개와 말처럼 (무심하게) 여기면 신하는 임금 보기를 (자신과는 상관없는) 길가는 사람과 같은 (무심한) 존재로 여길 것입니다. 임금이 신하보기를 흙과 지푸라기와 같이 천하게 여기면 신하는 그 임금 보기를 원수같이 할 것입니다."

王曰禮에 爲舊君有服하니 何如라야 斯可爲服矣니잇고
왕왈례　　위구군유복　　　하여　　사가위복의

왕이 말했다. "예법에 (나라를 떠난 신하가) 옛 임금을 위하여 상복을 입는다는데, 어떻게 해야 이에 상복을 입습니까?"

曰諫行言聽하여 膏澤이 下於民이요 有故而去則君이
왈간행언청　　고택　　하어민　　유고이거즉군

使人導之出疆하고 又先於其所往하며 去三年不反然後에
사인도지출강　　우선어기소왕　　거삼년불반연후

收其田里하나니 此之謂三有禮焉이니 如此則爲之服矣니이다
수기전리　　차지위삼유례언　　여차즉위지복의

맹자가 말했다. "(임금의 잘못을) 충고하면 실행하고 좋은 정책을 말해주면 잘 들었다가 실행에 옮겨서 정치의 은택이 백성에게 미치고, (우연히) 까닭이 있어서 신하가 나라를 떠나면 임금은 (그 신하가 재물을 약탈당하는 사고를 막기 위해) 사람을 시켜서 국경까지 호위하고 또 그가 갈 곳에 (그가 좋은 신하라는 점을) 미리 알려주고, 3년이 지나도 그가 돌아오지 않음을 확인한 다음에야 녹봉으로 주었던 전지를 회수합니다. 이렇게 하는 것을 (임금이 신하에게 취할) 세 가지 예(禮)가 있다고 합니다. 이렇게 하면 신하가 옛 임금을 위해 상복을 입습니다.

今也엔 爲臣이라 諫則不行하며 言則不聽하여 膏澤이 不下於民이요
금야   위신   간즉불행   언즉불청   고택   불하어민

有故而去則君이 搏執之하고 又極之於其所往하며 去之日에
유고이거즉군   박집지   우극지어기소왕   거지일

遂收其田里하나니 此之謂寇讎니 寇讎에 何服之有리오
수수기전리   차지위구수   구수   하복지유

(그러나) 이제는 그렇지 않아서 신하의 위치에 있기 때문에 임금의 잘못에 대해 충고해도 고치기를 실행하지 않고 좋은 정책을 말해도 듣지를 않아서 (정치의) 은택이 백성에게 미치지 않습니다. (신하가) 사유가 있어서 그 나라를 떠나면 임금이 그를 속박하고 또 그가 가는 곳에서 받아줄 데가 없게 해서 곤궁하게 만들고, 가는 날 곧장 그 전지를 회수합니다. 이런 것을 원수라고 합니다. 원수를 위해 무슨 상복을 입을 일이 있겠습니까?"

4. 孟子曰無罪而殺士則大夫可以去요 無罪而戮民則士可以徙니라
   맹자왈무죄이살사즉대부가이거   무죄이륙민즉사가이사

맹자가 말했다. "죄가 없는데 선비를 죽이면 (장차 폭정이 더욱 심해질 것이라는 기미를 알아보고, 피해가 임박하기 전에 미리) 대부는 떠난다. 죄가 없는데 백성을 살육하면 선비는 (미리 다른 나라로) 옮겨간다."

5. 孟子曰君仁이면 莫不仁이요 君義이면 莫不義니라
맹 자 왈 군 인   막 불 인   군 의   막 불 의

맹자가 말했다. "임금이 어질면 어질지 않은 자가 없고 임금이 의로우면 의롭지 않은 자가 없다."[149]

6. 孟子曰非禮之禮와 非義之義를 大人이 弗爲니라
맹 자 왈 비 례 지 례   비 의 지 의   대 인   불 위

맹자가 말했다. "예(禮)인 것 같지만 실제는 예가 아니고 의(義)인 것 같지만 실제는 의가 아닌 것을 대인은 행하지 않는다."[150]

---

149 이 문장은 바로 앞에도 나왔었다. 말은 동일하지만 그 맥락이 다르다. 여기서는 임금을 아무도 말리지 못하는 (또는 않는) 상황에서 그가 함부로 죽이는 그런 사태가 오기 전에 미리 떠나라고 경고하는 말이다. 집주에 그런 설명이 있다. '장씨가 말했다. 이 章은 앞에 나온 것인데 또 나왔다. 그러나 위의 篇에서는 신하로서 시급하게 임금의 마음을 바로 잡는 것을 주로 말했고, 여기서는 곧 임금을 경계함이니 의미 또한 조금 다르다.'("張氏曰 此章 重出 然 上篇 主言人臣當以正君爲急 此章 直戒人君 義亦小異耳")
150 예가 아닌 예, 의가 아닌 의는 어떤 것인가? 『孟子講演』(문익서관, 1913)에 이런 문답이 있다. '질문: 예가 아닌 예와 의가 아닌 의는 무엇인가요? 답: 양을 훔친 아버지를 고발한 자식은 그 스스로 정직하다고 여겼지만 공자는 이를 정직이 아닌 정직이라고 우회적으로 비판했다. 높은 벼슬을 하는 형의 재산을 부정하게 여긴 동생이 그 형의 집에서 거위

7. 孟子曰中也養不中하며 才也養不才라 故로 人樂有賢父兄也니
   맹자왈중야양부중   재야양부재   고   인락유현부형야

如中也棄不中하며 才也棄不才면 則賢不肖之相去其間이
여중야기부중   재야기부재   즉현불초지상거기간

不能以寸이니라
불능이촌

맹자가 말했다. "(그 덕이 과하거나 부족함이 없이) 중심을 잡은 사람
은 중심을 잡지 못한 사람을 길러주고, 재주 있는 사람은 재주 없는 사람
을 길러준다. 그렇기 때문에 사람들은 현명한 부형(父兄)이 있음을 즐거
워하는 것이다. 만약 중심을 잡은 사람이 중심을 잡지 못한 사람을 방치
하고 재주 있는 사람이 재주 없는 사람을 방치한다면 곧 똑똑한 사람과
그렇지 못한 사람의 간격은 한 치도 안 될 것이다."

8. 孟子曰人有不爲也而後에 可以有爲니라
   맹자왈인유불위야이후   가이유위

맹자가 말했다. "사람은 (반드시 자신의 신념에 따라) 결코 하지 않는
일이 있은 다음에야 반드시 (올바른 것을) 하는 일이 있는 법이다."

고기를 모르고 먹고는 나중에 토해버리는 것을 그 동생은 스스로 염치가 있는 자라고
여겼으나 맹자는 이런 것을 염치가 아닌 염치로 보았다.'("問 非禮之禮 非義之義 演 證羊
之子 自以爲直而尼師 譏之 以非直之直 哇鵝之弟 而鄒聖 斥之 以非廉之廉"). 집주의 설명
도 도움이 된다. '이치를 정밀하게 살피지 않아서 이런 두 종류 폐단이 있는 것이다. 대인
은 매사에 순리를 따르고 그 때와 장소에 부합하는 이치에 따라 마땅하게 처신하니 어찌
이런 일이 있으랴!'("察理不精故 有二者之蔽 大人則隨事而順理 因時而處宜 豈爲是哉")

9. 孟子曰言人之不善하다가 當如後患에 何오
　　맹 자 왈 언 인 지 불 선　　　당 여 후 환　　 하

　맹자가 말했다. "다른 사람의 부정한 짓을 지적하다가 그로 인해 생길 근심을 어찌 할 것인가?"[151]

10. 孟子曰仲尼는 不爲已甚者러시다
　　 맹 자 왈 중 니　　 불 위 이 심 자

　맹자가 말했다. "중니는 (남에게) 너무 심하게 하지 않는 분이셨다."

11. 孟子曰大人者는 言不必信이며 行不必果요 惟義所在니라
　　 맹 자 왈 대 인 자　　 언 불 필 신　　　 행 불 필 과　　 유 의 소 재

　맹자가 말했다. "대인은 말을 할 때 (신뢰가 있으나 그렇다고 해서 반드시) 신뢰만을 기필하지 않으며, 행동을 하는데 (용맹하게 결단해왔으나 그렇다고 해서 반드시) 용감한 결단만을 기필하지 않는다. (신뢰와 용감한 결단에 집착하다가 오히려 의로움을 놓칠 수 있기 때문이다. 말과 행동에서) 오직 의로움이 있는 바를 따를 뿐이다."

---

151 군자는 사람의 악한 점을 너그럽게 봐준다. 그렇지만 '공적인 직책을 맡고 있을 때에는 간사하고 악한 짓을 행하고 있음을 보면 마땅히 말을 해야 후환을 생각하고 침묵하는 것은 불가하다.'("若當官而行有姦慝當言又不可顧後患而緘黙也"『맹자집주대전』소주 신안 진씨)

12. 孟子曰大人者는 不失其赤子之心者也니라
    맹자왈대인자   불실기적자지심자야

맹자가 말했다. "대인은 어린 아이의 (순수하고 온전한) 그 마음을 잃지 않은 사람이다."

13. 孟子曰養生者不足以當大事요 惟送死아 可以當大事니라
    맹자왈양생자부족이당대사   유송사   가이당대사

맹자가 말했다. "살아계실 때 섬기는 것은 (나중에도 만회할 기회가 있으니) 대사에 해당되지 않는다. 오직 돌아가신 분을 보내는 상사(喪事)가 대사에 해당된다."

14. 孟子曰君子深造之以道는 欲其自得之也니 自得之則居之安하고
    맹자왈군자심조지이도   욕기자득지야   자득지즉거지안

居之安則資之深하고 資之深則取之左右에 逢其原이니 故로
거지안즉자지심   자지심즉취지좌우   봉기원   고

君子는 欲其自得之也니라
군자   욕기자득지야

맹자가 말했다. "군자가 (묵묵하게) 바른 방법에 입각하여 스스로 깊은 도(道)의 경지에 나아가기를 멈추지 않는 것은 (스스로 터득하여) 자득(自得)하기 위한 것이다. 자득하면 (스스로 터득한 바가) 확고하게 자

리 잡고, 확고하게 자리 잡으면 (그 지식을) 자산으로 활용할 바가 무궁하고, (그 지식을) 자산으로 활용할 바가 무궁하면 (지근한 일상의) 좌우에서 찾아도 그 (지식의) 근원을 만난다. 그래서 군자는 자득하려는 것이다."

15. 孟子曰博學而詳說之는 將以反說約也니라
맹자왈박학이상설지   장이반설약야

맹자가 말했다. "널리 배우고 자세하게 그 이치를 말하는 것은 나중에 돌이켜 요약해서 말하려는 것이다."

16. 孟子曰以善服人者는 未有能服人者也니 以善養人然後에
맹자왈이선복인자   미유능복인자야   이선양인연후

能服天下하나니 天下不心服而王者未之有也니라
능복천하   천하불심복이왕자미지유야

맹자가 말했다. "선(善)한 가치를 내세우면서 (억지로) 사람을 복종시키려고 한다면 그 사람을 (진심으로) 복종하게 할 수 없다. (다만 복종시키는데 목적이 있기 때문이다. 선한 사람이 되게 해주겠다는 그런 목적으로) 그 사람의 선한 마음을 길러준 다음에야 능히 천하가 (진심으로) 복종하게 할 수 있다. 천하가 마음으로 복종하지 않는데 왕이 된 자는 있지 않았다."

17. 孟子曰言無實不祥하니 不祥之實은 蔽賢者當之니라
　　맹자왈언무실불상　　　불상지실　　폐현자당지

　　맹자가 말했다. "말에 실상이 없으면 상서롭지 않으니 상서롭지 않은
실상에는 현자를 (관직에 나아가지 못하도록 참소하고) 은폐하는 짓이
해당된다."[152]

18. 徐子曰仲尼亟稱於水曰水哉水哉여하시니 何取於水也시니잇고
　　서자왈중니기칭어수왈수재수재　　　　　하취어수야

　　(맹자의 제자) 서자가 말했다. "중니(공자)는 거듭 물을 찬탄하며 말씀
하시기를 '물이여, 물이여!'라고 하셨는데, 물에서 어떤 의미를 찾으셨나
요?"

　　孟子曰原泉이 混混하여 不舍晝夜하여 盈科而後에 進하여
　　맹자왈원천　　혼혼　　　불사주야　　　영과이후　　진

---

152 집주에 두 가지 해석이 소개되어 있다. '혹자가 말하기를 ① 천하의 말이 실상 상서롭
지 않은 것은 없으나, 오직 현자를 은폐시키는 것이 상서롭지 않은 실상이 되는 것이라고
하고, 혹자는 말하기를 ② 말에 실질이 없는 것이 상서롭지 않기 때문에 (실질이 없는 말
로) 현자를 은폐하는 것이 상서롭지 않은 것의 실상이 된다고 한다. 이렇게 두 해설이
다르니 어느 것이 옳은지 모르겠다.'("或曰天下之言 無有實不詳者 惟蔽賢 爲不詳之實 或
曰言而無實者不詳故 蔽賢 爲不祥之實 二說 不同 未知孰是"). 정약용은 집주에서 천하의
말에 실제로 상서롭지 않은 것은 있지 않으며 오직 현자를 은폐하는 것이 상서롭지 않음
의 실상이라는 설을 언급하면서, 국가가 파탄 나고 망하는 것은 모두 현자를 은폐하는
것에 기인하기에 상서롭지 못함이 이 보다 더한 것이 없다고 해설했다("集曰天下之言 無
有實不祥者 惟蔽賢爲不祥之實 鏞案趙註荒 集義是也 國破家亡 都由蔽賢 不祥孰大於是"
『맹자요의』).

放乎四海하나니 有本者如是라 是之取爾시니라
방호사해　　　　유본자여시　　시지취이

맹자가 말했다. "깊은 근원에서 솟아난 물이 흐르고 흐르기를 밤낮으로 그치지 않다가, 흘러가는 도중에 만나는 구덩이를 채우고 (그 넘친 물이) 다시 흘러서 마침내 큰 바다에 도달한다. 근원이 있음이 이와 같다. (군자가 인격을 수양한 실제가 있어서 근본에서 시작하여 단계적으로 앞으로 나아간다는) 바로 이런 점을 취하신 것이다.

苟爲無本이면 七八月之間에 雨集하여 溝澮皆盈이나 其涸也는[153]
구위무본　　　칠팔월지간　　우집　　구회개영　　　기확(학)야

可立而待也니 故로 聲聞過情을 君子恥之니라
가립이대야　　고　　성문과정　　군자치지

진실로 (물이 솟아나오는 깊은) 근원이 없으면 칠, 팔월 사이에 집중적으로 비가 쏟아져 밭도랑을 다 채우더라도 그것이 말라버리는 것은 서서 기다릴 정도로 잠깐이다. 그래서 칭송하는 소문이 실제보다 과도한 것을 군자는 부끄럽게 여긴다."

---

153 집주에 "涸"는 '마른다'는 뜻이라고 설명되어 있다("涸 乾也"). '涸'의 한자음은 『맹자집주대전』에 반절로 "학"("涸 下各反")으로 표시되어 있다. 『맹자언해』(1590년 교정청간행 도산서원소장본; 내각장판; 임술계춘 영영중간; 율곡언해)에는 "확"으로 되어 있다. 『口訣 孟子大全 上·下』(艮齋 口訣 影印本)에도 수기로 "확"이라고 표시되어 있다. 『유교경전언역총서 맹자』(1923)에도 "확"으로 되어있다. 『전운옥편』(1790), 『신자전』(1915)과 『한한대사전』(단국대)에는 "학"으로 표시되어 있고, 현재 '학'으로 통용되고 있다. '乾'자는 그 음이 집주에 '간'("乾 音干")이라는 설명이 있다.

19. 孟子曰人之所以異於禽獸者幾希하니 庶民은 去之하고
　　　맹 자 왈 인 지 소 이 이 어 금 수 자 기 희　　서 민　　거 지

君子는 存之니라
군 자　　존 지

　　맹자가 말했다. "사람이 짐승과 다른 바는 아주 작은 것이다. 보통의
서민은 (사람과 짐승을 구분하는 기준인 인의를) 버렸고, 군자는 (인의
를) 갖고 있다.

舜은 明於庶物하시며 察於人倫하시니 由仁義行이라
순　　명 어 서 물　　　찰 어 인 륜　　　유 인 의 행

非行仁義也시니라
비 행 인 의 야

　　순은 뭇 사물의 이치에 밝았고 사람의 윤리를 환하게 살폈다. 그래서
다만 (타고난 본성으로 그에게 보존된) 인의(仁義)가 자연스럽게 실행되
었다. (그분은) 힘들이며 인의를 애써 행동으로 옮기는 그런 수준이 아
니었다."

20. 孟子曰禹는 惡旨酒而好善言이러시다
　　　맹 자 왈 우　　오 지 주 이 호 선 언

　　맹자가 말했다. "우는 맛있는 술을 싫어했고 선한 말을 좋아했다.[154]

湯은 執中하시며 立賢無方이러시다
탕   집중   립현무방

탕은 치우침 없이 중용을 지켰고 (인재를 등용할 때) 오직 어진 사람이면 위에 세우고 (친소를 구별하지 않았고 그가 속한 집단의) 종류는 묻지 않았다.

文王은 視民如傷하시며 望道而未之見이러시다
문왕   시민여상   망도이미지견

문왕은 백성 보기를 (백성이) 다친 것[傷]같이 (걱정하는 마음으로) 했고, 도를 보았으나 보지 못한 듯이 했다.

武王은 不泄邇하시며 不忘遠이러시다
무왕   불설이   불망원

무왕은 가까운 신하를 함부로 대하지 않았고 멀리 있는 신하를 잊지 않았다.

周公은 思兼三王하사 以施四事하사대 其有不合者어든 仰而思之하사
주공   사겸삼왕   이시사사   기유불합자   앙이사지

---

154 우가 말하기를, '후세에 술로 그 나라를 망칠 자가 반드시 있을 것'("後世 必有以酒亡其國者" 집주)이라고 했다고 한다. 이렇게 우는 두 가지 물(치수와 술)을 잘 관리한 것으로 유명하다.

夜以繼日하사 幸而得之어시든 坐以待旦이러시다다[155]
야 이 계 일   행 이 득 지   좌 이 대단(조)

　주공은 (우, 탕, 문무) 삼대의 왕들이 가졌던 미덕을 겸비하기를 생각
해서 (그들이 했던) 네 가지를 시행하려고 했다. 그 네 가지 중에서 (시
대와 지역의 차이 때문에) 부합되지 않는 것이 있으면 (하늘을) 우러러
갈망하면서 부합하지 않는 이유를 밤낮으로 생각하다가 다행히 그것을
찾으면 (빨리 시행하려는 급한 마음에) 앉아서 아침을 기다렸다."

21. 孟子曰王者之跡이[156] 熄而詩亡하니 詩亡然後에 春秋作하니라
　　맹 자 왈 왕 자 지 적   식 이 시 망   시 망 연 후   춘 추 작

　맹자가 말했다. "(주나라가 쇠퇴하여) 천하를 바르게 다스리던 왕자
(王者)의 자취가 사라지니 그와 때를 같이하여 시(詩)의 도(道)가 없어졌
다. 시(詩)의 도(道)가 없어지고 난 뒤에 『춘추』가 지어졌다.

　晉之乘과 楚之檮杌과 魯之春秋一也니라
　진 지 승   초 지 도 올   로 지 춘 추 일 야

---

155 "旦"자를 『맹자언해』(1590년 교정청간행 도산서원소장본; 내각장판; 임술계춘 영영중
간; 율곡언해)에서 "됴" "죠"(조)로 읽는 것은 태조 이성계의 휘(諱: 이름)와 같기 때문이다.
아침 단(旦)자와 의미가 같은 '조'(朝)자로 발음했다.
156 "跡"자는 『맹자언해』(1590년 교정청간행 도산서원 소장본; 1612년 간행본; 내각장판,
임술계춘 영영중간; 갑신신간 영영장판; 율곡언해), 근대화 시기에 간행된 현대적인 활자
본 『孟子講演』(문익서관, 1913), 『유교경전언역총서 맹자』(1923), 『정본 맹자집주』(세창
서관, 1957), 『新訂四書補註備旨 孟子』(鄧林)에 "迹"으로 되어 있다.

(사관이 나랏일을 기록했으니) 진나라의 승, 초나라의 도올, 노나라의
춘추는 그 의의(意義)가 한가지다.

其事則齊桓晉文이요 其文則史니
기 사 즉 제 환 진 문　　　기 문 즉 사

孔子曰其義則丘竊取之矣로라 하시니라
공 자 왈 기 의 즉 구 절 취 지 의

(『춘추』에 기록된 바, 이웃나라와 동맹을 맺거나 정벌했던) 그 일은
제환공과 진문공의 일에 대한 기록이고, (『춘추』의) 그 글은 사관이 쓴
것이다. 공자께서 말씀하시기를, '(『춘추』에 내가 더 쓸 것은 더 쓰고
삭제할 것은 지웠으니, 『춘추』에서 시비와 선악을 평정하는) 그 의(義)
는 내가(공자) 슬쩍 (내 관점으로) 취한 것이다.'라고 하셨다."

22. **孟子曰君子之澤도 五世而斬이요 小人之澤도 五世而斬이니라**
　　맹 자 왈 군 자 지 택　　오 세 이 참　　　소 인 지 택　　　오 세 이 참

맹자가 말했다. "군자가 끼친 유택(영향력)도 5세대에 끊어지고, 소인
이 끼친 유택(영향력)도 5세대에 끊어진다.[157]

予未得爲孔子徒也나 予는 私淑諸人也로라
여 미 득 위 공 자 도 야　　여　　사 숙 저 인 야

---

[157] 이 문장에서 군자는 다스리는 자리에 있었던 성현("君子 是聖賢有位者"), 소인은 다스
리는 자리에 있지 않았던 성현("小人 指聖賢無位者")이라는 설명이 있다(『新訂四書補註備
旨 孟子』 鄧林).

나는 공자로부터 직접 가르침을 받은 제자가 되지는 못했으나, 나는 (그분의 덕을 사모해) 사람들로부터 (그 가르침을) 전해 받으며 그 분을 마음의 스승으로 삼고 배웠다."[158]

23. 孟子曰可以取며 可以無取에 取면 傷廉이요 可以與며
　　　맹자왈가이취　　가이무취　　취　　상렴　　　가이여

可以無與에 與면 傷惠요 可以死며 可以無死에 死면 傷勇이니라
가이무여　　여　　상혜　　가이사　　가이무사　　사　　상용

맹자가 말했다. "(무심코) 받아도 되지만 (잘 생각해보면) 받지 않아도 될 경우에 받으면 청렴한 이미지를 손상시킨다. 주어도 되지만 (잘 생각해보면) 주지 않아도 될 경우에 주면 쓸데없이 은혜를 베푼 셈이 된다. 죽어야 할 것 같지만 (잘 생각해보면) 죽지 않아도 되는데 죽으면 과잉으로 용감한 것이다."

24. 逢蒙이[159]學射於羿하여 盡羿之道하고 思天下에 惟羿爲愈己라하여
　　방몽　　　학사어예　　진예지도　　　사천하　　유예위유기

於是에
어시

---

158 '공자 사후 맹자 출생까지 백년이 되지 않았다.'("孟子之生 去孔子未百年也" 집주)는 설명이 있다. 성인의 유택(遺澤)이 남아 전해지고 있어서 맹자가 사숙해서 배울 수 있었다는 말이다.
159 위의 인명 한자자형이 "逢" 또는 "逢"로 되어 있다. 이를 "방"과 "봉"으로 구분하는 옥편도 있고(『동아 백년옥편』, 2005), 『한한대사전』(단국대학교 출판부, 1999)에서는 동일하게

殺羿한대 孟子曰是亦羿有罪焉이니라 公明儀曰宜若無罪焉하이다[160]
살 예　　　맹자왈시역예유죄언　　　공명의왈의약무죄언

曰薄乎云爾언정 惡得無罪리오
왈박호운이　　　오득무죄

　방몽이 활쏘기를 예한테 배우고 예의 기술을 모두 전수받은 다음에 생각하기를 천하에 오직 예가 자기보다 활쏘기를 잘한다고 여겨서 이에 예를 살해했다. 맹자가 말했다. "이렇게 된 데에는 또한 예에게도 (가르칠 대상을 고르지 않은) 죄가 있다." 공명의가 말했다. "예는 사실상 죄가 없는 것으로 여겨집니다." 맹자가 말했다. "(그 죄가) 경미하지만 있는 것이다. 어찌 전혀 죄가 없다고 하겠는가? (예는 가르칠 대상을 신중히 선택하지 않은 죄가 있다. 아래 자탁유자와 비교하면 그 죄를 알 수 있다.)

본다. 『맹자집주대전』(정유자본), 『四書章句集注』(中華書局)에 한자자형이 "逢"자로 되어 있다. 『孟子講演』(문익서관, 1913)에는 "逢"자로 되어 있다. 『맹자집주대전』에 '逢의 음은 방이다.'("逢 薄江反")라고 되어있다. 『맹자언해』(1590년 교정청간행 도산서원 소장본; 1612년 간행본; 내각장판; 임술계춘 영영중간; 율곡언해)에 逢蒙의 한자음이 "방몽"으로 되어 있다. 현대적인 『맹자』 역주서에 "봉몽"으로 읽기도 한다(이가원; 이재호). 楊伯峻은 "逢"의 음은 '봉'과 '방'이라고 설명했다(『孟子譯注』 8-24 注釋 1).
160 『孟子栗谷諺解』에는 '공명의'를 고대의 현인으로 보고 맹자와는 동시대인이 아니라는 언급이 있다. 공명의가 한 말을 맹자가 인용했다("孟子引之也")는 설명이 있다. 그래서 『孟子栗谷諺解』에는 "孟子曰是亦羿有罪焉하니 公明儀曰宜若無罪焉이라하나"로 되어 있다. 김장생은 『맹자』에 公明儀의 말이 4번 등장한다고 하면서(① '문왕은 나의 스승', ② '3개월 동안 섬길 임금이 없으면 위문한다.' ③ '푸줏간에 살찐 고기가 있다.' 그리고 위에 나오는 ④ '죄가 없는 것으로 여겨진다.') 공명의는 고대의 현인이며 맹자와 동시대 사람은 아니라는 율곡 이이의 입장을 소개했다("七篇中 公明儀凡四見 一曰 文王我師也 二曰 三月無君則弔 三曰 庖有肥肉 四曰 宜若無罪 栗谷曰 公明儀 古之賢人 非與孟子同時", 『經書辨疑』). 박세당은 여기에 나오는 공명의는 맹자와 같은 시대 사람이고 앞에 나왔던 공명의는 다른 인물이라고 주장했다("此公明儀 當別是一人 與孟子同時 非孟子所嘗稱者也" 『사변록』). 현대적인 『맹자』 역주서를 보면, 이가원(1976), 성백효(2006) 등이 율곡언해를 따랐다. 차주환(1972), 이민수(1979), 이을호(1958) 등은 관본언해(내각장판)를 따랐다.

鄭人이 使子濯孺子로 侵衛어늘 衛使庾公之斯로[161]追之러니
정인   사자탁유자   침위   위사유공지사   추지

子濯孺子曰今日에 我疾作이라 不可以執弓이로소니
자탁유자왈금일   아질작   불가이집궁

吾死矣夫인저하고 問其僕曰追我者는 誰也오
오사의부   문기복왈추아자   수야

其僕이 曰庾公之斯也로소이다 曰吾生矣로다 其僕이 曰庾公之斯는
기복   왈유공지사야   왈오생의   기복   왈유공지사

衛之善射者也어늘 夫子曰吾生은 何謂也잇고 曰庾公之斯는
위지선사자야   부자왈오생   하위야   왈유공지사

學射於尹公之他하고 尹公之他는 學射於我하니 夫尹公之他는
학사어윤공지타   윤공지타   학사어아   부윤공지타

端人也라 其取友必端矣리라
단인야   기취우필단의

庾公之斯至曰夫子는 何爲不執弓고 曰今日에 我疾作이라
유공지사지왈부자   하위부집궁   왈금일   아질작

不可以執弓이로다 曰小人은 學射於尹公之他하고 尹公之他는
불가이집궁   왈소인   학사어윤공지타   윤공지타

---

161 유공지사와 윤공지타의 '之는 어조사다.'("之 語助也")라고하는 집주의 설명에 따라
그 이름을 '유공사', '윤공타'라고 했다. 1590년 교정청간행(도산서원 소장본)『맹자언해』
를 비롯하여 1612년 간행본, 경진신간 내각장판, 임술계춘 영영중간, 『孟子講演』(문익서
관, 1913), 『유교경전언역총서 맹자』(1923)에 이렇게 되어 있다. 그러나 『孟子栗谷諺解』,
『言解孟子』(李範圭 발행, 文言社, 1932), 이가원 역주『논어·맹자』(1976), 『新譯四書 三
孟子』(이운구 역주, 현암사, 1965, p.397), 차주환 역『맹자』(1972)에는 "유공지사", "윤공
지타"로 되어 있다.

學射於夫子하니 我不忍以夫子之道로 反害夫子하노라
학 사 어 부 자　　　아 불 인 이 부 자 지 도　　　반 해 부 자

雖然이나 今日之事는 君事也라 我不敢廢라하고
수 연　　　금 일 지 사　　　군 사 야　　　아 불 감 폐

抽矢扣輪하여 去其金하고 發乘矢而後에 反하니라
추 시 고 륜　　　거 기 금　　　발 승 시 이 후　　　반

정나라 임금이 (정나라 대부) 자탁유자에게 위나라를 침략하게 했다. 위나라에서는 (위나라 대부) 유공사에게 그들을 추격하게 했다. 자탁유자가 말했다. '오늘 나는 몸이 아프다. 활을 잡을 수가 없으니 오늘 나는 죽는구나!' 그러면서 그의 마부에게 말했다. '나를 추격하는 자가 누구냐?' 그의 마부가 말했다. '유공사라고 합니다.' 자탁유자가 말했다. '나는 살겠구나!' 그 마부가 말했다. '유공사는 위나라에서 활쏘기로 유명한 자인데 어른께서 〈나는 살겠구나!〉라고 하시니 무슨 말씀입니까?' 자탁유자가 말했다. '유공사는 활쏘기를 (위나라의) 윤공타에게 배웠다. 윤공타는 활쏘기를 나한테 배웠다. 윤공타는 바른 사람이다. 벗을 택할 때 반드시 바른 사람을 택했을 것이다.' 유공사가 당도해서 말했다. '선생님은 전투중인데 어찌 활을 잡지 않으십니까?' 자탁유자가 말했다. '오늘 나는 몸이 아프다. 그래서 활을 잡을 수가 없다네.' 유공사가 말했다. '소인은 활쏘기를 윤공타에게 배웠고 윤공타는 활쏘기를 선생님한테 배웠습니다. 저는 차마 선생님의 궁술을 가지고 도리어 선생님을 해치는데 쓰지는 못하겠습니다. 비록 그렇지만 오늘의 일은 임금의 명령이니 제가 감히 그만둘 수도 없습니다.' 이렇게 말하고 유공사는 활통에서 화살을 뽑아서 수레바퀴에 두들겨 금속으로 된 화살촉을 빼고 네 발을 발사한 다음에 돌아갔다.

25. 孟子曰西子蒙不潔則人皆掩鼻而過之니라
    맹 자 왈 서 자 몽 불 결 즉 인 개 엄 비 이 과 지

맹자가 말했다. "(아름다운 여인) 서자(西子: 西施)도 불결한 것을 뒤집어쓰고 있으면 사람들이 다 코를 막고 지나간다.

雖有惡人이나 齊戒沐浴則可以祀上帝니라
수 유 악 인   재 계 목 욕 즉 가 이 사 상 제

비록 흉한 용모의 사람이라도 (마음과 몸을 깨끗이 하려고) 목욕재계를 하면 상제를 제사할 수 있다."

26. 孟子曰天下之言性也는 則故而已矣니 故者는 以利爲本이니라
    맹 자 왈 천 하 지 언 성 야   즉 고 이 이 의   고 자   이 리 위 본

맹자가 말했다. "천하에서 말하는 성(性: 이치)이란 것은 곧 다만 드러난 그 흔적[故]으로 볼 따름이다. 드러난 그 흔적[故]은 오직 (인위적인 것이 가해지지 않은) 자연스러움을 근본으로 삼는다.[162]

---

162 집주에 '故는 그 이미 드러난 자취'("故者 其已然之跡"), '利는 順과 같은데 그 자연적인 형세를 말한다.'("利 猶順也 語其自然之勢也")라고 했다. 집주의 추가적인 설명이 이 문장을 이해하는데 도움이 된다. '사물의 이치는 비록 형체가 없어서 알기가 어려운듯하나 그 발현하여 이미 그러한 것은 곧 반드시 흔적이 있어서 쉽게 볼 수 있다. 그래서 천하에서 성을 말하는 자는 다만 그 흔적을 말하는데 이치가 저절로 밝아진다.'("言事物之理 雖若無形而難知 然 其發見之已然則必有跡而易見故 天下之言性者 但言其故而理自明" 집주)

所惡於智者는 爲其鑿也니 如智者若禹之行水也면 則無惡於智矣리라
소 오 어 지 자   위 기 착 야   여 지 자 약 우 지 행 수 야   즉 무 오 어 지 의

禹之行水也는 行其所無事也시니[163] 如智者亦行其所無事면
우 지 행 수 야   행 기 소 무 사 야   여 지 자 역 행 기 소 무 사

則智亦大矣니라
즉 지 역 대 의

　수준 낮은 지식이 문제가 되는 것은 억지로 천착한 때문이다. 만약
지자가 우(禹)가 자연적 지형에 따라 물이 흐르게 한 것처럼 한다면 그
어떤 지식도 문제가 되는 일이란 없을 것이다. 우가 물이 흐르게 한 것은
무리하게 강행함이 없이 자연스럽게 행한 것이니, 어떤 지식도 또한 무
리하게 강행함이 없이 자연스럽게 행한다면 그 지식은 또한 위대한 것
이다.

天之高也와 星辰之遠也나 苟求其故면 千歲之日至를 可坐而致也니라
천 지 고 야   성 신 지 원 야   구 구 기 고   천 세 지 일 지   가 좌 이 치 야

　하늘이 높고 별이 멀지만 진실로 기왕에 발현한 그 (자연적인) 흔적
을 가지고 법칙을 탐구한다면 천년후의 동지를 가만히 앉아서 알 수
있다."

---

163 "其所無事"(기소무사)는 '그 일 없는 바', 또는 '일이 없는 듯이'라는 말로 직역할 수
있는데, 그 일이란 곧 의도와 무리한 인위적인 작용, 또는 외부적인 환경 변화다. 그래서

27. 公行子有子之喪이어늘[164]右師往弔할새 入門커늘
　　공행자유자지상　　　　　우사왕조　　　입문

　有進而與右師言者하며 有就右師之位而與右師言者러니
　유진이여우사언자　　　유취우사지위이여우사언자

　(제나라 대부) 공행자 아들의 상(喪)이 있었는데 우사 벼슬하는 (제나
라 대부) 왕환이 가서 조문했다. (권력의 실세인) 그가 문에 들어서자
(조정의 예법은 생각하지 않고 그가 들어오는 쪽으로 몰려가서) 나아가
우사와 더불어 말하는 자가 있었고, 우사의 자리에 나아가 우사와 더불
어 말하는 자가 있었다.

　孟子不與右師言하신대 右師不悅曰諸君子皆與驩言이어늘
　맹자불여우사언　　　　우사불열왈제군자개여환언

　孟子獨不與驩言하시니 是는 簡驩也로다
　맹자독불여환언　　　　시　　간환야

　맹자는 우사와 대화를 나누지 않았다. (맹자는 솔직히 그런 소인배와
는 말하고 싶지 않았다. 그래서 왕환을 황급히 맞이하기 보다는 그냥
조정 예법를 따르며 그대로 있었다.) 그러자 우사가 불쾌하다고 말했다.

'行其所無事' 앞에 '自然' 두 글자를 추가해서 '自然行其所無事'의 의미로 풀어서 해석했다.
164 "公行子"를 『맹자언해』(내각장판; 율곡언해)에서 "공행자"라고 하고 있으나 다른 『맹
자언해』 판본(1590년 교정청간행 도산서원 소장본; 임술계춘 영영중간)에는 "공항자"로
되어 있다. 『맹자집주대전』 소주(小註)에 '쌍봉요씨가 말하기를 行字의 음은 마땅히 항으
로 읽는다.'("雙峯饒氏曰行字當音杭")는 설명을 따른 것으로 여겨진다. 현대적인 『맹자』
역주서를 보면, "공행자"로 쓰기도하고(『言解孟子』; 이을호; 이가원; 차주환), "공항자"로
쓰는 사례도 있다(『유교경전언역총서 맹자』; 장기근; 성백효).

"조문하러 온 여러 군자가 모두 왕환(자오)과 더불어 말하는데 맹자만 홀로 왕환과 더불어 말하지 않으니, (평소에도 맹자는 나를 그렇게 대했는데) 이는 왕환(자오)을 홀대하는 것이다."

孟子聞之하시고 曰禮에 朝廷에 不歷位而相與言하며
맹 자 문 지   왈 례   조 정   불 력 위 이 상 여 언

不踰階而相揖也하나니 我欲行禮어늘 子敎以我爲簡하니
불 유 계 이 상 읍 야   아 욕 행 례   자 오 이 아 위 간

不亦異乎아
불 역 이 호

맹자가 이런 말을 듣고서 말했다. "(그대가 임금의 명으로 조문을 왔으니 여기서도 조정의 예법을 따라야 하는데) 예(禮)에 '조정의 예법에서는 남의 자리를 지나가서 서로 더불어 말하지 않으며 위계를 뛰어넘어서 서로 읍하지 않는다.'고 한다. 나는 (조정 예법에 따라 그런) 예(禮)를 행하는데 자오(왕환)는 날보고 자기를 홀대한다고 탓하니 또한 이상하지 않은가?"

28. 孟子曰君子所以異於人者는 以其存心也니 君子는
　　 맹 자 왈 군 자 소 이 이 어 인 자   이 기 존 심 야   군 자

以仁存心하며 以禮存心이니라
이 인 존 심   이 례 존 심

맹자가 말했다. "군자가 보통 사람과 다른 점은 (하늘이 부여한 자연

적 본성의) 그 마음을 잘 간수하여 두는 것이다. 군자는 인을 마음에 잘 간수하여 두고 예를 마음에 잘 간수하여 둔다.

仁者는 愛人하고 有禮者는 敬人하나니
인자　　애인　　　유례자　　경인

어진 사람은 사람을 사랑하고 예(禮)가 있는 사람은 사람을 공경한다.

愛人者는 人恒愛之하고 敬人者는 人恒敬之니라
애인자　　인항애지　　　경인자　　인항경지

사람을 사랑하는 자는 사람들이 항상 사랑한다. 사람을 공경하는 자는 사람들이 항상 공경한다.

有人於此하니 其待我以橫逆則君子必自反也하여 我必不仁也며
유인어차　　　기대아이횡역즉군자필자반야　　　　아필불인야

必無禮也로다 此物이 奚宜至哉오하나니라
필무례야　　　차물　　해의지재

사람이 여기에 있어서 그가 나를 대하는데 난폭하고 어긋나게 한다면 군자는 반드시 스스로 자책해본다. '내가 분명 어질지 못했을 것이며 분명 무례했을 것이다. (그렇지 않으면) 이렇게 난폭하고 어긋난 일이 어찌 생길 수 있겠는가!'라고 해본다.

其自反而仁矣며 自反而有禮矣로대 其橫逆이 由是也어든
기 자 반 이 인 의   자 반 이 유 례 의   기 횡 역   유 시 야

君子必自反也하여 我必不忠이로다하나니라
군 자 필 자 반 야   아 필 불 충

그렇게 스스로 돌아보아도 어질게 처신했고 스스로 돌아보아도 예의
가 있었는데 그가 난폭하고 어긋남이 이와 같다면 군자는 반드시 자신을
되돌아보며 '필시 내가 최선을 다하지 못했을 것이다.'라고 한다.

自反而忠矣로대 其橫逆이 由是也어든
자 반 이 충 의   기 횡 역   유 시 야

君子曰此亦妄人也已矣로다하나니 如此則與禽獸奚擇哉리오
군 자 왈 차 역 망 인 야 이 의   여 차 즉 여 금 수 해 택 재

於禽獸에 又何難焉이리오
어 금 수   우 하 난 언

자신을 돌아보아도 진심으로 어질고 예의에 맞도록 최선을 다했음이
분명한데 그가 난폭하고 어긋남이 이전과 같다면 군자는 이렇게 말할
것이다. '이 또한 미친 자일뿐이다. 이런 자는 짐승과 무엇이 다르랴!
짐승에게 또 무엇을 책망하겠는가!'

是故로 君子有終身之憂요 無一朝之患也니 乃若所憂則有之하니
시 고   군 자 유 종 신 지 우   무 일 조 지 환 야   내 약 소 우 즉 유 지

舜도 人也며 我亦人也로대 舜은 爲法於天下하사
순   인 야   아 역 인 야   순   위 법 어 천 하

可傳於後世어시늘 我는 由未免爲鄕人也하니 是則可憂也라
가 전 어 후 세　　　아　유 미 면 위 향 인 야　　시 즉 가 우 야

憂之如何오 如舜而已矣니라 若夫君子所患則亡矣니라
우 지 여 하　여 순 이 이 의　　약 부 군 자 소 환 즉 무 의

非仁無爲也며 非禮無行也라 如有一朝之患이라도
비 인 무 위 야　비 례 무 행 야　여 유 일 조 지 환

則君子不患矣니라
즉 군 자 불 환 의

　이런 이유로 군자에게는 평생의 근심은 있어도 하루아침에 생기는 돌
발적인 걱정거리는 없다. 군자가 평생 근심하는 바는 이런 것이다. '순도
사람이고 나 또한 사람인데 순은 천하에 모범이 되어 후세에 전해지는데
나는 아직 시골뜨기를 면치 못하고 있구나!' 이런 것은 근심할만하다.
그러면 근심하기를 어떻게 해야 하는가? 순과 같이 할 뿐이다. 무릇 군
자로 자부하는 사람에게는 걱정거리는 없는 것이다. 그는 인이 아니면
행하지 않으며 예가 아니면 행하지 않는다. 설령 다른 사람 때문에 하루
아침에 생기는 돌발적인 걱정거리가 있더라도 군자는 (그것을) 걱정하
지 않는다."

29. 禹稷이 當平世하여 三過其門而不入하신대 孔子賢之하시니라
　　우 직　당 평 세　　삼 과 기 문 이 불 입　　공 자 현 지

　우와 직이 태평한 시대를 만나서 (직무에 전념했기에) 세 번 그들의 집
문을 지났어도 들어가지 않았다. 공자께서 그들을 어질다고 여기셨다.

顏子當亂世하여 居於陋巷하사 一簞食와 一瓢飮을 人不堪其憂어늘
안 자 당 란 세　　거 어 루 항　　일 단 사　　일 표 음　　인 불 감 기 우

顏子不改其樂하신대 孔子賢之하시니라
안 자 불 개 기 락　　공 자 현 지

안회는 혼란한 시대를 만나서 (벼슬하지 않고 은거하며) 누추한 시골
에 살았다. 대나무 밥그릇 하나에 담은 밥을 먹고 쪽박 하나에 담은 물을
마시며 사는 그런 생활의 불편을 사람들은 감당하지 못하는데 안회는
오히려 그런 생활을 즐겁게 받아들이고 고치지 않았다. 공자는 그를 어
질다고 여기셨다.

孟子曰禹稷顏回同道하니라
맹 자 왈 우 직 안 회 동 도

맹자가 말했다. "(처한 시대와 처신이 달랐어도) 우와 직, 안회가 추구
한 도는 같다.

禹는 思天下有溺者어든 由己溺之也하시며 稷은 思天下有饑者어든
우　　사 천 하 유 닉 자　　유 기 닉 지 야　　　　직　　사 천 하 유 기 자

由己饑之也하니 是以로 如是其急也시니라
유 기 기 지 야　　시 이　　여 시 기 급 야

우는 천하에 (홍수로 인해) 물에 빠진 사람이 있으면 (물에 관한 업무
를 관장하는 것이 자기 직무이기에 자기 책임으로 여겨서) 자기 때문에
물에 빠진 것처럼 생각했다. 직은 천하에 굶주리는 사람이 있으면 (농사

를 관장하는 것이 자기 직무이기에 자기 책임으로 여겨서) 자기 때문에 굶주리는 것처럼 생각했다. 이런 이유로 (백성 구하기를) 이렇듯이 그토록 급하게 여겼다.

禹稷顔子易地則皆然이리라
우 직 안 자 역 지 즉 개 연

우와 직, 안자는 처지를 바꾸면 모두 그렇게 했을 것이다.

今有同室之人이 鬪者어든 救之호대 雖被髮纓冠而救之라도 可也니라
금 유 동 실 지 인 투 자 구 지 수 피 발 영 관 이 구 지 가 야

이제 (자신과) 한 집에 함께 사는 사람이 싸우면 (급히) 그 싸움을 말려서 그를 구한다. 그럴 때는 설령 산발한 채로 급히 갓 끈만 매고 나가서 그를 구해도 된다. (우와 직은 다스려지는 시대에 공직에 있었기에 백성의 일에 급하게 대응했으니, 바로 이런 경우다.)

鄕鄰에 有鬪者어든 被髮纓冠而往救之則惑也니 雖閉戶라도 可也니라
향 린 유 투 자 피 발 영 관 이 왕 구 지 즉 혹 야 수 폐 호 가 야

그렇지만 마을 사람 중에 싸우는 자가 있으면 (그렇게 친한 관계도 아닌데) 산발한 채로 갓 끈만 매고 급히 달려가서 싸움을 말린다면 (이 것은 나서지 않아도 될 일에 나선 꼴이니) 분별력이 없는 것이다. (외면해도 될 상황에는) 설령 문을 닫고 있어도 괜찮다." (안자가 혼란한 시대에 세상일을 모른 척하고 은거했으니, 바로 이런 경우다.)[165]

30. 公都子曰匡章을 通國이 皆稱不孝焉이어늘 夫子與之遊하시고
　　공도자왈광장　　통국　　개칭불효언　　　　부자여지유

又從而禮貌之하시니 敢問何也잇고
우종이례모지　　　　감문하야

(맹자의 제자) 공도자가 말했다. "(제나라 사람) 광장을 이 나라 사람들 모두가 불효라고 하는데 선생님께서는 더불어 교유하시고 또 따라서 그를 예법으로 대우하시니, 감히 그 이유를 여쭙니다."

孟子曰世俗所謂不孝者五니 惰其四肢하여 不顧父母之養이
맹자왈세속소위불효자오　　타기사지　　　불고부모지양

一不孝也요 博奕好飮酒하여 不顧父母之養이 二不孝也요
일불효야　　박혁호음주　　　불고부모지양　　이불효야

好貨財하며 私妻子하여 不顧父母之養이 三不孝也요
호화재　　　사처자　　　불고부모지양　　삼불효야

從耳目之欲하여 以爲父母戮이 四不孝也요
종이목지욕　　　이위부모륙　　사불효야

好勇鬪狠하여 以危父母五不孝也니 章子有一於是乎아
호용투한　　　이위부모오불효야　　장자유일어시호

---

165 맹자가 왜 이런 비유로 설명했는지 조주가 참고가 된다. '한 집에 사는 관계에서는 급하게 서로 구하는 것이 이치에 맞다. 이런 비유는 우, 직이 해당한다. 마을 사람들 싸움이 있다고 해서 마을로 달려가는 것은 그럴 일이 아니다. 안자는 이런 이유로 문을 닫고 베개를 높였다.'("同室相救 是其理也 喩禹稷 走赴鄕鄰 非其事 顏子所以閉戶而高枕也"). 집안 내부의 싸움을 모른 척하면 관계가 소원해진다. 그렇지만 마을 사람들 일은 직접 관계가 없으니 급히 달려가 그 싸움을 말리는 것은 공연한 짓이 된다. 현자는 나서거나 멈출 때와 장소를 알고서 처신한다.

맹자가 말했다. "세상 사람들이 말하는 불효가 다섯 가지다. (자식이) 그 사지를 게을리 하여 부모 봉양하기를 살피지 않고 방치하는 것이 첫째 불효다. 장기와 바둑을 즐기며 술과 음식을 좋아해서 부모 봉양하기를 살피지 않고 방치하는 것이 둘째 불효다. 돈과 재물을 밝히고 처자식만 사랑하여 부모 봉양하기를 살피지 않고 방치하는 것이 셋째 불효다. 멋대로 눈과 귀의 욕망대로 놀다가 부모를 부끄럽고 욕되게 하는 것이 넷째 불효다. 용감한 것을 선망하여 싸우고 성내며 다투어서 그런 일로 부모를 위태롭게 하는 것이 다섯째 불효다. 장자[광장]는 이 다섯 가지 중에 하나라도 있느냐?

夫章子는 子父責善而不相遇也니라
부장자　　자부책선이불상우야

저 장자[광장]는 자식과 아버지와의 관계에서 (서로) 착한 일을 하도록 요구하다가 서로 틀어진 것이다.

責善은 朋友之道也니 父子責善이 賊恩之大者니라
책선　　붕우지도야　　부자책선　　적은지대자

(서로 착한 일을 하도록 요구하는) 책선은 친구 사이에서 행하는 규범이다. 아버지와 자식의 관계에서 책선은 천륜의 은혜를 해치는 것 중에서 큰 것이다.

夫章子는 豈不欲有夫妻子母之屬哉리오마는[166] 爲得罪於父하여
부장자　　기불욕유부처자모지속재　　　　위득죄어부

不得近이라 出妻屛子하여 終身不養焉하니 其設心에 以爲不若是면
부득근　　　출처병자　　　종신불양언　　　기설심　　이위불약시

是則罪之大者라하니 是則章子已矣니라
시즉죄지대자　　　시즉장자이의

저 장재광장!가 어찌 남편과 아내, 아들과 어머니의 가족관계를 유지
하고 싶지 않았겠는가? 그러나 아버지에게 죄를 지어서 가까이 할 수
없기에 처를 내보내고 자식과 관계를 멀리하여 종신토록 (처자의) 봉양
을 받지 않았다. 그는 마음 쓰기를 이렇게 하지 않으면 죄가 크다고 생각
하였다. 이것이 장재광장!가 한 일이다."

31. 曾子居武城하실새 有越寇러니 或曰寇至하나니 盍去諸리오
　　증자거무성　　　유월구　　　혹왈구지　　　합거저

曰無寓人於我室하여 毁傷其薪木하라 寇退則曰脩我牆屋하라[167]
왈무우인어아실　　　훼상기신목　　　구퇴즉왈수아장옥

我將反호리라 寇退거늘 曾子反하신대
아장반　　　구퇴　　증자반

---

166 여기의 母에 대해『新訂四書補註備旨 孟子』(鄧林)에서는 "子 指匡章之子 母 是匡章
之妻"라고 하여 광장의 처로 설명한다. 김간(金榦)의『후재집』에는 "蔡氏淸曰此子 卽匡章
之子 此母 卽匡章之母"라고 하여 광장의 모친으로 보는 설명이 소개되어 있다.
167 "寇退則曰修我牆屋"에서 '曰'을 관본『맹자언해』에서는 증자가 다시 말했다는 뜻으로
"곧 말씀하시되"로 해석한다. 그러나 '曰'을 '語辭'로 보기도 하고(『孟子今註今譯』), 앞뒤를
모두 증자의 말로 해서 "적이 물러가면 담장과 집을 수리하라."고 해석하기도 한다(이가
원, 1976).

左右曰待先生이 如此其忠且敬也어늘 寇至則先去하여
좌 우 왈 대 선 생   여 차 기 충 차 경 야   구 지 즉 선 거

以爲民望하시고 寇退則反하시니 殆於不可로소이다
이 위 민 망   구 퇴 즉 반   태 어 불 가

沈猶行이 曰是는 非汝所知也라 昔에 沈猶有負芻之禍어늘[168]
심 유 행   왈 시   비 여 소 지 야   석   심 유 유 부 추 지 화

從先生者七十人이 未有與焉이라하니라
종 선 생 자 칠 십 인   미 유 여 언

　　증자가 (노나라 읍) 무성에 머물러 있을 때 월나라 도적 무리가 들이
닥쳤다. 어떤 사람이 말했다. "월나라 도적이 이미 이르렀습니다. 어찌
피하지 않으십니까?" 증자가 집을 지키는 사람에게 말했다. "사람을 내
집에 들여서 그 안에 있는 나무가 상하는 일이 없게 하라." 도적이 물러
간다는 말을 듣고 증자가 집을 지키는 사람에게 말했다. "담장과 집을
수리해라. 내 곧 돌아가겠다." 그 도적이 물러가자 증자가 돌아왔다. 증
자의 문인들이 말했다. "무성 사람이 선생님을 대우하기를 이토록 충성
스럽고 또 공경스럽게 하는데 (약탈하는) 도적이 이르자 선생님은 먼저
떠나셔서 백성이 그 모습을 본받게 하고, 그 도적이 물러가자 돌아오시

---

168 "負芻"(부추)에 대한 2가지 다른 해석을 소개한다. 우선 집주의 이 부분에 대한 설명
을 본다. '심유행은 증자 제자의 성명이다. 증자가 일찍이 심유씨 집에 숙박했는데 이 때
부추라는 자가 난을 일으켜 (군대를 이끌고) 와서 심유씨를 공격했는데 증자는 그 제자들
을 인솔하여 가버리고 그 난리에는 관여하지 않았으니 스승과 손님은 신하와는 그 도리가
같지 않음을 말한 것이다.("沈猶行 弟子姓名也 言曾子甞舍於沈猶氏 時有負芻者 作亂 來
攻沈猶氏 曾子 率其弟子去之 不與其難 言師賓 不與臣同"). 집주에서는 '負芻者'를 이렇게
인명으로 해석하는데, 楊伯峻은 '등에 꼴을 진 자'("負芻爲背草的人")라고 해석했다. "負芻
者"를 글자 그대로 해석한 것이다. 그러면서 負芻를 인명으로 해석한 조주("時有作亂者曰
負芻 來攻沈猶氏' 是以 負芻爲人名")를 함께 소개했다(『孟子譯注』 8-32. 注釋 5).

니 이렇게 해서는 안 될 것 같습니다." 그러자 (증자 제자) 심유행이 말했다. "이런 일은 그대들이 알지 못하는 것이다. 옛날에 (선생님이 숙박하실 때) 심유씨에게 부추의 난이 있었는데, 선생님을 따르는 제자 70명 중 누구도 관여하지 않았다."

子思居於衛하실새 有齊寇러니 或曰寇至하나니 盍去諸리오
자사 거 어 위　　　유 제 구　　　혹 왈 구 지　　　합 거 저

子思曰如伋이 去면 君誰與守리오하시니라
자사 왈 여 급　　 거　 군 수 여 수

자사가 위나라에서 벼슬할 때 제나라 군대가 침략한 일이 있었다. 어떤 이가 말했다. "적군이 이르렀는데 어찌 떠나지 않습니까?" 자사가 말했다. "만약에 급(자사)이 떠난다면 임금은 누구와 더불어 (나라를) 지키겠는가?"

孟子曰曾子子思同道하니 曾子는 師也며 父兄也요
맹 자 왈 증 자 자 사 동 도　　 증 자　　 사 야　　 부 형 야

子思는 臣也며 微也니 曾子子思易地則皆然이리라
자사　 신 야　 미 야　 증 자 자 사 역 지 즉 개 연

맹자가 말했다. "증자와 자사가 추구한 도는 동일하다. 증자는 무성에서 (손님으로서 존경받는) 선생[스승]의 위치에 있었다. 자사는 위나라에서 신하였고 (임금과의 상하관계에서 명령을 받는) 낮은 위치에 있었다. 증자와 자사가 선생[스승]과 신하라는 그들이 처했던 위치를 바꿔서 역할을 했어도 둘 다 동일하게 처신했을 것이다." (자사도 증자처럼 했을

것이고, 증자도 자사처럼 했을 것이다.)

32. 儲子曰王이 使人瞷夫子하시나니 果有異於人乎잇가
　　　저자왈왕　　사인간부자　　　　　과유이어인호

　　孟子曰何以異於人哉리오 堯舜도 與人同耳시니라
　　맹자왈하이이어인재　　　요순　　여인동이

　　(제나라 사람) 저자가 말했다. "왕이 사람을 시켜서 선생님을 몰래 살피게 했습니다. 과연 (선생님은) 보통 사람들과 다른 점이 있습니까?" 맹자가 말했다. "어찌 사람들과 다르겠는가! 요와 순도 보통 사람들과 같았는데."

33. 齊人이 有一妻一妾而處室者러니 其良人이 出則必饜酒肉而後에
　　　제인　　유일처일첩이처실자　　　기량인　　출즉필염주육이후

　　反이어늘 其妻問所與飮食者則盡富貴也러라 其妻告其妾曰良人이
　　반　　　기처문소여음식자즉진부귀야　　　기처고기첩왈량인

　　出則必饜酒肉而後에 反할새 問其與飮食者호니 盡富貴也로대
　　출즉필염주육이후　　반　　문기여음식자　　　진부귀야

　　而未嘗有顯者來하니 吾將瞷良人之所之也호리라하고
　　이미상유현자래　　　오장간량인지소지야

蚤起하여 施從良人之所之하니[169] 徧國中호대
조기　　　이종량인지소지지　　　변국중

無與立談者러니 卒之東郭墦間之祭者하여 乞其餘하고 不足이어든
무여립담자　　　졸지동곽번간지제자　　　걸기여　　　부족

又顧而之他하니 此其爲饜足之道也러라 其妻歸告其妾曰良人者는
우고이지타　　　차기위염족지도야　　　기처귀고기첩왈량인자

所仰望而終身也어늘 今若此라하고 與其妾으로
소앙망이종신야　　　금약차　　　여기첩

訕其良人而相泣於中庭이어늘 而良人이 未之知也하여
산기량인이상읍어중정　　　이량인　　　미지지야

施施從外來하여 驕其妻妾하더라
시시종외래　　　교기처첩

(맹자가 말했다.) "제나라 사내가 아내와 첩을 데리고 한 집에 살았다.
그 남편은 외출하면 반드시 술과 고기를 배불리 먹고 돌아왔다. 그의
처가 음식을 함께 먹은 사람을 물으면 (그들은) 다 부귀한 사람들이었다.
그의 처가 첩에게 말했다. '우리 집 남편이 외출하면 반드시 술과 음식을
실컷 먹은 다음에 귀가하는데 함께 음식을 먹은 사람이 누구냐고 질문하
면 모두 부귀한 사람들이었다. 그러나 일찍이 현달한 이가 (우리 집을)
방문한 적이 한 번도 없으니 내 장차 남편이 가는 곳을 엿보겠다.' (처가)

---

169 "施從良人之所之"에서 '施'자는 '迤'(이: 비스듬히 기울 이)의 뜻으로 사용되어서 '이'자
로 읽는다. 『맹자집주대전』에 '施'자의 한자음은 〈이〉다.'("施音迤又音異")라고 되어 있다.
아래에 나오는 '施施는 글자 그대로 그 음을 〈시시〉로 읽는다.'("施施如字")고 되어 있다.
또한 '施施는 희열자득한 모양("施施 喜悅自得之貌" 집주)이라는 설명도 있다. 조주에도
'施施는 扁扁과 같으니 기뻐하고 즐거워하는 모양("施施 猶扁扁 喜悅之貌")이라고 풀이되
어 있다.

일찍 일어나서 남편이 가는 곳을 비스듬히 걸으며 따라 갔더니 그 남편은 성 안쪽을 여기저기 다니는데 함께 서서 말을 나누는 사람은 없었다. 마침내 그는 동문 밖 묘지에서 제사 지내는 사람에게 남은 음식을 구걸했다. 부족하자 또 두리번거리며 다른 곳으로 갔다. 이것이 그가 배불리 먹는 방법이었다. 그의 처가 돌아와서 그의 첩에게 말하기를, '남편이라는 사람은 (우리가) 우러러 보면서 평생을 같이하는데 이제 이런 짓이나 하고 다니는구나!'라고 하면서 그 첩과 함께 그 남편을 원망하고 욕하면서 서로 뜰 한 가운데서 울었다. 남편은 (이런 사정을) 알지 못하고 실실 웃으며 밖에서 돌아와 그의 처와 첩에게 거만을 떨었다.

由君子觀之컨댄 則人之所以求富貴利達者其妻妾이
유 군 자 관 지   즉 인 지 소 이 구 부 귀 리 달 자 기 처 첩

不羞也而不相泣者幾希矣니라
불 수 야 이 불 상 읍 자 기 희 의

군자의 관점에서 볼 때, 사람이 부귀와 이익과 영달을 구하는 방법을 그의 처와 첩이 본다면 부끄럽지 않아서 서로 울지 않을 자는 거의 없을 것이다."

茶少矣父不妻子而漸至於不君熱中之境而瞋人則不以外物迕其心故舜之耕

特飯糗茹草及其為天子衣袗衣鼓琴若固有之此心有天下而不與焉

今人列得數斗之祿一命之官而便自喜悦驕矜於人其心必汲汲乎為為於性分

物累分上見破多明列而可知天理當此吾不得不然兩為名為利之庶可脱落

問悲天之然字曰是自憐之意也

詩云娶妻章

所以蕫父母舜雖不要而此豈至於譽悲父母子若猾常人之情云庸列可以

於大舜論之曰此者文字當視其章以於此章將言而告娶之不為非故於告

要處不得不說得重了雖下懇字而固元害矣

問出自浚井而笁床彈琴視其兄弯弓垂淨泣道亡意乢曰舜遭此人

권 9

만장장구 상

萬章章句 上

모두 9장이다. ① 순의 효행과 정치에 대한 설명이다. ② 또한 어진 현자가 왕이 되거나 위대한 신하로서 왕을 도왔던 사례들이 나온다.

1. 萬章이 問曰舜이 往于田하사 號泣于旻天하시니 何爲其號泣也잇고
   만장   문왈순   왕우전   호읍우민천   하위기호읍야

   孟子曰怨慕也시니라
   맹자왈원모야

   (제나라 출신 제자) 만장이 (맹자에게) 질문했다. "순이 (역산에서) 밭에 가서 하늘을 향해 서럽게 부르짖으며 우셨다는데, 무슨 사연으로 그렇게 서럽게 부르짖으며 우셨나요?" 맹자가 말했다. "(서러운 처지를) 원망하면서(한편으론 부모를) 사모하신 것이다."

   萬章이 曰父母愛之어시든 喜而不忘하고 父母惡之어시든
   만장   왈부모애지   희이불망   부모오지

   勞而不怨이니 然則舜은 怨乎잇가 曰長息이 問於公明高曰舜이
   로이불원   연즉순   원호   왈장식   문어공명고왈순

   往于田則吾旣得聞命矣어니와 號泣于旻天과
   왕우전즉오기득문명의   호읍우민천

   于父母則吾不知也로이다 公明高曰是는 非爾所知也라하니
   우부모즉오부지야   공명고왈시   비이소지야

夫公明高는 以孝子之心이 爲不若是恝이라[170]

부공명고　　이효자지심　　위불약시괄

我는 竭力耕田하여 共爲子職而已矣니[171]

아　　갈력경전　　공위자직이이의

父母之不我愛는 於我何哉오하니라[172]

부모지불아애　　어아하재

---

170 "恝"은 근심 없는 모양이다(집주와 조주 "恝 無愁之貌"). "恝"의 한자음은 『맹자언해』 (1590년 교정청간행 도산서원 소장본; 내각장판; 임술계춘 영영중간; 율곡언해)에 "괄"로 되어 있다. 『맹자집주대전』에 "恝苦八反"(恝의 한자음은 '갈'이다)이라고 표시되어 있다. 조선시대 한자사전인 『전운옥편』(1790년)에는 '恝'에 대해 "無愁"(근심 없다)의 의미로 그 한자음은 "개"로 되어 있다. 추가적으로 "갈"과 "괄"도 표시되어있다. 『신자전』(조선광문회, 1915)도 "걱정 없을 개"로 표시되어 있고 『맹자』의 위의 문장이 인용되어 있다. 『한한대사전』(단국대학교 출판부, 1999)에는 '恝'에 대해 '괄'과 '계', 두 가지 한자음이 있다. '괄'로 읽는 사례로 『맹자』의 이 문장이 인용되어있고, "무관심하다, 냉담하다"("〈趙岐注〉 恝, 無愁之貌, 〈焦徇正義〉 勿忘於心, 卽是無愁"라는 설명이 있다. 보통 많이 쓰는 단어인 '괄시(恝視)한다'는 괄 자가 이것이다. 한편, '계'로 읽을 때는 "마음속으로 무엇을 구상하다."는 설명이 있다. 최근 많이 보는 『동아 백년옥편』(2005)에는 "걱정 없을 개, 여유 없을 괄", 그리고 본음이 "갈"이라고 표시되어 있다. 현대적인 『맹자』역주본을 보면, '恝'의 한자음을 "개"로 표시한 사례(이기동)가 있다. 필자는 이 문장에서 '恝'자의 한자음이 조선시대 각종 『맹자』 언해본에 "괄"로 표시되어 있기도 하지만 또한 『한한대사전』(단국대학교 출판부, 1999)에도 "괄"로 되어 있어서 이를 따랐다.

171 "共爲子職"(공위자직)에서 '共'자를 어떻게 해석할 것인가? 『孟子譯註』(楊伯峻, 注釋 7)에 '마땅히 恭자로 읽어야 한다.'("共 當讀爲恭")는 설명이 있다. 그러나 『孟子今註今譯』(史次耘)에는 "共: 同供"이라는 설명이 있다. '共'을 공양한다는 '供'자로 보는 것이다. 『순암집』에는 두 가지를 모두 인정한 설명이 있다. '共爲子職'에서 共자는 음이 공경할 恭자와 같다. 그러면 공경히 자식의 직분을 다한다는 뜻이 된다. 共자는 또한 공양한다는 供자와 같다. 그러면 부모를 공양하여 자식의 직분을 다한다는 뜻이 된다. 두 가지 해석이 다 통한다.'("共爲子職 共音恭 恭히子職을 又音供 以供爲子之職 兩意皆通)

172 "於我何哉"(어아하재)는 보통은 '내게 무슨 문제냐!' 또는 '내게 무슨 상관이랴!'라는 뜻이다. 다르게 해석할 수 있기에 관련 논의를 소개한다. 이 문장에 대해 ① 이가원은 부모가 왜 사랑하지 않는지 근심하는 마음을 가져야 한다는 뜻으로 해석했다. "이것은 공명고가 효자의 마음은 이렇게 근심이 없지 않다고 생각해서 한 것이다. 〈나는 힘껏 밭을 갈아 자식으로서의 직책을 다할 뿐이다. 부모가 나를 사랑하지 않는 것이 어찌 나에게 있으리오.〉라고 해서는 안 된다." ② 이을호는 이 문장을 맹자가 공명고의 말을 설명하는

만장이 말했다. "'부모가 아껴주시면 기뻐서 (그 은혜를) 잊지 않고 부모가 미워하면 힘들어도 원망하지 않는다.'고 하는데, 그러면 순은 부모를 원망했나요?" 맹자가 말했다. "장식이 (그의 스승) 공명고에게 질문하기를, '순이 밭에 일하러 간 것에 대해 말씀해주신 것을 제가 이미 들었습니다. 그러나 순이 하늘과 부모를 부르며 울었던 것은 제가 알지 못하겠습니다.'라고 했다. 그러자 공명고가 말하기를, '이는 네가 알 수 있는 바가 아니다.'라고 했다. 공명고는 효자(순)의 마음이 이와 같이 근심 없는 듯이 하지는 못할 것이라고 여겼기 때문에, (순이 했던 말) '나는

뜻으로 해석했다. "대체로 공명고는 효자의 마음인들 걱정이 없을 수는 없고, 나는 내 힘이 맡도록 밭을 갈아 그것으로 자식 된 직분을 다하면 그만이지 부모가 나를 사랑하지 않는다고 내게야 무슨 상관이 있나, 그렇게 생각하였던 것이다." ②번이 '於我何哉'의 일반적인 의미로 해석한 것이다. 그렇지만 집주에 있는 바 '於我何哉'는 자책하되 자기에게 무슨 죄가 있는지 알지 못한 것일 뿐 결코 부모를 원망하는 것이 아니다.'(於我何哉 自責 不知已有何罪耳 非怨父母也)라는 설명을 주목할 필요가 있다. 우물 바닥을 준설하러 내려갔는데 출구를 막았고 지붕을 수리하려고 올라갔는데 사다리를 치워버린 일과 같이 부모가 자신을 죽이려 했는데 효자인 순은 부모에게 사랑 받지 못하는 그 현실에서 자신의 죄가 무엇인지 몰라 거듭 그 죄를 찾으려는 뜻으로 해석했다. 이런 점에서 ①은 집주의 설명을 따른 것이고, ②는 "於我何哉"의 일반적 해석을 따른 것이라고 할 수 있겠다. 한편 ③ 안정복은 이렇게 설명한다. '於我何哉를 『논어』에 나오는 바와 같이 해석하면(나와 상관없는 일이라는 의미) 이것은 부모를 원망하는 것이다. 자신은 자식의 직분을 다할 뿐이고 부모가 사랑해주는 그 여부와 상관없이 만족하는 마음을 갖는 것이다. 이것은 집주의 해석과 다를뿐더러 또한 효자가 취할 도리가 아니다. 어찌 순이 이렇게 했겠는가? 이 구절의 의미는 〈나는 힘껏 밭 갈고 자식의 직분을 다하는데, 부모가 나를 사랑하지 않는 것은 필시 내가 미진한 일이 있어서 그러시는 것일 터이다〉인 것이다.'("或云與論語於我何有之 義同 然則是怨親 而以恭爲子職 有自足之心 非集註之意 又非孝子自歉之心而舜爲之耶 蓋 此句之意 我竭力 耕田 恭爲子職而已矣 父母之不我愛 必以我有未盡之事而然也"『순암집』). ④ 정약용은 순이 부모를 원망하는 솔직한 표현이 오히려 진실한 효도라고 주장했다. '자식이 부모에 관한 일에 있어서 만약에 말하기를 나는 단지 나의 도를 다할 뿐이니 부모님이 사랑해주진 않는 것이 나에게 무슨 상관인가라고 했다면 어찌 큰 불효가 아니랴? 자식이 부모에 관한 일에 있어서 차라리 원망할 것이지 일없는 듯이 할 수는 없는 것이다. 이것이 순이 부모를 원망하고 사모한 이유다. 아! 지극하구나.'("子之於父母 若云我但盡在 我之道而已 彼之不慈 干我甚事云爾 則豈非大不孝乎 子之於父母 寧怨無愁 此舜之所以怨 慕也 嗚呼至矣"『맹자요의』)

힘껏 밭을 경작하며 공손히 자식의 도리를 다할 뿐이다. 부모님이 나를
사랑하시지 않는 것은 내가 어찌 할 수 있는 것이 아니지!'라고 하였던
것이다.

帝使其子九男二女로 百官牛羊倉廩을 備하여
제 사 기 자 구 남 이 녀　　백 관 우 양 창 름　　비

以事舜於畎畝之中하시니 天下之士多就之者어늘
이 사 순 어 견 묘 지 중　　　　천 하 지 사 다 취 지 자

帝將胥天下而遷之焉이러시니 爲不順於父母라 如窮人無所歸러시다
제 장 서 천 하 이 천 지 언　　　　위 불 순 어 부 모　　여 궁 인 무 소 귀

제왕(요임금)이 그의 아홉 아들과 두 딸에게 백관과 가축과 양곡창고
를 갖추고 농사짓는 순을 밭 가운데서 섬기게 했다. 그러자 천하의 선비
로서 순을 따르는 사람들이 많았다. 제왕(요임금)은 천하 인심의 향배를
살피다가 천하를 순에게 물려주려고 했다. 그러나 (농사지을 때도 그랬
고 천하에서 높게 평가받게 된 다음에도) 순은 부모에게서 순조롭게 사
랑받지 못하여 (절박한 마음에) 마치 곤궁한 사람이 돌아가 기댈 곳이
없는 것 같았다.

天下之士悅之는 人之所欲也어늘 而不足以解憂하시며
천 하 지 사 열 지　　인 지 소 욕 야　　　　이 부 족 이 해 우

好色은 人之所欲이어늘 妻帝之二女하사대 而不足以解憂하시며
호 색　　인 지 소 욕　　　　처 제 지 이 녀　　　　이 부 족 이 해 우

富는 人之所欲이어늘 富有天下하사대
부　　인 지 소 욕　　　　부 유 천 하

而不足以解憂하시며 貴는 人之所欲이어늘 貴爲天子하사대
이 부 족 이 해 우　　귀　　인 지 소 욕　　　　귀 위 천 자

而不足而解憂하시니 人悅之와 好色과 富貴에 無足以解憂者요
이 부 족 이 해 우　　　인 열 지　호 색　　부 귀　　무 족 이 해 우 자

惟順於父母라아 可以解憂러시다
유 순 어 부 모　　　가 이 해 우

　천하의 선비가 좋아하는 대상이 되는 것은 모든 사람이 원하는 바인데, (순은) 그것으로도 근심을 풀기에 부족했다. 좋은 아내는 모든 사람이 원하는 바인데, (순은) 요임금의 두 딸을 아내로 삼았어도 근심을 풀기에 부족했다. 부유함은 모든 사람이 원하는 바인데, (순은) 천하를 소유하는 부유함으로도 근심을 풀기에 부족했다. 귀한 자리는 모든 사람이 원하는 바인데, (순은) 천자가 되어 귀한 자리에 올랐어도 근심을 풀기에 부족했다. 사람들이 좋아하고, 좋은 아내가 생기고, 부유하고 존귀한 자리에 올랐어도 족히 근심을 풀 수 없었다. 오직 부모와의 관계가 순조롭게 되어야 근심을 풀 수 있었다.

人이 少則慕父母하다가 知好色則慕少艾하고 有妻子則慕妻子하고
인　소 즉 모 부 모　　　지 호 색 즉 모 소 애　　유 처 자 즉 모 처 자

仕則慕君하고 不得於君則熱中이니 大孝는 終身慕父母하나니
사 즉 모 군　　부 득 어 군 즉 열 중　　대 효　종 신 모 부 모

五十而慕者를 予於大舜에 見之矣로라
오 십 이 모 자　　여 어 대 순　　견 지 의

사람이 어려서는 부모를 사모하다가 여자를 알면 어리고 예쁜 여자를

사랑한다. 처자를 두면 처자를 사랑한다. 벼슬하면 임금을 연모한다. 그러다가 임금에게서 뜻을 얻지 못하면 조급해서 열불이 나게 된다. (대개는 이렇게 하지만 순은 달랐다.) 지극한 효도는 종신토록 부모를 사모하는 것인데 쉰 살에도 부모를 사모한 사례를 나는 위대한 순에게서 보았다."

2. 萬章이 問曰詩云娶妻如之何오 必告父母라하니 信斯言也인댄
　만장　　문왈시운취처여지하　　필고부모　　　　신사언야

宜莫如舜이어시니[173] 舜之不告而娶는 何也잇고
의막여순　　　　순지불고이취　　하야

孟子曰告則不得娶하시리니 男女居室은 人之大倫也니
맹자왈고즉부득취　　　　남녀거실　　인지대륜야

如告則廢人之大倫하여 以懟父母라 是以不告也시니라
여고즉폐인지대륜　　　이대부모　　시이불고야

---

173 "宜莫如舜"(의막여순)에 대해 상반된 해석이 가능하다. ① 순은 효도를 함에 있어서 최고의 모범으로 칭송되었기 때문에 따라 배워야할 인물에 있어서는 순보다 더한 사람은 없다는 인식이 형성되어 있다. 이런 인식에 근거하여 글자 그대로 '의막여순'을 효도를 함에 있어서 따라 배울 대상으로는 순과 같은 인물 그 이상은 없다고 해석할 수 있겠다. "이 말을 믿는다면 마땅히 순임금을 따라갈 사람이 없을 것 같습니다."(우재호 韓譯, 楊伯峻 譯註,『孟子譯注』, 중문, 2002)라는 해석은 이런 쪽이다. ② 그러나 이 말 뒤에 곧장 순이 부모에게 고하지 않고 처를 취했다는 내용이 이어지기 때문에 '의막여순'을 순처럼 처신해선 안 된다는 해석도 가능하다. "이 말을 믿는다면 순임금처럼 해서는 안 됩니다." (이가원, 1976). "이 말이 옳다고 하면 마땅히 순처럼 해서는 안 될 것입니다."(이민수, 1979). "이 말을 믿는다면 순같이 하여서는 안되었을 터이온데"(차주환, 1972). ③ 성백효의 경우는,『맹자집주』(1991년 역주본)에서 ①과 같이 해석했다가, 2006년 개정 증보판에서 ②와 같은 해석으로 수정하여 "진실로 이 말대로라면 舜과 같이 말아야 할 듯합니다."라고 했다.

만장이 질문했다. "『시경』에 이르기를, '아내 구하는데 어떻게 해야지? 반드시 부모에게 알려야 한다!'고 했습니다. 진실로 (『시경』에 있는) 이런 말 그대로 행함에 있어서 마땅히 순과 같은 이는 없을 것인데, (그런 기대를 받는) 순이 부모에게 알리지 않고 아내를 구한 것은 어찌된 일입니까?" 맹자가 말했다. "사실대로 알렸다면 아내를 구하지 못했을 것이다. 남녀가 혼인해서 한 방에 거처하는 것은 사람이 해야 할 큰 윤리다. 만약 알렸다면 큰 윤리를 실천하지 못하게 되어 결과적으로 부모를 원망하게 되었을 것이다. 이런 이유로 알리지 않은 것이다."

萬章이 曰舜之不告而娶則吾旣得聞命矣어니와 帝之妻舜而不告는
만장   왈순지불고이취즉오기득문명의   제지처순이불고

何也잇고 曰帝亦知告焉則不得妻也시니라
하야   왈제역지고언즉부득처야

만장이 말했다. "순이 부모에게 알리지 않고 혼인한 이유는 제가 이미 말씀을 들었습니다. 그런데 제왕(요임금)이 딸들을 순에게 시집보내면서 그 부모에게 알리지 않은 것은 어찌된 일입니까?" 맹자가 말했다. "제왕(요임금)도 역시 알린다면 (순이) 아내를 얻지 못하는 사정을 아셨다."

萬章이 曰父母使舜으로 完廩捐階하고 瞽瞍焚廩하며 使浚井하여
만장   왈부모사순   완름연계   고수분름   사준정

出커시늘 從而揜之하고 象이 曰謨蓋都君은[174] 咸我績이니
출   종이엄지   상   왈모개도군   함아적

牛羊父母요 倉廩父母요 干戈朕이요 琴朕이요 弤朕이요
우양부모   창름부모   간과짐   금짐   저짐

二嫂란 使治朕棲호리라하고 象이 徃入舜宮한대
이수   사치짐서   상   왕입순궁

舜이 在牀琴이어시늘 象이 曰鬱陶思君爾라하고 忸怩한대
순   재상금   상   왈울도사군이   축니

舜이 曰惟茲臣庶를 汝其于予治라하시니 不識케이다
순   왈유자신서   여기우여치   불식

舜이 不知象之將殺己與잇가 曰奚而不知也시리오 象憂亦憂하시고
순   부지상지장살기여   왈해이부지야   상우역우

象喜亦喜하시니라
상희역희

만장이 말했다. "(순의) 부모는 순에게 창고 지붕을 수리하게 하고는
사다리를 치웠고 (그 아버지) 고수는 창고에 불을 질렀습니다. 또 우물
을 준설하게 하고는 (순이 일을 마치고) 나오려고 하자 우물을 덮어 버
렸습니다. (순의 이복동생) 상은 말하기를 '도군(都君) 순을 해치기를 도
모한 한 것은 모두 내 공적이다. 소와 양은 부모님이 가지고, 창고도

---

174 "謨蓋都君"(모개도군)의 '蓋'를 楊伯峻은 '害'(해치다)의 가차자로 보았다("蓋 害之假借
字",『孟子譯注』 9-2 注釋 7). 안정복은 '蓋'를 '覆'(덮다)의 뜻으로 보았다("更按 蓋覆也
與謨蓋都君之蓋同",『순암집』「經書疑義」雜著). '都君'(도군)에 대해 이런 설명이 있다.
"『사기(史記)』 오제본기(五帝本紀)에서 〈舜이 거주한 곳에는 1년이면 사람들이 모여들고,
2년이면 邑을 이루며, 3년이면 都를 이루었다〉고 하였다. 따라서 순(舜)을 도군(都君)이라
불렀다."(『四書集解辭典』, 연세대학교 사서사전편찬실 편, 2003)

부모님이 가지고, 방패와 창은 내 것이고 거문고도 내 것 활도 내 것이다. 두 형수는 내 처소에서 시중들게 하겠다.'고 했습니다. 이런 상이 가서 순의 집에 들어갔는데 순이 평상에서 거문고를 타고 있었습니다. 상이 (말을 바꾸어) 말하기를 '그립고 울적한 마음으로 형님을 생각했습니다.'라고 하면서 참담하고 부끄러운 표정을 지었습니다. 그러자 순이 말했습니다. '이 백성을 네가 나를 도와서 다스리도록 하라.'고 했다고 합니다. (순이 왜 이렇게 했는지) 알지 못하겠습니다. 순은 상이 장차 자기를 죽이려는 것을 알지 못했나요?" 맹자가 말했다. "어찌 알지 못했겠는가? (그렇지만 순은) 상이 근심하는 것을 그 역시 근심하고 상이 즐거워하는 것을 그 역시 즐거워한 것이다."

曰然則舜은 僞喜者與잇가 曰否라 昔者에 有饋生魚於鄭子産이어늘
왈연즉순   위희자여   왈부   석자   유궤생어어정자산

子産이 使校人으로 畜之池한대 校人이 烹之하고 反命曰始舍之하니
자산   사교인   휵지지   교인   팽지   반명왈시사지

圉圉焉이러니 少則洋洋焉하여 攸然而逝하더이다
어어언   소즉양양언   유연이서

子産이 曰得其所哉인저 得其所哉인저하여늘
자산   왈득기소재   득기소재

校人이 出曰孰謂子産을 智오 予旣烹而食之호니
교인   출왈숙위자산   지   여기팽이식지

曰得其所哉인저 得其所哉인저코녀하니
왈득기소재   득기소재

故로 君子는 可欺以其方이어니와
고   군자   가기이기방

難罔以非其道니 彼以愛兄之道로 來故로 誠信而喜之시니
난망 이비 기도   피이애형지도   래고   성신이희지

奚偽焉이시리오
해 위 언

만장이 말했다. "그러면 순은 거짓으로 기쁜 척 했나요?" 맹자가 말했
다. 아니다. 옛날에 어떤 사람이 살아있는 물고기를 (정나라 대부) 정자
산에게 주었다. 자산은 연못을 담당하는 관리에게 연못에서 기르도록
했다. 그 관리가 물고기를 삶아먹고 보고하기를, '물고기를 놓아주자 처
음에는 어릿어릿하더니 조금 있다가 양양하게 기운을 차리고 유연히 가
버렸습니다.'라고 했다. 자산이 말하기를, '(물고기가 이제 물에 들어갔
으니) 살 곳을 찾았구나, 살 곳을 찾았구나!'라고 했다. 연못을 담당하는
관리가 밖에 나와서 말하기를, '누가 자산을 평하기를 지혜롭다 했는가?
내가 이미 삶아 먹었는데 그는 말하기를 〈살 곳을 찾았구나, 살 곳을
찾았구나.〉하니!'라고 했다. 이렇게 군자는 도로써 속일 수 있지만 그
도가 아닌 것으로는 속이기 어렵다. 그가 형제의 도리로 찾아왔기에 진
실로 믿고 기뻐하신 것이다. 어찌 거짓으로 그런 척 했겠는가?"

3. 萬章이 問曰象이 日以殺舜爲事어늘 立爲天子則放之는 何也잇고
   만장   문왈상   일이살순위사   립위천자즉방지   하야

孟子曰封之也어시늘 或曰放焉이라하니라
맹 자 왈 봉 지 야   혹 왈 방 언

만장이 질문했다. "상이 날마다 순을 죽이기를 일삼았는데 (순이) 입

신하여 천자가 되고서 (상을 죽이지 않고 단지 한 곳에 있게 하고 떠나지 못하게) 안치했을 뿐이라는데 어찌 된 일입니까? (왜 죽이지 않았나요?)" 맹자가 말했다. "순은 상을 (제후국) 유비의 치자로 봉했는데 어떤 사람이 '안치했다.'고 말한 것이다."

萬章이 曰舜이 流共工于幽州하시고 放驩兜于崇山하시고[175]
만장　왈순　류공공우유주　　방환뒤(되)우 숭산

殺三苗于三危하시고 殛鯀于羽山하사 四罪하신대
살삼묘우삼위　　극곤우우산　　사죄

而天下咸服은 誅不仁也니 象이 至不仁이어늘
이천하함복　주불인야　상　지불인

封之有庳하시니 有庳之人은 奚罪焉고 仁人도 固如是乎잇가
봉지유비　　유비지인　해죄언　인인　고여시호

在他人則誅之하고 在弟則封之온여 曰仁人之於弟也에 不藏怒焉하며
재타인즉주지　　재제즉봉지　　왈인인지어제야　부장노언

不宿怨焉이요 親愛之而已矣니 親之란 欲其貴也요
불숙원언　친애지이이의　친지　욕기귀야

愛之란 欲其富也니 封之有庳는 富貴之也시니
애지　욕기부야　봉지유비　부귀지야

身爲天子요 弟爲匹夫면 可謂親愛之乎아
신위천자　제위필부　가위친애지호

---

175 "驩兜"는 그 한자음이 관본 『맹자언해』와 율곡언해에 "환도"로 되어 있다. 현대적인 『맹자』 역주본에서도 "환도"로 쓰는 사례가 있다(『유교경전언역총서 맹자』, 1923; 『言解孟子』, 1937; 차주환, 1972; 이기동, 2013). 또한 "환두"로 쓰는 사례가 있는데(이가원, 1976; 장기근, 1976), 『한한대사전』(단국대학교 출판부, 1999)에서 "환두"로 쓰고 있어서 이를 따랐다.

만장이 말했다. "순이 공공을 유주에 귀양 보냈고 환두(환도)를 숭산에 내쳐서 가두고 삼묘(의 군주)를 삼위(산)에서 죽이고 (지극히 不仁했던) 곤을 우산에서 죽이면서 넷의 죄를 다스렸는데, 천하가 모두 복종한 것은 그런 불인(不仁)의 악당을 죽였기 때문입니다. 그런데 상은 지극히 불인(不仁)한데 유비의 치자로 봉했으니 유비의 사람들은 무슨 죄입니까? 어진 사람도 진실로 이처럼 편파적입니까? 타인에게 죄가 있으면 죽이고 동생은 문제가 있어도 오히려 고을의 통치자로 봉하다니요?" 맹자가 말했다. "어진 사람은 동생에게 노여움을 감추거나 숨겨두지 않으며 원망을 가슴에 오래 담아두지 않는다. 다만 혈육으로 여기고 사랑할 뿐이다. 혈육으로 느끼기에 귀하게 해주고 사랑하기에 부유하게 해주려는 것이다. (순이 상을) 유비에 봉한 것은 그를 부유하고 귀하게 해주려는 것이다. 자기는 천자인데 동생이 한갓 필부라면 친애했다고 말할 수 있는가?"

敢問或曰放者는 何謂也잇고 曰象이 不得有爲於其國하고 天子使吏로
감문혹왈방자 하위야   왈상 부득유위어기국   천자사리

治其國而納其貢稅焉하니 故로 謂之放이니 豈得暴彼民哉리오
치기국이납기공세언   고   위지방   기득포피민재

雖然이나 欲常常而見之故로 源源而來하니 不及貢하여[176]
수연   욕상상이견지고   원원이래   불급공

---

176 '不及貢하여 以政接于有庳'에서 '不'자를 조공하는 시기와 정무에 관한 일 둘 다를 포괄하는 것으로 보면, '조공할 시기도 아니고 정무에 관한 일도 아닌데, 유비의 군주를 접견했다'고 해석할 수 있다. '不'자를 조공하는 시기로 국한하고 정무를 구실로 순이 상을 접견했다는 의미로 해석할 수도 있겠다. "조공을 드릴 때도 아닌데 정무를 핑계 삼아 유비의 군주를 만나보았다."(『논어 맹자』, 1976, p.366)는 이가원의 해석이 그렇다. 상을 자주 만나고 싶었던 순의 마음을 생각하면 같은 취지로 해석될 수 있다.

以政接于有庳라하니 此之謂也니라
이 정 접 우 유 비　　　차 지 위 야

만장이 말했다. "감히 여쭙겠습니다. 혹자가 말하기를 내쳤다고 하는
데 무슨 말입니까?" 맹자가 말했다. "상이 그 나라를 직접 통치하지 못하
게 하고 천자가 파견한 관리가 그 나라를 다스리고 그 세금을 납부하게
했기 때문에 (상을) 추방했다는 말이 나온 것이다. 어찌 순이 백성에게
포악한 통치의 고통을 주려 했겠는가? 비록 그렇지만 (순은) 항상 (상을)
보려고 했기에 샘물이 끊임없이 솟아나 흐르듯이 늘 찾아오게 한 것이
다. '조공할 시기도 아닌데 정무를 구실로 유비의 군주를 접견했다.'고
하니 이를 두고 하는 말이다."

4. 咸丘蒙이 問曰語에 云盛德之士는 君不得而臣하며 父不得而子라
　　함구몽　　문왈어　　운성덕지사　　군부득이신　　　부부득이자

舜이 南面而立이어시늘 堯帥諸侯하여 北面而朝之하시고
순　　남면이립　　　　　요솔제후　　　북면이조지

瞽瞍亦北面而朝之어늘 舜이 見瞽瞍하시고 其容이
고수역북면이조지　　　순　　견고수　　　　기용

有蹙이라하여늘 孔子曰於斯時也에
유축　　　　　　공자왈어사시야

天下殆哉岌岌乎인저하시니 不識케이다 此語誠然乎哉잇가
천하태재급급호　　　　　　불식　　　차어성연호재

孟子曰否라 此非君子之言이라 齊東野人之語也라 堯老而舜이
맹자왈부　 차비군자지언　　　제동야인지어야　　요로이순

攝也리시니 堯典에 曰二十有八載에 放勳이 乃徂落커시늘
섭야　　　요전　　왈이십유팔재　방훈　내조락

百姓은 如喪考妣三年하고 四海는 遏密八音이라하며
백성　　여상고비삼년　　　사해　알밀팔음

孔子曰天無二日이요 民無二王이라하시니
공자왈천무이일　　　민무이왕

舜이 旣爲天子矣요 又帥天下諸侯하여 以爲堯三年喪이면
순　기위천자의　우솔천하제후　　이위요삼년상

是는 二天子矣니라
시　　이천자의

　(맹자의 제자) 함구몽이 질문했다. "옛말에 '덕이 높은 선비는 임금도 신하로 삼을 수 없고 그의 아버지도 자식으로 할 수 없다. 순이 천자가 되어 신하들이 도열해있는 남쪽을 향해 서있고 요는 제후를 인솔하여 천자가 있는 북쪽을 향해 조회했고, 고수 또한 북쪽을 향해 조회했는데 순이 고수를 보고 그 얼굴에 편치 않은 기색이 있었다.'고 합니다. 공자께서 말씀하시기를 '이 시대에 천하가 위태롭고 안정되지 못했다.'고 하셨다고 합니다. 알 수 없군요. 이런 말씀이 진실로 그렇습니까?" 맹자가 말했다. "아니다. 이는 군자의 말이 아니다. 제나라 동쪽 야인들이 서로 하는 말이다. (자네가 제나라 출신이라서 그런 말을 들은 것 같구나.) 요가 연로하여 순이 섭정했다. 『서경』「요전」에 이르기를 '(순이 섭정한 지) 28년 만에 방훈(요임금)이 그 혼이 하늘로 올라가고 몸은 땅에 남았다(서거했다). 백성은 부모가 돌아가신 것처럼 하기를 3년 동안 했고 사해에서는 (쇠, 돌, 실, 대나무, 바가지, 흙, 가죽, 나무로 만든 악기소리) 팔음(八音)을 그쳐서 고요했다.'라고 했다. 공자께서 말씀하시기를 '하늘

에 두 개의 태양이 없고 백성에게 두 임금이 없다.'고 하셨다. 순이 이미 천자가 되어있으면서 또 천하의 제후를 인솔하고 요의 삼년상을 했다면 이것은 두 명의 천자가 있다는 것이니, 그럴 리 없다."

咸丘蒙이 曰舜之不臣堯則吾旣得聞命矣어니와
함구몽   왈순지불신요즉오기득문명의

詩云普天之下莫非王土며 率土之濱이 莫非王臣이라하니
시운보천지하막비왕토   솔토지빈   막비왕신

而舜이 旣爲天子矣시니 敢問瞽瞍之非臣은 如何잇고
이순   기위천자의   감문고수지비신   여하

曰是詩也는 非是之謂也라 勞於王事而不得養父母也하여
왈시시야   비시지위야   로어왕사이부득양부모야

曰此莫非王事어늘 我獨賢勞也라하니 故로 說詩者不以文害辭하며
왈차막비왕사   아독현로야   고   설시자불이문해사

不以辭害志요 以意逆志라야 是爲得之니 如以辭而已矣인댄
불이사해지   이의역지   시위득지   여이사이이의

雲漢之詩에 曰周餘黎民이 靡有孑遺라하니
운한지시   왈주여려민   미유혈유

信斯言也인댄 是는 周無遺民也니라
신사언야   시   주무유민야

함구몽이 말했다. "순이 요를 신하로 한 적이 없다는 것은 저도 이미 말씀을 들었습니다. 그렇지만『시경』에 이르기를 '하늘 아래 온 천하가 왕의 토지 아닌 곳이 없고, 사해 안 모두가 왕의 신하가 아닌 자가 없다.'고 했습니다. (이런 시가 있듯이) 순이 이미 천자가 되었는데 고수가 천

자의 신하가 아니라는 것은 어떻게 했다는 것인지 알 수 없어 감히 여쭙니다." 맹자가 말했다. "이 시는 (천자가 그의 아버지를 신하로 삼았다는) 이런 것을 말하는 것이 아니다. 왕의 명령으로 나랏일에 동원되어 노역하다가 부모를 봉양하지 못한 사람이 원망하며 말하기를 '이런 것 모두가 나랏일이 아님이 없는데 (모두가 왕의 신하인데) 나만 홀로 고생하는구나!'라고 한 것이다. 그래서 시를 설명하는 자는 글자에 얽매여 말을 오해하지 말아야 하고, 말에 얽매여 작가의 뜻을 오해하지 말아야 한다. 내 마음으로 작가의 뜻을 받아들여야만 작품에 담긴 의미를 제대로 이해할 수 있다. 만약 글자 그대로의 말만 가지고 시를 감상하려 든다면 운한의 시에 이르기를, '주나라에 남아있는 백성이 하나도 있지 않네!'라고 했으니 진실로 이런 말대로라면 주나라에 유민이 전혀 없다는 뜻이 된다."

孝子之至는 莫大乎尊親이요 尊親之至는 莫大乎以天下養이니
효 자 지 지　　막 대 호 존 친　　　존 친 지 지　　막 대 호 이 천 하 양

爲天子父하니 尊之至也요 以天下養하시니 養之至也라
위 천 자 부　　존 지 지 야　　이 천 하 양　　　양 지 지 야

詩曰永言孝思라 孝思維則이라하니 此之謂也니라
시 왈 영 언 효 사　　효 사 유 칙(측)　　　차 지 위 야

효자가 할 수 있는 최고의 세속적인 효도로는 (이름을 날려) 부모를 존귀한 존재로 높이는 것보다 더 큰 것은 없다. 부모를 존귀하게 하는 일의 지극함은 (천자가 되어) 천하로써 봉양하는 것보다 더 큰 것이 없다. (고수가) 천자의 아버지가 되었으니 존귀함이 지극한 것이고, 천하로써 봉양하니 지극한 수준의 봉양이다. 『시경』에 이르기를, '길이 효도하기를 생각하는지라, (이렇게 길이) 효도하기를 생각하는 것이 (천하가

본받을) 법칙이 된다.'고 했으니 이것을 말하는 것이다.

書에 曰祗載見瞽瞍하사대 夔夔齊栗하신대 瞽瞍亦允若이라하니
서   왈 지 재 현 고 수   기 기 재 률   고 수 역 윤 약

是爲父不得而子也니라
시 위 부 부 득 이 자 야

『서경』에 이르기를, '(순이) 공경히 자식의 도리를 다하며 고수를 뵙
는데 삼가고 두려워하니 고수 역시 믿고 따랐다.'고 했다. (고수가 지극
한 효성에 감화되니) 이것이 (덕이 높은 사람은 그의) 아버지가 (그런
자식을 가르침을 주는) 자식으로 할 수 없다는 것이다.

5. 萬章이 曰堯以天下與舜이라하니 有諸잇가 孟子曰否라
   만 장   왈 요 이 천 하 여 순   유 저   맹 자 왈 부

   天子不能以天下與人이니라
   천 자 불 능 이 천 하 여 인

만장이 말했다. "요가 순에게 천하를 주었다는데, 그런 일이 있었습니
까?" 맹자가 말했다. "그런 일은 없었다. 천자라도 천하를 다른 사람에게
사적으로 넘겨줄 수는 없다."[177]

---

177 집주에 이런 설명이 있다. '천하는 천하의 천하이지 한 사람의 사유가 아니기 때문이
다.'("天下者 天下之天下 非一人之私有故也"). 정치와 권력의 공공성에 대한 인식이 분명
하다.

然則舜有天下也는 孰與之잇고 曰天이 與之시니라
연즉순유천하야   숙여지   왈천   여지

만장이 질문했다. "그렇다면 순이 천하를 다스리게 되었는데 누가 (순에게) 그런 권력을 주었습니까?" 맹자가 말했다. "하늘이 주셨다."

天이 與之者는 諄諄然命之乎잇가
천   여지자   순순연명지호

만장이 질문했다. "하늘이 주셨다는 것은 (하늘이 천하를 너에게 준다고) 또박또박 말하면서 (다스리기를) 명했다는 것입니까?"

曰否라 天이 不言이라 以行與事로 示之而已矣시니라
왈부   천   불언   이행여사   시지이이의

맹자가 말했다. "아니다. 하늘은 말하지 않는다. (천명을 받을 사람의) 행실과 일을 통해서 (천하에) 보일 따름이다."

曰以行與事로 示之者는 如之何잇고 曰天子能薦人於天이언정
왈이행여사   시지자   여지하   왈천자능천인어천

不能使天으로 與之天下며 諸侯能薦人於天子언정
불능사천   여지천하   제후능천인어천자

不能使天子로 與之諸侯며 大夫能薦人於諸侯언정
불능사천자   여지제후   대부능천인어제후

不能使諸侯로 與之大夫니 昔者에 堯薦舜於天而天이
불능사제후   여지대부   석자   요천순어천이천

受之하시고 暴之於民而民이 受之하니 故로 曰天이 不言이라
수지   폭지어민이민   수지   고   왈천   불언

以行與事로 示之而已矣라하노라
이행여사   시지이이의

만장이 질문했다. "(천명을 받을 사람의) 행실과 일을 통해서 보인다
는 것은 어떻게 하는 것인가요?" 맹자가 말했다. "천자는 사람을 하늘에
추천할 뿐이지 하늘이 꼭 그에게 천하를 다스릴 권력을 주도록 할 수는
없다. 제후는 사람을 천자에게 추천할 뿐이지 천자가 꼭 그를 제후로
임명하도록 할 수는 없다. 대부는 제후에게 사람을 추천할 뿐이지 제후
가 꼭 그를 대부로 임명하도록 할 수는 없다. 옛날에 요가 순을 하늘에
추천하자 하늘이 받아들였고, (요가 순을) 백성에게 보이자 백성이 받아
들였다. 그래서 말하기를, '하늘은 말하지 않는다. 다만 (천명을 받을 사
람의) 행동과 일을 통해서 (천하에) 보일 따름이다.'라고 하는 것이다."

曰敢問薦之於天而天이 受之하시고 暴之於民而民이 受之는 如何잇고
왈감문천지어천이천   수지   폭지어민이민   수지   여하

曰使之主祭而百神이 享之하니 是는 天이 受之요
왈사지주제이백신   향지   시   천   수지

使之主事而事治하여 百姓이 安之하니 是는 民이 受之也라
사지주사이사치   백성   안지   시   민   수지야

天이 與之하며 人이 與之故로 曰天子不能以天下與人이라하노라
천   여지   인   여지고   왈천자불능이천하여인

舜이 相堯二十有八載하시니 非人之所能爲也라 天也라 堯崩커시늘
순   상요이십유팔재   비인지소능위야   천야   요붕

三年之喪을 畢하고 舜이 避堯之子於南河之南이어시늘
삼년지상   필   순   피요지자어남하지남

天下諸侯朝覲者不之堯之子而之舜하며
천하제후조근자부지요지자이지순

訟獄者不之堯之子而之舜하며 謳歌者不謳歌堯之子而謳歌舜하니
송옥자부지요지자이지순   구가자불구가요지자이구가순

故로 曰天也라 夫然後에 之中國하사 踐天子位焉하시니
고   왈천야   부연후   지중국   천천자위언

而居堯之宮하여 逼堯之子면 是는 簒也라 非天與也니라
이거요지궁   핍요지자   시   찬야   비천여야

만장이 질문했다. "감히 여쭙겠습니다. 하늘에 천거하자 하늘이 받아
주고 백성에게 보이자 백성이 받아주었다는 것은 어떻게 한 것인가요?"
맹자가 말했다. "추천된 그에게 제사를 주관하게 했는데 백신이 그 제사
를 받아들였으니 이것은 곧 하늘이 (추천된 그 사람을) 받아들인 것이다.
추천된 그에게 일을 주관하게 했는데 일이 잘 다스려져서 백성이 편안하
게 여겨 마음으로 복종했으니 이것은 곧 백성이 (그 사람을) 받아들인
것이다. 하늘이 주고 사람들이 주는 것이다. 그렇기 때문에 말하기를,
'천자는 천하를 사적으로 누구에게도 넘겨줄 수 없다.'고 하는 것이다.
순이 요를 돕기를 28년간 했으니 이것은 사람의 의지만으로 가능한 바가
아니다. 하늘이 그렇게 한 것이다. 요가 별세하자 삼년상을 마치고 순이
요의 아들을 피해 남하의 남쪽으로 갔는데 천자를 뵙고자 하는 천하의
제후들이 요의 아들에게 가지 않고 순에게로 갔다. 옥사를 결단하지 못

해 송사하는 자들이 요의 아들에게 가지 않고 순에게로 갔다. 구가하는
자들이 요의 아들을 구가하지 않고 순을 구가했다. 그래서 하늘의 뜻이
라고 말하는 것이다. 그런 후에 나라의 수도로 가서 천자 자리에 올랐다.
그러나 만약 (순이) 요의 궁에 머물면서 요의 아들을 핍박했다면 이것은
(천자 자리를) 찬탈한 것이지 하늘이 준 것이 아니다.

太誓에 曰天視自我民視며 天聽이 自我民聽이라하니 此之謂也니라
태 서　　왈 천 시 자 아 민 시　　천 청　　자 아 민 청　　　　차 지 위 야

『서경』「태서편」에 이르기를, '하늘은 우리 백성의 눈으로 보고 하늘
은 우리 백성의 귀로 듣는다.'고 했으니, 이를 두고 하는 말이다."

6. 萬章이 問曰人이 有言호대 至於禹而德衰하여
　　만 장　　문 왈 인　　유 언　　　지 어 우 이 덕 쇠

不傳於賢而傳於子라하니 有諸잇가 孟子曰否라 不然也라
부 전 어 현 이 전 어 자 하 니　　유 저　　맹 자 왈 부　　불 연 야

天이 與賢則與賢하고 天이 與子則與子니라
천　　여 현 즉 여 현　　천　　여 자 즉 여 자

昔者에 舜이 薦禹於天十有七年에 舜이 崩커시늘 三年之喪을 畢하고
석 자　　순　　천 우 어 천 십 유 칠 년　　순　　붕　　　　삼 년 지 상　　필

禹避舜之子於陽城이러시니 天下之民이 從之를 若堯崩之後에
우 피 순 지 자 어 양 성　　　　천 하 지 민　　종 지　　약 요 붕 지 후

不從堯之子而從舜也하니라 禹薦益於天七年에 禹崩커시늘
부 종 요 지 자 이 종 순 야　　우 천 익 어 천 칠 년　　우 붕

三年之喪을 畢하고 益이 避禹之子於箕山之陰이러니
삼 년 지 상   필   익   피 우 지 자 어 기 산 지 음

朝覲訟獄者不之益而之啓曰吾君之子也라하며
조 근 송 옥 자 부 지 익 이 지 계 왈 오 군 지 자 야

謳歌者不謳歌益而謳歌啓曰吾君之子也라하니라
구 가 자 불 구 가 익 이 구 가 계 왈 오 군 지 자 야

만장이 질문했다. "사람들이 말하는데, (하나라) 우임금 시대에 이르러 덕이 쇠퇴하여 (천자 자리를) 현인에게 전하지 못하고 임금의 아들에게 전했다고 합니다. 그런 일이 있었습니까?" 맹자가 말했다. "아니다. 그렇지 않다. 하늘이 현인에게 줄만하면 현인에게 주고 하늘이 (임금의) 아들에게 줄만하면 (임금의) 아들에게 주는 것이다. 옛날에 순이 우를 하늘에 천거하여 정승으로 삼고 17년이 지난 뒤에 세상을 떠나자, 우가 삼년상을 마치고 순의 아들을 피해 (사람들이 찾기 어려운 깊은 곳) 양성에 몸을 감추었다. 천하의 백성이 우를 따르기를 마치 요가 세상을 떠난 뒤에 요의 아들을 따르지 않고 순을 따른 것과 같이 했다. 우가 익을 하늘에 천거하여 정승으로 삼고 7년이 지난 뒤에 세상을 떠나자 익이 삼년상을 마치고 우의 아들을 피해 (사람들이 찾기 어려운 깊은 곳) 기산의 골짜기에 몸을 감추었다. 천자를 뵙고자 하는 자들과 옥사를 결단하지 못해 송사하는 자들이 익에게 가지 않고 계에게로 가면서 말하기를 '우리 임금의 아들이다.'라고 했다. 구가하는 자들이 익을 구가하지 않고 계를 구가하며 말하기를 '우리 임금의 아들이다.'라고 했다.

丹朱之不肖에 舜之子亦不肖하며 舜之相堯와 禹之相舜也는
단 주 지 불 초　　　순 지 자 역 불 초　　　　순 지 상 요　　　우 지 상 순 야

歷年이 多하여 施澤於民이 久하고 啓는 賢하여 能敬承繼禹之道하며
력 년　　다　　시 택 어 민　구　　　계　　현　　　능 경 승 계 우 지 도

益之相禹也는 歷年이 少하여 施澤於民이 未久하니
익 지 상 우 야　　　력 년　　소　　　시 택 어 민　　미 구

舜禹益相去久遠과 其子之賢不肖皆天也라
순 우 익 상 거 구 원　　　기 자 지 현 불 초 개 천 야

非人之所能爲也니 莫之爲而爲者는 天也요
비 인 지 소 능 위 야　　　막 지 위 이 위 자　　　천 야

莫之致而至者는 命也니라
막 지 치 이 지 자　　　명 야

　(요의 아들) 단주는 선대의 덕망을 이어받지 못하는 부족한 자였는데, 순의 아들 또한 선대의 덕망을 이어받지 못하는 부족한 자였다. 순이 요를 도왔던 세월과 우가 순을 도왔던 세월이 오래고 백성에게 덕을 베푼 일도 오래 지속되었다. 계는 현명하여 공경하는 자세로 우의 도를 계승할 수 있었다. 그러나 익이 우를 도왔던 세월이 짧아서 백성에게 덕을 베푼 일이 오래지 않았다. 순, 우, 익이 (임금을 보좌하는 자리에 있었던 그 기간의 길고 짧음에 있어서) 서로 차이가 많이 나는 것, 그 아들들의 어질거나 어질지 못함, 이 모두가 하늘의 뜻이다. 사람 의지로 될 일이 아니다. 하지 않아도 (저절로 그렇게) 되는 것이 하늘[天]이다. 부르지 않아도 찾아오는 것이 명[命]이다.

匹夫而有天下者는 德必若舜禹而又有天子薦之者니
필부이유천하자   덕필약순우이우유천자천지자

故로 仲尼不有天下하시니라
고   중니불유천하

필부로서 천하를 소유한 자는 덕이 반드시 순이나 우와 같아야 하고
(그에 더하여) 또한 천자의 추천이 있어야 한다. 그래서 중니(공자)는
천하를 소유하지 못했다.

繼世以有天下에 天之所廢는 必若桀紂者也니
계세이유천하   천지소폐   필약걸주자야

故로 益伊尹周公이 不有天下하시니라
고   익이윤주공   불유천하

세대를 이어서 천하를 소유하고 있는데 하늘이 그런 자리를 폐할 때
는 반드시 (그 악행이 하나라 폭군) 걸이나 (상나라 폭군) 주와 같아야
한다. 그래서 익, 이윤, 주공이 천하를 소유하지 못했다.

伊尹이 相湯하여 以王於天下러니 湯이 崩커시늘
이윤   상탕   이왕어천하   탕   붕

太丁은 未立하고 外丙은 二年이요 仲壬은 四年이러니
태정   미립   외병   이년   중임   사년

太甲이 顚覆湯之典刑이어늘
태갑   전복탕지전형

伊尹이 放之於桐三年한대 太甲이 悔過하여 自怨自艾하여[178]

이윤　방지어동삼년　　　태갑　회과　　자원자예(애)

於桐에 處仁遷義三年하여 以聽伊尹之訓己也하여

어동　처인천의삼년　　이청이윤지훈기야

復歸于亳하시니라

부귀우박

이윤이 탕을 보좌하여 그를 천하의 왕으로 군림하게 했다. 탕이 세상을 떠나자, (탕의 태자) 태정은 즉위하지 못하고 죽었다. (태정의 동생) 외병은 2년 (태정의 동생) 중임은 4년 재위했다. (태정의 아들) 태갑은 탕이 전해준 법전을 무너뜨리고 어지럽게 했다. 그러자 이윤이 (태갑을 탕의 능이 있는) 동(桐)에 3년 동안 내쳤다. 그동안 태갑은 과오를 뉘우치고 스스로를 원망하고 스스로 악을 버리고 선을 행하여 동(桐)에서 인(仁)에 의거하고 의(義)에 입각하여 마음 바꾸기를 3년이나 하면서 이윤이 자기를 위해 훈계한 것을 경청했다. 그리하여 다시 (탕이 도읍한 곳) 박(亳)으로 돌아오게 되었다.[179]

---

178 "艾"에 대해 집주에 '다스리는 것이다. 설문에 이르기를 풀 베는 것이다. 베고 끊어서 스스로 새로워진다는 의미다.'("艾 治也 說文 云芟草也 蓋斬絶自新之意")라는 설명이 있다. 그런데 "艾"의 한자음이 『맹자언해』(내각장판)에는 "예"로 되어 있고, 율곡언해에는 "애"로 되어 있다. 『동아 백년옥편』(2005)에는 "自艾(자예) 잘못을 뉘우쳐 악(惡)을 제거하고 선(善)을 닦음"이라고 설명되어 있다. 『한한대사전』(단국대학교 출판부, 1999)에는 "自艾(자예) 스스로 자신을 징계함"이라는 설명과 함께 맹자의 이 문장("三年 太甲 悔過 自怨自艾 於桐 處仁遷義")이 사례로 인용되어 있다.

179 이렇게 외병이 2년, 중임이 4년간 재위한 것으로 해석했다. 집주에 이것은 조기의 설명이고, 옛 사람은 세(歲)자를 연(年)자로 썼으니 탕이 붕어할 때 외병은 2살이고 중임은 4살이고 태갑이 나이가 조금 많았기 때문에 세웠다는 정자(程子)의 주장도 소개하면서 어느 설이 맞는지 모른다고 했다("趙氏曰太丁 湯之太子 未立而死 外丙 立二年 仲壬 立四年 皆太丁弟也 太甲 太丁子也 程子曰古人 謂歲爲年 湯崩時 外丙 方二歲 仲壬 方四歲 惟

周公之不有天下는 猶益之於夏와 伊尹之於殷也니라
주공지불유천하   유익지어하   이윤지어은야

주공이 천하를 소유하지 못한 것은 익이 하나라에서 처했던 상황과 이윤이 은나라에서 처했던 상황과 같은 경우다.

孔子曰唐虞는 禪하고 夏后殷周는 繼하니 其義一也라하시니라
공자왈당우   선   하후은주   계   기의일야

공자께서 말씀하시기를, '당위[요순]는 유덕자에게 자리를 물려주었고 하나라 은나라 주나라는 자손이 계승했다. (방식은 달라도) 그 정당성은 동일하다.'고 하셨다."

7. 萬章이 問曰人이 有言호대 伊尹이 以割烹要湯이라하니 有諸잇가
   만장   문왈인   유언   이윤   이할팽요탕   유저

만장이 질문했다. "사람들의 말에 이윤이 고기를 자르고 삶는 요리 솜씨로 (탕을 기쁘게 하여) 탕에게 자리를 요구했다는데, 그런 일이 있었나요?"

孟子曰否라 不然하니라 伊尹이 耕於有莘之野而樂堯舜之道焉하여
맹자왈부   불연   이윤   경어유신지야이락요순지도언

太甲 差長故 立之也 二說 未知孰是" 집주).

非其義也며 非其道也어든 祿之以天下라도 弗顧也하며
비기의야　　비기도야　　　록지이천하　　　불고야

繫馬千駟라도 弗視也하고 非其義也며 非其道也어든
계마천사　　　불시야　　　비기의야　　비기도야

一介를 不以與人하며 一介를 不以取諸人하니라
일개　불이여인　　　일개　불이취저인

맹자가 말했다. "아니다. 그렇지 않다. 이윤은 (재야에 있을 때) 유신
국의 들에서 밭을 경작하면서 (독서를 즐기며) 요순의 도를 즐기는 생활
을 했다. 그런 그는 요순의 의(義)가 아니거나 요순의 도가 아니면 녹봉
으로 천하를 준다고 해도 돌아보지 않았고 말 사천 필을 매어놓아도 거
들떠보지 않았다. 요순의 의(義)가 아니거나 요순의 도에 합치되지 않으
면 지푸라기 하나도 남에게 주지 않았고 지푸라기 하나도 남에게 받지
않았다.

湯이 使人以幣聘之하신대　囂囂然曰我何以湯之聘幣爲哉리오.[180]
탕　　사인이폐빙지　　　　효효연왈아하이탕지빙폐위재

我豈若處畎畝之中하여　由是以樂堯舜之道哉리오
아기약처견묘지중　　　유시이락요순지도재

탕이 사람을 보내서 폐백으로 초빙했다. (이윤이) 욕심 없이 담담하게
말했다. '내 어찌 탕이 초빙하는 폐백을 받고 (경솔하게) 가겠는가? 내가

---

180 "囂囂"(효효)에 대해 집주에 '욕심이 없고 자득한 모습("囂囂 無欲自得之貌")'이라는
설명이 있다. 조주에서의 설명도 같다("自得之志 無欲之貌"). 이윤은 오직 요순만 생각했
기 때문에 탕의 초빙에 그냥 담담하게 응대한 것이다.

(탕의 신하로 일하는 것이) 어찌 밭이랑 가운데서 이런 생활로 요순의 도를 즐기는 것만 하겠는가?

湯이 三使往聘之하신대 旣而요 幡然改曰與我處畎畝之中하여
탕   삼사왕빙지   기이   번연개왈여아처견묘지중

由是以樂堯舜之道로는 吾豈若使是君으로 爲堯舜之君哉며
유시이락요순지도   오기약사시군   위요순지군재

吾豈若使是民으로 爲堯舜之民哉며 吾豈若於吾身에 親見之哉리오
오기약사시민   위요순지민재   오기약어오신   친견지재

탕이 세 번이나 사람을 보내서 초빙했다. 이윽고 새롭게 깨달은 표정으로 요순의 도를 즐기는 생활에 대한 그 마음을 바꾸면서 (이렇게) 말했다. '내가 밭이랑 가운데 있으면서 이런 생활로 요순의 도를 즐기는 것이 어찌 내가 이 임금을 요순 같은 임금이 되게 하는 것보다 나을 것이며 어찌 내가 이 백성을 요순의 백성이 되게 하는 것보다 나을 것이며 어찌 내가 내 몸이 사는 시대에서 (요순의 세상을) 직접 보는 것보다 나을 것인가!

天之生此民也는 使先知로 覺後知하며 使先覺으로 覺後覺也시니
천지생차민야   사선지   각후지   사선각   각후각야

予는 天民之先覺者也로니 予將以斯道로 覺斯民也니 非予覺之오
여   천민지선각자야   여장이사도   각사민야   비여각지

而誰也리오
이수야

하늘이 이 백성을 낳은 것은 먼저 아는 사람이 나중에 알 사람을 깨우쳐주게 하고 먼저 깨우친 사람이 나중에 깨우칠 사람을 깨우쳐주게 한 것이다. 나는 하늘이 내린 백성 중에서 먼저 깨우친 자이니, 나는 장차 이 도를 가지고 이 백성을 깨우치련다. 내가 깨우치지 않으면 누가 하겠는가!'

思天下之民이 匹夫匹婦有不被堯舜之澤者어든
사 천 하 지 민   필 부 필 부 유 불 피 요 순 지 택 자

若己推而內之溝中하니[181] 其自任以天下之重이 如此라
약 기 퇴 이 납 지 구 중   기 자 임 이 천 하 지 중   여 차

故로 就湯而說之하여 以伐夏救民하니라
고   취 탕 이 세 지   이 벌 하 구 민

그는 생각하기를 천하의 평범한 남자와 평범한 여자라도 요순 정치의 혜택을 받지 못한 자가 있으면 마치 자신이 물구덩이 가운데로 밀어 넣은 것처럼 여겼으니 천하의 막중한 임무를 자임함이 이와 같았다. 그렇기 때문에 탕에게 나아가 권하여 하나라 폭군 걸을 쳐서 백성을 구했다.

吾未聞枉己而正人者也로니 況辱己以正天下者乎아 聖人之行이
오 미 문 왕 기 이 정 인 자 야   황 욕 기 이 정 천 하 자 호   성 인 지 행

不同也라 或遠或近하며 或去或不去나 歸는 潔其身而已矣니라
부 동 야   혹 원 혹 근   혹 거 혹 불 거   귀   결 기 신 이 이 의

---

181 여기서 "內"자는 '納'자의 의미로 사용되었다.

나는 (제후가 초청하지도 않았는데 먼저 찾아가서) 자신을 굽혀서 (자리를 구걸하여) 다른 사람을 바르게 했다는 자를 들어보지 못했다. 하물며 (요리 솜씨로 자기를 알려서) 자신을 욕되게 하게 방법으로 천하를 바르게 하려는 자이겠는가? 성인의 행적이 동일하진 않다. 혹은 (벼슬을 하지 않고) 먼 곳에 은둔하거나 혹은 (벼슬을 해서 임금을) 가까이 하거나 혹은 (벼슬을 버리고) 떠나거나 혹은 (벼슬을 함으로써) 떠나지 않거나 (모두가 공통적으로) 귀결된 바는 그 자신의 몸을 깨끗이 한다는 것일 뿐이다.

이 문장과 관련하여 다른 사람을 바르게 하는 방식에 있어서 ① 자기를 바르게 하고 다른 사람을 바르게 한다[正己而正人], 편법으로 ② 자기를 굽히고 다른 사람을 바르게 한다[枉己而正人], 오직 성과만을 생각하며 ③ 자기를 욕되게 하는 방법까지 동원해서 천하를 바르게 한다[辱己以正天下]는 방식까지도 생각할 수 있겠다. 맹자는 정통적으로 ①번을 고집했으나 그의 제자들은 유연하게 ②까지도 가능하다고 생각했다. 이런 맹자에게 ③의 방식은 인정될 수 없는 것이고, 더욱이 이윤이 그렇게 했을 리 만무하다고 단언하는 대목이다.

吾는 聞其以堯舜之道로 要湯이요 未聞以割烹也케라
오　　문기이요순지도　　요탕　　　미문이할팽야

나는 그가 요순의 도를 가지고 탕에게 요구했다는 말은 들었지만 벼슬을 구하려고 음식을 조리했다는 말은 듣지 못했다.

伊訓에 曰天誅造攻을[182] 自牧宮은 朕載自亳이라하니라[183]
이훈   왈천주조공   자목궁   짐재자박

『서경』「이훈」에 이르기를, '하늘이 정벌을 시작하기를 (폭군 걸의) 목궁으로부터 한 것은, 내가 (탕의 도성) 박(亳)으로부터 (그를 돕는 것에서) 비롯된 것이다.'라고 하였다. (이렇게 하늘의 명을 받든다고 자부하는 이윤이 어찌 벼슬하려고 임금에게 몸을 굽히고 사사롭게 요구했겠는가?)"

8. 萬章이 問曰或이 謂孔子於衛에 主癰疽하시고 於齊에
   만장   문왈혹   위공자어위   주옹저   어제

   主侍人瘠環이라하니 有諸乎잇가 孟子曰否라
   주시인척환   유저호   맹자왈부

   不然也라 好事者爲之也니라
   불연야   호사자위지야

---

182 "造攻"은 집주에 '조와 재는 모두 시작하는 것이다.'("造載 皆始也")라는 설명이 있어서 이를 참고했다.

183 여기서 "朕"(짐)은 누구를 의미하는가? 탕(湯)으로 볼 수 있겠지만(이런 설명은 세창서관; 1957년 간행본『정본 맹자집주』), 앞에서 이어지는 문맥은 이윤이 벼슬하는 과정을 설명한 것이고 집주에 '이윤은 말하기를 무도한 걸을 공격하기 시작한 것은 내가 박에서 그 일을 시작한 것에서 비롯되었다고 하였다.'("伊尹 言始攻桀無道 由我始其事於亳也")라는 설명이 있어서 여기서는 이윤으로 볼수도 있겠다. 또한 소주에 '경원보씨는 말하기를, 이는 이윤이 스스로 말한 바인데 이에서 그가 자임하는 임무를 막중하게 여겼음을 볼 수 있으니, 그는 도를 굽히고 자신을 타락시켜서 임금에게 관직을 요구하는 것을 결코 달갑게 여지기 않았을 것이다.'("慶源輔氏曰 此伊尹所自言 於此可見其任重之意則其不肯枉道自汚以要君")는 설명이 있다.

만장이 질문했다. "어떤 사람이 말하기를, 공자께서 위나라에서는 (외상과 종기를 치료하는) 옹저의 집에 머물렀고 제나라에서는 시중드는 사람 (내시) 척환의 집에 머물렀다고 합니다. (공자가 벼슬하기 위해 이렇게 임금의 측근의 집에 머물며 줄을 대려고 했던) 그런 일이 있었습니까?" 맹자가 말했다. "아니다. 그렇지 않다. 남에 대해 말하기를 즐기는 자들의 말이다."

於衛에 主顔讎由러시니 彌子之妻與子路之妻로 兄弟也라
어 위   주 안 수 유   미 자 지 처 여 자 로 지 처   형 제 야

彌子謂子路曰孔子主我하시면 衛卿을 可得也라하여늘 子路以告한대
미 자 위 자 로 왈 공 자 주 아   위 경   가 득 야   자 로 이 고

孔子曰有命이라하시니 孔子進以禮하시며 退以義하사 得之不得에
공 자 왈 유 명   공 자 진 이 례   퇴 이 의   득 지 부 득

曰有命이라하시니 而主癰疽與侍人瘠環이시면 是는 無義無命也니라
왈 유 명   이 주 옹 저 여 시 인 척 환   시   무 의 무 명 야

공자께서는 위나라에서 (위나라 어진 대부) 안수유의 집에 계셨다. (위나라 영공이 총애하는 신하) 미자의 처와 (공자의 제자) 자로의 처는 자매다. 미자가 자로에게 말하기를, '공자께서 내 집에서 머무신다면 위나라 경 벼슬도 얻을 수 있는데.'라고 했다. 자로는 (공자께서 관직을 원하는 것을 잘 알고 있었기에) 이런 말을 전했다. 공자께서 말씀하시기를, '(벼슬을 하거나 못하거나) 하늘의 명으로 정해지는 것이다.'라고 하셨다. 공자께서는 벼슬하기를 예법에 맞게 하셨고 물러나기를 의에 맞게 하시면서 벼슬을 얻거나 얻지 못하거나 말씀하시기를 '하늘의 명으로 정해지는 것이다.'라고 하셨다. 임금의 측근인 옹저와 내시 척환을 집

주인으로 삼았다면 이것은 (관직에 나아가고 물러나는) 원칙에도 어긋
난 것이고, (벼슬을 얻거나 얻지 못하거나를 결정하는) 하늘의 명에도
부합하는 것이 아니다.[184]

孔子不悅於魯衛하사 遭宋桓司馬將要而殺之하여
공 자 불 열 어 로 위　　조 송 환 사 마 장 요 이 살 지

微服而過宋하시니 是時에 孔子當阨하사대
미 복 이 과 송　　　시 시　　공 자 당 액

主司城貞子爲陳侯周臣하시니라[185]
주 사 성 정 자 위 진 후 주 신

공자께서는 노나라와 위나라에 있기를 좋아하지 않으셨고 (위나라를
떠나 송나라로 갈 때) 송나라 환사마가 장차 길목을 지키고 있다가 살해
하려고 했기 때문에 남루한 복장으로 송나라를 지나가셨다. 이때에 (이
렇게) 공자께서는 액운을 당했어도 (이런 환난의 시기에도 머무를 집을
신중하게 선택하셨으니, 예전에 송나라의 대부였다가 이제 곧) 진나라

---

184 의(義)와 명(命)에 대한 간단한 설명이 있다. '(어떤 행위를 하는데) 되거나 안 되거나
에 관한 것은 의(義)다. (어떤 결과를) 얻거나 얻지 못하거나에 관한 것은 명(命)이다.
군자는 다만 의를 행하며 명을 기다릴 뿐이다.'("可不可義也 得不得命也 君子但當行義以
俟命")(『홍재전서』鄒書春記 만장편 각신 김순근 질문 중에서)
185 환사마는 송나라 대부 상퇴(向魋)다("桓司馬 宋大夫向魋也" 집주). 공자가 진(陳)나라
에 가서 사성정자의 집에 주인을 정했다는 설명이 있다("孔子去至陳 主於司城貞子" 집주).
박세당은 당시 사성정자가 송나라 대부가 되었는데[집주에 '사성정자는 또한 송나라 대부
중 어진자다'("司城貞子亦宋大夫之賢者")라는 설명이 있다] 공자께서 어떻게 진나라에 가
서 그를 집주인으로 했겠냐고 했다. 그러면서 그는 〈공자께서 송나라를 떠날 때에는 사성
정자를 집주인으로 했고 진(陳)나라에 가서는 진(陳)나라 제후 주(周)의 신하가 된 것 같
다〉는 신안 진씨의 설이 타당하다고 했다("司城貞子 旣爲宋大夫 孔子安得至陳而以爲主也
新安陳氏以爲似是臨去宋時 主司城貞子 適陳爲陳侯周臣"『사변록』).

제후 주(周)의 신하가 된 (현명한) 사성정자의 집에 머무셨다. (그런 분이 더욱이 무사한 시기에 옹저와 척환의 집에 숙박하셨겠는가?)

吾聞觀近臣호대 以其所爲主요 觀遠臣호대 以其所主라호니
오 문 관 근 신   이 기 소 위 주   관 원 신   이 기 소 주

若孔子主癰疽與侍人瘠環이시면 何以爲孔子리오
약 공 자 주 옹 저 여 시 인 척 환   하 이 위 공 자

내 들자하니 조정에 있는 신하의 인품을 살피려면 누가 그 집에 숙박하는지 (그들의 인품을) 보고, 원방에서 와서 벼슬하는 자의 인품을 살피려면 그가 누구의 집에 숙박하는지 (그 집주인의 인품을) 본다고 한다. 만약 공자께서 (임금이 총애하는) 의원 옹저와 내시 척환의 집에 숙박하셨다면 어떻게 공자라고 하겠는가?"

9. 萬章이 問曰或曰百里奚自鬻於秦養牲者하여 五羊之皮로
   만 장   문 왈 혹 왈 백 리 해 자 륙 어 진 양 생 자   오 양 지 피

食牛하여 以要秦穆公이라하니 信乎잇가 孟子曰否라 不然하니라
사 우   이 요 진 목 공   신 호   맹 자 왈 부   불 연

好事者爲之也니라
호 사 자 위 지 야

만장이 질문했다. "어떤 사람이 말하는데, 백리해가 진나라의 희생을 기르는 사람에게 5마리 양 가죽에 자기를 팔아서 (희생에 쓸 소를 먹이는 일을 맡아) 소를 살찌게 먹여서 (진목공이 자신의 존재를 알게 하고

는) 진목공에게 발탁해주기를 요구했다고 합니다. 믿을 만합니까?" 맹자
가 말했다. "아니다. (결단코) 그렇지 않다. 남에 대해 말하기 좋아하는
자들의 (모함하는) 말이다.

百里奚는 虞人也니 晉人이 以垂棘之璧과 與屈産之乘으로
백 리 해   우 인 야   진 인   이 수 극 지 벽   여 굴 산 지 승

假道於虞하여 以伐虢이어늘 宮之奇는 諫하고 百里奚는 不諫하니라
가 도 어 우   이 벌 괵   궁 지 기 간   백 리 해   불 간

백리해는 우나라 사람이다. 진나라 사람이 수극에서 생산되는 귀한
벽옥과 굴(屈)에서 생산되는 좋은 말 네 필을 주면서 우나라 길을 빌려
괵나라를 치려고 했다. (우나라 어진 신하) 궁지기는 (진나라에게 길을
빌려주면) 안 된다고 임금에게 충고했고, (충고해도 소용없음을 알았던)
백리해는 충고하지 않았다.

知虞公之不可諫而去之秦하니 年已七十矣라 曾不知以食牛로
지 우 공 지 불 가 간 이 거 지 진   년 이 칠 십 의   증 부 지 이 사 우

干秦穆公之爲汚也면 可謂智乎아 不可諫而不諫하니 可謂不智乎아
간 진 목 공 지 위 오 야   가 위 지 호   불 가 간 이 불 간   가 위 부 지 호

知虞公之將亡而先去之하니 不可謂不智也니라 時擧於秦하여
지 우 공 지 장 망 이 선 거 지   불 가 위 부 지 야   시 거 어 진

知穆公之可與有行也而相之하니 可謂不智乎아
지 목 공 지 가 여 유 행 야 이 상 지   가 위 부 지 호

相秦而顯其君於天下하여
상 진 이 현 기 군 어 천 하

可傳於後世하니 不賢而能之乎아 自鬻以成其君을 鄕黨自好者도
가 전 어 후 세　　불 현 이 능 지 호　　자 륙 이 성 기 군　　향 당 자 호 자

不爲온 而謂賢者爲之乎아
불 위　　이 위 현 자 위 지 호

(백리해는) 우공이 충언을 해도 듣지 않는다는 것을 알고 진나라로 갔는데 나이 이미 칠십이었다. 이에 소를 사육하는 방법으로 진나라 목공에게 벼슬을 요구하는 것이 더러운 짓이라는 것을 알지 못했다면 지혜롭다고 할 수 있는가? 충언해도 소용없음을 알고 하지 않았는데 지혜롭지 못하다고 할 수 있는가? 장차 우공이 망할 것을 알고 먼저 떠났는데 지혜롭지 못하다고 할 수 있는가? 그 때에 진나라에서 등용되어 목공이 함께 사업을 이룰 만한 인물임을 알아보고 도왔는데 지혜롭지 못하다고 할 수 있는가? 진나라를 도와 그 임금을 천하에 드러나게 해서 후세에 그 명성이 전해지게 했는데 현명하지 않고서 어찌 그것이 가능했겠는가? 스스로 자기 몸을 팔아서 그 임금을 천하의 권력자로 만드는 것은 스스로 자기 몸 하나를 아끼는 시골 선비도 하지 않는데 하물며 현자가 했다고 말하는가?"

만장장구 하

萬章章句下

모두 9장이다. 지식인의 벼슬하는 도리에 관한 내용이다. 지식인은 먼저 자리를 요구하지 않으며, 무례한 제후의 부름에는 결코 응하지 않는다는 설명이 이어진다.

1. 孟子曰伯夷는 目不視惡色하며 耳不聽惡聲하고 非其君不事하며
   맹 자 왈 백 이   목 불 시 악 색   이 불 청 악 성   비 기 군 불 사

   非其民不使하여 治則進하고 亂則退하여 橫政之所出과 橫民之所止에
   비 기 민 불 사   치 즉 진   란 즉 퇴   횡 정 지 소 출   횡 민 지 소 지

   不忍居也하며 思與鄕人處호대 如以朝衣朝冠으로 坐於塗炭也러니
   불 인 거 야   사 여 향 인 처   여 이 조 의 조 관   좌 어 도 탄 야

   當紂之時하여 居北海之濱하여 以待天下之淸也하니
   당 주 지 시   거 북 해 지 빈   이 대 천 하 지 청 야

   故로 聞伯夷之風者는 頑夫廉하며 懦夫有立志하니라
   고   문 백 이 지 풍 자   완 부 렴   라 부 유 립 지

맹자가 말했다. "백이는 눈으로 나쁜 색을 보지 않았고 귀로 나쁜 소리를 듣지 않았고 임금다운 임금이 아니면 섬기지 않았고 백성다운 백성이 아니면 부리지 않았다. 세상이 다스려지면 관직에 나아가고 어지러우면 관직에서 물러났다. 법도를 거스르는 정치판과 법도를 무시하고 난동을 부리는 백성이 판치는 곳에는 차마 머물지 못했다. 무례한 시골 사람과 같이 있는 것을 마치 의관조복을 입고 진흙탕 길에 앉아있는 것처럼 불편하게 여겼다. 폭군 주(紂)가 다스리는 시대를 당해서는 북해의 물가에 살면서 천하가 맑아지기를 기다렸다. 그렇기 때문에 백이의 풍도를 들으면 지각없는 무식한 사내는 염치가 있게 되고 유약한 사내는

뜻을 세우게 된다.

伊尹이 曰何事非君이며 何使非民이리오하여 治亦進하며 亂亦進하여
이윤　왈하사비군　　하사비민　　　　치역진　　란역진

曰天之生斯民也는 使先知로 覺後知하며 使先覺으로 覺後覺이시니
왈천지생사민야　사선지　각후지　　사선각　　각후각

予는 天民之先覺者也로니 予將以此道로 覺此民也라하며
여　천민지선각자야　여장이차도　각차민야

思天下之民이 匹夫匹婦有不與被堯舜之澤者어든
사천하지민　필부필부유불여피요순지택자

若己推而內之溝中하니 其自任以天下之重也니라
약기퇴이납지구중　　기자임이천하지중야

이윤이 말했다. '누구를 섬긴들 임금이 아니며 누구를 부린들 백성이
아니랴!' 세상이 다스려져도 관직에 나아가고 세상이 혼란해도 관직에
나아가면서 그는 이렇게 말했다. '하늘이 이 백성을 낳은 것은 먼저 아는
사람이 나중에 아는 사람을 깨닫게 해주고 먼저 깨달은 사람이 나중에
깨닫는 사람을 깨우쳐주기 위함이다. 나는 하늘이 낳은 백성 중에서 먼
저 깨달은 사람이다. 나는 장차 이 도를 가지고 이 백성을 깨우치리라!'
그는 천하의 백성으로 평범한 사내와 평범한 부녀자 중에 요순의 은택을
입지 못한 자가 있으면 마치 자기가 그들을 구덩이에 빠지게 한 것처럼
여겼다. 천하의 이런 막중한 일을 자기 임무로 자임한 것이다.[186]

---

186 충신은 두 임금을 섬기지 않는다고 하는데, 이윤의 처신은 잘못된 것인가? 조선시대
유학자들은 어떻게 생각했는가? 도암 이재의 『맹자강설』의 질의응답이 참고가 된다. '여
쭙겠습니다. 어느 임금을 섬긴들 임금이 아니냐는 이윤의 말과 충신은 두 임금을 섬기지

柳下惠는 不羞汙君하며 不辭小官하며 進不隱賢하여 必以其道하며
류하혜 불수오군 불사소관 진불은현 필이기도

遺佚而不怨하며 阨窮而不憫하며 與鄕人處호대
유일이불원 액궁이불민 여향인처

由由然不忍去也하여 爾爲爾요 我爲我니
유유연불인거야 이위이 아위아

雖袒裼裸裎於我側인들 爾焉能浼我哉리오하니
수단석라정어아측 이언능매아재

故로 聞柳下惠之風者는 鄙夫寬하며 薄夫敦하니라
고 문류하혜지풍자 비부관 박부돈

유하혜는 타락한 임금 섬기기를 부끄러워하지 않았고 낮은 관직을 사양하지 않았다. 관직에 나아가서는 능력을 감추지 않았고 반드시 옳은 방도로 행했다. 재야에 일없이 버려져도 원망하지 않았다. 누추한 곳에서 궁핍하게 살아도 고민하지 않았다. 무식한 시골사람들과 함께 있어도 자득한 모습으로 편안하게 생각하면서 차마 그 자리를 뜨지 못했다. 그러면서 이렇게 말했다. '너는 너, 나는 나다. 비록 내 앞에서 어깨를

않다는 의리는 서로 배치되는 점은 없겠습니까? 설명해주겠다. 그런 말은 (얼핏 보면 대립되는 것처럼 여겨질 것이다. 그러나 각각 그 말이 나온 상황이 다르다. (충신은 두 임금을 섬기지 않는다는) 왕촉의 말은 (한 나라에서) 성(姓)이 다른 두 임금에게 신하 노릇하지 않는다는 말이다. (자기가 섬기던 임금을 죽인 성이 다른 새로운 임금을 섬기지 않는다는 말이다.) 이윤의 말은 섬길 임금이 선하거나 불선하거나 그 자질에 상관없이 내가 장차 그를 섬길 것이라면 그를 요순의 임금이 되게 한다는 것이다. 비록 불선하여 덕이 부족한 임금이라도 섬기지 못할 것이 무엇인가라는 뜻이다. 이것은 기왕에 여기서 섬기다가 또 저기서 섬기면서 (의리나 정의에 상관없이) 어느 임금을 섬겨도 안 될 것 없다는 그런 뜻은 결코 아닌 것이다.'("問 伊尹何事非君之言與忠臣不事二君氏義理 無相違背歟 曰 所言之地頭各有異者 王蠋之說 是 不臣乎二姓之云也 此則人主之善不善 吾將事之則使之爲堯舜之君也 雖不善之君何所不事之意也 非是旣事於此又事於彼而無所不可之意也")

드러내고 발가벗어도 나는 그것으로 인해 더럽혀지지 않는다.' 그렇기 때문에 유하혜의 풍도를 듣는 자 중에서 편협하고 비루한 자는 관대해지고 각박한 자는 인정이 두터워졌다.

孔子之去齊에 接淅而行하시고 去魯에 曰遲遲라 吾行也여 하시니
공자지거제　　접석이행　　　거로　　왈지지　　오행야

去父母國之道也라 可以速而速하며 可以久而久하며 可以處而處하며
거부모국지도야　　가이속이속　　　가이구이구　　　　가이처이처

可以仕而仕는 孔子也시니라
가이사이사　　공자야

공자께서는 제나라를 떠나실 때 밥을 지으려고 물에 담가두었던 쌀을 건지고 (지체하지 않고) 황급히 떠나셨다. 노나라를 떠나실 때에는, '느리고 느리네, 내 발걸음이!'라고 말씀하셨다. 이렇게 차마 빨리 떠나지 못하는 것이 부모의 나라를 떠나는 도리인 것이다. (공자께서는) 빨리 떠날만하면 빨리 떠났고 더디게 떠날만하면 더디게 떠나셨다. 그대로 머물만하면 머물렀고 벼슬할만하면 벼슬하셨던 분이 바로 공자다."

孟子曰伯夷는 聖之淸者也요 伊尹은 聖之任者也요 柳下惠는
맹자왈백이　　성지청자야　　이윤　　성지임자야　　류하혜

聖之和者也요 孔子는 聖之時者也시니라
성지화자야　　공자　　성지시자야

맹자가 말했다. "백이는 성인 중에서 맑은 분이고, 이윤은 성인 중에서 세상에 대한 책임을 자임한 분이고, 유하혜는 성인 중에서 화합을

중시한 분이고, 공자께서는 성인 중에서 때에 맞게 처신한 분이다.

孔子之謂集大成이시니 集大成也者는 金聲而玉振之也라 金聲也者는
공 자 지 위 집 대 성　　　집 대 성 야 자　　금 성 이 옥 진 지 야　　금 성 야 자

始條理也요 玉振之也者는 終條理也니 始條理者는 智之事也요
시 조 리 야　옥 진 지 야 자　종 조 리 야　시 조 리 자　지 지 사 야

終條理者는 聖之事也니라
종 조 리 자　성 지 사 야

　공자를 평할 때 (모든 덕을 한 몸에 종합하여) 집대성한 분이라고 한
다. 집대성은 (음악에 비유하면) 쇠 소리로 (소리를 퍼뜨려서 음악을)
시작하고 옥으로 된 특경을 쳐서 (음악) 마치는 것이다. 쇠 소리는 (음
악을) 시작하는 조리고, 옥으로 된 특경을 치는 것은 (음악을) 마치는
조리다. 시작하는 조리는 지혜[智]의 일이고, 마치는 조리는 성스러움[聖]
의 일이다.[187] (공자께서는 그런 智와 聖을 겸비하셨다.)[188]

---

187 '시조리'와 '종조리'는 전체적으로 앞뒤 맥락에 맞게 일을 시작하여 마친다는 의미로,
또한 그렇게 하려면 시작하는 단계에서 하려는 일에 대해 바르게 알고 그것을 성취하기
위해 노력해야 한다는 의미로 이해할 수 있다.

188 고대의 음악이란 이해하기 어렵다. 성인의 일을 음악으로 설명한 부분이 집주에 있
다. '이것은 공자께서 세 분 성인의 일을 모아서 한 분의 위대한 성인(聖人)이 되신 일을
말하는 것이니, 마치 악사가 여러 소리의 소성(小成)을 모아 하나의 대성(大成)을 이루는
것과 같다. 성(成)은 음악이 한번 시작하여 끝남을 이루는 것이다. 『서경』 익직에 순임금
음악 소소(簫韶)가 아홉 번 연주되었다[成]고 했는데, 그 성(成)이 바로 이것이다. 쇠[金]는
종소리 따위다. 성(聲)은 풀어나간다, 퍼뜨린다[宣]는 뜻이다. 여러 사람이 모여 잘못을
성토(聲討)한다고 할 때 그 '성'(聲)과 같다. 옥(玉)은 경쇠[磬]다. 진(振)은 거둔다[收]는
뜻이다. (땅이) 강물과 바닷물을 거두어도[振] 새지 않는다고 할 때 그 '진'(振)과 같다.
시(始)는 시작하는 것이다. 종(終)은 마치는 것이다. 조리(條理)는 (일이 전개되는) 맥락
(脈絡)과 같은데 여기서는 여러 음[衆音]을 가리켜 말하는 것이다. 지(智)는 지혜가 (일의
전모와 앞으로 나아갈 바른 방향을 파악하는데) 미치는 것을 말한다. 성(聖)은 (지혜에

현실 정치에 참여하는 태도에 대해서 백이, 유하혜, 이윤을 설명한 다음 공자를 설명했다. 백이, 유하혜, 이윤은 각자 한 가지 처신의 기준을 갖고 있었고 그 소신과 특징이 선명하다. 공자의 태도는 이들 세 사람의 방식을 유연하게 종합하는 것이다.

智를 譬則巧也요 聖을 譬則力也니 由射於百步之外也하니
지 　 비즉교야 　 성 　 비즉력야 　 유사어백보지외야

其至는 爾力也어니와 其中은 非爾力也니라
기지 　 이력야 　 기중 　 비이력야

지혜[智]는 비유하자면 곧 기교[巧]이며 성스러움[聖]은 비유하자면 곧

입각한 바른 노력을 통하여) 덕이 성취된 것을 말한다. 대개 악기는 팔음(八音)이 있으니, 쇠[金], 돌[石], 실[絲], 대나무[竹], 바가지[匏], 흙[土], 가죽[革], 나무[木]다. 만약 악기 하나만 연주하면 그 자체로 시작과 끝이 되어 하나의 소성(小成)이 된다. (백이, 이윤, 유하혜) 세 분의 지(知)가 각각 하나에 편중되었기에 그 성취 역시 하나로 편중됨과 같다. 팔음 중에 쇠[金]와 돌[石]이 무겁다. 그래서 특별히 이것은 여러 음의 법강(法綱)과 풍기(風紀)가 된다. 쇠[金]는 음악을 시작할 때 울린다. 옥(玉)은 음악을 마칠 때 소리를 끊어서 그치게 한다. 그래서 팔음을 함께 연주할 때면 음악을 울리기 전에 먼저 종을 쳐 그 소리를 널리 퍼뜨리고[宣] (여러 소리들을 일어나게 하고) 음악이 마치는 순간을 기다려 특경(特磬)을 쳐서 그 운(韻)을 거둔다. 널리 알려 시작했다가 거두어 마치는 것이다. (시작과 마침 그) 둘 사이에 맥락이 관통해 구비되지 않은 점이 없으면 여러 소성(小成)이 모여 하나의 대성(大成)을 이루니 공자의 지혜가 무궁하지 않음이 없고 덕이 완비되지 않음이 없는 것과 같다.'("此言孔子 集三聖之事而爲一大聖之事 猶作樂者 集衆音之小成而爲一大成也 成者 樂之一終 書所謂簫韶九成 是也 金 鐘屬 聲 宣也 如聲罪致討之聲 玉 磬也 振 收也 如振河海而不洩之振 始 始之也 終 終之也 條理 猶言脈絡 指衆音而言也 智者 知之所及 聖者 德之所就也 蓋樂有八音 金石絲竹匏土革木 若獨奏一音 則其一音 自爲始終而爲一小成 猶三子之所知 偏於一而其所就 亦偏於一也 八音之中 金石爲重故 特爲衆音之綱紀 又金始震而玉終詘然也 故 並奏八音則於其未作而先擊鎛鐘 以宣其聲 俟其旣闋而後擊特磬 以收其韻 宣以始 收以終之 二者之間 脈絡通貫 無所不備則合衆小成而爲一大成 猶孔子之知無不盡而德無不全也" 집주)

힘[力]이다. 백 보 밖에서 활을 쏘는 것과 같으니 그 과녁에 도달하는 것은 너의 힘이지만 그 가운데를 맞추는 것은 너의 힘이 아니다."[189]

2. 北宮錡問曰周室班爵祿也는 如之何잇고[190]
북 궁 의 문 왈 주 실 반 작 록 야   여 지 하

　(위나라 사람) 북궁의가 질문했다. "(지금 이토록 나라의 작위와 봉록 제도가 혼란한데 원래) 주나라의 작위와 봉록에 있어서 그 등급의 차례는 어떠했습니까?"

孟子曰其詳은 不可得而聞也로다
맹 자 왈 기 상   불 가 득 이 문 야

諸侯惡其害己也而皆去其籍이어니와 然而軻也嘗聞其略也로라
제 후 오 기 해 기 야 이 개 거 기 적   연 이 가 야 상 문 기 략 야

---

189 집주에 지(智)와 성(聖)에 대한 보충 설명이 있다. '이것은 다시 활 쏘는 것에 비유하여 기교와 힘으로 성(聖)과 지(智) 두 개념의 의미를 밝힌 것이다. 공자는 기교와 힘을 겸전하여 성(聖)과 지(智)를 겸비하였으나 세 분은 힘은 남음이 있으나 기교가 부족하다. 이런 이유로 비록 하나의 절(節)은 성(聖)에 이르지만 지(智)가 부족하여 언제든지 상황에 맞게 적절하게 대응한다는 시중(時中)에는 이르지 못함이라.'("此 復以射之巧力 發明聖智 二字之義 見孔子 巧力俱全而聖智兼備 三子則力有餘而巧不足 是以 一節 雖至於聖而智不足以及乎時中也" 집주)

190 "北宮錡"는 『맹자언해』(1590년 교정청간행 도산서원소장본; 내각장판; 임술계춘 영영중간)에 "북궁의"로 되어 있다. 『현토석자구해 집주맹자』(대창서원, 1913)과 『유교경전언역총서 맹자』(1923)에도 "錡"는 "의"자로 되어 있다. 『맹자집주대전』에 있는 '錡의 음은 반절로 의다.'("錡魚綺反")라고 한 설명 때문일 것이다. 그런데 이것을 "북궁기"로 읽기도 한다(1961년 세창서원 『通俗國解 정본 맹자집주』; 차주환 1972; 이가원 1976; 장기근 1976). 『孟子譯注』(楊伯峻) 주석에 '錡'의 중국어 음이 '기'에 가까운 음으로 표시되어 있다. '錡'의 대법원 지정 인명용 한자음은 '기'다.

맹자가 말했다. "(주나라 제도의) 그 상세한 것은 들어볼 수 없습니다. (법도를 무시하는) 제후들이 자기들에게 방해가 되는 것을 싫어해 (주나라의) 그런 전적을 모두 제거했습니다. 그렇지만 가(맹자)는 일찍이 (주나라 작위와 봉록의) 그 대략을 들었습니다.

天子一位요 公이 一位요 侯一位요 伯이 一位요
천자일위　공　일위　후일위　백　일위

子男이 同一位니 凡五等也라
자남　동일위　범오등야

君이 一位요 卿이 一位요 大夫一位요 上士一位요 中士一位요
군　일위　경　일위　대부일위　상사일위　중사일위

下士一位니 凡六等이라
하사일위　범륙등

(천하에는) 천자(天子)가 (첫째 등급의) 한 위고, 공(公)이 한 위고, 후(侯)가 한 위고, 백(伯)이 한 위고, 자(子)와 남(男)이 동일하게 한 위니, 무릇 다섯 등급입니다. (나라 안에서 시행되는) 작위의 제도를 보면 군(君)이 (첫째 등급의) 한 위고, 경(卿)이 한 위고, 대부(大夫)가 한 위고, 상사(上士)가 한 위고, 중사(中士)가 한 위고, 하사(下士)가 한 위니, 무릇 여섯 등급입니다.

天子之制는 地方千里요 公侯는 皆方百里요 伯은 七十里요
천자지제　지방천리　공후　개방백리　백　칠십리

子男은 五十里니 凡四等이라
자남　오십리　범사등

不能五十里는 不達於天子하여 附於諸侯하나니 曰附庸이니라[191]

불능오십리　부달어천자　　부어제후하나니　왈부용

(봉록의 제도를 보면) 천자의 영지는 (나라 가운데에 있는데) 사방 천 리고, 공(公)과 후(侯)는 모두 사방 백 리고, 백(伯)은 칠십 리고, 자(子)와 남(南)은 오십 리니, 무릇 네 등급입니다. 오십 리가 되지 못하는 작은 나라는 독립적으로 천자께 공물과 부세를 올리지 못하고 큰 나라 제후를 통하여 행하니 (이를) 부용이라고 합니다.

天子之卿은 受地視侯하고 大夫는 受地視伯하고

천자지경　　수지시후　　　대부　　수지시백

元士는 受地視子男이니라

원사　　수지시자남

천자의 경(卿)은 영지를 받는데 제후에 준하고, 대부는 영지를 받는데 백(伯)에 준하고, 원사(元士)는 영지를 받는데 자(子)와 남(男)에 준합니다.

大國은 地方百里니 君은 十卿祿이요 卿祿은 四大夫요

대국　　지방백리　군　십경록　　　경록　　사대부

大夫는 倍上士요 上士는 倍中士요 中士는 倍下士요

대부　　배상사　상사　　배중사　중사　　배하사

---

191 집주에 부용국에 관한 설명이 있다. '작은 나라로 영토가 오십 리가 되지못하면 천자와 직접 통할 수 없어서 대국에 의지해서 姓名으로써 통하는데 이것이 부용이다.'("小國之地 不足五十里者 不能自達於天子 因大國以姓名通 謂之附庸" 집주)

下士與庶人在官者는 同祿하니 祿足以代其耕也니라
하사 여 서 인 재 관 자 동 록 록 족 이 대 기 경 야

(제후국으로서) 대국의 임금은 영지가 사방 백 리니 임금[君]은 경(卿)
녹봉의 10배입니다. 경 녹봉은 대부의 네 배고, 대부는 상사의 두 배고,
상사는 중사의 두 배고, 중사는 하사의 두 배입니다. 하사를 포함하여
서인으로서 관직에 있는 자는 녹봉이 같으니 그 녹봉이 경작할 때의 수
입을 대신할 만큼입니다.

次國은 地方七十里니 君은 十卿祿이요 卿祿은 三大夫요
차 국 지 방 칠 십 리 군 십 경 록 경 록 삼 대 부

大夫는 倍上士요 上士는 倍中士요 中士는 倍下士요
대 부 배 상 사 상 사 배 중 사 중 사 배 하 사

下士與庶人在官者는 同祿하니 祿足以代其耕也니라
하사 여 서 인 재 관 자 동 록 록 족 이 대 기 경 야

(제후국으로서) 그 아래 단계의 나라 임금은 영지가 사방 칠십 리입니
다. 임금은 경 녹봉의 10배고, 경 녹봉은 대부의 세 배고, 대부는 상사의
두 배고, 중사는 하사의 두 배입니다. 하사를 포함하여 서인으로서 관직
에 있는 자는 녹봉이 같으니 그 녹봉이 경작할 때의 수입을 대신할 만큼
입니다.

小國은 地方五十里니 君은 十卿祿이요 卿祿은 二大夫요
소 국 지 방 오 십 리 군 십 경 록 경 록 이 대 부

大夫는 倍上士요 上士는 倍中士요 中士는 倍下士요
대부　배상사　상사　배중사　중사　배하사

下士與庶人在官者는 同祿하니 祿足以代其耕也니라
하사여서인재관자　동록　록족이대기경야

(제후국으로서) 작은 나라는 임금의 영지가 사방 오십 리입니다. 임금 [君]은 경 녹봉의 10배고, 경 녹봉은 대부의 두 배고, 대부는 상사의 두 배고, 상사는 중사의 두 배입니다. 하사를 포함하여 서인으로서 관직에 있는 자는 녹봉이 같으니 그 녹봉이 경작할 때의 수입을 대신할 만큼입니다.

耕者之所獲은 一夫百畝니 百畝之糞에 上農夫는 食九人하고
경자지소획　일부백묘　백묘지분　상농부　사구인

上次는 食八人하고 中은 食七人하고 中次는 食六人하고
상차　사팔인　중　사칠인　중차　사륙인

下는 食五人이니 庶人在官者其祿이 以是爲差니라
하　사오인　서인재관자기록　이시위차

경작하는 자가 받는 바는 한 사내가 백 묘이니, 백 묘의 토지로 부양하는데 상급의 농부는 아홉 사람을 먹이고, 상급 그 다음 아래 등급은 여덟 사람을 먹이고, 중급은 일곱 사람을 먹이고, 중급 그 다음 아래 등급은 여섯 사람을 먹이고, 하급은 다섯 사람을 먹입니다. 서인으로서 관직에 있는 자는 그 녹봉을 이런 다섯 등급으로 차등을 둡니다.”

3. 萬章이 問曰敢問友하노이다 孟子曰不挾長하며 不挾貴하며
　　만장　　문왈감문우　　　　　맹자왈불협장　　　불협귀

不挾兄弟而友니 友也者는 友其德也니 不可以有挾也니라
불협형제이우　　우야자　　우기덕야　　불가이유협야

만장이 질문했다. "감히 여쭙겠습니다. 벗을 사귀는데 어떻게 해야 합
니까?" 맹자가 말했다. "나이를 내세우지 않으며, 귀한 신분을 내세우지
않으며, (권력이 있는) 형제의 세력을 내세우지 않으면서 (진실한 마음
으로) 벗을 사귀면 된다. 벗을 사귀는 것은 그 덕을 사귀는 것이다. 믿고
내세울 것이 있다고 해서 그것에 의지하는 것은 옳지 않다.

孟獻子는 百乘之家也라 有友五人焉하더니 樂正裘와 牧仲이요
맹헌자　　백승지가야　　유우오인언　　　악정구　　목중

其三人則予忘之矣로라 獻子之與此五人者로 友也에
기삼인즉여망지의　　　헌자지여차오인자　　우야

無獻子之家者也니 此五人者亦有獻子之家면 則不與之友矣리라
무헌자지가자야　　차오인자역유헌자지가　즉불여지우의

(노나라 어진 대부) 맹헌자는 (수레 백 대를 굴리는) 백승의 집안이었
다. 그에게 벗으로 사귀는 사람이 다섯이 있었다. (노나라 사람) 악정구
와 (노나라 사람) 목중이고, 그 외에 셋은 내가 그들의 이름을 잊었다.
헌자도 이들 다섯을 벗으로 사귀면서 헌자의 가세(家勢)를 의식하지 않
았다. 이들 다섯 또한 헌자의 가세를 의식했다면 곧 더불어 벗으로 사귀
지 않았을 것이다.

非惟百乘之家爲然也라 雖小國之君이라도 亦有之하니
비유백승지가위연야　　　수소국지군　　　　　역유지

費惠公이 曰吾於子思則師之矣오 吾於顏般則友之矣오
비혜공　　왈오어자사즉사지의　　　오어안반즉우지의

王順長息則事我者也라하니라
왕순장식즉사아자야

　　단지 (수레 백대를 굴리는) 백승의 집안만 그런 것이 아니다. 비록 소
국의 군주라도 또한 그런 경우가 있었다. 비읍의 군주 혜공이 말하기를,
'나는 자사를 스승으로 섬겼고, 나는 (자사보다는 못해도 어진 인물인)
안반을 (존중하여) 벗으로 사귀었다. 그러나 왕순과 장식은 나를 섬긴
자들이다.'라고 했다.

非惟小國之君이 爲然也라 雖大國之君이라도 亦有之하니
비유소국지군　　　위연야　　수대국지군　　　　　역유지

晉平公之於亥唐也에 入云則入하며 坐云則坐하며 食云則食하여
진평공지어해당야　　입운즉입　　　좌운즉좌　　　식운즉식

雖疏食菜羹이라도 未嘗不飽하니 蓋不敢不飽也라
수소사채갱　　　　미상불포　　　개불감불포야

然이나 終於此而已矣오 弗與共天位也하며 弗與治天職也하며
연　　　종어차이이의　　　불여공천위야　　　불여치천직야

弗與食天祿也하니 士之尊賢者也라 非王公之尊賢也니라
불여식천록야　　　사지존현자야　　비왕공지존현야

　　단지 소국의 군주만 그런 것이 아니다. 비록 대국의 군주도 또한 그런

경우가 있었다. 진평공이 (진나라 현자로서 벼슬하지 않고 은거했던) 해당에게는 그 집에 갈 때 (그를 현자로 존중했기 때문에) 그가 들어오라고 하면 들어왔고 앉으라고 하면 앉았고 식사하라고 하면 식사했고 비록 거친 밥과 나물 국으로 대접해도 배불리 먹지 않은 적이 없었다. 감히 배불리 먹지 않을 수 없었던 것이다. 그러나 단지 이것에 그쳤을 뿐이었다. (그는 현자를 귀하게 여길 줄 만 알았지 현자를 공직에 등용할 줄은 몰랐다. 진평공은) 하늘이 내리는 공적인 지위를 현자와 함께 하지 않았고, 하늘이 내리는 공적인 직무를 현자와 함께 다스리지 않았고, 하늘이 내리는 공적인 녹봉을 현자와 함께 먹지 않았다. (하늘의 뜻에 따라 현자를 등용해서 함께 나라를 다스렸다면 나라는 훨씬 발전했을 것이다. 진평공은 다만 벼슬이 없는) 선비가 어진 이를 높이는 그런 예법으로 한 것이다. (진평공은 어진 사람을 발탁할 수 있는) 왕공이 어진 이를 높이는 예법으로 하지 않은 것이다.[192]

舜이 尙見帝어시늘[193] 帝館甥于貳室하시고 亦饗舜하사
순　　상견제　　　　　제관생우이실　　　　역향순

---

[192] 천위(天位), 천직(天職), 천록(天祿)과 같이 천(天)자를 붙인 이유는 그것이 공적인 것이라는 의미다. 그렇기 때문에 이런 것은 한 사람이 독차지 할 수 없다. 그 자리에 합당한 덕과 능력을 가진 사람과 함께 해야만 하는 것이다. 진평공은 그렇게 하지 못한 것이다. 집주의 설명이 참고가 된다. '범씨가 말했다. 공직의 지위를 천위(天位)라 하고 공직의 직책을 천직(天職)이라 하고 공직자의 녹봉을 천록(天祿)이라 하는 것은 하늘이 어진 이를 기다려 그에게 하늘의 백성을 다스리게 한 때문이다. 이런 것은 인군이 독점할 수 있는 것이 아니다.'("范氏曰位曰天位 職曰天職 祿曰天祿 言天所以待賢人 使治天民 非人君所得專者也" 집주)

[193] "見"은 『맹자언해』(1590년 교정청간행 도산서원소장본; 1612년 간행본; 내각장판; 임술계춘 영영중간)에 한자음이 "견"으로 표시되어 있다. 영조가 경연(經筵)에서 '尙見帝'에 대해 두 가지를 질문했다. '尙'자의 의미, 그리고 '見'자를 '견'으로 읽어야 할지 '현'으로 읽어야 할지에 대한 질문이었다. 그의 신하는 '尙'은 '上'의 의미이니 '올라가서'라는 의미이며

迭爲賓主하시니 是는 天子而友匹夫也니라
질위빈주　　　　시　　천자이우필부야

순이 올라가서 (요)임금을 보았다. 임금(요)이 사위인 순을 제2의 궁에 재우고 또한 순에게 술과 음식을 대접하면서 (주인이 되었고, 요임금이 순의 거처를 찾았을 때에는 순이 주인이고 요임금이 손님이 되면서) 서로 번갈아 손님과 주인이 되었다. 이것은 천자가 평범한 사내를 벗하는 방식이다.

用下敬上을 謂之貴貴요 用上敬下를 謂之尊賢이니
용하경상　　위지귀귀　　용상경하　　위지존현

貴貴尊賢이 其義一也니라
귀귀존현　　기의일야

낮은 사람이 높은 사람을 존경하는 것을 귀인을 귀하게 여긴다고 하고, 직위가 높은 사람이 (인격은 높지만) 신분이 낮은 사람을 공경하는 것을 현인을 현인으로 높인다고 한다. 귀인을 귀하게 여기는 것과 현인을 높이는 것은 (마땅히 섬겨야 할 대상을 섬기는 것이니) 그 뜻은 하나다.”

4. 萬章이 問曰敢問交際는 何心也잇고 孟子曰恭也니라
　　만장　　문왈감문교제　　하심야　　　맹자왈공야

‘覕’은 ‘견’으로 읽어야 한다고 대답했다(『승정원일기』, 영조2년 11월 8일 병오 기사). 『유교경전언역총서 맹자』(1923)에도 覕은 “견”으로 되어 있다. 그러나 현대적인 『맹자』 역주서에 “현”으로 읽는 사례가 있다(장기근, 1976; 성백효, 2006 개정증보판 2쇄).

만장이 질문했다. "감히 여쭙겠습니다. 만남을 시작할 때 어떤 마음으로 합니까?" 맹자가 말했다. "(예물을 교환하며) 공경하는 마음으로 해야지."

曰卻之卻之爲不恭은 何哉잇고 曰尊者賜之어든 曰其所取之者義乎아
왈 각 지 각 지 위 불 공　　하 재　　　　왈 존 자 사 지　　　왈 기 소 취 지 자 의 호

不義乎아 而後受之라 以是爲不恭이니 故로 弗卻也니라
불 의 호　　이 후 수 지　　이 시 위 불 공　　　고　　불 각 야

만장이 말했다. "(제후가 주는 물건을) 받기를 거부하는 것이 불공(不恭)이 되는 이유는 무엇입니까?" 맹자가 말했다. "지위가 높은 사람이 주는데 그 취득한 바가 의로운지 의롭지 않은지를 따지고 받으니, 이런 이유로 불공이 되는 것이다. 그래서 받기를 거부하지 않는 것이다."

曰請無以辭卻之요 以心卻之曰其取諸民之不義也而以他辭로
왈 청 무 이 사 각 지　　이 심 각 지 왈 기 취 저 민 지 불 의 야 이 이 타 사

無受不可乎잇가 曰其交也以道요 其接也以禮면 斯는 孔子도
무 수 불 가 호　　왈 기 교 야 이 도　　기 접 야 이 례　　사　　공 자

受之矣시니라
수 지 의

만장이 말했다. "말로는 받기를 거부하지 않고 마음속으로 거부하며 말하기를 〈백성에게서 부당하게 취한 것이군!〉이라고 하면서 다른 말을 둘러대면서 받지 않으면 되지 않겠습니까?" 맹자가 말했다. "교류하기를 도에 맞게 하고 접대하기를 예법에 맞게 하면 이런 경우에는 공자께서도

받으셨다."

萬章이 曰今有禦人於國門之外者其交也以道요 其餽也以禮면
만장　왈금유어인어국문지외자기교야이도　기궤야이례

斯可受禦與잇가 曰不可하니 康誥에 曰殺越人于貨하여
사가수어여　왈불가　강고　왈살월인우화

閔不畏死를 凡民이 罔不譈라하니
민불외사　범민　망불대

是는 不待敎而誅者也니 殷受夏周受殷所不辭也於今爲烈
시　불대교이주자야　은수하주수은소불사야어금위렬

如之何其受之리오[194]
여지하기수지

---

194 '은수(殷受)로부터 위열(爲烈)까지' 14글자를 문장 가운데 긴 쓸데없는 글귀[衍文]로 보고 해석하지 않는 판본이 있다. 집주에 그런 설명이 있다. '은(殷)에서 위열(爲烈)까지 14자는 말에 조리가 없다. 이씨는 〈이것에 필시 죽간이 떨어졌거나 혹 궐문이 있을 것이다〉라고 했는데 이치에 맞다. 내 생각으로도 다만 쓸데없이 들어간 글자 일 뿐이어서 상고할 수 없으니 우선 빼 놓는 것이 좋겠다.'("殷商受至爲烈十四字 語意不倫 李氏以爲 此必有斷簡 或闕文者 近之而愚 意其直爲衍字耳 然不可考 姑闕之可也." 집주). 이런 설명에 따라 조선시대 『맹자언해』(1590년 교정청간행 도산서원 소장본; 내각장판; 율곡언해)에는 "殷受夏周受殷所不辭也於今爲烈"을 쓰기만 하고 한자음을 달지 않았고 해석도 하지 않았다. 1913년에 간행된 현대적인 활자본 『현토석자구해 집주맹자』(대창서원)과 1914년에 간행된 『비지구해 맹자집주』(신구서림), 『유교경전언역총서 맹자』(1923)에서도 이런 경향을 따라서 이를 본문(대문)에 표시는 하지만 괄호로 처리하였다. 한편, 조기는 이렇게 설명했다. '하은주 3대가 이 법으로 서로 전해 왔으나 죄인을 반드시 말로써 심문하지는 않았던 것이다. 지금도 이렇게 하는 것은 분명한 법이 되었으니 어찌 그런 죄인이 준 물건을 예물로 받을 수 있겠는가.'("三代相傳以此法 不須辭問也 於今爲烈 烈 明法 如之何受其饋也"). 정약용은 이런 조기의 설명을 따랐다. '오직 길가는 사람을 해친 강도는 그들이 진술하는 말을 들어보지 않고 그냥 죽이는 것이니 이것이 이른바 삼대가 서로 전하면서 밀로 하지 않았다는 것이다. 내가 보기에 (이렇게 문장의 뜻이 통하고 조기의 설명도 그럴 듯하니) 이 문장에 죽간이 탈락했거나 궐문이 있는 것은 아닌 듯하다.'("惟禦人之賊 不受其辭 直行斬殺 此所謂三代相傳所不辭也 恐未必有斷簡闕文" 『맹자요의』)

만장이 말했다. "이제 여기에 사람을 (인적이 드믄) 나라 문 밖에서 가로막고 죽이고 재물을 빼앗는 자가 있는데 그 사귐을 도에 맞게 하고 그 물건을 주기를 예법으로 한다면 이에 약탈한 것을 받을 수 있나요?" 맹자가 말했다. "불가하다. 『서경』 「강고」에 이르기를, 재물 때문에 사람을 죽이고 땅에 던지고 포악해서 죽는 처벌을 두려워하지 않는 자를 무릇 (이런 자에 대해) 백성으로서 미워하지 않는 자가 없다.'고 했다. 이런 자는 교화할 필요 없이 즉시 죽여야 할 자다. (이렇게 처벌하는 법을) 은나라는 하나라에서 계승했고 주나라는 은나라에서 계승하면서, 그런 죄인을 말로 심문하지 않았으니, 지금까지도 (그 법의 필요성이) 명백한데, 어찌 그런 물건을 받겠는가?'

曰今之諸侯取之於民也猶禦也어늘 苟善其禮際矣면 斯는 君子도
왈 금 지 제 후 취 지 어 민 야 유 어 야   구 선 기 례 제 의   사   군 자

受之라하시니 敢問何說也니잇고 曰子以爲有王者作인댄
수 지   감 문 하 설 야   왈 자 이 위 유 왕 자 작

將比今之諸侯而誅之乎아 其敎之不改而後에 誅之乎아
장 비 금 지 제 후 이 주 지 호   기 교 지 불 개 이 후   주 지 호

夫謂非其有而取之者를 盜也는 充類至義之盡也라
부 위 비 기 유 이 취 지 자   도 야   충 류 지 의 지 진 야

孔子之仕於魯也에 魯人이 獵較이어늘 孔子亦獵較하시니
공 자 지 사 어 로 야   로 인   렵 각   공 자 역 렵 각

獵較도 猶可온 而況受其賜乎따녀
렵 각   유 가   이 황 수 기 사 호

만장이 말했다. "이제 제후들이 백성에게 취하는 것이 (길가는 백성

을) 가로막고 죽이며 빼앗는 것과 같은데 진실로 그 예법으로 교제하기를 잘하면 이는 군자도 받는다고 하시니, 감히 여쭙니다. 무슨 이론적 근거가 있습니까?" 맹자가 말했다. "그대가 예상하기에 위대한 왕이 출현한다면 장차 이제의 제후들을 모두 한 패로 몰아서 죽이겠는가? 아니면 그가 이제의 제후들을 가르쳐서 고치지 않은 다음에 죽이겠는가? 그의 소유가 아닌데 취하는 자를 모두 도둑이라고 말하는 것은 엄격한 정의의 기준으로 (도둑의 범위와) 종류를 지나치게 적용한 것이다. 공자께서 노나라에서 벼슬할 때 노나라 사람들이 사냥한 것을 서로 비교해서 빼앗아 갖는 엽각을 (당시의 풍습으로) 하기에 공자께서도 또한 엽각을 하셨다. 엽각도 오히려 가능한데 하물며 제후가 주는 것을 받는 것이야 어떻겠는가?"195

日然則孔子之仕也는 非事道與잇가 日事道也시니라 事道어시니
왈 연 즉 공 자 지 사 야   비 사 도 여   왈 사 도 야   사 도

奚獵較也잇고 日孔子先簿正祭器하사196 不以四方之食으로
해 렵 각 야   왈 공 자 선 부 정 제 기   불 이 사 방 지 식

---

195 "獵較"(엽각)에 대해, 조주에 '엽각은 사냥한 것을 서로 비교하여 (많이 잡은 자가 적게 잡은 자의) 금수를 빼앗아 이를 얻어서 제사에 쓰는 것이니 시속에서 이를 숭상하여 운수 좋을 징조로 여겼다.'("獵較者 田獵相較 奪禽獸得之以祭 時俗所尚以爲吉祥")는 설명이 있다.

196 "先簿正祭器"(선부정제기)에 대한 집주의 설명을 참고한다. '선부정제기는 그 뜻을 알 수 없다. 서씨는 말하기를 〈먼저 문서로 그 제기를 바르게 하여 일정한 숫자가 있게 한 다음에 사방에서 공급하기 어려운 물건으로는 그 제기를 채우지 않는 것이다. 제기에 일정한 숫자가 있고 그 속에 담을 물건도 일정하면 그 근본은 바르게 된다. 저 엽각은 장차 오래되면 저절로 없어질 것이다〉라고 했다. 이 말이 옳은지는 알 수 없다.'("先簿正祭器 未詳 徐氏曰 先以簿書 正其祭器 使有之數而不以四方難繼之物 實之 夫器有常數 實有常品則其本正矣 彼獵較者 將久而自廢矣 未知是否也")라는 설명이 있다. 조주에도, '공자께서 덕이 쇠한 시대에 벼슬하면서 폐단을 갑자기 고치는 것이 불가하기에 점진적으로

供簿正하시니라 日奚不去也시니잇고 日爲之兆也시니
공 부 정   왈 해 불 거 야   왈 위 지 조 야

兆足以行矣而不行而後에 去하시니 是以로
조 족 이 행 의 이 불 행 이 후   거   시 이

未嘗有所終三年淹也시니라
미 상 유 소 종 삼 년 엄 야

만장이 말했다. "그렇다면 공자께서 벼슬하신 것은 도를 행하기 위함이 아니었나요?" 맹자가 말했다. "도를 행하기 위함이었다." 만장이 말했다. "도를 행하기 위함이었다면 어찌 (풍속으로 용납된다고 해도 예법에 어긋나는) 엽각을 하셨습니까?" 맹자가 말했다. "(공자께서는 과도하게 하시지 않았다.) 공자께서는 먼저 문서로 (문란했던) 제기를 바르게 하여 일정한 숫자가 있게 하고 사방에서 공급하기 어려운 진기한 물건은 제기에 담지 못하게 하셨다." 만장이 말했다. "공자께서는 어찌 나라를 떠나시지 않았습니까?" 맹자가 말했다. "(도를 실행할 수 있는) 조짐을 시험해보신 것이다. 조짐을 보니 족히 실행할 가능성은 있는데 (임금이) 행하지 않음을 확인한 다음에야 떠나셨다. 이런 이유로 일찍이 삼 년 이상 머물며 (떠나기를) 지체하신 적은 없었다.

孔子有見行可之仕하시며 有際可之仕하시며 有公養之仕하시니
공 자 유 견 행 가 지 사   유 제 가 지 사   유 공 양 지 사

그것을 바로잡은 것이다. 먼저 부서(簿書)를 만들어 그 종묘 제사의 그릇 숫자를 바로잡았다.'("孔子仕於衰世 不可卒暴改戾 故以漸正之 先爲簿書 以正其宗廟祭祀之器")는 설명이 있다.

於季桓子앤 見行可之仕也요 於衛靈公앤 際可之仕也요
어 계 환 자 견 행 가 지 사 야 어 위 령 공 제 가 지 사 야

於衛孝公앤 公養之仕也니라
어 위 효 공 공 양 지 사 야

공자께서는 도를 실행할 가능성을 보고 벼슬했고, 임금이 (예법으로 대우하니) 교제가 가능하여 벼슬했고, 어진 이가 살 수 있도록 (예법에 맞게) 공양해줘서 벼슬했다. 계환자에게 벼슬한 것은 도를 실행할 가능성을 보고 그런 것이다. 위령공에게 벼슬한 것은 (예법으로 대우해서) 교제가 가능하기여 그런 것이다. 위효공에게 벼슬한 것은 어진 이가 살 수 있도록 공양해주어서 그런 것이다."

5. 孟子曰仕非爲貧也而有時乎爲貧하며
맹 자 왈 사 비 위 빈 야 이 유 시 호 위 빈

娶妻非爲養也而有時乎爲養이니라
취 처 비 위 양 야 이 유 시 호 위 양

맹자가 말했다. "벼슬은 가난에서 벗어나기 위해 하는 것은 아니지만 때로는 가난 때문에 하는 경우가 있다. 아내를 얻는 것은 부모 봉양을 위한 것은 아니지만 때로는 부모 봉양 때문에 그러는 경우가 있다.

爲貧者는 辭尊居卑하며 辭富居貧이니라
위 빈 자 사 존 거 비 사 부 거 빈

가난 때문에 벼슬하는 자는 고위직은 사양하고 낮은 직책을 맡으며 많은 녹봉을 사양하고 적은 녹봉으로 가난하게 산다.

辭尊居卑하며 辭富居貧은 惡乎宜乎오 抱關擊柝이니라
사 존 거 비   사 부 거 빈   오 호 의 호   포 관 격 탁

고위직을 사양하고 미관말직을 맡으며 많은 녹봉을 사양하고 적은 녹봉으로 가난하게 산다면 어떤 일을 맡아야 마땅한가? 성문을 지키는 문지기나 (밤에 순찰을 돌며) 딱따기를 치는 경비가 적합할 것이다.

孔子嘗爲委吏矣사 曰會計를 當而已矣라하시고 嘗爲乘田矣사
공 자 상 위 위 리 의   왈 회 계   당 이 이 의   상 위 승 전 의

曰牛羊을 茁壯長而已矣라하시니라[197]
왈 우 양   줄 장 장 이 이 의

공자께서도 일찍이 (가난 때문에 벼슬할 때 창고를 지키는 관리) 위리가 되어 말씀하시기를, '회계를 정확하게 할 뿐이다.'라고 하셨다. 일찍이 (왕실 정원과 목초지를 관리하는) 승전이 되어 말씀하시를, '소와 양을 살찌고 자라게 할 뿐이다.'라고 하셨다.

---

197 "茁"의 한자음은 『맹자언해』(교정청간행 도산서원 소장본; 1612년 간행본; 내각장판; 임술계춘 영영중간; 율곡언해)에 "줄"로 되어 있다. 『현토석자구해 집주맹자』(대창서원, 1913)에도 "줄"로 되어 있다. 『맹자집주대전』에 '茁의 한자음은 반절로 촬이다.'("茁阻刮反")라고 되어 있다. 『동아 백년옥편』(2005)에는 "풀 처음 나는 모양"이라는 뜻일 때 "줄", "동물이 자라는 모양"이라는 뜻일 때 "촬"로 읽는다고 표시되어 있고, 그 예문으로 『맹자』의 이 문장이 인용되어 있다. 『한한대사전』(단국대학교 출판부, 1999)에는 "茁壯"을 "줄장"으로 읽고 "살찌고 건강함. 튼튼하게 잘 자람"이라는 설명과 함께 이 문장이 인용되어 있다.

位卑而言高罪也요 立乎人之本朝而道不行이 恥也니라
위비이언고죄야　　립호인지본조이도불행　　치야

지위는 낮은데 말이 높은 것이 죄요, 남의 조정에서 직책을 맡고 있는데 도가 행해지지 않는 것이 수치인 것이다."

6. 萬章이 曰士之不託諸侯는 何也잇고 孟子曰不敢也니라
　　만장　　왈사지불탁제후　　하야　　　맹자왈불감야

諸侯失國而後에 託於諸侯는 禮也요 士之託於諸侯는 非禮也니라
제후실국이후　　탁어제후　　례야　　사지탁어제후　　비례야

만장이 말했다. "선비는 제후에게 벼슬하지 않고는 그 녹을 받지 않는다고 하는데, 왜 그렇습니까?" 맹자가 말했다. "감히 그렇게 하지 못하는 것이다. 제후는 나라를 잃은 다음에 다른 제후에게 의탁하는 것이 예법에 맞다. 그러나 선비는 벼슬하지 않고 제후에게 녹을 받는 것이 예(禮)가 아니다."

萬章이 曰君이 餽之粟則受之乎잇가 曰受之니라 受之는 何義也잇고
만장　　왈군　　궤지속즉수지호　　　왈수지　　　수지　　하의야

曰君之於氓也에 固周之니라
왈군지어맹야　　고주지

만장이 말했다. "임금이 (가난한 백성을 구율해주는) 식량을 보내주면 받습니까?" 맹자가 말했다. "받는다." 만장이 말했다. "받는 것이 어떤

근거가 있습니까?" 맹자가 말했다. "임금은 백성을 마땅히 구제할 의무가 있기 때문이다."

曰周之則受하고 賜之則不受는 何也잇고 曰不敢也니라
왈주 지즉 수   사 지즉 불수   하야   왈불감야

曰敢問其不敢은 何也잇고 曰抱關擊柝者皆有常職하여
왈감 문 기 불감   하야   왈포 관 격 탁 자 개 유 상직

以食於上하나니 無常職而賜於上者를 以爲不恭也니라
이식 어 상   무 상 직 이 사 어 상 자   이 위불 공 야

만장이 말했다. "백성을 구휼하는 차원에서 보내주는 것은 받지만 (직책이 있어야만 받는 녹봉을) 하사하는 것은 받지 않는다는 것은 무슨 뜻입니까?" 맹자가 말했다. "감히 그렇게 못한다는 것이다." 만장이 말했다. "감히 (다시) 여쭙겠습니다. 감히 그렇게 못한다는 것은 무슨 뜻입니까?" 맹자가 말했다. "성문을 지키는 문지기나 (야간에 순찰을 돌며) 딱따기를 치는 경비는 직책이 있기 때문에 위로부터 (그 직책에 대해 정해진 녹봉으로) 먹을 것을 지급 받는다. 그렇지만 일정한 직책이 없이 위로부터 (정규 직책의 녹봉을) 하사받는 것을 불공(不恭)으로 여기신 것이다."

曰君이 餽之則受之라하시니 不識케이다 可常繼乎잇가
왈군   궤 지즉 수 지   불식   가 상 계 호

曰繆公之於子思也에 亟問하시고 亟餽鼎肉이어시늘
왈목 공 지 어 자 사 야   기문   기 궤 정 육

子思不悅하사 於卒也에 摽使者하여 出諸大門之外하시고
자 사 불 열   어 졸 야   표 사 자   출 저 대 문 지 외

北面稽首再拜而不受曰今而後에 知君之犬馬畜伋이라하시니
북면계수재배이불수왈금이후　지군지견마휵급

蓋自是로 臺無餽也하니 悅賢不能擧요 又不能養也면 可謂悅賢乎아
개자시　대무궤야　　열현불능거　우불능양야　가위열현호

만장이 말했다. "임금이 (백성 규휼의 차원에서) 먹여주면 그것을 받는다고 하셨는데 무슨 말씀인지 알 수 없습니다. (임금이 보내주면) 항상 계속해서 받아도 됩니까?" 맹자가 말했다. "(노나라) 목공이 자사에게 자주 문안드리고 자주 삶은 고기를 보냈다. 자사는 (목공이 물건을 보내올 때 마다 수고롭게 매번 절을 하고 받아야 하는 것을) 탐탁하게 여기지 않다가 마침내 손을 내저으며 심부름하는 관리를 대문 밖으로 내보내고 (임금이 있는) 북쪽을 향해 머리를 조아리고 두 번 절하고 보내온 물건을 받지 않으며 말하기를 '지금 이후에야 임금이 (사람의 예법으로 하지 않고) 개와 말을 대하는 방식으로 급(자사)을 기르시는 것을 알겠습니다.'라고 했다. 이런 일 이후에는 심부름하는 관리를 시켜 삶은 고기를 바치는 일이 없었다. 현인을 좋아한다고 하면서 현인을 등용하지도 못하면서 (현자 등용은 기대하지 못한다고 하더라도) 현인을 예법에 맞게 봉양하는 것조차 하지 못한다면 진정 현자를 좋아한다고 할 수 있는가?"

曰敢問國君이 欲養君子인댄 如何라아 斯可謂養矣리잇고
왈감문국군　욕양군자　　여하　　사가위양의

曰以君命將之어든 再拜稽首而受하나니
왈이군명장지　　재배계수이수

其後에 廩人이 繼粟하며 庖人이 繼肉하여 不以君命將之니
기후　름인　계속　포인　계육　불이군명장지

子思以爲鼎肉이 使己僕僕爾亟拜也라 非養君子之道也라하시니라
자사이위정육　사기복복이기배야　비양군자지도야

만장이 말했다. "감히 여쭙겠습니다. 나라 임금이 군자를 봉양하려는
데 어찌해야 이에 (예법에 맞게) 봉양한다고 할 수 있습니까?" 맹자가
말했다. "처음에 임금의 명령으로 시행하면 두 번 절하고 머리를 땅에
조아리고 받는다. 그런 다음에는 (임금의 명령이 아니라) 다만 출납을
맡은 관리가 (그의 직무로) 계속 곡식을 대주고 고기를 관리하는 자도
계속 고기를 대준다. 다만 그렇게 할 뿐 임금의 명령으로 시행하지 않는
다. (그래서 매번 수고롭게 절할 필요가 없다.) 자사는 삶은 고기를 주면
서 번거롭고 구차하게 자신이 절하게 만드는 것은 군자를 봉양하는 도리
가 아니라고 여긴 것이다."

堯之於舜也에 使其子九男으로 事之하며 二女로 女焉하시고
요지어순야　사기자구남　사지　이녀　녀언

百官牛羊倉廩을 備하여 以養舜於畎畝之中이러시니
백관우양창름　비　이양순어견묘지중

後에 擧而加諸上位하시니 故로 曰王公之尊賢者也니라
후　거이가저상위　고　왈왕공지존현자야

(군자 봉양을 잘하고 공직에 등용하기를 잘했던 모범 사례를 말해주
겠다.) 요임금은 그의 아홉 아들에게 순을 섬기게 했고, 그의 두 딸은
순에게 시집가게 했다. 백관과 소와 양과 창고를 갖추고 순을 밭 가운데

서 봉양하게 했다. 이렇게 한 이후에 발탁하여 높은 자리에 있게 했다. 그래서 (이렇게 했던 사례를 두고) 말하기를 이것은 왕공이 현자를 높이는 것이라고 한다."

벗을 사귀는 도에 있어서 귀귀(貴貴)와 존현(尊賢)을 설명했다. 특히 존현은 천자라도 소홀히 할 수 없는데, 바로 이것을 말한 것이다. 왕공으로서 해야 할 존현의 핵심은 현자가 공직에서 일 할 수 있도록 써주는 것이라는 말이다.

7. 萬章이 曰敢問不見諸侯는 何義也잇고 孟子曰在國曰市井之臣이요
   만장   왈감문불견제후   하의야   맹자왈재국왈시정지신

   在野曰草莽之臣이라 皆謂庶人이니 庶人이 不傳質爲臣하야[198]
   재야왈초망지신   개위서인   서인   부전지위신

   不敢見於諸侯禮也니라
   불감견어제후례야

만장이 말했다. "감히 여쭙겠습니다. '(선비는 제후의 초청이 없이는) 제후를 (먼저 찾아가서) 보지 않는다는 것은 어떤 의미입니까?" 맹자가 말했다. "도읍에 있으면 시정(市井)의 신민이라고 하고, 재야에 있으면 초망(草莽)의 신민이라고 한다. 이들은 모두 (직위 없는) 서인이다. 이런 서인은 (제후에게) 폐백을 올려서 만나는 예법으로 신하가 되지 않고서

는 감히 제후를 보지 못하는 것이다."

『맹자』는 "孟子見梁惠王하신대"로 시작했다. 여기서 볼 '견'(見)자가 중요하다. 지금까지 지식인(맹자)이 세속의 왕의 정중한 초청에 응하여 찾아가 만나서 그들에게 이상적인 정치 모델을 제시하고 그 실천 방법을 설명하면서 그들에게 천하의 왕자가 되라고 역설했다. 이제 맹자는 '불견제후'(不見諸侯)를 이야기 한다.

萬章이 曰庶人이 召之役則往役하고 君이 欲見之하여
만장 왈서인 소지역즉왕역 군 욕견지

召之則不往見之는 何也잇고 曰往役은 義也요 往見은 不義也니라
소지즉불왕견지 하야 왈왕역 의야 왕견 불의야

만장이 말했다. "서인은 임금이 불러서 일을 시키면 가서 일을 하지만 임금이 보기 위해 부르면 가서 알현하지 않는다는 것은 왜 그렇습니까?" 맹자가 말했다. "(나라에서) 시키는 일을 하러가는 것은 (백성의) 의무다. 그러나 임금이 부른다고 해서 가서 알현하는 것은 의무가 아니기 때문이다. (선비는 임금이 합당한 예를 갖추어 초빙해야 찾아간다.)

且君之欲見之也는 何爲也哉오 曰爲其多聞也며 爲其賢也니이다
차군지욕견지야 하위야재 왈위기다문야 위기현야

曰爲其多聞也則天子도 不召師온 而況諸侯乎아
왈위기다문야즉천자 불소사 이황제후호

爲其賢也則吾未聞欲見賢而召之也케라 繆公이 亟見於子思曰古에
위기현야즉오미문욕견현이소지야 목공 기견어자사왈고

千乘之國이 以友士하니 何如하니잇고
천승지국　　이우사　　　하여

子思不悅曰古之人이 有言曰事之云乎언정
자사불열왈고지인　　유언왈사지운호

豈曰友之云乎리오하시니 子思之不悅也는 豈不曰以位則子는
기왈우지운호　　　　　　자사지불열야　기불왈이위즉자

君也요 我는 臣也니 何敢與君友也며 以德則子는 事我者也니
군야　아는　신야니　하감여군우야　이덕즉자　사아자야

奚可以與我友리오 千乘之君이 求與之友而不可得也온 而況可召與아
해가이여아우　　천승지군　구여지우이불가득야　이황가소여

　또한 임금이 만나보겠다는 것은 무엇을 위한 것인가?" 만장이 말했다. "들은 것이 많다는 것과 그 현명함 때문입니다." 맹자가 말했다. "들은 것이 많기 때문이라면 (스승으로 부르는 것이니) 천자도 스승은 (함부로) 부르지 못하는데 하물며 제후이겠느냐? 현명하기 때문이라면 만나보고 싶다고 해서 현인을 그냥 불러들였다는 말을 난 들어본 적이 없다. (노나라) 목공이 자사를 자주 찾아가 보면서 말했다. '옛날에 천승의 나라 임금이 선비를 벗으로 했다는데 어떻게 했습니까?' 자사는 탐탁하게 여기지 않으며 말하기를, '옛날 사람의 말은 (선비를) 섬겼다는 뜻이지 어찌 (선비를) 벗으로 했다는 뜻이겠습니까?'라고 했다. 자사가 탐탁하게 여기지 않은 것은 '직위로 보면 그대는 임금이고 나는 신하인데 (임금을 섬길 것이지) 어찌 감히 임금과 신하가 벗하겠는가? 덕으로 보면 그대는 나를 (스승으로) 섬길 사람인데 (현자를 섬길 것이지) 어찌 더불어 벗하겠는가?'라는 그 생각 때문 아니겠는가? 천승의 나라 임금도 (현자를) 벗으로 할 수 없거늘 하물며 그를 불러들일 수 있는가?

齊景公이 田할새 招虞人以旌한대 不至어늘 將殺之러니
제경공　　전　　　초우인이정　　　　부지　　　장살지

志士는 不忘在溝壑이요 勇士는 不忘喪其元이라하시니
지사　　불망재구학　　　용사　　불망상기원

孔子는 奚取焉고 取非其招不徃也시니라
공자　　해취언　　취비기초불왕야

　　제경공이 (왕실 사냥터 원유에서) 사냥하며 그 관리인을 부르는데 (예
법에 어긋나게도) 정(旌)으로 했다. (부르는 방식이 예법에 어긋났기 때
문에) 그가 오지 않자 (제경공이 노하여) 장차 죽이려 했다. (공자께서
말씀하시기를) '지사는 (소신을 지키다가) 자신의 몸이 구렁에 버려질
것임을 잊지 않고 용사는 (소신을 지키다가) 자신의 목이 달아날 것임을
잊지 않는다.'고 하셨다. 공자께서는 (우인에게서 배울 것으로) 무엇을
취했는가? 그 부르는 방법이 예법에 맞지 않으면 가지 않았던 그런 태도
를 취한 것이다."

曰敢問招虞人何以니잇고 曰以皮冠이니 庶人은 以旃이요 士는
왈감문초우인하이　　　　왈이피관　　　서인　　이전　　　사

以旂요 大夫는 以旌이니라
이기　　대부　　이정

　　만장이 말했다. "감히 여쭙겠습니다. (예법에서는) 원유 관리인을 부
를 때 무엇으로 합니까?" 맹자가 말했다. "(사냥하는 가죽 모자) 피관(皮
冠)으로 해야지. 서인은 (문채가 없는 붉은 비단 조각으로 만든 깃발)
전(旃)으로 하고, 선비는 (두 마리 용을 그린 깃발) 기(旂)로 하고, 대부는

(문채가 있는 깃발) 정(旌)으로 하는 것이다.

以大夫之招로 招虞人이어늘 虞人이 死不敢往하니 以士之招로
이 대 부 지 초　　　초 우 인　　　　우 인　　　사 불 감 왕　　　이 사 지 초

招庶人이면 庶人이 豈敢往哉리오 況乎以不賢人之招로
초 서 인　　　서 인　　　기 감 왕 재　　　　황 호 이 불 현 인 지 초

招賢人乎아
초 현 인 호

　　대부를 부르는 예법으로 원유 관리인을 불렀으니 원유 관리인은 (그 자신의 분수를 지키는 사람이었기에) 죽을 각오로 감히 가지 않았던 것이다. 선비를 부르는 예법으로 서인을 불렀으니 서인이 어찌 감히 가겠는가? 하물며 (현인을 소환하는 바와 같이) 현인을 부르는 예법이 아닌 것으로 부르는데 어찌 현인이 응하겠는가?

欲見賢人而不以其道면 猶欲其入而閉之門也니라
욕 견 현 인 이 불 이 기 도　　　유 욕 기 입 이 폐 지 문 야

夫義는 路也요 禮는 門也니 惟君子能由是路하며 出入是門也니
부 의　　　로 야　　　례　　　문 야　　　유 군 자 능 유 시 로　　　출 입 시 문 야

詩云周道如底하니 其直如矢로다 君子所履요
시 운 주 도 여 지　　　기 직 여 시　　　군 자 소 리

小人所視라하니라
소 인 소 시

　　현인을 만나보려고 하면서 그에 합당한 도(道)로 하지 않으면 그 집에

들어오기를 바라면서 문을 닫는 것과 같은 것이다. 의(義)는 길이고 예(禮)는 문이다.[199] 오직 군자만이 능히 이 길을 경유하며 이 문으로 출입한다. 『시경』에 이르기를, '주나라의 길이 평평하기가 숫돌 같으니 그 곧음이 화살 같도다. (義가 바로 그런 길이니) 군자가 밟고 가는 길이고, 소인이 우러러 바라보는 바로다!'라고 했다."

萬章이 曰孔子는 君이 命召어시든 不俟駕而行하시니
만장 왈공자 군 명소 불사가이행

然則孔子非與잇가 曰孔子는 當仕有官職而以其官으로 召之也니라
연즉공자비여 왈공자 당사유관직이이기관 소지야

만장이 말했다. "공자께서는 임금이 명하여 부르면 가마가 준비되기를 기다리지 않고 가셨습니다. 그렇다면 공자께서는 잘못하신 것인가요?" 맹자가 말했다. "공자께서는 벼슬을 해서 맡은 관직이 있었기에 (임금이) 그 공무로 부른 것이다."

---

199 왜 예(禮)를 문(門)이라고 했을까? 도암 이재의 『맹자강설』에 그에 관한 설명이 있어서 인용한다. '여쭙겠습니다. 의는 길이고 예는 문이라고 하는데, 의를 어찌하여 길이라고 하고 예를 어찌하여 문이라고 했습니까? 설명해주겠다. 맹자는 말하기를 의는 사람이 걸어갈 바른 길이라고 했고 또 천하의 대도를 행한다고 했으니 이것으로 의가 길이 됨을 알 수 있겠다. 그렇지만 예가 문이라고 하는 것은 별도의 증거가 없으나, 이 문(門)자는 곧 위에 접한 문장에서 (들어오기를 바라면서) 문을 잠근다고 할 때의 문(門)이니 선비가 공직에 나아가고 물러남에 있어서 반드시 예를 통해야 한다는 것은 사람이 출입함에 있어서 반드시 문을 통해야 한다는 것과 같음을 말하는 것이다.'("問義路也禮門也 義何以曰路 禮何以曰門 曰 孟子曰義人之正路又曰行天下之大道此可見義之爲路也 若禮之爲門則無可 證據盖此門字即接上閉之門也之門 而言士之進退必由於禮猶人之出入必由於門也")

8. 孟子謂萬章曰一鄕之善士아 斯友一鄕之善士하고 一國之善士아
   맹자 위 만 장 왈 일 향 지 선 사　　사 우 일 향 지 선 사　　　일 국 지 선 사

   斯友一國之善士하고 天下之善士아 斯友天下之善士니라
   사 우 일 국 지 선 사　　　천 하 지 선 사　　사 우 천 하 지 선 사

맹자가 만장에게 말했다. "그 선한 덕이 한 고을을 덮을 정도의 선비
라야 이에 (그와 덕이 같은) 한 고을의 선한 선비와 벗하고, 그 선한 덕이
한 나라를 덮을 정도의 선비라야 이에 (그와 덕이 같은) 한 나라의 선한
선비와 벗하고, 그 선한 덕이 천하를 덮을 정도의 선비라야 이에 (그와
덕이 같은) 천하의 선한 선비와 벗한다.

   以友天下之善士로 爲未足하여 又尙論古之人하나니 頌其詩하며
   이 우 천 하 지 선 사　　위 미 족　　　우 상 론 고 지 인　　　송 기 시

   讀其書호대 不知其人이 可乎아 是以로 論其世也니 是尙友也니라
   독 기 서　　　부 지 기 인　　가 호　　시 이　　론 기 세 야　　시 상 우 야

천하의 선한 선비와 벗하는 것으로 만족하지 못하여 또 더 나아가 위
로 옛사람을 논한다. 그 시를 읊으며 그 책을 읽는데 그 사람을 알지
못하면 되겠는가! 이렇게 해서 그 세대를 논하는 것이니 이것이 더 나아
가 위로 (옛사람을) 벗하는 것이다."

9. 齊宣王이 問卿한대 孟子曰王은 何卿之問也시니잇고 王曰卿이
   제 선 왕　　문 경　　　맹 자 왈 왕　　하 경 지 문 야　　　　　왕 왈 경

不同乎잇가 曰不同하니 有貴戚之卿하며 有異姓之卿하니이다
부 동 호　　　왈 부 동　　유 귀 척 지 경　　　유 이 성 지 경

王曰請問貴戚之卿하노이다
왕 왈 청 문 귀 척 지 경

曰君이 有大過則諫하고 反覆之而不聽則易位니이다
왈 군　유 대 과 즉 간　　반 복 지 이 불 청 즉 역 위

제선왕이 (고위직 벼슬인) 경(卿)에 대해 질문했다. 맹자가 말했다.
"왕께서는 어떤 경을 질문하십니까?" 왕이 말했다. "경은 다 같지 않습니
까?" 맹자가 말했다. "같지 않습니다. (임금과 인척이 되는) 성이 같은
경이 있고 성이 다른데 (덕망과 능력으로) 벼슬하는 경이 있습니다." 왕
이 말했다. "그렇다면 임금과 인척이 되는 경이 하는 일을 말씀해주시겠
습니까?" 맹자가 말했다. "왕에게 (나라가 망할 정도로) 큰 잘못이 있으
면 충고해주는데 반복해서 말해줘도 듣지 않으면 왕을 바꿉니다."

王이 勃然變乎色하신대
왕　　발 연 변 호 색

왕이 돌연 그 얼굴색을 바꿨다.

曰王은 勿異也하소서 王이 問臣하실새 臣이 不敢不以正對호이다
왈 왕　물 이 야　　　　왕　문 신　　　신　불 감 불 이 정 대

맹자가 말했다. "왕께서는 괴이하게 여기지 마십시오. 왕께서 신에게
질문하셨기에 신은 감히 그대로 대답하지 않을 수 없었습니다."

王이 色定然後에 請問異姓之卿하신대 曰君이 有過則諫하고
왕   색정연후   청문이성지경   왈군   유과즉간

反覆之而不聽則去니이다
반복지이불청즉거

　왕이 안색을 바르게 한 다음에 성이 다른 경이 하는 일을 질문했다.
맹자가 말했다. "왕에게 잘못이 있으면 충고하고 반복해도 듣지 않으면
떠납니다."

才其飽足言而言其保止論氣益怕矣

問物則師有然者此句難看曰固然此有兩說一說則物是指炙而

然是占上段長楚之長亦指吾之長之意而言一說則以物為指長楚人合

吾之長底事而亦有欵指皆而言二意正相反

異問卿敬在此那長在彼之此指何者而言耶曰此指死彼指鄉人在此在役後

外之意故曰果在外不由內也蓋謂敬長之心随人推移於外則正由亍外而

中也

問集註敬長之心敬長二字是敬之長之意耶抑敬其長之意耶曰當

長之者

閑無善無不善集註以為生之為性食色性之意而末見其十分穩合如

子原不識理而専以氣為性故於知覺運動食色等事初不知却有

公都子曰告子曰

고자장구상

告子章句上

所以有物必有則之故字似兌承接又之意必可曰此用故字有兩樣

續說去底有時喚得起祇此故字似是呼喚之意曰甚有未子孫

祇正是得在此等處此段孔子詩云斯而耳故不盡於不之上將正

虛字故字必是等輕地真緣過兩却排放得平章金明此其未夫

此章機一兩字說得古人意思出來底一樣字

祇不可說情却可說以告子問於孟子却答他惻隱之謂無故好

不善四端皆情之惻隱是仁之分出來端芽

朱子曰惻隱盖惻則隱盖要介樣之至於仁義不可勝用于之

義要以禮讓以裕愁愁以

富歲子弟多賴暴

間湖北場才之閒言曰似是孝弟之意蓋揚牙不謝味人傷此好

모두 20장이다. 사람의 타고난 본성[性], 마음[心], 말[言], 학문(學問)에 대해 이론적으로 설명한다. 맹자의 왕도정치와 인정(仁政)의 이론적 바탕이 되는 부분이다.

1. 告子曰性은 猶杞柳也요 義는 猶桮棬也니 以人性爲仁義
　고 자 왈 성　　유 기 류 야　　의　　유 배 권 야　　이 인 성 위 인 의

猶以杞柳爲桮棬이니라
유 이 기 류 위 배 권

　고자가 말했다. "사람의 본성[性]은 (유연한) 버드나무와 같고, 의(義)는 (버드나무그릇) 배권과 같습니다. 그렇기 때문에 사람의 본성[性]으로 인의(仁義)를 행하는 것은 버드나무로 (그것을 구부려서) 배권을 만드는 것과 같습니다."[200]

孟子曰子能順杞柳之性而以爲桮棬乎아 將戕賊杞柳而後에
맹 자 왈 자 능 순 기 류 지 성 이 이 위 배 권 호　　장 장 적 기 류 이 후

以爲桮棬也니 如將戕賊杞柳而以爲桮棬이면
이 위 배 권 야　　여 장 장 적 기 류 이 이 위 배 권

---

[200] 집주에 이런 설명이 있다. '고자는 말하기를 사람에게 원래 본성으로 갖추어진 인의(仁義)는 없는 것이기 때문에 반드시 외부에서 인공적으로 다듬은 다음에야 이루어진다고 주장했으니 순자 성악설과 같다.'("告子 言人性 本無仁義 必待矯揉而後成 如荀子性惡之說也"). 조기의 주에 고자에 대한 설명이 있다. '고자의 告는 성이고 子는 남자의 통칭이고 이름은 불해다. 유자와 묵자의 도를 겸해서 배운 자인데 한때 맹자에게 배운 적이 있다.'("告子者 告 姓也 子 男子之通稱 名不害 兼治儒墨之道者 嘗學於孟子")

則亦將戕賊人하여 以爲仁義與아
즉 역 장 장 적 인　　　이 위 인 의 여

率天下之人而禍仁義者는 必子之言夫인저
솔 천 하 지 인 이 화 인 의 자　　필 자 지 언 부

맹자가 말했다. "그대는 버드나무의 유연한 성질[性]을 그대로 따라서 배권을 만드는가? (그대는) 버드나무의 (유연한) 성질을 인위적으로 해친 다음에 배권을 만들려고 할 것이니, 만약 장차 버드나무의 성질을 인위적으로 해친 다음에 배권을 만든다면 또한 사람도 (그 본성을) 해친 다음에 인의를 할 것인가? 천하의 사람들을 몰아다가 인의에 화가 미치도록 만들 것은 반드시 그대의 말일 것이다."

2. 告子曰性은 猶湍水也라 決諸東方則東流하고 決諸西方則西流하나니
고 자 왈 성　　유 단 수 야　　결 저 동 방 즉 동 류　　　결 저 서 방 즉 서 류

人性之無分於善不善也猶水之無分於東西也니라
인 성 지 무 분 어 선 불 선 야 유 수 지 무 분 어 동 서 야

고자가 말했다. "본성[性]은 굽이쳐 흐르는 물 같아서 동쪽으로 터놓으면 동쪽으로 흐르고 서쪽으로 터놓으면 서쪽으로 흐릅니다. 사람의 타고난 본성[性]에 선과 불선(不善)의 구분이 없는 것은 물에 동서의 구분이 없는 것과 같습니다. (사람의 본성에 본래 타고난 선은 없는 것이죠.)"

孟子曰水信無分於東西어니와 無分於上下乎아
맹 자 왈 수 신 무 분 어 동 서　　　무 분 어 상 하 호

人性之善也猶水之就下也니 人無有不善하며 水無有不下니라
인 성 지 선 야 유 수 지 취 하 야　　인 무 유 불 선　　　수 무 유 불 하

맹자가 말했다. "물에는 진실로 동서의 구분은 없지만 (그렇지만 물은 반드시 아래로 흐르니) 상하의 구분도 없는가? 사람의 타고난 본성[性]이 선하다는 것은 물이 아래로 흐르는 것과 같다. 사람은 본래 선하지 않은 자가 있지 않고 물은 아래로 흐르지 않는 것이 있지 않다네.

今夫水를 搏而躍之면 可使過顙이며 激而行之면 可使在山이어니와
금 부 수　　박 이 약 지　　가 사 과 상　　　격 이 행 지　　가 사 재 산

是豈水之性哉리오 其勢則然也니 人之可使爲不善이 其性이
시 기 수 지 성 재　　　기 세 즉 연 야　　인 지 가 사 위 불 선　　　기 성

亦猶是也니라
역 유 시 야

이제 물을 손으로 쳐서 튀게 하면 이마를 지나가게 할 수 있고 물을 막아서 가게 하면 산에도 이르게 할 수 있다. 그러나 이 어찌 물의 자연적인 성질[性]이겠는가? 그렇게 만든 힘이 작용한 때문이지. 사람이 불선(不善)하도록 만드는 것도 그 성품[性]에 대해 그렇게 하도록 만들었기 때문인 것과 같다."

3. 告子曰生之謂性이니라
고 자 왈 생 지 위 성

고자가 말했다. "생긴 그대로를 본성[性]이라고 합니다. (어찌 본성에 원래 선한 것이나 원래 악한 것이 깔려있겠습니까?)²⁰¹

孟子曰生之謂性也는 猶白之謂白與아 曰然하다
맹자 왈 생 지 위 성 야   유 백 지 위 백 여   왈 연

白羽之白也猶白雪之白이며 白雪之白이 猶白玉之白與아 曰然하다
백 우 지 백 야 유 백 설 지 백   백 설 지 백   유 백 옥 지 백 여   왈 연

맹자가 말했다. "생긴 그대로를 본성[性]이라고 한다는 것은 흰 것은 다 같은 흰 것이라는 말과 같은가?"²⁰² 고자가 말했다. "그렇습니다." 맹자가 말했다. "흰 날개의 흰 것이 흰 눈의 흰 것과 같으며 흰 눈의 흰 것이 흰 옥의 흰 것과 같다는 말인가?" 고자가 말했다. "그렇습니다."²⁰³

---

201 여기서 고자가 말하는 '생'(生)은 무엇인가? 집주에 '생은 사람과 동물의 지각과 운동하는 것을 지적하여 말하는 것'("生 指人物之所以知覺運動者而言")이라는 설명이 있어서, 본성에는 고자가 말하는 이런 본성과는 별도로 맹자가 말하는 인의예지(仁義禮智)의 본성이 따로 있는 것으로 이해할 수 있겠다. 여기서 고자가 말하는 바의 중점은 사람이나 짐승이나 타고난 그 본성은 감각, 지각, 운동하는 것으로 다 같으니 맹자에게 원래 사람의 본성이 선하다는 그런 말 하지 말라고 비판하는 것에 있다. 그런 고자의 공격에 대해 맹자는 고자가 사람과 동물의 본성을 구별하지 않은 것, 그리고 의(義)를 사람에게 원래 내장된 본성으로 보지 않는 것을 하나씩 반박해나간다. 그렇다고 해서 고자가 말하는 본성은 감각적이고 본능적인 것이고, 맹자가 말하는 본성은 이성적인 것인지에 대해서는 아직 이 단계에서는 상세하지 않다. 이 문장에 대해서는 다만, 본성에 선함이 내장되어 있다는 맹자와 본성에는 아무것도 없어서 원래 선한 것이나 원래 악한 것 자체가 없다는 고자가 대립하는 장면으로 이해하는 것이 좋겠다.
202 맹자는 고자를 논박할 때 하필 흰 색을 예로 들었을까? 『孟子講演』(문익서관, 1913)에 흰 색은 물들기 이전의 색이기에 이것으로 성선설을 주장하기 위한 전제라는("白是未染故 言其白而以證性善") 설명이 있다.
203 조주에 이런 설명이 있다. '맹자는 (다 같이 흰 색이지만) 날개는 그 성질[性]이 가벼운 것이고 눈은 그 성질[性]이 녹는 것이고 옥은 그 성질[性]이 단단한 것이어서 비록 다 흰색이어도 그 성질[性]이 같지 않은 것인데 고자에게 이런 3가지 흰색의 성질[性]에 대해 그것

然則犬之性이 猶牛之性이며 牛之性이 猶人之性與아
연 즉 견 지 성　　유 우 지 성　　　우 지 성　　유 인 지 성 여

맹자가 말했다. "그렇다면 개의 본성[性]이 소의 본성과 같으며 소의 본성이 사람의 본성과 같은가?"

4. 告子曰食色이 性也니 仁은 內也라 非外也오 義는 外也라
　　고 자 왈 식 색　　성 야　　인　　내 야　　비 외 야　　의　　외 야

非內也니라
비 내 야

고자가 말했다. "먹기를 즐기고 여색을 밝히는 것은 타고난 본성[性]입니다. (맛있는 음식을 좋아하고 여색을 밝히는 것은 내 안에서 나온 것입니다. 그런 것을 좋아하는 마음인) 인(仁)은 (내) 안에 있습니다. 밖에 있는 것이 아니죠. (그렇지만 그 음식 자체의 맛있고 맛없음은 그 사물에 있는 것입니다. 내게 있는 것이 아니죠. 그런 그것이 저로 하여금 먹도록 유도하는 것입니다. 이런 이유에서 저는 이렇게 주장합니다. 옳고 그름과 마땅함을 따지는) 의(義)는 내 몸 밖에 있는 것입니다. 안에 있는 것이 아닙니다."

孟子曰何以謂仁內義外也오 曰彼長而我長之라 非有長於我也니
맹 자 왈 하 이 위 인 내 의 외 야　　왈 피 장 이 아 장 지　　비 유 장 어 아 야

이 동일하냐고 질문한 것이다.'("孟子以爲羽性輕 雪性消 玉性堅 雖俱白 其性不同 問告子 以三白之性同邪")

猶彼白而我白之라 從其白於外也라 故로 謂之外也라하노라

유 피 백 이 아 백 지　　종 기 백 어 외 야　　　고　　위 지 외 야

　　맹자가 말했다. "무슨 근거로 인(仁)은 안이고 의(義)는 밖이라고 하는
가?" 고자가 말했다. "저 사람이 나이가 많아서 제가 그를 어른 대접하는
것입니다. 나이 많다는 그 사실은 저 사람에게 있는 것이지 저에게 있는
것이 아닙니다. (저는 저 사람이 나이가 많다는 그 외부적 사실에 따라
그를 어른 대접하는 것입니다.) 마치 저것이 희기 때문에 제가 저것을
희다고 하는 것과 같습니다. 희다는 그 외부적인 요인을 따른 것입니다.
그래서 (義는) 밖이라고 하는 것입니다."

日異於白馬之白也는 無以異於白人之白也어니와[204] 不識케라

왈 이 어 백 마 지 백 야　　무 이 이 어 백 인 지 백 야　　　　　　불 식

長馬之長也無以異於長人之長與아 且謂長者義乎아 長之者義乎아[205]

장 마 지 장 야 무 이 이 어 장 인 지 장 여　　차 위 장 자 의 호　　장 지 자 의 호

　　맹자가 말했다. "흰 말의 흰 것과 흰 사람의 흰 것은 (희다는 점에서)

---

204 "異於"가 두 번 나오는데 앞의 "異於"는 집주를 따라 해석하지 않았다. '장씨는 말하기
를 앞의 異於 두 글자는 마땅히 쓸데없는 글귀라고 하고 이씨는 말하기를 혹 빠진 글이
있다고 한다.'("張氏曰上異於二字 宜衍 李氏曰或有闕文焉" 집주)

205 이런 맹자의 말에 대한 집주가 참고가 된다. '나의[주자] 생각으로는 흰 말과 흰 사람
은 이른바 저것이 희니까 내가 희다고 하는 것이다. 나이든 말과 나이든 사람은 이른바
저들이 나이가 들었으니까 내가 나이든 것으로 대접하는 것이다. 흰 말과 흰 사람은 다르
지 않지만 나이 든 말과 나이 든 사람은 같지가 않으니 이것이 이른바 의(義)라는 것이다.
의는 저것이 나이 들었다는 그 사실에 있는 것이 아니고 저것이 나이 들었다고 해서 어른
으로 대접하려는 내 마음에 있는 것이니 의는 외부에 있는 것이 아님이 명백하다.'("愚
按白馬白人 所謂彼而我白之也 長馬長人 所謂彼長而我長之也 白馬白人 不異 而長馬長
人 不同 是乃所謂義也 義不在彼之長而在我長之之心則義之非外 明矣" 집주)

차이가 없지만, 알 수 없는 노릇이로다. 나이 많은 말을 대우하는 것과 나이 많은 사람을 대접하는 것도 다를 바가 없다는 것인가? 또 (저 사람이) 나이 많다는 그 사실이 의(義)인가? (내가) 나이 많은 사람을 (존경하면서) 대접하는 것이 의(義)인가?"

曰吾弟則愛之하고 秦人之弟則不愛也하나니 是는 以我爲悅者也라
왈오제즉애지 　　진인지제즉불애야 　　　시 　이아위열자야

故로 謂之內요 長楚人之長하며 亦長吾之長하나니 是는
고 　위지내 　장초인지장 　　역장오지장 　　　시

以長爲悅者也라 故로 謂之外也라하노라
이장위열자야 　고 　위지외야

고자가 (맹자의 반박에 계속 대응하면서) 말했다. "내 동생이면 사랑하고 (누군지 모르는) 진나라 사람의 동생이면 사랑하지 않습니다. 이것은 나를 기쁨의 기준으로 삼은 때문입니다. 그래서 말하기를 (사랑하는 仁은) 안에 있다고 하는 것입니다. 초나라의 연장자를 어른으로 대접하고 또한 우리의 연장자를 어른으로 대접합니다. 이것은 연장자라는 (외부적인) 것을 기쁨의 기준으로 삼은 때문입니다. 그래서 (의는) 밖에 있다고 주장하는 것입니다."

曰耆秦人之炙無以異於耆吾炙하니 夫物이 則亦有然者也니
왈기진인지자무이이어기오자 　　부물 　즉역유연자야

然則耆炙도 亦有外與아
연즉기자 　역유외여

맹자가 말했다. "진나라 사람이 구운 고기를 즐기는 것과 내가 구운 고기를 즐기는 것은 차이가 없으니, 무릇 물건은 역시 (그대가 주장하는 바와 같이) 그러한 바가 있는 것이다. (구운 고기는 사람들로 하여금 먹고 싶게 하는 그런 바가 있는 것이다.) 그렇다고 해서 사람이 맛있는 구운 고기를 좋아하는 것 역시 밖에 있다고 할 것인가?"

5. 孟季子問公都子曰何以謂義內也오
맹 계 자 문 공 도 자 왈 하 이 위 의 내 야

맹계자가 (맹자에게 공부한) 공도자에게 질문했다. "어떤 근거로 의(義)가 (마음) 안에 있다고 말하는 것입니까?"

日行吾敬故로 謂之內也니라
왈 행 오 경 고   위 지 내 야

공도자가 말했다. "(어른을 존경하는) 내 마음 속 경(敬)을 행하기 때문에 안에 있다고 말하는 것입니다."

鄕人이 長於伯兄一歲則誰敬고 日敬兄이니라 酌則誰先고
향 인   장 어 백 형 일 세 즉 수 경   왈 경 형   작 즉 수 선

日先酌鄕人이니라 所敬은 在此하고 所長은 在彼하니
왈 선 작 향 인   소 경   재 차   소 장   재 피

果在外라 非由內也로다
과 재 외   비 유 내 야

맹계자가 말했다. "동향 사람이 만형보다 한 살 많으면 누구를 공경합니까?" 공도자가 말했다. "(물론 나이가 많다는 것이 공경의 요소이지만, 관계가 먼 동향 사람보다는 나에게 가까운 혈연을 우선으로 하기 때문에) 형을 공경합니다." 맹계자가 말했다. "(그렇다면) 술을 따를 때 누구를 먼저 합니까?" 공도자가 말했다. "(주인의 입장에서 손님에 대한 배려 때문에 나이 많은) 동향 사람에게 먼저 합니다." 맹계자가 말했다. "공경의 대상(만형)은 여기에 있고 (공경의 요소가 되는) 나이 많은 (동향)사람은 저기에 있으니 분명 외부적인 것이 공경의 근거입니다. 그러면 (의를 행함은) 내부에서 연유된 것이 아닙니다."

公都子不能答하여 以告孟子한대 孟子曰敬叔父乎아 敬弟乎아하면
공 도 자 불 능 답　　이 고 맹 자　　　맹 자 왈 경 숙 부 호　　경 제 호

彼將曰敬叔父라하리라 曰弟爲尸則誰敬고하면 彼將曰敬弟라하리라
피 장 왈 경 숙 부　　　　왈 제 위 시 즉 수 경　　　피 장 왈 경 제

子曰惡在其敬叔父也오하면 彼將曰在位故也라하리니
자 왈 오 재 기 경 숙 부 야　　　피 장 왈 재 위 고 야

子亦曰在位故也라하라 庸敬은 在兄하고 斯須之敬은 在鄕人하니라
자 역 왈 재 위 고 야　　용 경　　재 형　　사 수 지 경　　재 향 인

공도자가 대답하지 못하고 맹자에게 이런 사실을 고했다. 맹자가 말했다. "'숙부를 존경하는가, 동생을 존경하는가?'라고 자네가 질문하면 저 사람은 장차 말하기를 (당연히) 숙부를 공경한다고 할 것이다. 또 자네가 질문하기를 '동생이 (제사 때 신주 대신에 앉히던 어린아이) 시동(尸童) 역할을 할 때 누구를 존경하는가?'라고 하면, 저 사람은 동생을 존경한다고 말 할 것이다. 그럴 때 또 자네가 '그러면 마땅히 나이가 많

은 숙부를 먼저 공경한다는 것은 어떻게 된 것인가?라고 질문하라. 그러면 저 사람은 '(동생이) 제사 신위에 있기 때문이다.'라고 말할 것이다. 그럴 때 자네도 전에 들었던 질문에 대하여 '(동향 사람에게 술을 먼저 따르는 것은 그가) 손님 위치에 있기 때문이다.'라고 답변해라. 평소에는 형을 먼저 공경하지만 일시적으로 동향 사람을 먼저 공경하는 경우도 있는 것이다."[206]

季子聞之하고　曰敬叔父則敬하고　敬弟則敬하니　果在外라
계 자 문 지　　　왈 경 숙 부 즉 경　　　경 제 즉 경　　　과 재 외

非由內也로다　公都子曰冬日則飮湯하고　夏日則飮水하나니
비 유 내 야　　　공 도 자 왈 동 일 즉 음 탕　　　하 일 즉 음 수

然則飮食도　亦在外也로다
연 즉 음 식　　　역 재 외 야

　계자(맹계자)가 이런 말을 듣고 말했다. "숙부를 공경할 때는 숙부를 공경하고 동생을 공경할 때는 동생을 공경하니 (이렇게 공경의 대상이 고정되어 있지 않고 상황에 따라 변경되는 것으로 보니, 의는) 분명 밖에 있는 것이지 안에서 연유한 것이 아니군요." 공도자가 말했다. "겨울날에는 마땅히 뜨거운 물을 마시고 여름날에는 마땅히 찬 물을 마십니다. (뜨거운 물과 찬 물은 외부적인 것이지만 적합한 바를 판단하는 것은 내 마음 속에 있습니다.) 그대의 질문대로라면 그대는 마시고 먹는 그런 마음 속 판단도 역시 밖에 있다고 하겠군요!"

---

206 집주에서는 이것을 '때에 따라 적절하게 제정한다.'는 의미의 '인시제의'("因時制宜")라는 말로 설명한다.

6. 公都子曰告子曰性은 無善無不善也라하고
공도자왈고자왈성　무선무불선야

공도자가 말했다. "고자는 말하기를 '본성[性]은 본래 선(善)함도 없고
본래 불선(不善)함도 없다.'고 합니다.

或曰性은 可以爲善이며 可以爲不善이니 是故로 文武興則民이
혹왈성　가이위선　가이위불선　시고　문무흥즉민

好善하고 幽厲興則民이 好暴라하고
호선　유려흥즉민　호포

또 어떤 이는 말하기를, '본성은 (학습이나 외부적인 작용에 의해) 선
할 수도 있고 불선(不善)할 수 있어서 이런 이유로 문왕과 무왕이 발흥하
면 백성이 선을 좋아하고 (폭군) 유왕과 여왕이 발흥하면 백성이 포악함
을 좋아한다.'고 합니다.

或曰有性善하며 有性不善하니 是故로 以堯爲君而有象하며
혹왈유성선　유성불선　시고　이요위군이유상

以瞽瞍爲父而有舜하며 以紂爲兄之子요
이고수위부이유순　이주위형지자

且以爲君而有微子啓王子比干이라하나니
차이위군이유미자계왕자비간

또한 어떤 이는 말하기를, '처음부터 본성이 선한 사람도 있고 처음부
터 본성이 선하지 않은 사람도 있어서, 이런 이유로 요가 임금인데 (형을

죽이려 했던 동생) 상이 있었고 (악한) 고수가 아비인데 (착한 아들) 순이 있었고 (폭군) 주가 형의 아들이면서 또한 임금이 되었는데 (어진) 미자 계와 왕자 비간이 있었다.'고 합니다.

今日性善이라하시니 然則彼皆非與잇가
금 왈 성 선   연 즉 피 개 비 여

孟子曰乃若其情則可以爲善矣니 乃所謂善也니라
맹 자 왈 내 약 기 정 즉 가 이 위 선 의   내 소 위 선 야

(이렇게 사람들의 주장이 각각 다른데, 그럼에도) 지금 선생님께서는 본성[타고난 성품]이 선하다고 말씀하시니, 그렇다면 저들은 모두 틀렸나요?" 맹자가 말했다. "(마음속에서 아직 발동하지 않은 채 이치의 상태로 있는 것이 性이고, 그것이 사물과 접촉하여 형체를 드러내며 발동한 것이 情이다. 씨앗에 비유하면, 싹이 나오려는 것은 性이고 그것이 싹으로 드러난 것이 情이다) 그 정(情)으로 말한다면[207] 선(善)할 수 있으므로

---

207 여기서 맹자가 말하는 정(情)은 무엇인가? 맹자 성선(性善)의 성(性)이 발(發)하여 정(情)이 되었다거나 또는 그런 성(性)에서 흘러나온 것[從性中流出]이 정(情)이니 본래 그 정(情)이 선하지 않음이 없다는 취지의 집주[주재의 설명을 인용한다. '情은 性이 발동한 것이다. 본래 사람의 정은 다만 선할 수 있는 것이고 악할 수 없는 것이니 이에 성이 본래 선한 것임을 가히 알 수 있다.'("情者 性之動也 人之情 本但可以爲善 而不可以爲惡 則性之本善 可知矣" 집주). 한편, 박세당은 정(情)을 '실(實)'자의 의미로 해석했다. 선한 본성의 실제로 본 것이다. '情이라는 것은 실제나 실상을 말하는 것이다. 마치 물건의 實情이라고 할 때의 情, 장자가 또한 말한〈그 실정을 얻기를 요구하는 것 같이〉에서의 情과 같은 것이니, 이것은 性의 實은 즉 善할 수 있다는 것을 말한 것이다. 집주에서 情이란 것은 性이 動한 것이며 사람의 情은 본래 다만 선하도록 되어 있고 악하게는 되어 있지 않다고 하면서 사단을 들어서 설명했으나 여기에서의 情은 송구스럽지만 그렇지 않은 것으로 여겨진다.'("情之爲言 實也 猶所云物之情 莊子亦曰如求得其情 此蓋言性之實 卽可以爲善也 註 謂情者 性動也 人之情 本但可以爲善 不可以爲惡 又擧四端爲說 然此所謂情者 終恐其不如此也"『사변록』). '본성에는 不善이란 없다.'("性無有不善")고 하면서, 性과 情

440 맹자정독

이른바 (본성이) 선하다고 하는 것이다.(타고한 성품 性에는 不善이란
없다.)

若夫爲不善은 非才之罪也니라
약 부 위 불 선　　비 재 지 죄 야

만약 선하지 않은 짓을 한다면 (그것은 본성에 속하는) 재질[才]의 죄
는 아닌 것이다.

惻隱之心을 人皆有之하며　羞惡之心을 人皆有之하며
측 은 지 심　　인 개 유 지　　　수 오 지 심　　인 개 유 지

恭敬之心을 人皆有之하며　是非之心을 人皆有之하니
공 경 지 심　　인 개 유 지　　　시 비 지 심　　인 개 유 지

惻隱之心은 仁也요　羞惡之心은 義也요　恭敬之心은
측 은 지 심　　인 야　　수 오 지 심　　의 야　　공 경 지 심

禮也요 是非之心은 智也니 仁義禮智非外由鑠我也라
례 야　　시 비 지 심　　지 야　　인 의 례 지 비 외 유 삭 아 야

我固有之也언마는 弗思耳矣니 故로 曰求則得之하고 舍則失之라하니
아 고 유 지 야　　불 사 이 의　　고　　왈 구 즉 득 지　　사 즉 실 지

或相倍蓰而無筭者는 不能盡其才者也니라
혹 상 배 사 이 무 산 자　　불 능 진 기 재 자 야

의 관계를 씨앗에서 싹이 나오는 이치[性], 씨앗에서 나온 싹으로 모습을 드러낸 것[情]으
로 비유한 주희의 설명("穀之生是性 發爲萌芽是情也")은 이 章의 少註에 있다.

측은히 여기는 마음을 사람이 모두 갖고 있으며, (잘못을) 부끄러워하고 (부정을) 미워하는 마음을 사람이 모두 갖고 있으며, 공경하는 마음을 사람이 모두 갖고 있으며, 옳고 그름을 따지는 마음을 사람이 모두 갖고 있다. 측은히 여기는 마음은 인(仁)이며, 잘못을 부끄러워하고 악을 미워하는 마음은 의(義)며, 공경하는 마음은 예(禮)며, 옳고 그름을 따지는 마음은 지(智)다. 인의예지가 밖으로부터 (불이 쇠를 녹이듯이) 나를 녹이며 내게로 들어오는 것이 아니다. (인의예지) 그것을 내가 본래 갖고 있건만 다만 생각하지 않을 뿐이다. 그래서 말하기를 '구하면 얻고 놓으면 잃는다.'고 하는 것이다. (그렇게 하는데 있어서) 혹 사람에 따라 두 배 또는 다섯 배 차이가 나서 더불어 계산할 수 없을 정도가 되는 것은 타고난 그 (선한) 재질을 다 쓰지 못했기 때문이다.

詩曰天生蒸民하시니 有物有則이로다 民之秉夷라
시 왈 천 생 증 민　　유 물 유 칙(측)　　민 지 병 이

好是懿德이라하야늘 孔子曰爲此詩者여 其知道乎인저
호 시 의 덕　　공 자 왈 위 차 시 자　　기 지 도 호

故로 有物이면 必有則이니²⁰⁸ 民之秉夷也故로
고　　유 물　　필 유 칙(측)　　민 지 병 이 야 고

---

208 "有物有則"(유물유칙)에 대해 집주에 이런 설명이 있다. '일이 있으면 반드시 법칙이 있으니 마치 귀와 눈이 있으면 귀가 밝고 눈이 예민한 덕이 있는 것이며 父子가 있으면 효도하고 자애하는 마음이 있는 것과 같다.'("有物 必有法 如有耳目則有聰明之德하고 有父子則有慈孝之心"). 물(物)에는 그것에 (하늘이 부여한) 내재된 법칙이 있으니 귀에는 귀의 법칙, 눈에는 눈의 법칙, 부자 관계에는 그 관계의 법칙, 백성에게는 백성의 법칙이 내재해 있다는 말이다.

好是懿德이라하시니라[209]
호 시 의 덕

『시경』에 이르기를, '하늘이 뭇 백성을 낳으셨는데, 일[존재]에는 (반드시 그것에 마땅한) 법칙이 있게 하셨다. 백성이 (하늘에서 받은 불변의 그 선한 본성) 양심을 굳게 지키기에 이 아름다운 덕을 좋아하네!'라고 했다. 공자께서도 말씀하기를 '이 시를 지은 자여, 그 도를 아는구나. 그래서 일[존재]이 있으면 반드시 그것에는 (하늘이 부여한 마땅한) 법칙이 있는 것이다. 백성이 (불변의 선한 그 본성) 양심을 굳게 지키기에 이 아름다운 덕을 좋아하네!'라고 하셨다."

7. 孟子曰富歲엔 子弟多賴하고[210]凶歲엔 子弟多暴하나니
   맹 자 왈 부 세   자 제 다 뢰   흉 세   자 제 다 포

   非天之降才爾殊也라 其所以陷溺其心者然也니라
   비 천 지 강 재 이 수 야   기 소 이 함 닉 기 심 자 연 야

맹자가 말했다. "풍년에는 자제들 다수가 착하고 흉년에는 자제들 다수가 흉포한데 하늘이 내린 재질이 달라서 그런 것이 아니다. 그 마음을

---

209 위의 문장에서 공자가 한 말은 어디까지인지 여러 견해가 있다. 『맹자언해』(내각장판)를 비롯한 관본 언해에서는 '이 아름다운 덕을 좋아한다.'까지를 공자의 말로 본다. 공자의 말은 다만, '이 시를 지은 자여, 그 도를 아는구나!'까지로 보기도 한다(이가원, 『논어맹자』, 1976, p.400).

210 "賴"에 대해 여러 설명이 있다. 조주는 '선하다'("賴 善 暴 惡也"), 집주는 '재료로 삼아 의지하다'("賴 藉也"), 완원(阮元)은 '나태하다'('懶', 『孟子今註今譯』 富歲章 참고. 史次耘은 완원의 설을 따랐다.)로 보았다.

물욕의 구덩이에 빠져들게 하는 것이 그렇게 만든 것이다.

今夫麰麥을 播種而耰之호대 其地同하며 樹之時又同하면
금부모맥　파종이우지　기지동　수지시우동

浡然而生하여 至於日至之時하여[211] 皆熟矣나니 雖有不同이나
발연이생　지어일지지시　개숙의　수유부동

則地有肥磽하며 雨露之養과 人事之不齊也니라
즉지유비요　우로지양　인사지부제야

이제 보리를 씨 뿌리고 흙으로 씨를 덮었는데 그 지력이 동일하고 심은 시기 또한 같으면 발연히 자라서 하지의 성숙하는 시기에 이르러 다 익는다. 비록 (수확량이) 같지 않은 바는 있겠으나 그것은 곧 토지의 비옥함과 척박함, 비와 이슬이 길러줌, 그리고 사람이 작물을 가꾼 노력 차이 때문이다. (어찌 그 본성이 달라서 그런가?)

故로 凡同類者擧相似也니 何獨至於人而疑之리오 聖人도
고　범동류자거상사야　하독지어인이의지　성인

與我同類者시니라
여아동류자

그렇기 때문에 무릇 종류가 동일하면 대개 (본성이) 서로 비슷한 것이다. 어찌 유독 사람만 (본성이 서로 다르다고) 의심하겠는가? 성인도 나

---

211 "日至之時"(일지지시)에 대해 집주에는 '성숙의 시기를 만났다는 말'("謂當成熟之期也")이라고 되어 있다. 楊伯峻은 여기에서의 일지(日至)에 대해 '이는 하지를 지칭하는 것'("日至 此指夏至"『孟子譯注』注釋 4)이라고 했다.

와 더불어 종류가 동일한 분이시다.

故로 龍子曰不知足而爲屨라도 我知其不爲蕢也라하니 屨之相似는
고　　룡 자 왈 부 지 족 이 위 구　　아 지 기 불 위 궤 야　　　　구 지 상 사

天下之足이 同也일새니라
천 하 지 족　　　동 야

　그렇기 때문에 용자가 말하기를, '발 크기를 알지 못하고 짚신을 만들
어도 삼태기가 되지 않을 것임을 나는 안다.'고 했다. 짚신 크기가 비슷
한 것은 천하 사람의 발이 대체로 같기 때문이다.

口之於味에 有同耆也하니 易牙는 先得我口之所耆者也라
구 지 어 미　　유 동 기 야　　　　역 아　　선 득 아 구 지 소 기 자 야

如使口之於味也에 其性이 與人殊若犬馬之與我不同類也면
여 사 구 지 어 미 야　　기 성　　여 인 수 약 견 마 지 여 아 부 동 류 야

則天下何耆를 皆從易牙之於味也리오 至於味하여는
즉 천 하 하 기　　개 종 역 아 지 어 미 야　　　지 어 미

天下期於易牙하나니 是는 天下之口相似也일새니라
천 하 기 어 역 아　　　시　　천 하 지 구 상 사 야

　입이 맛을 느끼는데 있어서 사람마다 모두 맛있게 느끼는 것이 있다.
(옛날에 음식의 맛을 잘 알았던) 역아는 내 입이 좋아하는 맛을 먼저
터득한 사람이다. 만약 입이 맛을 느끼는데 있어서 그 성(性)이 사람마
다 다른 것이 마치 개와 말이 우리와 같은 종류가 아닌 그런 정도라면,
천하가 어찌 맛을 즐기는데 있어서 모두 역아가 조리한 맛을 따르겠는

가? 맛에 있어서는 천하 사람들이 역아를 필히 믿고 따르니 이는 천하 사람들의 입이 서로 비슷하기 때문이다.

惟耳도 亦然하니 至於聲하여는 天下期於師曠하나니 是는
유이   역연   지어성   천하기어사광   시

天下之耳相似也일새니라
천하지이상사야

귀도 또한 그러하다. 소리에 있어서는 천하의 사람들이 (진나라 악사) 사광을 필히 믿고 따른다. 이는 천하 사람들의 귀가 서로 비슷하기 때문이다.

惟目도 亦然하니 至於子都하여는 天下莫不知其姣也하나니
유목   역연   지어자도   천하막부지기교야

不知子都之姣者는 無目者也니라
부지자도지교자   무목자야

눈도 또한 그러하다. (정나라 미인) 자도에 관해서 천하가 그 아름다움을 알지 못함이 없으니, 자도의 아름다움을 알지 못하는 자는 눈이 없는 자다.

故로 曰口之於味也에 有同耆焉하며 耳之於聲也에 有同聽焉하며
고   왈구지어미야   유동기언   이지어성야   유동청언

目之於色也에 有同美焉하니 至於心하여 獨無所同然乎아
목지어색야   유동미언   지어심   독무소동연호

心之所同然者는 何也오 謂理也義也니
심 지 소 동 연 자　　하 야　　위 리 야 의 야

聖人은 先得我心之所同然耳시니 故로 理義之悅我心이
성 인　　선 득 아 심 지 소 동 연 이　　고　　리 의 지 열 아 심

猶芻豢之悅我ㅁ니라
유 추 환 지 열 아 구

그래서 '입이 맛에 대하여 (사람이면 누구나) 다 동일하게 즐기는 것이 있고, 귀가 소리에 대하여 다 동일하게 (좋게) 듣는 것이 있고, 눈이 색에 대하여 다 동일하게 아름답게 여기는 것이 있다.'고 말하는 것이다. 그런데 마음에만 유독 (모두가 즐기는) 동일하게 그러한 것이 없는 것일까? 마음에서 동일하게 그러한 것이란 무엇인가? 말하자면 이(理)며 의(義)인 것이다. (理와 義는 우리 마음을 즐겁게 한다.) 성인은 우리 마음에서 모두가 동일하게 그러한 것을 먼저 얻으신 것이다. 그렇기 때문에 이(理)와 의(義)가 우리 마음을 즐겁게 하는 것은 풀 먹는 가축이나 곡식을 먹는 가축의 고기가 우리 입을 즐겁게 하는 것과 같은 것이다."

8. 孟子曰牛山之木이 嘗美矣러니 以其郊於大國也라 斧斤이
　맹 자 왈 우 산 지 목　　상 미 의　　이 기 교 어 대 국 야　　부 근

伐之어니 可以爲美乎아 是其日夜之所息과 雨露之所潤에
벌 지　　가 이 위 미 호　　시 기 일 야 지 소 식　　우 로 지 소 윤

非無萌蘖之生焉이언마는 牛羊이 又從而牧之라
비 무 맹 얼 지 생 언　　　　우 양　　우 종 이 목 지

是以로 若彼濯濯也하니 人이 見其濯濯也하고
시 이   약 피 탁 탁 야   인   견 기 탁 탁 야

以爲未嘗有材焉이라하나니 此는 豈山之性也哉리오
이 위 미 상 유 재 언   차   기 산 지 성 야 재

맹자가 말했다. "(제나라 동남) 우산의 나무가 전에는 아름다웠다. 그렇지만 대국의 교외에 있기 때문에 (사람들이 와서) 도끼와 자귀로 벌채를 하니 어찌 아름다울 수 있겠는가? (훼손되어도) 이제 그 밤사이의 휴식과 비와 이슬이 윤택하게 적셔주는 바에 의해 싹과 새순이 자라지 않는 것이 없지마는 소와 양이 또 따라서 방목된다. 이런 이유로 저렇게 민둥산이 되었건만 사람들은 그 민둥산을 보고 (산에는) 원래 (쓸 만한) 재목이 있지 않았다고 하니, 이런 민둥산이 어찌 산의 본 모습[性]인가?

雖存乎人者인들 豈無仁義之心哉리오마는 其所以放其良心者
수 존 호 인 자   기 무 인 의 지 심 재   기 소 이 방 기 량 심 자

亦猶斧斤之於木也에 旦旦而伐之어니²¹² 可以爲美乎아
역 유 부 근 지 어 목 야   단단(죠조)이 벌 지   가 이 위 미 호

其日夜之所息과 平旦之氣에 其好惡與人相近也者幾希어늘
기 일 야 지 소 식   평단(죠)지 기   기 호 오 여 인 상 근 야 자 기 희

則其旦畫之所爲有梏亡之矣나니 梏之反覆則其夜氣不足以存이요
즉 기단(죠)주 지 소 위 유 곡 망 지 의   곡 지 반 복 즉 기 야 기 부 족 이 존

---

212 앞에서도 설명했지만, 단(旦)자를 관본 『맹자언해』와 율곡언해에서 "됴" "죠"(조)로 읽는 것은, 태조 이성계의 휘(諱)와 같기 때문으로 단(旦)자와 동일한 의미의 '조'(朝)자로 발음한 것이다. 이렇게 단(旦)자를 '조'로 읽는 방식은 1923년에 간행된 『유교경전언역총서 맹자』에도 계속되었다. 2006년에 간행(2012년 1판5쇄)된 유교문화연구소 옮김 『맹자』(성균관대학교 출판부)까지도 "旦旦"의 한자음이 여전히 "조조"로 되어 있다.

夜氣不足以存則其違禽獸不遠矣니
야 기 부 족 이 존 즉 기 위 금 수 불 원 의

人이 見其禽獸也而以爲未嘗有才焉者라하나니 是豈人之情也哉리오
인　　견 기 금 수 야 이 이 위 미 상 유 재 언 자　　　　시 기 인 지 정 야 재

　사람이 갖추고 있는 것에 어찌 인의(仁義)의 마음이 없겠는가? 그 양
심을 잃어버린 그 이유 또한 도끼와 낫이 나무에 했던 것과 같아서 날마
다 벌목하니 어찌 아름다울 수 있는가? 그 밤사이의 휴식과 청명한 새벽
기운에 의해 (또 조금) 자라지만 그 (사람이) 좋아하고 미워하는 바가
(정상적인) 사람과 서로 가까운 것이 얼마 남아있지 않은데, 그럼에도
그가 낮에 행동하는 것이 또 (남아있는 양심을) 짓밟으니 짓밟기를 반복
하면 그렇게 밤에 자라난 기운도 보존할 수 없고 밤에 자라난 기운도
보존할 수 없으면 짐승과의 거리가 멀지 않은 존재가 된다. 사람들이
그렇게 짐승과 같은 존재를 보고는 일찍이 선한 재질을 가진 적이 없다
고 한다. 이 어찌 사람의 본래 실정[情]이겠는가?

故로 苟得其養이면 無物不長이오 苟失其養이면 無物不消니라
고　　구 득 기 양　　　　무 물 부 장　　　　구 실 기 양　　　　무 물 불 소

　그렇기 때문에 진실로 기르기를 잘 하면 (사람이나 나무나) 자라지
않는 생명이 없고 진실로 기르기를 못하면 소멸하지 않는 생명이 없을
것이다.

孔子曰操則存하고　舍則亡하여　出入無時하여　莫知其郷은
공자왈조즉존　　사즉망　　　출입무시　　　막지기향

惟心之謂與인저하시니라[213]
유심지위여

공자께서 말씀하시기를, '잡으면 있고 놓으면 없어져서 들어가고 나오
는데 정해진 때가 없어서 도무지 그 향방을 알 수 없는 것은 오직 사람
마음을 말하는 것이다.'라고 하셨다.

9. 孟子曰無或乎王之不智也로다
맹자왈무혹호왕지부지야

맹자가 말했다. "(제나라) 왕이 지혜롭지 못한 것이 이상할 게 없구나!

雖有天下易生之物也나　一日暴之요　十日寒之면　未有能生者也니
수유천하이생지물야　　일일폭지　　십일한지　　미유능생자야

吾見이　亦罕矣요　吾退而寒之者至矣니　吾如有萌焉에　何哉리오
오현　　역한의　　오퇴이한지자지의　　　오여유맹언　　하재

비록 천하에 쉽게 자라는 식물이 있어도 하루만 햇볕에 노출하여 따
뜻하게 하고 열흘 동안 춥게 하면 능히 잘 자랄 것이 있지 않다. 내가

---

[213] 관본언해와 율곡언해에는 위의 말을 모두 "孔子曰"에 포함되는 것으로 보았다. 그래
서 "惟心之謂與인저 하시니라"로 되어 있다.

(제나라 왕을) 알현하는 기회는 또한 드물고 내가 물러나면 (왕의 선한 마음을) 차갑게 얼리는 자들이 몰려오니 (왕에게 선한 마음의) 싹이 있은들 내가 무엇을 하랴!

今夫奕之爲數小數也나 不專心致志則不得也니
금 부 혁 지 위 수 소 수 야　　부 전 심 치 지 즉 부 득 야

奕秋는 通國之善奕者也라 使奕秋로 誨二人奕이어든
혁 추　　통 국 지 선 혁 자 야　　사 혁 추　　회 이 인 혁

其一人은 專心致志하여 惟奕秋之爲聽하고 一人은
기 일 인　　전 심 치 지　　유 혁 추 지 위 청　　일 인

雖聽之나 一心에 以爲有鴻鵠이 將至어든 思援弓繳而射之하면
수 청 지　　일 심　　이 위 유 홍 곡　　장 지　　사 원 궁 작 이 석 지

雖與之俱學이라도 弗若之矣나니 爲是其智弗若與아 曰非然也니라
수 여 지 구 학　　불 약 지 의　　위 시 기 지 불 약 여　　왈 비 연 야

이제 바둑을 두는 기술이 비록 변변치 않은 기술이어도 마음을 오로지 집중하고 해보려는 뜻을 극진히 하지 않으면 터득하지 못한다. 혁추는 온 나라에서 바둑을 잘 두는 자다. 혁추에게 바둑을 두 사람에게 가르치게 했다. 그 한 사람은 마음을 오로지하고 뜻을 다해 혁추의 말을 귀담아 듣는데 또 한 사람은 비록 혁추의 말을 들으나 마음 한 구석에 기러기와 따오기가 장차 날아오면 실을 맨 화살로 쏘아 잡을 것을 생각한다면 비록 함께 학습했어도 (그 수준이) 같지 않을 것이다. 이것은 그들의 지능이 같지 못해서 그런가? 그렇지 않다."

10. 孟子曰魚도 我所欲也며 熊掌도 亦我所欲也언마는 二者를
　　맹자왈어　　아소욕야　　웅장　　역아소욕야　　　　이자

不可得兼인댄 舍魚而取熊掌者也로리라 生亦我所欲也며
불가득겸　　사어이취웅장자야　　　　생역아소욕야

義亦我所欲也언마는 二者를 不可得兼인댄 舍生而取義者也로리라
의역아소욕야　　　　이자　불가득겸　　사생이취의자야

맹자가 말했다. "생선도 내가 원하고 곰 발바닥(요리)도 또한 내가 원
하지만 둘 다 겸해서 가질 수 없다면 생선을 버리고 곰 발바닥 요리를
택하겠다. 목숨도 또한 내가 원하고 의(義)도 또한 내가 원하지만 두 가
지를 겸해서 가질 수 없다면 목숨을 버리고 의를 택하겠다.

生亦我所欲이언마는 所欲이 有甚於生者라 故로 不爲苟得也하며
생역아소욕　　　　소욕　유심어생자　고　불위구득야

死亦我所惡언마는 所惡有甚於死者라 故로 患有所不辟也니라
사역아소오　　　　소오유심어사자　고　환유소불피야

목숨도 또한 내가 원하는 것이지만 원하는 것에는 목숨보다 더 중요
한 것이 있다. (그것은 義다.) 그래서 구차스럽게 (살려고) 하지 않는 것
이다. 죽음도 또한 내가 싫어하는 것이지만 싫어하는 것에는 죽음보다
더 심하게 싫은 것이 있다. (그것은 不義다.) 그래서 환난이 닥쳐도 피하
지 않는 때가 있는 것이다.

如使人之所欲이 莫甚於生이면 則凡可以得生者를 何不用也며
여사인지소욕　　막심어생　　즉범가이득생자　　하불용야

使人之所惡莫甚於死者면 則凡可以辟患者를 何不爲也리오
사 인 지 소 오 막 심 어 사 자   즉 범 가 이 피 환 자   하 불 위 야

만약 사람이 원하는 것에서 목숨보다 더 중요한 것이 없다고 한다면 그가 무릇 살기 위해 무슨 짓을 못하겠는가? 사람이 싫어하는 것에서 죽음보다 더 심한 것이 없다고 한다면 그가 환난을 피하기 위해 무슨 짓을 못하겠는가?

由是라 則生而有不用也하며 由是라²¹⁴ 則可以辟患而有不爲也니라
유 시   즉 생 이 유 불 용 야   유 시   즉 가 이 피 환 이 유 불 위 야

이래서 곧 목숨을 구할 수 있다고 해도 쓰지 않는 방법이 있으며, 이래서 곧 환난을 피할 수 있다고 해도 하지 않는 것이 있는 것이다.

是故로 所欲이 有甚於生者하며 所惡有甚於死者하니
시 고   소 욕   유 심 어 생 자   소 오 유 심 어 사 자

---

214 위와 같이 "由是라"에서 구를 끊는 것에 대해 정약용은 동의하지 않는다. 그는, '우리의 언해에서는 〈由是라〉라고 하면서 구를 끊는다. 또 〈由是라〉라고 하면서 구를 끊는다. 由是면 살고 由是면 환난을 피할 수 있다는 것은 如是則 살고 如是則 환난을 피할 수 있다고 말과 같다. 사는 길을 말미암으면 살고 환난을 피하는 길을 말미암으면 환난을 피할 수 있지만 사람이 이런 길을 버리고 말미암지 않는 것은 예의를 중히 지키는 마음이 목숨을 구하는 욕심보다 크고 非禮와 不義를 싫어하는 마음이 죽기보다 싫기 때문이다. 由是가 떳떳한 도리를 굳게 지킨다는 秉彛良心을 의미하는 것으로 해석하지만 맹자가 말하지 않은 것이다. 이제 由是 이 두 글자를 〈秉彛의 양심을 말미암는다〉고 하는 것은 아마도 연관성이 없는 것 같다.'("吾東諺解 由是絶句 又由是絶句 鏞案由是則生 由是則可以辟患 猶言如是則生 如是則可以辟患 由生路則生 由辟患之路則辟患 而人有舍之而不由者 爲其禮義之可欲 甚於欲生 而非禮不義之可惡 甚於惡也 秉彛良心 孟子之所不言 今以由是二字 謂由秉彛之良心者 恐無連絡處"『맹자요의』)

非獨賢者有是心也라 人皆有之언마는 賢者는 能勿喪耳니라
비 독 현 자 유 시 심 야　　인 개 유 지　　　　현 자　　능 물 상 이

이런 이유에서 사람이 원하는 것에는 목숨보다 더 중요한 것이 있으
며 사람이 싫어하는 것에는 죽음보다 더 싫은 것이 있는 것이다. (오직)
현인만이 홀로 이런 마음을 갖고 있는 것은 아니다. 사람이 모두 (이런
마음을) 갖고 있건만 다만 현인은 능히 (그것을) 잃지 않을 뿐이다.

一簞食와 一豆羹을 得之則生하고 弗得則死라도 嘑爾而與之면
일 단 사　　일 두 갱　　득 지 즉 생　　　부 득 즉 사　　　호 이 이 여 지

行道之人도 弗受하며 蹴爾而與之면 乞人도 不屑也니라
행 도 지 인　　불 수　　　축 이 이 여 지　　걸 인　　불 설 야

(비록 하찮은 것이지만) 밥 한 사발과 국 한 그릇을 먹으면 살고 먹지
못하면 죽을지라도 불러다가 소리 지르고 야단치면서 그것을 주면 길
가는 사람도 받지 않는다. 발로 차면서 그것을 주면 걸인도 달갑게 여기
지 않는다.

萬鍾則不辨禮義而受之하나니 萬鍾이 於我何加焉이리오
만 종 즉 불 변 례 의 이 수 지　　　　만 종　　어 아 하 가 언

爲宮室之美와 妻妾之奉과 所識窮乏者得我與인저
위 궁 실 지 미　　처 첩 지 봉　　소 식 궁 핍 자 득 아 여

(이렇게 목숨이 경각에 걸려있을 때에는 자존심을 고집하다가 목숨을
유지하는데 결정적으로 필요한 것이 아닌 것인데) 만종의 많은 녹봉은

예법과 도리를 가리지 않고 받는다. 만종의 녹봉이 내게 무슨 보탬이 되는가? 자기 집을 아름답게 치장하고 처첩의 봉사를 받으며 아는 사람 중에서 궁핍한 자가 (도와주는) 자기의 덕에 감읍하기를 위함이 아니겠는가?

鄕爲身앤[215]死而不受라가 今爲宮室之美하여 爲之하며
향 위 신　　사 이 불 수　　금 위 궁 실 지 미　　위 지

鄕爲身앤 死而不受라가 今爲妻妾之奉하여 爲之하며
향 위 신　 사 이 불 수　　금 위 처 첩 지 봉　　위 지

鄕爲身앤 死而不受라가 今爲所識窮乏者得我而爲之하나니
향 위 신　 사 이 불 수　　금 위 소 식 궁 핍 자 득 아 이 위 지

是亦不可以已乎아 此之謂失其本心이니라
시 역 불 가 이 이 호　　차 지 위 실 기 본 심

(먹지 못하면 죽는 그 순간에는 무례하게 준다는 그 이유로 받기를 거부했던 바와 같이) 지난번에는 몸이 죽더라도 받지 않다가 이제는 집을 아름답게 치장하기 위해 받는다. 지난번에는 몸이 죽더라도 받지 않다가 이제는 처첩의 봉사를 위해 받는다. 지난번에는 몸이 죽더라도 받지 않다가 이제는 알고 있는 궁핍한 자가 자기의 덕에 감읍하기를 위해

---

215 김장생은 『맹자언해』(내각장판과 같은 관본 언해를 염두에 두고 한 말)에서 "鄕爲身앤 死而不受라가"라고 한 것에 대해 이렇게 논평했다. '언해에 鄕爲身의 구두가 잘못되었다. 당연히 뒤에 오는 死자를 앞의 身자에 붙여 읽어야 한다.'("諺解 鄕爲身爲句 非是 當連身死讀"『經書辨疑』) '鄕爲身死而不受'로 연결해서 해석하라는 말이다. 안정복도 김장생을 지지했다. '鄕爲身死에서 사계 김장생은 死자를 身자에 붙여서 句를 했는데 옳은 방식이다.'("鄕爲身死 沙溪以死爲句是"『經書辨疑』). 율곡언해는 이들의 지적처럼 "鄕爲身死而不受라가"로 되어 있다.

받는다. 이런 짓을 또한 그만둘 수 없는가? 이런 것을 두고 말하기를 그 본심을 잃었다고 하는 것이다."

11. 孟子曰仁은 人心也요 義는 人路也니라
　　 맹자왈인　　인심야　　의　　인로야

맹자가 말했다. "인(仁)은 사람의 마음이고 의(義)는 사람의 길이다.

舍其路而不由하며 放其心而不知求하나니 哀哉라
사 기 로 이 불 유　　방 기 심 이 부 지 구　　　애 재

그 길을 버리고 경유하지 않으며 그 마음을 놓아버리고 찾을 줄 모르니 안타깝구나.

人이 有雞犬이 放則知求之호대 有放心而不知求하나니
인　　유 계 견　　방 즉 지 구 지　　유 방 심 이 부 지 구

사람이 닭이나 개를 잃어버리면 그것을 찾을 줄을 아는데 마음은 잃어버려도 찾을 줄 모르니

學問之道는 無他라 求其放心而已矣니라
학 문 지 도　　무 타　　구 기 방 심 이 이 의

학문하는 도는 다른 것이 없다. 다만 잃어버린 그 마음을 찾을 뿐이다."

12. 孟子曰今有無名之指屈而不信이 非痛疾害事也언마는
　　　맹자왈금유무명지지굴이불신　　　비질통해사야

如有能信之者면 則不遠秦楚之路하나니 爲指之不若人也니라
여유능신지자　　　즉불원진초지로　　　위지지불약인야

　　맹자가 말했다. "지금 넷째 손가락이 굽어서 펴지지 않는 것이 통증으로 일을 못할 정도가 아닌데 만약 그것을 펼 수 있는 자가 있다면 진나라 초나라 길을 멀다고 여기지 않고 달려갈 것이다. (자기) 손가락이 다른 사람과 같지 않음을 걱정한 때문이다.

指不若人則知惡之호대 心不若人則不知惡하나니
지불약인즉지오지　　　심불약인즉부지오

此之謂不知類也니라
차지위부지류야

　　손가락이 다른 사람과 같지 않으면 싫어할 줄을 알면서 마음이 다른 사람과 같지 않으면 싫어할 줄을 모른다. 이런 것을 두고 말하기를 일의 경중과 (가치의) 우선순위를 모른다고 하는 것이다."

13. 孟子曰拱把之桐梓를 人苟欲生之인댄 皆知所以養之者로대
　　　맹자왈공파지동재　　　인구욕생지　　　개지소이양지자

至於身하여 而不知所以養之者하나니 豈愛身이 不若桐梓哉리오
지어신　　　이부지소이양지자　　　기애신　　불약동재재

弗思甚也일새니라
불 사 심 야

맹자가 말했다. "두 손이나 한 손으로 둥그렇게 쥘만한 굵기의 오동나무와 가래나무를 사람들이 진실로 자라게 하려면 그것을 기르는 방법을 모두가 알고 있다. 그러나 자기 자신에 대해서는 기르는 방법을 알지 못한다. 어찌 자기 자신을 아끼는 정도가 오동나무와 가래나무만 못해서 그런 것인가? 다만 생각하지 않음이 심할 뿐인 것이다."

14. 孟子曰人之於身也에 兼所愛니²¹⁶ 兼所愛則兼所養也라
    맹 자 왈 인 지 어 신 야   겸 소 애   겸 소 애 즉 겸 소 양 야

無尺寸之膚를 不愛焉則無尺寸之膚를 不養也니
무 척 촌 지 부   불 애 언 즉 무 척 촌 지 부   불 양 야

所以考其善不善者는 豈有他哉리오 於己에 取之而已矣니라
소 이 고 기 선 불 선 자   기 유 타 재   어 기   취 지 이 이 의

맹자가 말했다. "사람은 그 몸에 (모든 기능이 완비되어 있고 그런 것을 모두) 사랑하는 바를 겸해서 가지고 있다. 이미 몸에 사랑하는 바를 겸해서 가지고 있다면 (그 몸을) 잘 기르는 바를 (또한 반드시) 겸해서

---

216 "兼所愛"(겸소애)에 대해, 『맹자집주대전』 소주에 '신안 진씨가 말하기를 사랑하지(아끼지) 않음이 없는 것을 겸애(兼愛)라 하고 기르지 않음이 없는 것을 겸양(兼養)이라 한다.'("新安陳氏曰 無所不愛曰兼愛 無所不養曰兼養")는 설명이 있다. 사람은 자기 몸의 모든 부분을 사랑하지 않음이 없으며 그래서 그것을 기르지 않음이 없다는 뜻으로 해석할 수 있겠다.

가지고 있는 것이다. 한 자와 한 치의 피부도 사랑하지 않음이 없다면 한 자와 한 치의 피부도 기르지 않음이 없는 것이다. (그렇게 누구나 기르지 않음이 없는 가운데) 기르기를 잘 한 것과 기르기를 잘하지 못한 것을 살피는데 있어서 어찌 다른 데에서 찾을 것인가? 오직 자기 자신에게서 그것을 찾을 뿐이다.

體有貴賤하며 有小大하니 無以小害大하며 無以賤害貴니
체 유 귀 천   유 소 대   무 이 소 해 대   무 이 천 해 귀

養其小者爲小人이요 養其大者爲大人이니라
양 기 소 자 위 소 인   양 기 대 자 위 대 인

몸에 고귀한 것과 천한 것이 있고 작은 것과 큰 것이 있으니, 작은 것 때문에 큰 것을 해치지 말고 천한 것 때문에 고귀한 것을 해치지 말아야 한다. 그 작은 것을 기르면 소인이 되고 그 큰 것을 기르면 대인이 된다.

今有場師舍其梧檟하고 養其樲棘하면 則爲賤場師焉이니라
금 유 장 사 사 기 오 가   양 기 이 극   즉 위 천 장 사 언

이제 (나무를 기르는 것을 직업으로 하는 사람) 장사(場師)가 그 오동나무와 가래나무를 버리고 그 (쓸모없는) 멧대추나무와 가시나무를 기르면 곧 졸렬한 장사가 된다.

養其一指하고 而失其肩背而不知也면 則爲狼疾人也니라[217]
양 기 일 지　　이 실 기 견 배 이 부 지 야　　즉 위 랑 질 인 야

그 손가락 하나를 기르는데 신경을 쓰다가 그 어깨와 등을 잃어버리
는 것을 알지 못하면 (제 몸을 돌아보지 못하는) 곧 중요한 것을 되돌아
보지 못하는 사람이 된다.

飮食之人을 則人賤之矣나니 爲其養小以失大也니라
음 식 지 인　　즉 인 천 지 의　　위 기 양 소 이 실 대 야

입과 배의 욕망에 전념하는 자를 사람들이 천하게 여긴다. 그것은 작
은 것을 기르면서 큰 것을 잃어버리기 때문이다.

飮食之人이 無有失也면 則口腹이 豈適爲尺寸之膚哉리오
음 식 지 인　　무 유 실 야　　즉 구 복　　기 적 위 척 촌 지 부 재

입과 배의 욕망에 전념하는 사람이라도 (중요한 가치를) 잃어버리는
일이 있지 않다면 입과 배가 어찌 다만 한 자나 한 치의 피부에 불과할
것인가! (이것도 몸의 한 부분이다. 다만 이것에 집중하다가 중요한 가치
를 잃지 않도록 유념해야 한다.)"

---

217 "狼疾人"(랑질인)의 의미는 집주를 참고했다. '이리는 뒤돌아보기를 잘하지만 질병이
걸리면 그렇게 하지 못하기 때문에 어깨와 등과 같이 중요한 것을 잃어버리는 행위를
비유하는 뜻으로 삼은 것이다.'("狼 善顧 疾則不能故 以爲失肩背之喩")

15. 公都子問曰鈞是人也로대 或爲大人하며 或爲小人은 何也잇고
　　공 도 자 문 왈 균 시 인 야　　　혹 위 대 인　　　혹 위 소 인　　하 야

　孟子曰從其大體爲大人이요 從其小體爲小人이니라
　맹 자 왈 종 기 대 체 위 대 인　　　종 기 소 체 위 소 인

　공도자가 질문했다. "똑같이 이렇게 사람인데 혹 대인이 되고 혹 소인
이 되는 것은 무엇 때문입니까?" 맹자가 말했다. "(예의를 생각하는 마음
과 같은) 큰 것[大體]를 따르면 대인이 되고, (귀와 눈의 감각과 같은)
작은 것[小體]를 따르면 소인이 된다."

　曰鈞是人也로대 或從其大體하며 或從其小體는 何也잇고
　왈 균 시 인 야　　　혹 종 기 대 체　　　혹 종 기 소 체　　하 야

　曰耳目之官은 不思而蔽於物하나니 物이 交物則引之而已矣요
　왈 이 목 지 관　　불 사 이 폐 어 물　　　　물　　교 물 즉 인 지 이 이 의

　心之官則思라 思則得之하고 不思則不得也니 此天之所與我者라
　심 지 관 즉 사　　사 즉 득 지　　　불 사 즉 부 득 야　　차 천 지 소 여 아 자

　先立乎其大者면 則其小者不能奪也니 此爲大人而已矣니라
　선 립 호 기 대 자　　즉 기 소 자 불 능 탈 야　　차 위 대 인 이 이 의

　공도자가 말했다. "다 같이 이런 사람인데 혹 (예의를 생각하는 마음
과 같은) 큰 것[大體]을 따르며 혹 (감각과 같은) 작은 것[小體]을 따르는
것은 무엇 때문입니까?" 맹자가 말했다. "귀와 눈이 맡은 일에는 생각하
는 것이 없어서 이욕과 외적인 자극에 의해 가려진다. (그래서) 이욕과
외적인 자극에 접하면서 (귀와 눈은) 그것에 끌려갈 뿐이다. (그러나)
마음이 맡은 일은 생각하는 것이다. 생각하면 얻고 생각하지 않으면 얻

지 못한다. 이것은 하늘이 내게 부여한 것이다. 먼저 그 큰 것을 세우면 곧 그 작은 것이 빼앗지 못할 것이다. 이렇게 하면 대인이 되는 것이다."

16. 孟子曰有天爵者하며 有人爵者하니 仁義忠信樂善不倦은
    맹자왈유천작자   유인작자   인의충신락선불권

    此天爵也요 公卿大夫는 此人爵也니라
    차천작야   공경대부   차인작야

맹자가 말했다. "하늘이 내려준 벼슬이 있고 사람이 준 벼슬이 있다. 인의, 충신(忠信), 선을 즐기는 것, 공부할 때 게으름 피우지 않는 것, 이런 가치는 하늘이 내려준 벼슬이다. 공경대부, 이런 세속적인 것은 사람이 사람에게 준 벼슬이다.

천작이란 하늘이 내려준 관직이다. 실력이 있어서 모두가 인정하여 만들어진 자리, 자기 실력으로 만든 자리를 천작이라고 해석해본다.

    古之人은 脩其天爵而人爵從之러니라
    고지인   수기천작이인작종지

옛 사람은 (다만) 그 천작을 수양했는데 (애써 구하지 않아도 자연히) 인작이 뒤따라왔다.

    今之人은 脩其天爵하여 以要人爵하고 旣得人爵而棄其天爵하나니
    금지인   수기천작   이요인작   기득인작이기기천작

則惑之甚者也라 終亦必亡而已矣니라
즉 혹 지 심 자 야   종 역 필 망 이 이 의

이제의 사람은 그 천작을 수양하여 인작을 구한다. 이미 인작을 얻은 다음에는 그 천작을 버리니 어리석음이 심하다. 결국에는 또한 반드시 (겨우 구한 그 인작도) 잃어버릴 것이다."

17. 孟子曰欲貴者는 人之同心也니 人人이 有貴於己者언마는
    맹 자 왈 욕 귀 자   인 지 동 심 야   인 인   유 귀 어 기 자

弗思耳니라
불 사 이

맹자가 말했다. "귀하게 되려는 것은 사람마다 같은 마음이다. 사람마다 자기에게 (천작이라는) 귀한 것이 있는데 다만 그것을 찾을 생각을 하지 않는구나.

人之所貴者는 非良貴也니 趙孟之所貴를 趙孟이 能賤之니라
인 지 소 귀 자   비 량 귀 야   조 맹 지 소 귀   조 맹   능 천 지

다른 사람이 귀하게 해준 것은 진정하게 귀한 것이 아니다. (진나라 권력자) 조맹이 (벼슬로) 귀하게 해준 사람을 또한 조맹이 (그 벼슬을 박탈하여) 그를 천하게 할 수 있다.

詩云旣醉以酒요 旣飽以德이라하니 言飽乎仁義也라
시 운 기 취 이 주　　기 포 이 덕　　　　언 포 호 인 의 야

所以不願人之膏粱之味也며 令聞廣譽施於身이라
소 이 불 원 인 지 고 량 지 미 야　　령 문 광 예 시 어 신

所以不願人之文繡也니라
소 이 불 원 인 지 문 수 야

　『시경』에 이르기를, '(후하게 대접을 받아) 술로써 이미 취하고 덕으로써 이미 배불렀네.'라고 했다. 인(仁)과 의(義)로 배부르니 이래서 남이 즐기는 맛있는 고기와 곡식의 맛을 탐내지 않으며, 좋은 소문과 드넓은 명예가 내 몸에 더해지니 이래서 고관대작이 입는 수놓은 비단옷을 탐내지 않는 것이다."

18. 孟子曰仁之勝不仁也猶水勝火하니 今之爲仁者는 猶以一杯水로
　　맹 자 왈 인 지 승 불 인 야 유 수 승 화　　　금 지 위 인 자　　유 이 일 배 수

救一車薪之火也라 不熄則謂之水不勝火라하나니
구 일 거 신 지 화 야　　불 식 즉 위 지 수 불 승 화

此又與於不仁之甚者也라
차 우 여 어 불 인 지 심 자 야

　맹자가 말했다. "인(仁)이 불인(不仁)을 이기는 것은 물이 불을 이기는 것과 같다. 지금 인(仁)을 하는 자는 한 잔의 물을 가지고 한 수레의 나무에 붙은 불을 끄려는 것과 같다. (그렇게 하고서) 불이 꺼지지 않으면 말하기를 물이 불을 이기지 못한다고 한다. 이 또한 불인(不仁)을 돕는

정도가 심한 자이다.

亦終必亡而已矣니라
역종필망이이의

(그렇게 자기 수양을 소홀히 하다가) 또한 마침내 반드시 (자신에게 남아있는 仁도) 잃을 뿐이다."

19. 孟子曰五穀者는 種之美者也나 苟爲不熟이면 不如荑稗니 夫仁도
     맹자왈오곡자   종지미자야   구위불숙   불여제패   부인

亦在乎熟之而已矣니라
역재호숙지이이의

맹자가 말했다. "오곡은 종자 중에서 유익한 것이지만 제대로 잘 여물지 않으면 (잘 여문) 피만 못하다. (피는 잡초이지만 먹을 것이 없을 때 어쩔 수 없이 그것이라도 먹는다.) 인(仁) 또한 완숙했는지 그 여부에 달려있을 뿐이다.(인이 완숙하지 못하면 다른 학설의 완숙함만 못하다.)"

20. 孟子曰羿之敎人射에 必志於彀하나니 學者도 亦必志於彀니라
     맹자왈예지교인사   필지어구   학자   역필지어구

맹자가 말했다. "(활을 잘 쏘는) 예(羿)는 사람들에게 활쏘기를 가르칠 때 (쏠 때) 반드시 활을 최대한 잡아당기는 것에 뜻을 두도록 했다. 활을

배우는 자도 또한 (쏠 때) 반드시 활을 최대한 잡아당기는 것에 뜻을
두었다.

大匠이 誨人에 必以規矩하나니 學者도 亦必以規矩니라
대장　　회인　　필이규구　　　　학자　　역필이규구

대목(목수)은 사람들을 교육할 때 반드시 (그 일의) 법도에 따라 가르
친다. 배우는 자도 또한 반드시 (그 일의) 법도에 따라 배운다."

권 12

고자장구하

告子章句下

모두 16장이다. ① 인간의 기본 가치인 예(禮), 효, 인의, ② 지식인의 벼슬하는 이유와 역할, 마음가짐 등을 설명한다.

1. **任人이 有問屋廬子曰禮與食이 孰重고 曰禮重이니라**
   임인　유문옥려자왈례여식　숙중　왈례중

임나라 사람이 (맹자의 제자) 옥려자에게 묻기를, "식사 예법과 음식 중에서 무엇이 더 중요합니까?"라고 했다. 옥려자가 말했다. "식사 예법이 더 중요합니다."

色與禮孰重고
색여례숙중

(임나라 사람이 거듭 질문했다.) "(남녀가 짝을 구할 때) 아내를 구하는 일과 배필을 구하는 예법 중에서 무엇이 중요합니까?"

曰禮重이니라 曰以禮食則飢而死하고 不以禮食則得食이라도
왈례중　왈이례식즉기이사　불이례식즉득식

必以禮乎아 親迎則不得妻하고 不親迎則得妻라도
필이례호　친영즉부득처　불친영즉득처

必親迎乎아 屋廬子不能對하여 明日에 之鄒하여
필친영호　옥려자불능대　명일　지추

以告孟子한대 孟子曰於答是也에²¹⁸ 何有리오
이고맹자　맹자왈어답시야　하유

옥려자가 대답했다. "예법이 더 중요합니다." 임나라 사람이 말했다. "예법을 갖추고 먹으면 굶어서 죽고 예법을 갖추지 않고 먹으면 음식을 얻는다고 해도 반드시 예법을 갖추겠습니까? 신랑이 (예법에 따라 친히 신부를 맞이하는) 친영을 하면 아내를 얻지 못하고 친영을 하지 않으면 아내를 얻는다고 해도 반드시 친영을 하겠습니까?' 옥려자가 대답할 수 없어서 다음날 추나라에 가서 맹자에게 이런 일에 대해 알렸다. 맹자가 말했다. "이런 질문에 답변하는데 무슨 어려움이 있겠는가?

不揣其本而齊其末이면 方寸之木을 可使高於岑樓니라
불 췌 기 본 이 제 기 말　　　 방 촌 지 목　　 가 사 고 어 잠 루

그 아래 밑동은 헤아리지 않고 (단지) 그 위 끝만 맞추려 한다면 사방 한 치의 (작은) 나무를 (산처럼) 높은 누각보다 더 높게 할 수 있다.

金重於羽者는 豈謂一鈞金與一輿羽之謂哉리오
금 중 어 우 자　　 기 위 일 구 금 여 일 여 우 지 위 재

쇠가 깃털보다 무겁다는 것이 어찌 한 갈고리의 쇠와 한 수레의 깃털을 두고 하는 말이겠는가?

取食之重者와 與禮之輕者而比之면 奚翅食重이며 取色之重者와
취 식 지 중 자　　 여 례 지 경 자 이 비 지　　 해 시 식 중　　 취 색 지 중 자

---

218 "於答是也"(어답시야)에서 '於'자를 조주에는 감탄사로 보고 그 한자음이 '오'라고 되어있다("於音烏 歎辭也"). 『맹자집주대전』에는 '於는 글자 그대로 읽는다.'("於如字")는 설명이 있다.

與禮之輕者而比之면 奚翅色重이리오
여 례 지 경 자 이 비 지　　해 시 색 중

　먹는 것이 절박한 상황과 식사 예법이 상대적으로 덜 중요한 상황을 취하여 비교하면 어찌 다만 먹는 것이 더 중요하지 않겠는가? 아내를 구하는 것이 절박한 상황과 배필을 구하는 예법이 상대적으로 덜 중요한 상황을 취하여 비교하면 어찌 다만 아내가 더 중요하지 않겠는가?

往應之曰紾兄之臂而奪之食則得食하고　不紾則不得食이라도
왕 응 지 왈 진 형 지 비 이 탈 지 식 즉 득 식　　　부 진 즉 부 득 식

則將紾之乎아　踰東家牆而摟其處子則得妻하고
즉 장 진 지 호　　유 동 가 장 이 루 기 처 자 즉 득 처

不摟則不得妻라도　則將摟之乎아하라
불 루 즉 부 득 처　　즉 장 루 지 호

　가서 그 질문에 응답하라. '형의 팔을 잡아 비틀고 먹을 것을 빼앗으면 먹을거리를 얻고 잡아 비틀지 않으면 먹을거리를 얻지 못한다고 하더라도 곧 장차 그렇게 (형의 팔을) 잡아 비틀겠는가? 동쪽 이웃집 담을 넘어 그 처녀를 끌고 오면 처를 얻고 끌고 오지 않으면 처를 얻지 못한다고 하더라도 곧 장차 (그 처녀를) 끌고 오겠는가?'라고."

2. 曹交問曰人皆可以爲堯舜이라하니　有諸잇가 孟子曰然하다
　 조 교 문 왈 인 개 가 이 위 요 순　　　　　유 저　　맹 자 왈 연

(조나라 임금의 동생) 조교가 질문했다. "사람은 다 요순이 될 수 있다는데, (옛말에) 이런 말이 있습니까?" 그러자 맹자가 말했다. "그렇다."

交는 聞文王은 十尺이요 湯은 九尺이라호니 今交는
교   문문왕   십척   탕 구척   금교

九尺四寸以長이로대 食粟而已로니 如何則可잇고
구척사촌이장   식속이이   여하즉가

(조교가 말했다.) "교(조교)가 들으니, 문왕은 (신장이) 10척이고 탕은 (신장이) 9척이라고 합니다. 이제 교(조교)도 (신장은) 9척 4촌의 크기인데 그저 밥 먹는 재주밖에 없습니다. 어찌하면 좋겠습니까?"

曰奚有於是리오 亦爲之而已矣니라 有人於此하니 力不能勝一匹雛면
왈해유어시   역위지이이의   유인어차   력불능승일필추

則爲無力人矣요 今日擧百鈞이면 則爲有力人矣니
즉위무력인의   금일거백균   즉위유력인의

然則擧烏獲之任이면 是亦爲烏獲而已矣니
연즉거오확지임   시역위오확이이의

夫人은 豈以不勝爲患哉리오 弗爲耳니라[219]
부인   기이불승위환재   불위이

---

219 백균(百鈞)은 삼천 근이다("百鈞 三千斤也" 조주). "獲"은 『맹자언해』(1590년 교정청 간행 도산서원소장본; 내각장판; 임술계춘 영영중간; 율곡언해)에 "확"으로 되어 있다. "확"으로 읽기도 한다(이가원; 차주환; 장기근). 대법원 인명용 한자음은 '획'이다. '匹'자에 대해 집주에 이런 설명이 있다. '匹자는 본래 鴄(필)자인데 오리다. 그 글자에서 새 鳥자를 덜어내고 匹자만 쓴 것이다. 『예기』의 설명에 匹은 鶩(목: 집오리)이라고 했으니 이것이다.' ("匹字 本作鴄 鴨也 從省作匹 禮記 說匹爲鶩 是也"). 안정복은 '匹'자의 음은 '목'인데 언해

맹자가 말했다. "어찌 이런 형체가 상관이 있는가! 다만 (요순이 되려고) 노력할 따름이다. 여기에 사람이 있는데 힘이 오리 새끼 한 마리를 이기지 못한다면 곧 힘없는 사람이 된다. (그런데) 이제 말하기를 백 균의 무게를 든다고 하면 곧 힘 있는 사람이 된다. 그래서 (힘 쎈 장사) 오확이 드는 무게를 들면 이 사람도 또한 오확이 될 따름이다. 사람이 어찌 이기지 못함을 걱정하는가! 단지 하지 않을 뿐이지.

徐行後長者를 謂之弟요 疾行先長者를 謂之不弟니 夫徐行者는
서행후장자   위지제   질행선장자   위지부제   부서행자

豈人所不能哉리오 所不爲也니 堯舜之道는 孝弟而已矣니라
기인소불능재   소불위야   요순지도   효제이이의

천천히 걸어서 어른의 뒤를 따르는 것을 공손하다고 말하고, 빨리 걸어서 어른을 앞질러 가는 것을 불손하다고 말한다. 천천히 걷는 것이 어찌 사람이 할 수 없는 일이랴? 다만 하지 않는 것이니 요순의 도는 효도하고 공손하게 하는 것일 따름이다.

子服堯之服하며 誦堯之言하며 行堯之行이면 是堯而已矣요
자복요지복   송요지언   행요지행   시요이이의

子服桀之服하며 誦桀之言하며 行桀之行이면 是桀而已矣니라
자복걸지복   송걸지언   행걸지행   시걸이이의

그대가 요의 옷을 입으며 요의 말을 외우며 요의 행실을 하면 이는

(내각장판과 같은 관본언해)에서 글자 그대로 '필'자로 한 것은 잘못이다("匹音木 諺解作如字非"『順菴集』)라고 했다. 匹자가 鶩(목)을 의미한다는 집주의 설명을 염두에 둔 듯하다.

요일 따름이다. 그대가 (폭군) 걸의 옷을 입으며 걸의 말을 외우며 걸의 행실을 하면 이는 걸일 따름이다."

日交得見於鄒君이면 可以假館이니 願留而受業於門하노이다[220]
왈교득현어추군　　가이가관　　원류이수업어문

조교가 말했다. "교(조교)가 추나라 임금을 뵈면 교실을 빌릴 수 있습니다. 선생님을 머물러 계시게 하고 문하에서 수업을 듣고 싶습니다."

日夫道若大路然하니　豈難知哉리오　人病不求耳니　子歸而求之면
왈부도약대로연　　기난지재　　인병불구이　　자귀이구지

有餘師리라
유여사

맹자가 말했다. "도는 (그 이치가 확연하여) 큰 길 같으니 어찌 알기 어렵겠는가! 사람들이 (그런 도를) 구하지 않은 것이 문제일 뿐이다. 그대가 돌아가서 구하면 일상의 곳곳에서 가르침을 주는 스승을 발견할 수 있을 것이다."

3. 公孫丑問日高子日小弁은　小人之詩也라하더이다
공손추문왈고자왈소반　　소인지시야

---

220 집주에 이런 설명이 있다. '교실을 빌리고서 수업을 듣겠다니 그가 도를 구하는 마음이 간절하지 않음을 또한 알 수 있다.'("假館而後受業 又可見其求道之不篤")

孟子曰何以言之오 曰怨이니이다
맹자 왈 하 이 언 지   왈 원

　공손추가 질문했다. "(제나라 사람) 고자가 말하는데 '(아버지를 원망
한)「소반」은 소인의 시다.'라고 하네요! (선생님은 어떻게 생각하십니
까?)" 맹자가 말했다. "무슨 근거로 그런 말을 하더냐?" 공손추가 말했다.
"(그 시에) 원망하는 정서가 있다고 합니다."[221]

曰固哉라 高叟之爲詩也여 有人於此하니 越人이 關弓而射之어든[222]
왈 고 재   고 수 지 위 시 야   유 인 어 차   월 인   만 궁 이 석 지

則己談笑而道之는 無他라 疏之也요 其兄이 關弓而射之어든
즉 기 담 소 이 도 지   무 타   소 지 야   기 형   만 궁 이 석 지

則己垂涕泣而道之는 無他라 戚之也니 小弁之怨은 親親也라
즉 기 수 체 읍 이 도 지   무 타   척 지 야   소 반 지 원   친 친 야

親親은 仁也니 固矣夫라 高叟之爲詩也여
친 친   인 야   고 의 부   고 수 지 위 시 야

　맹자가 말했다. "고루하구나, 고수가 시를 해석하는 것이! 여기에 어
떤 사람이 있는데, (오랑캐 나라) 월나라 사람이 활을 당겨 사람을 쏘려

---

221 소반의 시를 이해하는데 집주가 도움이 된다. '소반은 소아편명이다. 주나라 유왕이
신후를 취하여 태자 의구를 낳았는데 또 포사라는 여자를 얻어서 백복을 낳고는 신후를
내치고 의구를 폐하니 이에 의구의 스승이 이 시를 지어서 그 애통 박절한 상황을 서술했
다.'("小弁 小雅篇名 周幽王 娶申后 生太子宜臼 又得褒姒 生伯服 而黜申后 廢宜臼 於是
宜臼之傅 爲作此詩 以叙其哀痛迫切之情也")
222 "越人關弓"(월인만궁)이라는 말은 자신과는 상관없는 일이라는 뜻으로 사용된다. '關'
자는 '彎'(만)자와 같다고 해서 '만'으로 읽는다(『맹자집주대전』"關與彎同").

고 하는데 그 자신은 담소하면서 (그렇게 하지 말라고 여유 있게) 말하는 것은 다른 이유가 없다. (그 월나라 사람이 자신과) 관계가 먼 사람이기 때문이다. (그런데) 그의 형이 활을 당겨 사람을 쏘려고 하거든 그가 울면서 (급하게 그만두라고) 말하는 것은 다른 이유가 없다. 혈육이기 때문에 그러는 것이다. (부모가 아니라면 원망을 했겠느냐?) 소반의 원망은 (잘못한) 부모를 사랑하는 마음에서 나온 것이다. 부모를 사랑하는 것이 인(仁)이다. 고루하구나, 고수의 시 논평이!"

曰凱風은 何以不怨이잇고
왈 개 풍   하 이 불 원

공손추가 말했다. "「개풍」의 시는 어찌 원망하는 정서가 없습니까?"

曰凱風은 親之過小者也요 小弁은 親之過大者也니
왈 개 풍   친 지 과 소 자 야   소 반   친 지 과 대 자 야

親之過大而不怨이면 是는 愈疎也요 親之過小而怨이면
친 지 과 대 이 불 원   시   유 소 야   친 지 과 소 이 원

是는 不可磯也니²²³ 愈疎도 不孝也요 不可磯도 亦不孝也니라
시   불 가 기 야   유 소   불 효 야   불 가 기   역 불 효 야

맹자가 말했다. "「개풍」은 부모(어머니)의 허물이 적고 「소반」은 부모

---

223 집주에 '不可磯는 슬쩍 부딪쳤는데 갑자기 과잉으로 격노하는 것을 말한다.'("不可磯 言微激而遽怒也")는 설명이 있는데, 김장생의 설명도 참고가 된다. '기(磯)'는 어머니의 잘 못을 비유한 것이다. 물은 자식을 비유한 것이다. 물이 그 흐름을 막는 하나의 돌을 용납 하지 않는 것은 자식이 어머니의 작은 잘못을 용납하지 못하는 것과 같다. (시냇물에 서있는

(아버지)의 허물이 크다. 부모의 허물이 큰데 원망하지 않으면 이것은 (부모를 남처럼 소원하게 대하는 것이니) 더욱 멀리하는 것이다. 부모의 허물이 적은데 과도하게 원망하면 이것은 (비유하자면 흐르는 물이 돌에 살짝 부딪쳤는데 물이 과잉으로) 격동하는 그런 것이다. (부모를 남처럼) 멀리하는 것도 효도가 아니고 (부모의) 적은 허물을 용납하지 못하는 것 또한 효도가 아니다.

孔子曰舜은 其至孝矣신저 五十而慕라하시니라[224]
공자왈순　　기지효의　　　오십이모

공자께서 말씀하시기를, '순은 그토록 지극한 효자이셨다! 나이 쉰에도 (부모를) 사모하셨으니!'라고 하셨다."

4. 宋牼이 將之楚러니 孟子遇於石丘하시다
　　송경　　장지초　　　맹자우어석구

(송나라 사람) 송경이 장차 초나라에 가는데 맹자가 그를 (송나라) 석구에서 만났다.

작은 돌이 흐르는 물을 막듯이) 약하게 부딪친 것은 어머니의 행위고 (그것에) 과잉으로 벌컥 화내는 것은 자식의 행위다.'("磯比母之過 水比之子 水不能容一激石 猶子不能容母之小過也 微激母之爲也 激怒子之爲也"「經書辨疑」)
224 여기서 갑자기 순의 효도를 거론한 것에 대해서는 집주가 참고가 된다. '순도 부모를 원망하면서도 오히려 사모했으니 소반의 원망은 불효가 되지 않음을 말한 것이다.'("言舜猶怨慕 小弁之怨 不爲不孝也")

曰先生은 將何之오
왈 선 생 　 장 하 지

맹자가 말했다. "선생께서는 장차 어디로 가시오?"

曰吾聞秦楚構兵호니 我將見楚王하여 說而罷之호대 楚王이
왈 오 문 진 초 구 병 　 　 아 장 견 초 왕 　 　 세 이 파 지 　 　 초 왕

不悅이어든 我將見秦王하여 說而罷之호리니
불 열 　 　 아 장 견 진 왕 　 세 이 파 지

二王에 我將有所遇焉이리라
이 왕 　 아 장 유 소 우 언

송경이 말했다. "내가 소문을 들으니 진나라와 초나라 군대가 교전한
다고 합니다. 내가 장차 초나라 왕을 만나보고 설득해서 그만두게 하려
고 합니다. 초나라 왕이 기꺼이 받아들이지 않으면 내가 장차 진나라
왕을 만나보고 설득해서 그만두게 하려고 합니다. 두 왕 중에는 장차
나와 부합하는 바가 있을 겁니다."

曰軻也는 請無問其詳이요 願聞其指하노니 說之將如何오
왈 가 야 　 청 무 문 기 상 　 　 원 문 기 지 　 　 세 지 장 여 하

曰我將言其不利也호리라 曰先生之志則大矣어니와
왈 아 장 언 기 불 리 야 　 　 왈 선 생 지 지 즉 대 의

先生之號則不可하다
선 생 지 호 즉 불 가

맹자가 말했다. "가(맹자)는 그 상세한 내막은 여쭙지 않고 다만 그 요지를 듣고자 합니다. 설득하기를 장차 어떻게 하겠다는 겁니까?" 송경이 말했다. "나는 (그 전쟁이) 실익이 없다는 것을 말하려고 합니다." 맹자가 말했다. "(전쟁을 막으려는) 선생의 뜻은 크지만 선생이 (이익의 관점에서) 말하는 구호는 옳지 않습니다.

先生이 以利로 說秦楚之王이면 秦楚之王이 悅於利하여
선생　이리　세진초지왕　　진초지왕　열어리

以罷三軍之師하리니 是는 三軍之士樂罷而悅於利也라
이파삼군지사　　시　삼군지사락파이열어리야

爲人臣者懷利以事其君하며 爲人子者懷利以事其父하며
위인신자회리이사기군　　위인자자회리이사기부

爲人弟者懷利以事其兄이면 是는 君臣父子兄弟終去仁義하고
위인제자회리이사기형　　시　군신부자형제종거인의

懷利以相接이니 然而不亡者未之有也니라
회리이상접　　연이불망자미지유야

先生이 以仁義로 說秦楚之王이면 秦楚之王이 悅於仁義하여
선생　이인의　세진초지왕　　진초지왕　열어인의

而罷三軍之師하리니 是는 三軍之士樂罷而悅於仁義也라
이파삼군지사　　시　삼군지사락파이열어인의야

爲人臣者懷仁義以事其君하며 爲人子者懷仁義以事其父하며
위인신자회인의이사기군　　위인자자회인의이사기부

爲人弟者懷仁義以事其兄이면 是는 君臣父子兄弟去利하고
위인제자회인의이사기형　　시　군신부자형제거리

懷仁義以相接也니 然而不王者未之有也니 何必曰利리오
회 인 의 이 상 접 야   연 이 불 왕 자 미 지 유 야   하 필 왈 리

선생이 이익의 관점에서 진나라와 초나라 왕을 설득하면 진나라와 초
나라 왕은 이익에 대한 기대감 때문에 기뻐서 삼군의 군대를 출병하기를
기꺼이 그만 둘 것입니다. 이것은 삼군의 군사들이 기꺼이 전투를 중지
하면서 장차 생길 이익에 대한 기대감으로 기뻐하도록 만드는 것입니다.
신하의 위치에 있는 자가 이익을 염두에 두면서 그 임금을 섬기고, 자식
의 위치에 있는 자가 이익을 염두에 두면서 그 아버지를 섬기고, 동생의
위치에 있는 자가 이익을 염두에 두면서 그 형을 섬기면 임금과 신하,
아버지와 아들, 형과 동생이 마침내 인의(仁義)를 버리고 이익을 기대하
면서 서로 만날 것입니다. 이렇게 하고도 망하지 않은 자는 있지 않았습
니다. 선생이 인의를 기치로 내걸고 진나라와 초나라 왕을 설득하면 진
나라와 초나라 왕이 인의에 기뻐하여 삼군의 군대가 출병하는 것을 그만
둘 것입니다. 이렇게 하면 삼군의 군사들도 전투를 그만두는 것을 즐거
워하며 인의에 대한 기대로 기뻐할 것입니다. 남의 조정에서 신하 노릇
하는 자가 인의를 생각하면서 임금을 섬기고, 자식의 위치에 있는 자가
인의를 생각하면서 아버지를 섬기고, 동생의 위치에 있는 자가 인의를
생각하면서 형을 섬기면, 임금과 신하, 아버지와 아들, 형과 동생이 이익
을 멀리하고 인의를 생각하면서 서로 만날 것입니다. 그렇게 하고도 왕
노릇하지 못한 자는 있지 않았습니다. (그런데 왜) 하필 이익을 (명분으
로) 말씀하십니까?"

5. 孟子居鄒하실새 季任이 爲任處守러니²²⁵ 以幣交한대
   맹 자 거 추　　　계 임　　위 임 처 수　　　이 폐 교

   受之而不報하시고 處於平陸하실새 儲子爲相이러니
   수 지 이 불 보　　　　처 어 평 륙　　　저 자 위 상

   以幣交한대 受之而不報하시다
   이 폐 교　　수 지 이 불 보

   맹자가 추나라에 거처할 때 (임나라 임금의 동생) 계임이 임나라 (임
   금이 부재중에 자리를 대신 지키는) 처수를 맡으면서 폐백을 보냈다.
   맹자는 받기만하고 답례로 찾아가서 보는 예법을 행하지 않았다. 맹자
   가 (제나라 하읍) 평륙에 거처할 때 저자가 (제나라) 재상이 되어 폐백을
   보냈다. 맹자는 받기만하고 답례로 찾아가서 보는 예법을 행하지 않
   았다.

   他日에 由鄒之任하사 見季子하시고 由平陸之齊하사 不見儲子하신대
   타 일　　유 추 지 임　　　견 계 자　　　유 평 륙 지 제　　　불 견 저 자

   屋廬子喜曰連이 得間矣와라
   옥 려 자 희 왈 련　　득 간 의

   다른 날에 맹자가 추나라를 경유하여 임나라에 갈 때 계자를 (그 답례
   로) 만나 보았다. 평륙을 경유하여 제나라에 갈 때는 저자를 만나 보지

---

225 處守(처수)와 관련하여 조주에 이런 설명이 있다. '任은 薛과 같은 姓의 작은 나라다.
계임은 임나라 임금의 막내 동생이다. 임나라 임금이 이웃 나라에 조회하여 부재중일 때
계임이 그 나라를 지키면서 폐백의 예를 갖추어 맹자와 교류하고자 했으나 맹자는 이를
받고서 답례하지 않았다.'("任 薛之同姓小國也 季任 任君季弟也 任君朝會於鄰國 季任為之
居守其國 致幣帛之禮以交孟子 受之而不報")

않았다. 옥려자가 기뻐하며 말했다. "(선생님께서 달리 처신하신 데에는 분명 이유가 있을 것이니) 연[옥려자]이 질문할 기회를 얻었구나."

問曰夫子之任하사 見季子하시고 之齊하사 不見儲子하시니
문 왈 부 자 지 임   견 계 자   지 제   불 견 저 자

爲其爲相與잇가
위 기 위 상 여

옥려자가 질문했다. "선생님께서는 임나라에 가서서 계자를 만나 보시고 제나라에 가서서 저자를 만나 보지 않으셨습니다. 그가 (임금 대행이 아니고 단지) 정승이라서 그렇게 하셨나요?"

曰非也라 書에 曰享은 多儀하니 儀不及物이면 曰不享이니
왈 비 야   서   왈 향   다 의   의 불 급 물   왈 불 향

惟不役志于享이라하니
유 불 역 지 우 향

맹자가 말했다. "아니다. 『서경』에 이르기를, '(위를 받드는) 향(享)에는 예의(禮儀)가 많은데, 예의가 예물[폐백]에 미치지 못하면 불향(不享)이라고 하는 것이니, 이것은 그 뜻을 (위를 받드는) 향(享)에 두지 않은 것이다.'라고 했다.

爲其不成享也니라[226]

위 기 불 성 향 야

예물[폐백]을 올려도 예의가 미치지 못하면 (위를 받드는) 향(享)을 이루지 못한다는 뜻이다."

屋廬子悅이어늘 或이 問之한대 屋廬子曰季子는 不得之鄒요

옥 려 자 열   혹   문 지   옥 려 자 왈 계 자   부 득 지 추

儲子는 得之平陸일새니라

저 자   득 지 평 륙

옥려자가 기뻐하자 어떤 사람이 (그 이유에 대해) 질문했다. 옥려자가 말했다. "계자는 (임금 대신에 국정을 맡아서 타국으로 맹자를 만나러) 추나라에 갈 수 없었고, (제나라 재상인) 저자는 (맹자를 만나러 제나라의 고을인) 평륙에 갈 수 있었다. (저자는 예물을 올리는 예의가 부족했다는 말이다.)"

6. 淳于髡이 曰先名實者는 爲人也요 後名實者는 自爲也니 夫子

   순 우 곤   왈 선 명 실 자   위 인 야   후 명 실 자   자 위 야   부 자

在三卿之中하사 名實이 未加於上下而去之하시니 仁者도

재 삼 경 지 중   명 실   미 가 어 상 하 이 거 지   인 자

---

226 『사서석의』(저자 및 필사자 미상의 필사본)에 이런 설명이 있다. '마음으로 공경하고 예물로 폐백을 삼는데 그 마음이 공경에 있지 않아서 享을 이루지 못했다고 말한 것이다.'("心以恭敬 物以爲幣而以其心不在於恭敬故 所以曰不成")

固如此乎잇가
고 여 차 호

(제나라 사람) 순우곤이 말했다. "명망과 실적을 우선으로 하는 자는
다른 사람을 위해 일합니다. 명망과 실적을 나중으로 하는 자는 오직
자기 이익을 위해 일합니다. 선생님께서는 (제나라에서) 삼경(三卿) 가
운데 한 자리에 계셨으나 명망과 실적을 따진다면 위로는 임금에게 아래
로는 백성에게 그 치적이 더해지지 않았는데 떠나시니 어진 분도 참으로
이처럼 처신합니까?"

孟子曰居下位하여 不以賢事不肖者는 伯夷也요 五就湯하며
맹 자 왈 거 하 위   불 이 현 사 불 초 자   백 이 야   오 취 탕

五就桀者는 伊尹也요 不惡汙君하며 不辭小官者는 柳下惠也니
오 취 걸 자   이 윤 야   불 오 오 군   불 사 소 관 자   류 하 혜 야

三子者不同道하나 其趣는 一也니 一者는 何也오²²⁷
삼 자 자 부 동 도   기 추   일 야   일 자   하 야

曰仁也라 君子는 亦仁而已矣니 何必同이리오
왈 인 야   군 자   역 인 이 이 의   하 필 동

맹자가 말했다. "낮은 자리에 있으면서 현인으로서 불초한 자를 섬기

---

227 "一者는 何也요"는 누가 한 말인가? 그 뒤에 "曰仁也라"는 맹자의 말이 있기 때문에
순우곤이 질문하는 말로 해석할 수 있다. 이가원(1976)과 차주환(1972)의 역주서에 이런
의미로 해석되어 있다. 순우곤이 맹자의 말에 끼어들어서 질문한 것으로 보는 것이다.
그러나 "一者는 何也요"를 위의 말을 집약해서 설명하기 위해 맹자가 하는 말로 해석할
수 있다. 『맹자집주』(내각장판)에는 "그 추구하는 마음은 한가지니"(필자 재해석)라고 하
면서 문장을 이어간다.

지 않았던 분은 백이입니다. 다섯 번 (현군) 탕에게 나아가고 다섯 번 (폭군) 걸에게 나아간 분은 이윤입니다. 타락한 임금 섬기기를 구차하게 여기지 않았고 낮은 관직이라도 사양하지 않았던 분은 유하혜입니다. 세 분이 방식은 달라도 (관직에 나아가고 물러갈 때) 고수했던 가치는 하나입니다. 그 하나는 무엇일까요? (사심 없이 천하를 위한다는) 인(仁)입니다. 군자는 다만 인(仁)에 입각할 뿐이지 (그 실천 방법이) 반드시 같을 필요가 있을까요?"

日魯繆公之時에 公儀子爲政하고 子柳子思爲臣이로대
왈 로 목 공 지 시   공 의 자 위 정   자 류 자 사 위 신

魯之削也滋甚하니 若是乎賢者之無益於國也여
로 지 삭 야 자 심   약 시 호 현 자 지 무 익 어 국 야

순우곤이 말했다. "노나라 목공 때 공의자가 (재상이 되어) 정치를 하고 자류(설류)와 자사가 신하가 되었는데 노나라 영토가 침탈당함은 더욱 심했습니다. 이와 같군요, 현자가 나라에 무익함이! (설령 그대가 떠나지 않았어도 성과는 또한 없을 것입니다.)"

日虞不用百里奚而亡하고 秦穆公이 用之而霸하니 不用賢則亡이니
왈 우 불 용 백 리 해 이 망   진 목 공   용 지 이 패   불 용 현 즉 망

削을 何可得與리오
삭   하 가 득 여

맹자가 말했다. "우나라는 백리해를 등용하지 않아서 망했고, 진목공은 그를 등용해서 천하 제후의 우두머리가 되었습니다. 현자를 등용하

지 않으면 나라가 망합니다. (현자를 등용하지 않았다면) 어찌 영토가
침탈당하는 정도로 끝났겠습니까?'

曰昔者에 王豹處於淇而河西善謳하고 綿駒處於高唐而齊右善歌하고
왈 석 자   왕 표 처 어 기 이 하 서 선 구   면 구 처 어 고 당 이 제 우 선 가

華周杞梁之妻善哭其夫而變國俗하니 有諸內면 必形諸外하나니
화 주 기 량 지 처 선 곡 기 부 이 변 국 속   유 저 내   필 형 저 외

爲其事而無其功者를 髡이 未嘗覩之也로니 是故로
위 기 사 이 무 기 공 자   곤   미 상 도 지 야   시 고

無賢者也니 有則髡必識之니이다
무 현 자 야   유 즉 곤 필 식 지

순우곤이 말했다. "옛날에 (위나라 사람) 왕표가 기수에 거처했기 때
문에 하서 사람들도 덩달아 노래를 잘 불렀고, (제나라 사람) 면구가 고
당에 거처했기 때문에 제나라 사람들도 덩달아 노래를 잘 불렀고, (제나
라 신하) 화주와 기량의 아내가 남편의 죽음에 대해 곡소리를 슬프게
잘했기 때문에 나라의 풍속이 건전하게 변모했습니다. 안에 (무엇이 실
제로) 있으면 반드시 그 형태가 밖으로 드러납니다. 그렇게 중요한 일을
했는데 그 공로가 없던 자를 곤(순우곤)이 일찍이 본 적이 없습니다. 이
런 이유로 저는 (제나라에) 현자가 없었다고 하는 것입니다. (맹자, 그대
는 제나라에서 벼슬하면서 공적을 이룬 것이 없으니 현자가 아닙니다.)
있었다면 곤(순우곤)이 반드시 알아봤을 것입니다."

曰孔子爲魯司寇러시니 不用하고 從而祭에 燔肉이 不至어늘
왈 공 자 위 로 사 구   불 용   종 이 제   번 육   부 지

不稅冕而行하시니[228] 不知者는 以爲爲肉也라하고 其知者는
불 탈 면 이 행   부 지 자   이 위 위 육 야   기 지 자

以爲爲無禮也라하니 乃孔子則欲以微罪行하여 不欲爲苟去하시니
이 위 위 무 례 야   내 공 자 즉 욕 이 미 죄 행   불 욕 위 구 거

君子之所爲를 衆人이 固不識也니라
군 자 지 소 위   중 인   고 불 식 야

맹자가 말했다. "공자께서 노나라에서 (형벌을 관장하는) 사구 벼슬
을 하셨는데 주장이 채택되지 않았고 (임금을) 따라가서 교제(郊祭)를
지냈는데 그 제사에 올린 고기가 (그에게) 오지 않았습니다. (공자는
그것을 탓하고 머리에 쓴) 관을 벗을 새도 없이 (황급히) 떠났습니다.
(공자의 깊은 뜻을) 모르는 자는 고기를 보내지 않았던 것을 이유로 삼
았다고 하고 그런 사정을 아는 자는 무례를 이유로 삼았다고 합니다.
공자께서는 다만 경미한 죄를 구실로 떠나려고 하셨을 뿐, 구차하게 (구
구절절 떠나는 그 실제의) 이유를 대면서 떠나기를 원하지 않았던 것입
니다. 군자가 하는 일을 보통 사람은 진실로 알지 못하는 법입니다. (그
대는 나를 비방하며 내가 현자도 아니고 어떤 공로도 없다고 조롱하지
만 나의 처신을 그대와 같은 보통 사람이 이해하지 못하는 것은 당연합
니다.)"

7. 孟子曰五霸者는 三王之罪人也요 今之諸侯는 五霸之罪人也요
   맹 자 왈 오 패 자   삼 왕 지 죄 인 야   금 지 제 후   오 패 지 죄 인 야

---

228 "稅"자는 '脫'(탈)자로 읽는다("稅音脫" 『맹자집주대전』).

今之大夫는 今之諸侯之罪人也니라[229]
금 지 대 부　　금 지 제 후 지 죄 인 야

맹자가 말했다. "(힘으로 천하의 패권을 잡은) 제후의 우두머리 5인은
3왕에게 죄인이다. 지금의 제후는 (힘으로 천하의 패권을 잡은) 제후의
우두머리 5인에게 죄인이다. 지금의 대부는 지금의 제후에게 죄인이다.

天子適諸侯曰巡狩요 諸侯朝於天子曰述職이니 春省耕而補不足하며
천 자 적 제 후 왈 순 수　　제 후 조 어 천 자 왈 술 직　　춘 성 경 이 보 부 족

秋省斂而助不給하나니 入其疆하니 土地辟하며 田野治하며
추 성 렴 이 조 불 급　　입 기 강　　토 지 벽　　전 야 치

養老尊賢하며 俊傑이 在位則有慶이니 慶以地하고 入其疆하니
양 로 존 현　　준 걸　　재 위 즉 유 경　　경 이 지　　입 기 강

土地荒蕪하며 遺老失賢하며 掊克이 在位則有讓이니
토 지 황 무　　유 로 실 현　　부 극　　재 위 즉 유 양

一不朝則貶其爵하고 再不朝則削其地하고 三不朝則六師로
일 부 조 즉 폄 기 작　　재 부 조 즉 삭 기 지　　삼 부 조 즉 륙 사

移之하나니 是故로 天子는 討而不伐하고
이 지　　시 고　　천 자　　토 이 불 벌

---

229 조주에 3왕과 5패에 대한 설명이 있다. '5패는 대국으로서 직도(直道)로 제후를 통솔
하였으니 제(齊)환공, 진(晉)문공, 진(秦)목공, 송(宋)양공, 초(楚)장왕이다. 삼왕은 하나라
우왕, 상나라 탕왕, 주나라 문왕이다.'("五霸者 大國秉直道以率諸侯 齊桓 晉文 秦繆 宋襄
楚莊是也 三王 夏禹 商湯 周文王是也"). 삼왕에 주나라 무왕을 넣기도 한다. 5패에 대해서
는 집주에 다른 설도 소개되어 있다. '정씨는 하나라 곤오, 상나라 대팽과 시위, 주나라
제환공과 진문공을 들었다.'("丁氏曰 夏昆吾 商大彭 豕韋 周齊桓 晉文 謂之五霸")

諸侯는 伐而不討하나니 五霸者는 摟諸侯하여 以伐諸侯者也라
제후　벌이불토　　　오패자　루제후　　　이벌제후자야

故로 曰五霸者는 三王之罪人也니라
고　왈오패자　삼왕지죄인야

천자가 제후의 나라에 가는 것을 순수라 하고, 제후가 천자를 뵙는 것을 술직이라 한다. (천자는) 봄에 경작 상황을 살펴 (부족한 물자와) 농기구를 보충해주고 가을에 수확을 살펴 부족한 일손을 도와준다. 제후의 나라에 들어가니 토지가 개간되고 전야가 경작되고 노인을 (비단옷과 고기로) 봉양하고 현인을 존중하고 뛰어난 인재들이 벼슬하고 있으면 포상하는데, 포상은 토지를 더해주는 방식으로 한다. 제후의 나라에 들어가니 토지가 황폐하고 노인이 버려져 있고 현인을 배척하고 과도한 세금을 함부로 징수하여 백성을 착취하는 자가 직위에 있으면 문책한다. 제후가 한 번 조회 안하면 직위를 낮추고, 두 번 조회 안하면 영토를 삭감하고, 세 번 조회 안하면 육군(六軍)으로 그 제후를 주벌하고 다른 사람으로 교체한다. 이렇기 때문에 천자는 명령을 내려서 그 죄를 성토하나 직접 정벌하지 않으며 제후는 천자의 명을 받들어 정벌하나 그 죄를 성토하지 않는다. 힘으로 천하의 패권을 잡은 제후 5인은 (천자의 명령도 없이) 제후를 끌어다가 제후를 정벌한 자다. 그래서 힘으로 천하의 패권을 잡은 제후 5인은 3왕에게 죄인이라고 하는 것이다.

五霸에 桓公이 爲盛하더니 葵丘之會에 諸侯束牲載書而不歃血하고
오패　환공　위성　　　규구지회　　　제후속생재서이불삽혈

初命曰誅不孝하며 無易樹子하며 無以妾爲妻라하고
초명왈주불효　　　무역수자　　　무이첩위처

再命曰尊賢育才하여 以彰有德이라하고 三命曰敬老慈幼하며
재명왈존현육재　　　이창유덕　　　　삼명왈경로자유

無忘賓旅라하고 四命曰士無世官하며 官事無攝하며
무망빈려　　　　사명왈사무세관　　　관사무섭

取士必得하며 無專殺大夫라하고 五命曰無曲防하며 無遏糴하며
취사필득　　　무전살대부　　　　오명왈무곡방　　　무알적

無有封而不告라하고 曰凡我同盟之人은 旣盟之後에 言歸于好라하니
무유봉이불고　　　　왈범아동맹지인　　기맹지후　　　언귀우호

今之諸侯皆犯此五禁하나니 故로 曰今之諸侯는 五霸之罪人也니라[230]
금지제후개범차오금　　　고　　왈금지제후　　오패지죄인야

　　힘으로 천하의 패권을 잡은 제후 5인 중에 (제나라) 환공이 가장 강성
했다. 규구에서 모여 맹세할 때 희생을 묶고 그 위에 맹세하는 서류를
올려놓았을 뿐 (제후들은) 입에 피를 바르지 않았다. 그 첫째 명령에 이
르기를, '불효자를 죽음으로 처벌한다. 이미 세운 세자는 바꾸지 않는다.
(적서를 구분하여) 첩을 처로 삼지 않는다.'라고 했다. 두 번째 명령에
이르기를, '현인을 존중하고 인재를 육성하며 덕 있는 자를 표창한다.'고
했다. 세 번째 명령에 이르기를, '노인을 공경하고 어린이를 보살핀다.
나그네를 배려하기를 잊지 않는다.'고 했다. 네 번째 명령에 이르기를,

---

230 서약을 할 때 희생의 피를 마신다. 그런데 규구의 회맹에서는 피를 마시지 않았다.
『맹자집주대전』 소주에 설명이 있어서 소개한다. '제환공의 권위에 제후들이 믿고 복종하
기에 굳이 희생의 피를 마실 일은 없었다.'("新安陳氏曰 威信服人 無事歃血"). 곡방(曲防)
에 대해서는 집주가 참고가 된다. '제방을 구부리지 말라는 것은 인위적으로 구부러지게
제방을 쌓아 물을 가두어 물 흐름을 세차게 해서 작은 이익을 독점하면서 이웃나라에
피해는 주는 짓을 못하게 한다는 것이다.'("無曲防 不得曲爲隄防 壅泉激水 以專小利 病鄰
國也")

'대대로 벼슬을 내려주는 세관(世官)을 못하게 하고 관사를 겸직시키지 않는다. 아직 벼슬하지 않은 인재를 널리 찾아 반드시 적임자를 구하고, 대부를 함부로 죽이지 않는다.'고 했다. 다섯 번째 명령에 이르기를, '제 방을 (자기 쪽으로 유리하도록) 구부러지게 쌓아서 다른 나라로 가는 물의 흐름을 막아 이익을 독차지 하는 일이 없게 하고 (흉년에 이웃 나라 와) 곡식 매매하는 것을 막지 않는다. (사적인 은혜로) 대부들을 봉해주 면서 보고하지 않는 일이 없게 한다.'고 했다. 그러면서 말하기를 '무릇 동맹의 사람들은 동맹을 맺은 이후에는 우호적인 관계를 회복하자.'고 했다. 그런데 지금의 제후는 모두 이 다섯 금법을 범했다. 그래서 말하기 를 지금의 제후는 (힘으로 천하의 패권을 잡은) 제후의 우두머리 5인에 게 죄인이라고 하는 것이다.

長君之惡은 其罪小하고 逢君之惡은 其罪大하니
장 군 지 악   기 죄 소   봉 군 지 악   기 죄 대

今之大夫皆逢君之惡하나니 故로 曰今之大夫는
금 지 대 부 개 봉 군 지 악   고   왈 금 지 대 부

今之諸侯之罪人也니라
금 지 제 후 지 죄 인 야

임금의 악에 순종하는 그 죄는 작으나 (아직 악의 싹이 자라지 않았는 데) 임금의 악을 미리 부추기는 그 죄는 크다. 지금의 대부는 모두 임금 의 악을 미리 맞아들이고 있다. 그렇기 때문에 지금의 대부는 지금의 제후에게 죄인이라고 말하는 것이다."

8. 魯欲使愼子로 爲將軍이러니
로욕사신자 위장군

　　노나라에서 (제나라 남양 땅을 차지하기 위해) 신자를 장군으로 삼으려 했다. (그 전쟁에 백성이 곧 동원될 것이 뻔했다.)

孟子曰不敎民而用之를 謂之殃民이니 殃民者는 不容於堯舜之世니라
맹자왈불교민이용지 　　위지앙민 　　앙민자 　불용어요순지세

　　맹자가 말했다. "백성을 가르치지 않고 (전투에) 쓰는 것을 백성을 (죽음으로 몰아넣는) 재앙의 대상이 되게 하는 짓이라고 말합니다. 백성을 재앙의 대상이 되게 하는 짓은 (인의를 행했던) 요순의 치세에서는 용납되지 않았습니다.

一戰勝齊하여 遂有南陽이라도 然且不可하니라
일전승제 　　수유남양 　　연차불가

　　(노나라가) 한 번 싸움을 하여 제나라를 이겨서 결국 남양을 소유한다고 해도 또한 옳지 못합니다."

愼子勃然不悅曰此則滑釐의 所不識也로소이다
신자발연불열왈차즉골리 　소불식야

　　신자가 얼굴을 붉히고 불쾌하다며 말했다. "이는 골리[신자]가 알 바가 아닙니다.(나는 전투만 할 뿐입니다.)"

曰吾明告子호리라 天子之地方千里니 不千里면 不足以待諸侯요
왈오명고자　　　　천자지지방천리　불천리　부족이대제후

諸侯之地方百里니 不百里면 不足以守宗廟之典籍이니라
제후지지방백리　불백리　부족이수종묘지전적

맹자가 말했다. "내가 분명히 그대에게 (불가한 이유를) 말해주겠소.
천자의 토지는 (그 畿內가) 사방 천리입니다. 천 리가 못되면 제후들을
대접하지 못합니다. 제후의 토지는 사방 백 리입니다. 백 리가 되지 못하
면 종묘의 전적을 지키지 못합니다.

周公之封於魯에 爲方百里也니 地非不足이로대 而儉於百里하며
주공지봉어로　　위방백리야　지비부족　　　이검어백리

太公之封於齊也에 亦爲方百里也니 地非不足也로대
태공지봉어제야　　역위방백리야　지비부족야

而儉於百里하니라
이검어백리

주공을 노나라에 봉할 때 사방 백 리로 했습니다. 땅이 부족한 것도
아닌데 백 리에 그쳤습니다. 태공을 제나라에 봉할 때 또한 사방 백 리로
했습니다. 땅이 부족한 것도 아닌데 백 리에 그쳤습니다.

今魯方百里者五니 子以爲有王者作則魯在所損乎아 在所益乎아
금로방백리자오　　자이위유왕자작즉로재소손호　　재소익호

이제 노나라는 사방 백 리의 다섯 배입니다. 그대는 (명분을 중시하

는) 왕자(王者)가 일어난다면 노나라의 현재 영토를 줄일 것이라고 봅니까? 아니면 보태줄 것이라고 봅니까?

> 徒取諸彼하여 以與此라도 然且仁者不爲온 況於殺人以求之乎아
> 도 취 저 피   이 여 차   연 차 인 자 불 위   황 어 살 인 이 구 지 호

다만 저기에서 가져다가 여기에 붙여주는 것도 또한 어진 통치자는 하지 않는데, 하물며 사람을 죽여서 땅을 구합니까?

> 君子之事君也는 務引其君以當道하여 志於仁而已니라
> 군 자 지 사 군 야   무 인 기 군 이 당 도   지 어 인 이 이

군자가 임금을 섬기는 도리는 최선을 다해 그 임금을 인도하여 도에 합당하게 하여 어진 정치에 뜻을 두게 할 뿐입니다."

9. 孟子曰今之事君者曰我能爲君하여 辟土地하며 充府庫라하나니
   맹 자 왈 금 지 사 군 자 왈 아 능 위 군   벽 토 지   충 부 고

   今之所謂良臣이요 古之所謂民賊也라 君不鄕道하여 不志於仁이어든
   금 지 소 위 량 신   고 지 소 위 민 적 야   군 불 향 도   부 지 어 인

   而求富之하니 是는 富桀也니라
   이 구 부 지   시   부 걸 야

맹자가 말했다. "지금 임금을 섬긴다는 자는 말하기를 '나는 능히 임금을 위해 토지를 개간하며 (백성에게 세금을 부과해서) 창고를 가득 채운

다.'고 합니다. (이런 자는) 지금은 유능한 신하라고 하지만 옛날에는 백성을 해치는 적(賊)이라고 했습니다. 임금이 도를 추구하지 않아 어진 정치에 뜻을 두지 않는데 (신하가 된 자가 백성에게서 가혹하게 세금을 취하는 방식으로 그 임금을) 부유하게 하는 것을 추구하니 이는 (폭군) 걸을 부유하게 하는 것입니다.

我能爲君하여 約與國하여 戰必克이라하나니 今之所謂良臣이요
아 능 위 군　　　　약 여 국　　　　전 필 극　　　　　　금 지 소 위 량 신

古之所謂民賊也라 君不鄕道하여 不志於仁이어든 而求爲之强戰하니
고 지 소 위 민 적 야　　君 불 향 도　　　　부 지 어 인　　　　이 구 위 지 강 전

是는 輔桀也니라
시　　보 걸 야

나는 능히 임금을 위하여 다른 나라와 동맹 조약을 맺어 전쟁을 하면 반드시 이긴다고 하는데 (이런 자는) 지금은 유능한 신하라고 하지만 옛날에는 백성을 해치는 적(賊)이라고 했습니다. 임금이 도를 추구하지 않아서 그 뜻을 어진 정치에 두지 않는데 이에 더하여 억지로 전쟁하기를 요구하니 이것은 (폭군) 걸을 보필하는 것입니다.

由今之道하여 無變今之俗이면 雖與之天下라도 不能一朝居也니라
유 금 지 도　　　무 변 금 지 속　　　수 여 지 천 하　　　불 능 일 조 거 야

(수단방법을 가리지 않는) 지금의 방식을 근거로 삼으면서 지금의 (정치하는) 습속을 고치지 않는다면 비록 천하를 주어도 하루아침도 편안하게 그 자리에 머물지 못할 것이요."

10. 白圭曰吾欲二十而取一하노니 何如하니잇고
    백규왈오욕이십이취일   하여

(주나라 사람) 백규가 말했다. "나는 이십분의 일 세법을 시행하려고
합니다. 어떻습니까?"

孟子曰子之道는 貉道也로다²³¹
맹자왈자지도   맥도야

맹자가 말했다. "그대의 방법은 (북방 오랑캐 나라) 맥의 방식입니다.

萬室之國에 一人이 陶則可乎아 曰不可하니 器不足用也니이다
만실지국   일인   도즉가호   왈불가   기부족용야

만호의 나라에서 (도공) 한 사람이 질그릇을 굽는다면 되겠습니까?"
백규가 말했다. "불가합니다. 그릇이 쓰기에 부족합니다."

曰夫貉은 五穀이 不生하고 惟黍生之하나니
왈부맥   오곡   불생   유서생지

無城郭宮室宗廟祭祀之禮하며 無諸侯幣帛饔飧하며
무성곽궁실종묘제사지례   무제후폐백옹손

---

231 "貉"자는 『맹자집주대전』에 '음이 맥이다.'("貉音陌")라고 표시되어 있다. "貉"자를
"학"(장기근, 1976; 『통속국해 정본 맹자집주』 세창서관 1961년 간행본), 또는 "뇌(뢰)"(이
을호, 1958)로 읽기도 한다.

無百官有司라 故로 二十에 取一而足也니라
무백관유사　　고　　이십　　취일이족야

맹자가 말했다. "대저 맥은 (추운 곳이라) 오곡이 자라지 못하고 오직 기장만 자라고 성곽과 궁실과 종묘와 제사지내는 예법이 없습니다. 제후의 폐백과 음식으로 손님 대접하는 예법이 없으며 백관과 유사가 없습니다. 그렇기 때문에 이십분의 일 세법을 시행해도 족합니다.

今에 居中國하여 去人倫하며 無君子면 如之何其可也리오
금　　거중국　　　거인륜　　　무군자　　여지하기가야

그렇지만 이제 중국에 살면서 인륜을 버리면서 (인륜을 길러주는) 군자가 없으면 어찌 그것이 가당하겠습니까?

陶以寡라도 且不可以爲國이온 況無君子乎아
도이과　　　차불가이위국　　　황무군자호

도공이 부족해도 나라 살림을 할 수 없는데 하물며 군자 없이 할 수 있겠습니까?

欲輕之於堯舜之道者는 大貉에 小貉也요 欲重之於堯舜之道者는
욕경지어요순지도자　　대맥　　소맥야　　욕중지어요순지도자

大桀에 小桀也니라
대걸　　소걸야

요순이 했던 방식에서 (부세를) 더 경감하려는 자는 큰 맥에 대해 작은 맥입니다. 요순이 했던 방식에서 (부세를) 더 받으려는 자는 큰 걸에 대해 작은 걸입니다."

11. 白圭曰丹之治水也愈於禹호이다
　　백 규 왈 단 지 치 수 야 유 어 우

백규가 말했다. "단(백규)의 치수 능력이 우(禹)보다 낫습니다."

孟子曰子過矣로다 禹之治水는 水之道也니라
맹 자 왈 자 과 의　　　우 지 치 수　　수 지 도 야

맹자가 말했다. "그대 말이 지나치군요. 우는 물을 다스리기를 물의 자연적인 성질을 따르는 방식으로 했습니다.

是故로 禹는 以四海爲壑이어시늘 今에 吾子는 以鄰國爲壑이로다
시 고　우　이 사 해 위 학　　　　금　오 자　이 린 국 위 학

이런 방식으로 했기 때문에 우는 (자연적인 지형에 따라) 사해를 (물이 고이는) 구렁으로 삼아서 그곳으로 물이 흘러가게 했습니다. 그런데 이제 그대는 (자국에 이익이 되도록 인위적으로 제방을 구부려 쌓아서) 이웃 나라를 (물이 고이는) 구렁으로 만들어 그곳으로 물이 흘러가게 했군요.

水逆行을 謂之洚水니²³² 洚水者는 洪水也라 仁人之所惡也니
수 역 행　　위 지 강 수　　　강 수 자　　홍 수 야　　인 인 지 소 오 야

吾子過矣로다
오 자 과 의

(제방을 쌓아서) 물이 역류하는 것을 강수라고 합니다. (이런 인위적
인) 강수로 남에게 피해를 주는 것은 곧 홍수의 피해와 같은 것입니다.
이런 짓은 어진 사람이 미워하는 바이니 그대는 잘못한 것입니다."

12. 孟子曰君子不亮이면²³³ 惡乎執이리오
　　맹 자 왈 군 자 불 량　　　　오 호 집

맹자가 말했다. "군자가 신실(信實)하지 않으면 (하는 일마다 구차할
것이니 도대체) 어떤 일인들 잘할 수 있겠는가?"

13. 魯欲使樂正子로 爲政이러니 孟子曰吾聞之하고 喜而不寐호라
　　로 욕 사 악 정 자　　위 정　　　맹 자 왈 오 문 지　　　희 이 불 매

---

232 "洚"은 『맹자언해』(1590년 교정청간행 도산서원소장본; 내각장판; 임술계춘 영영중
간; 율곡언해)에 한자음이 "강"으로 되어 있다. 『유교경전언역총서 맹자』(1923)에도 "강"
으로 되어 있다. "홍"으로 읽기도 한다(『통속국해 정본 맹자집주』 세창서관 1961년 간행
본; 이가원, 1976).
233 "君子不亮"(군자불량)에 대한 해석이 다양하다. '亮'을 집주의 설명에 따라 '諒'(량)의
뜻으로 해석했다("亮 信也 與諒同"). 군자는 무조건 약속을 지키는 그런 사람이 아니라는
뜻으로 해석하기도 한다. "군자는 시비를 가릴 줄 모르고 신의만을 지키지 않는다. 하나의
신의에 얽매여 그 결과 다른 도덕 법칙을 범하는 것을 두려워하기 때문이다."(이가원, 『논
어 맹자』, 1976, p.424)

노나라에서 (맹자의 제자) 악정자에게 정무를 맡겼다. 맹자가 말했다.
"내가 (이런 소식을) 듣고 기뻐서 잠을 이루지 못했다."

公孫丑曰樂正子는 强乎잇가 曰否라 有知慮乎잇가 曰否라
공손추왈악정자   강호   왈부   유지려호   왈부

多聞識乎잇가 曰否라
다문식호   왈부

공손추가 말했다. "악정자는 강한가요?" 맹자가 말했다. "아니다." 공
손추가 말했다. "슬기롭고 민첩한 생각이 있나요?" 맹자가 말했다. "아니
다." 공손추가 말했다. "들은 것이 많고 박식한가요?" 맹자가 말했다. "아
니다."

然則奚爲喜而不寐시니잇고
연즉해위희이불매

공손추가 질문했다. "그러면 어찌하여 기뻐서 잠을 이루지 못하셨습
니까?"

曰其爲人也好善이니라 好善이 足乎잇가
왈기위인야호선   호선   족호

맹자가 말했다. "그 사람이 (나라 다스리는데 필요한) 좋은 말을 (널리
구하기를) 좋아한다." (공손추가 말했다.) "좋은 말을 (널리 구하기를) 좋
아하는 것으로 (나라 다스리는데) 충분합니까?"

曰好善이 優於天下온 而況魯國乎따녀
왈 호 선　우 어 천 하　이 황 로 국 호

맹자가 말했다. "(나라 다스리는데 필요한) 좋은 말을 (널리 구하기를)
좋아하면 천하를 다스리고도 남음이 있는데 하물며 노나라 정도이겠느
냐?

夫苟好善則四海之內皆將輕千里而來하여　告之以善하고
부 구 호 선 즉 사 해 지 내 개 장 경 천 리 이 래　　고 지 이 선

(나라를 다스리는 사람이) 진실로 (나라 다스리는데 필요한) 좋은 말
을 (널리 구하기를) 좋아한다면 천하의 사람들이 모두 장차 천 리를 쉽
게 여기고 와서 좋은 말을 해줄 것이다.

夫苟不好善則人將曰訑訑를　予旣已知之矣로라하리니
부 구 불 호 선 즉 인 장 왈 이 이　　여 기 이 지 지 의

訑訑之聲音顏色이　距人於千里之外하나니
이 이 지 성 음 안 색　　거 인 어 천 리 지 외

士止於千里之外則讒諂面諛之人이　至矣리니
사 지 어 천 리 지 외 즉 참 첨 면 유 지 인　　지 의

與讒諂面諛之人으로　居면　國欲治인들　可得乎아
여 참 첨 면 유 지 인　　거　　국 욕 치　　가 득 호

(그러나 다스리는 사람이) 진실로 좋은 말을 (널리 구하기를) 좋아하
지 않으면 사람들이 장차 말하기를 '(저 사람은 스스로 좁은 지식에) 자

만하여 (남의 말은 듣지 않고 스스로 잘난 척하는 것을) 내가 이미 알고 있다!'라고 할 것이다. 남의 말을 경청하지 않으려는 (그 오만한) 음성과 낯빛이 천 리 밖에서 찾아오는 사람을 (미리) 막아버린다. 선비는 천 리 밖에서 걸음을 멈출 것이고 오로지 남을 모함하고 해치면서 임금의 면전에서 아첨하는 사람들만 몰려들 것이다. 남을 모함하고 해치면서 임금의 면전에서 아첨하는 사람들과 함께 거처한다면 나라를 잘 다스리려고 한들 가능하겠는가? (어찌 혼자의 머리로 하려는가? 천하 인재들을 활용해야지)"

14. 陳子曰古之君子何如則仕니잇고 孟子曰所就三이요
　　진 자 왈 고 지 군 자 하 여 즉 사　　　맹 자 왈 소 취 삼

　所去三이니라
　소 거 삼

　(제자) 진자가 말했다. "옛날의 군자는 어떤 경우에 벼슬했습니까?" 맹자가 말했다. "벼슬에 나아가는 세 가지가 있고 벼슬을 버리고 떠나는 세 가지가 있다.

　迎之致敬以有禮하며 言將行其言也則就之하고 禮貌未衰나
　영 지 치 경 이 유 례　　　언 장 행 기 언 야 즉 취 지　　　례 모 미 쇠

　言弗行也則去之니라
　언 불 행 야 즉 거 지

　맞이하기를 지극한 공경으로 하여 예법이 있으며 말한 것에 대해 장

차 그 말을 실행하려고 하면 벼슬에 나아간다.[234] 대우하는 예모는 쇠퇴하지 않았지만 말한 것이 실행되지 않으면 떠난다.

其次는 雖未行其言也나 迎之致敬以有禮則就之하고
기차　수 미 행 기 언 야　영 지 치 경 이 유 례 즉 취 지

禮貌衰則去之니라
례 모 쇠 즉 거 지

그 다음은 비록 그 말을 실행하지 않으나 맞이하기를 예법에 따라 지극히 공경하게 하면 벼슬에 나아간다.[235] 대우하는 예모가 쇠퇴하면 떠난다.

其下는 朝不食하며 夕不食하여 飢餓不能出門戶어든
기 하　조 불 식　석 불 식　기 아 불 능 출 문 호

君이 聞之曰吾大者론 不能行其道하고 又不能從其言也하여
군　문 지 왈 오 대 자　불 능 행 기 도　우 불 능 종 기 언 야

使飢餓於我土地를 吾恥之라하고 周之인댄
사 기 아 어 아 토 지　오 치 지　주 지

亦可受也어니와 免死而已矣니라
역 가 수 야　면 사 이 이 의

그 다음은 아침에 먹지 못하고 저녁에도 먹지 못하여 굶주려 문 밖을 나갈 수 없는데 임금이 듣고 말하기를, '내가 크게 그 도를 행할 수는

---

234 도가 행해질 가능성을 보고 벼슬하는 것을 "見行可之仕"(견행가지사)라고 한다(집주).
235 예우해주는 것을 보고 벼슬하는 것을 "際可之仕"(제가지사)라고 한다(집주).

없고 또 그 말을 따르지는 못해도 내 땅에서 굶어 죽게 하는 것을 나는 수치스럽게 여긴다.'라고 하면서 구제한다면 또한 (벼슬을) 받을 수 있다.[236] 그러나 죽기를 (간신히) 면할 정도일 뿐이다."

15. 孟子曰舜은 發於畎畝之中하시고 傳說은 擧於版築之間하고[237]
　　맹자왈순　　발어견묘지중　　　　부열　　거어판축지간

　膠鬲은 擧於魚鹽之中하고 管夷吾는 擧於士하고 孫叔敖는
　　교격　　거어어염지중　　　관이오　　거어사　　　손숙오

　擧於海하고 百里奚는 擧於市하니라[238]
　　거어해　　　백리해　　거어시

맹자가 말했다. "순은 밭고랑 가운데서 (천자의 신분으로) 발신했고 부열은 담장 쌓는 일을 하다가 등용되었고 교격은 생선과 소금 파는 가운데에서 등용되었고 관이오(관중)는 감옥에서 등용되었고 손숙오는 바닷가에서 (은거하다가) 등용되었고 백리해는 시장에서 등용되었다.

---

236 이런 것을 "公養之仕"(공양지사)라고 한다(집주).

237 '발(發)'과 '거(擧)'를 구별해 쓴 이유는 『사서석의』(저자 및 필사자 미상의 필사본)를 참고했다. '성현이고 임금이기에 순에게는 발(發)이라고 했다. 발(發)은 밭고랑 가운데서 귀한 신분으로 발신(發身)했다는 뜻이다. 부열 이하는 현인이고 신하이기에 거(擧)자를 썼다. 거(擧)는 다른 사람이 발탁해 썼다는 말이다.'("聖而且君故 於舜言發 發是發身於畎畝之中 傳說以下 賢而且臣故 言擧字是人擧而用之也"). 『맹자집주대전』 소주에 신안진씨의 동일한 설명이 있다("新安陳氏曰 舜聖人且君也 故 只曰發 傳說以下五賢皆臣也故 皆曰擧").

238 백리해가 벼슬할 기회를 잡기 위해 자기 몸을 다섯 마리 양가죽 값으로 팔았다는 말이 돌았지만 맹자는 분명하게 그럴 리 없다고 변호했다. 그러나 정약용은 팔았다고 보는 입장이다. 그의 설명을 보자. '擧於市의 市자는 스스로 자신을 팔았다는 말이다. 市井의 市자가 아니다.'("市謂自鬻也 非市井之市"『맹자요의』)

故로 天將降大任於是人也신댄 必先苦其心志하며 勞其筋骨하며
고　　천장강대임어시인야　　필선고기심지　　로기근골

餓其體膚하며 空乏其身하여 行拂亂其所爲하나니 所以動心忍性하여
아기체부　　공핍기신　　행불란기소위　　소이동심인성

曾益其所不能이니라239
증익기소불능

　그렇기 때문에 하늘이 장차 중대한 임무를 그 사람에게 맡길 때 반드시 먼저 그의 마음과 뜻을 괴롭히고 그의 근육과 뼈를 힘들게 하고 그의 신체와 피부를 굶주리게 하고 그의 몸을 궁핍하게 하고 행할 때 그가 하는 일을 어긋나게 하고 어지럽게 한다. 그 이유는 (그 사람에게 있는 仁義의) 마음을 격동시키고 기질을 굳고 강인하게 해서 그가 할 수 없던 것을 더 많이 능하게 해주려는 것이다.

人恒過然後에 能改하나니 困於心하며 衡於慮而後에 作하며
인항과연후　　능개　　곤어심　　횡어려이후　　작

徵於色하며 發於聲而後에240 喩니라
징어색　　발어성이후　　유

---

239 "曾益其所不能"(증익기소불능)에서 '曾'자는 증대한다는 의미의 '增'자 대신 쓴 것이다("曾與增同"『맹자집주대전』). 증익(增益)은 더하여 늘게 한다는 의미다. 하늘이 시련을 내리는 것은 큰 임무를 맡기기 위함이라는 취지로 보아, '그 능한 것을 더 늘려준다.'(曾益其能)는 뜻으로 해석했다.

240 "徵於色 發於聲"(징어색 발어성)은 누구의 안색과 목소리인가? 집주에 '사람의 안색에 징험되고 사람의 목소리에 발하는 지경에 이르러서야"("以至驗於人之色 發於人之聲然後") 라는 설명은 다른 사람의 안색과 목소리에 잘못을 탓하는 것이 나타난다는 뜻으로 볼 수 있겠다. 이에 대해 안정복은 '집주의 설명은 다른 사람을 위주로 말한 것이다. 그러나 소주에 주자왈이라고 하면서 徵色發聲은 그 잘못이 밖으로 드러남을 말한 것이니 자기

(보통의) 사람은 항상 잘못을 저지른 다음에야 능히 고치게 된다. 마음에 괴롭고 생각이 막힌 다음에야 분발하여 떨치고 일어난다. (잘못에 대한 책망이) 안색에 나타나고 목소리에 발한 다음에야 깨닫는다.

入則無法家拂士하고[241] 出則無敵國外患者는 國恒亡이니라
입 즉 무 법 가 필 사   출 즉 무 적 국 외 환 자   국 항 망

나라 안에 법도를 고수하는 신하와 바른 말로 보필하는 어진 선비가 없고 나라 밖에 (위협하는) 적국과 밖에서 오는 근심이 없으면 그런 나라는 반드시 망한다.

然後에 知生於憂患而死於安樂也니라
연 후   지 생 어 우 환 이 사 어 안 락 야

(시련과 고통이 있은) 그런 다음에야 우환 속에 살아갈 방도가 있고 (오히려) 안락함 속에 죽음이 있다는 것을 알게 된다."

16. 孟子曰敎亦多術矣니 予不屑之敎誨也者는 是亦敎誨之而已矣니라
맹 자 왈 교 역 다 술 의   여 불 설 지 교 회 야 자   시 역 교 회 지 이 이 의

맹자가 말했다. "교육에 또한 방법이 많으니, (배우려는 자에게) 내가

자신을 위주로 말한 것이다. 이렇게 집주와는 다르다.'("微於色 發於聲 集註 驗於人之色 發於人之聲 此言人之禮貌之衰見於色 可責之意 發於聲 皆主人而言 小註 朱子曰 微色發聲 其過形於外 此主己而言 與集註不同"『順菴集』「雜著」經書疑義)고 설명했다.
241 "拂"자는 '弼'(도울 필)자 대신 사용되었다("拂與弼同"『맹자집주대전』).

탐탁하게 여기지 않는다는 태도를 보이며 가르치지 않는 것, 이것도 또한 가르치는 방법인 것이다."

雞禽獸何可謂死其心但最靈之心刻唯人得以有之盲

問心之量、亭曰心之本軆與天同大與天而同其大為郡其量之量是窄而有

所存心養性何以事天底道曰心與性郡人之稟受於天者而不能存之養之以

止傷唐列可其謂奉承天命者于故曰事天之道只欲於存養此心惟此

問立命之命專說理予拎無說氣于曰正義則專說理也此段可以接起下章故

有帶氣底意思

　　　立命之命字曰殀壽死生本有定理而心為氣動不能順候則於其正付之命便
　　　了不得全矣全其正命而不被動搖底便是立

　　　来則得之章

　　　阿是来有盡於得此句一説謂来夫我者故得則有盡於己一説謂是来止有盡

권 13

진심장구상

盡心章句上

事物動靜云為而言之乎

問反身之反乎曰万物之理敬而萬殊然究元一不具乎此性吾之內故反而求此理

是程人此反字與湯武反之反不同

問反身正是誠為事耶抑誠之為之事耶曰反身而誠以起仁為事不待

當真依其所理循乎作則如雙人何況於此

行之在諸章給疑

問祭祀乎明誠之粘知說何以分言耶曰知與誠似究多別西說句較於知循

人亦可以無咲章格

問元照之能與明云志荷氣曰當耶而不知此謂之先可

即己不人又究章格

모두 46장이다. ① 마음[心]과 본성[性], ② 하늘의 명, ③ 인(仁)과 의(義), ④ 왕과 지식인의 인격 수양과 처신에 대한 설명이다.

1. 孟子曰盡其心者는 知其性也니 知其性則知天矣니라
   맹 자 왈 진 기 심 자   지 기 성 야   지 기 성 즉 지 천 의

맹자가 말했다. "(자기의) 그 마음을 다 쓰는 자는 (그것에 갖추어진) 그 본성[性]을 안다. 그 본성[性]을 알면 (그 이치를 내려준) 하늘을 알게 된다.

   存其心하여 養其性은 所以事天也요²⁴²
   존 기 심   양 기 성   소 이 사 천 야

그러한 마음을 꽉 잡고서 그러한 본성을 기르는 것은 (그러한 이치를 내려준) 하늘을 섬기는 것이다.

   殀壽에 不貳하여 修身以俟之는 所以立命也니라
   요 수   불 이   수 신 이 사 지   소 이 립 명 야

목숨의 길고 짧음에 대해 의심하지 않으며 (존심 양성의 자세로) 자신

---

242 심, 성, 천에 대해 집주에 있는 정자(程子)의 설명이 참고가 된다. '심, 성, 천은 모두 하나의 이[理]다. 이[理]의 관점에서 말하면 천이라 하고, 하늘로부터 선천적으로 받은 관점에서 말하면 성이라 하고 사람에게 보존되어 있는 관점에서 말하면 심이라 한다.'("程子曰 心也性也天也 一理也 自理而言 謂之天 自稟受而言 謂之性 自存諸人而言 謂之心" 집주)

의 몸을 수양하며 (천명을) 기다리는 것은 하늘의 명에 순응하고 지키는 것이다. (그냥 막연히 기다리는 것이 아니라 자신을 수양하면서 천명을 기다린다.)"

2. 孟子曰莫非命也나 順受其正이니라
맹 자 왈 막 비 명 야   순 수 기 정

맹자가 말했다. "하늘의 명이 아닌 것이 없으나 (군자는) 천명을 바른 방법으로 받아들인다.

是故로 知命者는 不立乎巖墻之下하나니라
시 고   지 명 자   불 립 호 암 장 지 하

이런 이유로 하늘의 명을 아는 자는 장차 무너질 위험이 있는 담장 아래에 서지 않는다. (모든 것을 천명으로 돌리며 위험을 개의치 않는 그런 행동을 하지 않는다는 말이다.)

盡其道而死者는 正命也요
진 기 도 이 사 자   정 명 야

(존심 양성의 자세로 자기 몸을 수양하면서) 그 도를 다하고 죽는 자는 하늘의 명을 바르게 따른 것이다.

桎梏死者는 非正命也니라
질곡사자　비정명야

(죄인이 되어) 형틀에서 죽는 자는 하늘의 명을 바르게 따른 것이 아
니다."

3. 孟子曰求則得之하고 舍則失之하나니 是求는 有益於得也니
맹자왈구즉득지　　사즉실지　　시구　유익어득야

求在我者也일새니라
구재아자야

맹자가 말했다. "구하면 얻고 놓으면 잃어버리는데 (내 마음에 있는
인의예지가 그것이다.) 이런 것은 구하려고 노력하면 유익하게 얻는 성
과가 있다. 내게 있는 것을 구하기 때문이다.

求之有道하고 得之有命하니 是求는 無益於得也니
구지유도　　득지유명　　시구　무익어득야

求在外者也일새니라
구재외자야

구하는데 있어서 (망령되게 하지 못하고 지켜야 할) 도가 있고 얻는데
있어서 (얻기를 확실하게 할 수 없는) 명(命)이라는 것이 있다. 이런 것
을 구함에 있어서는 얻기를 반드시 보장할 수 없다. 내 몸 밖에 있는
(내가 어찌 할 수 없는) 것을 구하기 때문이다."

내게 있는 것[在我者]은 본성으로 하늘에서 받은 인의예지(仁義禮智)를, 내 몸 밖에 있는 것[在外者]은 세속적인 출세와 성공을 염두에 둔 말이다.

4. 孟子曰萬物이 皆備於我矣니
맹 자 왈 만 물   개 비 어 아 의

맹자가 말했다. "만물의 이치가 다 나에게 구비되어 있다.

反身而誠이면[243] 樂莫大焉이요
반 신 이 성   락 막 대 언

내 몸을 반성하여 (하늘로부터 받은 만물의 이치가) 실제로 온전하게 참된 상태라면 (애쓰지 않아도 일마다 저절로 이치에 맞으니) 즐거움이 이 보다 큰 것이 없다.

強恕而行이면 求仁이 莫近焉이니라
강 서 이 행   구 인   막 근 언

---

243 "反身而誠"(반신이성)에 대해 도암 이재의 『맹자강설』에 이런 질의응답이 있다. '여쭙겠습니다. 반신이성(反身而誠) 이것은 (저절로 자연적으로) 성(誠)한 성인(聖人)의 일입니까? 아니면 (인위적으로) 성(誠)하려고 노력하는 자의 일입니까? 설명해주겠다. 반신이성(反身而誠), 이것은 인(仁)의 단계에 있는 자의 일이니 애써 실천하지 않아도 하늘을 우러러 부끄러움이 없고 땅을 굽어보아도 부끄러움이 없을 것인즉 비록 성인(聖人)이라도 어찌 이보다 더하겠는가!'("問反身而誠是誠者事耶抑誠之者事耶 日 反身而誠 只是仁者事 不待勉強行之而至於仰不愧俯不怍則雖聖人何以加此")

(그런 완벽한 誠의 단계는 아니어도 그 아래 단계로서) 서(恕)라도 애써 실천하면 인(仁)을 추구하는데 (그 목표에 있어서) 이보다 근접하는 것은 없다."

5. 孟子曰行之而不著焉하며 習矣而不察焉이라
　　맹 자 왈 행 지 이 부 저 언 　　　　습 의 이 불 찰 언

　終身由之而不知其道者衆也니라
　　종 신 유 지 이 부 지 기 도 자 중 야

맹자가 말했다. "그 일을 행하면서 분명하게 알지 못하고 습관적으로 하면서 정밀하게 살피지 못하는구나. 그래서 평생 그것을 근거로 삼아서 행하면서 왜 그렇게 되는지 그 이치를 분명하게 알지 못하는 자가 많은 것이다."

6. 孟子曰人不可以無恥니 無恥之恥면 無恥矣니라
　　맹 자 왈 인 불 가 이 무 치 　　무 치 지 치 　　무 치 의

맹자가 말했다. "사람은 부끄러움을 느끼는 마음이 없으면 안 될 것이다. 부끄러움을 느끼지 못함을 부끄러워한다면 진정 부끄러운 일이란 없을 것이다.

7. 孟子曰恥之於人에 大矣라
　　맹 자 왈 치 지 어 인　　대 의

　　맹자가 말했다. "부끄러움을 느끼는 마음이란 사람에게 중대한 것이
다."

　　爲機變之巧者는 無所用恥焉이니라
　　위 기 변 지 교 자　　무 소 용 치 언

　　(거짓의) 임시변통의 기교를 부리는 자는 (그 마음속에서) 부끄러움을
느끼는 장치가 전혀 작동하지 않는다.

　　不恥不若人이면 何若人有리오
　　불 치 불 약 인　　하 약 인 유

　　(부끄러움을 느끼는 정도가 정상적인) 다른 사람과 같지 않음을 부끄
럽게 여기지 않으면 무엇에 다른 사람과 같은 바가 있을 것인가?"

　　맹자의 주장에 따르면, 사람과 짐승의 차이는 부끄러움을 느끼는 마
음이 있느냐 없느냐의 차이일 것이다. 사람이지만 이런 마음이 없으면
짐승이고 이런 마음이 있으면 사람인 것이다.

8. 孟子曰古之賢王이 好善而忘勢하더니 古之賢士何獨不然이리오
　　맹 자 왈 고 지 현 왕　　호 선 이 망 세　　　　고 지 현 사 하 독 불 연

樂其道而忘人之勢라 故로 王公이 不致敬盡禮則不得亟見之하니
락 기 도 이 망 인 지 세　　고　　왕 공　　불 치 경 진 례 즉 부 득 기 견 지

見且猶不得亟온²⁴⁴　　而況得而臣之乎아
견 차 유 부 득 기　　　　이 황 득 이 신 지 호

맹자가 말했다. "옛날의 어진 왕은 (다른 사람의) 선을 좋아하고 자신의 높은 위세는 신경 쓰지 않았다. 옛날의 어진 선비도 어찌 그렇게 하지 않았겠는가? 그 자신이 추구하는 도를 즐기면서 다른 사람의 높은 위세는 신경 쓰지 않았다. 그렇기 때문에 왕공(王公)이 경의를 표하고 깍듯이 예의를 갖추지 않으면 그를 자주 만나볼 수 없었다. 만나보는 것도 자주 할 수 없었는데 하물며 그를 부리는 신하로 삼을 수 있었겠는가?"

9. 孟子謂宋句踐曰子好遊乎아 吾語子遊호리라
　　맹 자 위 송 구 천 왈 자 호 유 호　　오 어 자 유

맹자가 송구천에게 말했다. "그대는 유세를 좋아하는가? 내가 그대에게 유세의 기술을 말해주겠다.

---

244 "見且猶不得亟"(견차유부득기)에서 "猶"자를 조주본으로 분류될 수 있는 책에서는 "由"자로 쓴다. 그런데 일본에서 오래전에 간행된 『趙註孟子』(1879년)는 맹자 본문(대문)과 조기의 주로 구성된 책인데, 집주본과 같이 "猶"자를 쓰고 있다. "由"는 "猶"의 가차자다. 이런 경우, "由"는 "猶"에 담겨있는 "尙"(오히려 상)의미로 사용되었다.

人知之라도 亦囂囂하며[245] 人不知라도 亦囂囂니라
인 지 지   역 효 효   인 부 지   역 효 효

사람들이 알아주더라도 또한 담담하고 자신 있게 유세하고 사람들이
몰라주더라도 또한 담담하고 자신 있게 유세하라.

曰何如라야 斯可以囂囂矣잇고 曰尊德樂義則可以囂囂矣니라
왈 하 여   사 가 이 효 효 의   왈 존 덕 락 의 즉 가 이 효 효 의

송구천이 말했다. "어떻게 해야 이렇게 담담하고 자신 있게 유세할
수 있습니까?" 맹자가 말했다. "(세속적인 가치를 낮게 보면서) 덕을 귀
하게 여기고 의(義)에 따라 처신하기를 즐기면 (편한 마음으로) 담담하
고 자신 있게 유세할 수 있다.

故로 士는 窮不失義하며 達不離道니라
고   사   궁 불 실 의   달 불 리 도

그래서 선비는 (세상이 알아주지 못해) 곤궁해도 의(義)를 잃지 않으
며 (세속적으로) 성공해도 도에서 떠나지 않는다.

---

245 조주에 '囂囂(효효)는 스스로 얻음이 있고 욕심 없는 모습'("囂囂 自得無欲之貌也")이
라고 풀이되어 있다. 집주도 같다. 권세를 대수롭지 않게 생각하는 그런 마음이 효효다.
삶의 가치와 목표를 부와 권력에 두지 않는다는 것은 이런 세속적인 가치를 낮게 평가한
다는 것이 아니라 그것을 인정하면서도 자신에게도 추구하는 더 높은 가치(가치관과 삶의
방식)가 있음을 전제로 한다. 그래서 세도가들 앞에서 기죽지 않고 편안하게 유세할 수
있다는 말이다.

窮不失義故로 士得己焉하고[246] 達不離道故로 民不失望焉이니라
궁 불 실 의 고   사 득 기 언   달 불 리 도 고   민 불 실 망 언

곤궁해도 의(義)를 잃지 않기 때문에 선비는 자신을 지킬 수 있고 (세속적으로) 성공해도 도에서 떠나지 않기 때문에 백성이 (그의 인격과 성과에 대한 기대에서) 실망하지 않는다.

古之人이 得志하얀 澤加於民하고 不得志하얀 修身見於世하니
고 지 인   득 지   택 가 어 민   부 득 지   수 신 현 어 세

窮則獨善其身하고 達則兼善天下니라
궁 즉 독 선 기 신   달 즉 겸 선 천 하

옛날 사람은 뜻을 펼 기회를 얻어 관직에 오르면 그 혜택이 백성에게 더해지고, 뜻을 얻지 못해 재야에 있으면 수신하면서 세상에 (그 이름과 행실이) 드러났다. (벼슬을 얻지 못해) 궁하면 홀로 자신의 몸을 선하게 했고 (벼슬을 얻어) 영달하면 천하의 사람들도 함께 선하게 했다."

10. 孟子曰待文王而後에 興者는 凡民也니 若夫豪傑之士는
    맹 자 왈 대 문 왕 이 후   흥 자   범 민 야   약 부 호 걸 지 사

雖無文王이라도 猶興이니라
수 무 문 왕   유 흥

---

246 "得己"(득기)는 '그 자신을 잃지 않음을 말한다.'("得己 言不失己也")는 설명이 집주에 있다.

맹자가 말했다. "문왕의 등장을 기다린 뒤에야 (그의 인도를 받아) 분발하는 자는 무릇 보통의 백성이다. 호걸의 선비는 비록 문왕이 없어도 오히려 (스스로) 분발한다."

11. 孟子曰附之以韓魏之家라도 如其自視欿然이면 則過人이
    맹 자 왈 부 지 이 한 위 지 가   여 기 자 시 감 연   즉 과 인

    遠矣니라
    원 의

맹자가 말했다. "(진나라의 부유한 대부) 한씨와 위씨 가(家)의 재산을 그에게 더해주더라도 (이런 세속적 부귀에 대해) 스스로 하찮게 여긴다면 그는 곧 보통 사람보다 탁월하게 뛰어난 것이다."

12. 孟子曰以佚道使民이면 雖勞나 不怨하고 以生道殺民이면 雖死나
    맹 자 왈 이 일 도 사 민   수 로   불 원   이 생 도 살 민   수 사

    不怨殺者니라[247]
    불 원 살 자

맹자가 말했다. "편안하게 해주려는 도를 가지고 백성을 부리면 비록 고생이 되어도 원망하지 않는다. 살리려는 도를 가지고 어쩔 수 없이

---

[247] 이 문장에 대해서는 집주가 참고가 된다. '정자가 말하기를, 편안하게 해주는 도로써 백성을 부린다는 것은 본래 의도가 백성을 편안하게 해주기 위한 것임을 말하는 것이다.

(해악을 제거하기 위해) 백성을 죽이면 비록 죽으나 원망하지 않는다."

13. 孟子曰霸者之民은 驩虞如也요 王者之民은 皥皥如也니라[248]
　　맹 자 왈 패 자 지 민　　 환 우 여 야　　 왕 자 지 민　　 호 호 여 야

　맹자가 말했다. "힘으로 천하의 패권을 잡은 제후의 백성은 (물질적으로 편하게 해준 그 치적에) 기뻐한다. 왕자(王者)의 백성은 (자연적인 감화에 태평하게 살며) 크게 만족한 모습이다.

殺之而不怨하며 利之而不庸이라 民日遷善而不知爲之者니라
살 지 이 불 원　　　 리 지 이 불 용　　 민 일 천 선 이 부 지 위 지 자

　(악이 되는 것을 죽이니) 죽여도 원망하지 않고 (이익이 될 것을 가지고) 이익이 되게 해도 (그것을 정치의) 공로로 여기지 않는다. (왕자가 백성의 자연적인 본성을 보충해 주어서) 백성은 날마다 선하게 변모해도 누가 그렇게 했는지 알지 못한다.

파종하고 집수리하는 따위의 일이 이것이다. 살리려는 도로써 백성을 죽인다는 것은 본래 의도가 백성을 살리기 위한 것임을 말하는 것이다. 해악의 무리를 제거하는 종류의 일이 이것이다. 대개 부득이 그 마땅히 해야 할 일을 어쩔 수 없어서 행하면 비록 백성의 욕망에는 거슬려도 백성이 원망하지 않는다.'("程子曰 以佚道使民 謂本欲佚之也 播穀乘屋之類 是也 以生道殺民 謂本欲生之也 除害去惡之類 是也 蓋不得已而爲其所當爲則雖咈民之欲 而民不怨" 집주)

248 왕자의 백성이 호호(皥皥)함에 대해 도암 이재의 『맹자강설』의 설명이 도움이 된다. '성인의 정치에 이르러서는 천지가 만물을 발육시키듯이 덕을 베풀어서 자연히 감화가 이루어진다. 성인은 그렇게 흔적 없이 하는 것 없이 행하기 때문에 백성은 또한 누가 그렇게 이 모든 광대지공한 기상을 만드는지 알지 못한다.'("至於聖人之政 則如天地之發育萬物德之被也自然化之成也無爲故 民亦莫知其誰之使然這儘是廣大至公底氣像")

夫君子는 所過者化하며 所存者神이라²⁴⁹ 上下與天地同流하나니
부 군 자　　소 과 자 화　　　소 존 자 신　　　　상 하 여 천 지 동 류

豈曰小補之哉리오
기 왈 소 보 지 재

무릇 군자(왕자)가 지나는 곳은 교화되고 (군자가) 있는 곳은 감화가
신묘하게 이루어진다. 위아래가 천지와 더불어 그 흐름을 같이 하니 군
자(왕자)의 교화가 어찌 (힘으로 패권을 잡은 제후가 하는 바와 같이 백
성에게) 조금 보태주는 정도이겠는가!"

14. 孟子曰仁言이 不如仁聲之入人深也니라²⁵⁰
　　맹 자 왈 인 언　　　불 여 인 성 지 입 인 심 야

　맹자가 말했다. "인후(仁厚)한 말은 (인후한 덕을 칭송하는) 인성(仁
聲)이 사람들에게 깊이 파고들어가서 감동을 주는 것만 못하다.

---

249 "所存者神"(소존자신)을 주희는 이렇게 설명한다. '所存者神은 내 마음이 있는 곳은
곧 神같이 성취된다는 것이니 『서경』에 이르기를 바라는 대로 다스려져서 사방이 감화된
다는 의미다.'("所存者神 吾心之所存處 便成就如神耳 如書云從欲以治 四方風動之意"『朱
子語類』卷60). '神'자를 다스릴 '治'로 보는 견해가 있다. 〈邢昺疏〉神 治也"(단국대학교
출판부, 『한한대사전』神자).
250 조주에 '인언(仁言)은 정교(政敎)와 법도(法度)이며 인성(仁聲)은 음악과 아송이다.
인언의 정치가 비록 분명하게 하지만 사람의 마음을 깊게 감동시키는 인언만 못하다.'("仁
言 政敎法度之言也 仁聲 樂聲 雅頌也 仁言之政雖明 不如雅頌感人心之深也")는 설명이 있
다. 또 이런 설명도 있다. '인언(仁言)은 말로 사람을 교육하는 것이다. 인성(仁聲)은 소리
로 사람을 감동시키는 것이다. 소리로 감동시키는 것이 말로 교육하는 것보다 사람에게
더 깊게 들어간다.'("言以敎人 聲以感人而感人尤深於敎人" 저자 및 필사자 미상의 필사본
『사서석의』)

善政이 不如善教之得民也니라
선정　불여선교지득민야

(법과 제도로 다스리는) 좋은 정치는 좋은 교화로 마음을 다스려 백성을 얻는 것만 못하다.

善政은 民이 畏之하고 善教는 民이 愛之하나니 善政은 得民財하고
선정　민　외지　　선교　민　애지　　　선정　득민재

善教는 得民心이니라
선교　득민심

(법과 제도로 다스리는) 좋은 정치는 백성이 두려운 마음으로 대한다. (도덕으로 마음을 다스리는) 좋은 교화는 백성이 좋아한다. (법과 제도의) 좋은 정치로 하면 백성의 재물을 얻는다. (마음을 다스리는) 좋은 교화로 하면 백성의 마음을 얻는다."

15. 孟子曰人之所不學而能者는 其良能也요 所不慮而知者는
　　맹자왈인지소불학이능자　　기량능야　　소불려이지자

其良知也니라
기량지야

맹자가 말했다. "사람이 배우지 않아도 할 수 있는 것은 양능(良能)이고 생각하지 않아도 아는 것은 양지(良知)다.

孩提之童이 無不知愛其親也며 及其長也하여 無不知敬其兄也니라
해 제 지 동　　무 부 지 애 기 친 야　　급 기 장 야　　　　무 부 지 경 기 형 야

두세 살 어린 아이도 그의 부모를 사랑하기를 알지 못함이 없고 그가
장성해서도 그의 형을 공경하기를 알지 못함이 없다. (이런 것이 양능이
고 양지다.)

親親은 仁也요 敬長은 義也니 無他라 達之天下也니라
친 친　　인 야　　경 장　　의 야　　무 타　　달 지 천 하 야

부모를 사랑하는 것이 인(仁)이고 어른을 공경하는 것이 의(義)라고 하
는 데에는 다른 이유가 없다. (친친 경장의 마음은 누구나 다 가지고 있으
며 누구나 다 자연적으로 알아서) 천하에 보편적으로 통하기 때문이다."

16. 孟子曰舜之居深山之中에 與木石居하시며 與鹿豕遊하시니
　　맹 자 왈 순 지 거 심 산 지 중 에　　여 목 석 거　　　　여 록 시 유

其所以異於深山之野人者幾希러시니 及其聞一善言하시며
기 소 이 이 어 심 산 지 야 인 자 기 희　　　　급 기 문 일 선 언

見一善行하산 若決江河라 沛然莫之能禦也러시다
견 일 선 행　　약 결 강 하　　패 연 막 지 능 어 야

맹자가 말했다. "순이 (역산에서 밭 갈며) 깊은 산 가운데 살 때 나무
와 돌과 함께 살았고 사슴과 멧돼지와 함께 놀았으니 깊은 산 야인과
다른 점이 없었다. 그러나 그 좋은 말 한마디를 듣고 좋은 행동 하나를

보는데 이르러서는 (그런 쪽으로 향하는 것이) 강하의 물길을 터놓는 것 같아서 거침없이 빠르게 가는 것을 능히 막을 수 없었다."

17. 孟子曰無爲其所不爲하며 無欲其所不欲이니 如此而已矣니라
    맹 자 왈 무 위 기 소 불 위   무 욕 기 소 불 욕   여 차 이 이 의

　맹자가 말했다. "해서는 안 될 일을 하지 않으며 욕심내서는 안 될 일을 욕심내지 않으니, 다만 이렇게 할 뿐이다."[251]

18. 孟子曰人之有德慧術知者는 恒存乎疢疾이니라
    맹 자 왈 인 지 유 덕 혜 술 지 자   항 존 호 진 질

　맹자가 말했다. "사람으로서 덕의 지혜로움이 있고 기술에 통달한 자는 언제나 고난 속에서 발견된다.

　獨孤臣孼子는 其操心也危하며 其慮患也深故로 達이니라
　독 고 신 얼 자   기 조 심 야 위   기 려 환 야 심 고   달

　오직 (임금의 신임을 받지 못해) 소외된 신하와 (아버지에게 사랑받지 못해) 소외된 서자는 (전전긍긍하면서) 조심하는 그 마음이 분명하

---

251 조주에는 '자신이 하고 싶지 않은 것을 남에게 하도록 시키지 말고 자신이 원하지 않는 바를 남에게 원하도록 시키지 말라'("無使人爲己所不欲爲者 無使人慾己之所不欲者")는 뜻으로 설명되어 있다.

고 환난에 대한 그 걱정이 깊기 때문에 (처신과 사리에) 통달하는 것이
다."

19. 孟子曰有事君人者하니 事是君則爲容悅者也니라
　　맹 자 왈 유 사 군 인 자　　　　사 시 군 즉 위 용 열 자 야

　맹자가 말했다. "(단지 순종하기만 하면서) 임금을 섬기는 소인인 자
가 있다. (벼슬을 얻어) 이 임금을 섬길 기회를 잡으면 구차하게 용납되
는 것을 기쁨으로 삼는 자다.

　有安社稷臣者하니 以安社稷爲悅者也니라
　유 안 사 직 신 자　　　　이 안 사 직 위 열 자 야

　(나라의) 사직을 편안하게 하는 신하인 자가 있다. 사직을 편안하게
함으로써 기쁨으로 삼는 자다. (나라에 충신이지만 그 능력은 다만 한
나라를 편안하게 하는 정도다.)

　有天民者하니 達可行於天下而後에 行之者也니라
　유 천 민 자　　　　달 가 행 어 천 하 이 후　　　행 지 자 야

　하늘의 이치를 행하는 사람이 있다. 현달하여 (시대의 흐름을 보며)
자신의 뜻을 천하에 실행할 만할 때 (세상에 나와 벼슬하여) 실천에 옮
기는 자다.

有大人者하니 正己而物正者也니라
유 대 인 자　　　정 기 이 물 정 자 야

　(성인과 같은 수준의) 대인(大人)이 있으니, (그는 다만 그) 자신을 바
르게 할 뿐인데 (이런 대인이 신하의 위치에 있으면) 그 감화로 인해
(임금과 신하, 천하의 백성) 모든 존재가 저절로 바르게 되는 자다."

20. 孟子曰君子有三樂而王天下不與存焉이니라
　　　맹 자 왈 군 자 유 삼 락 이 왕 천 하 불 여 존 언

　맹자가 말했다. "군자에게 세 가지 즐거움이 있으나 천하에 왕으로
군림하는 것은 이에 포함되지 않는다.

父母俱存하며 兄弟無故一樂也요
부 모 구 존　　　형 제 무 고 일 락 야

부모가 다 살아계시고 형제가 사고가 없는 것이 하나의 즐거움이다.

仰不愧於天하며 俯不怍於人이 二樂也요
앙 불 괴 어 천　　　부 부 작 어 인　　　이 락 야

　우러러 하늘에 부끄러움이 없고 굽어보아 사람에게 부끄러움이 없음
이 두 번째 즐거움이다.

得天下英才而敎育之三樂也니
득 천 하 영 재 이 교 육 지 삼 락 야

천하 영재를 얻어서 교육하는 것이 세 번째 즐거움이다.

君子有三樂而王天下不與存焉이니라
군 자 유 삼 락 이 왕 천 하 불 여 존 언

군자에게 세 가지 즐거움이 있건만 천하에 왕으로 군림하는 것은 이
에 포함되지 않는다."

21. 孟子曰廣土衆民을 君子欲之나 所樂은 不存焉이니라
　　맹 자 왈 광 토 중 민　　군 자 욕 지　　소 락　　부 존 언

맹자가 말했다. "(왕이 되어 나라의) 토지를 개척하고 백성을 늘리기
를 군자도 원하지만 그가 즐기는 바는 이런 것에 있지 않다.

中天下而立하여 定四海之民을 君子樂之나 所性은 不存焉이니라
중 천 하 이 립　　정 사 해 지 민　　군 자 락 지　　소 성　　부 존 언

천하 가운데에 서서 사해의 백성을 안정시키기를 군자도 즐기지만
(이런 것은 다만 외부적인 성취이고), 그가 본성으로 가지고 있는 바는
이런 것에 있지 않다.

君子所性은 雖大行이나 不加焉이며 雖窮居나 不損焉이니
군자소성　　수대행　　　불가언　　　수궁거　　불손언

分定故也니라[252]
분정고야

　군자가 본성으로 가지고 있는 바는 비록 (자리를 맡아서) 크게 행하더
라도 더 추가될 것이 없고 (시골 처사로 은둔하며) 비록 곤궁하게 거처
하더라도 줄어드는 것이 아니다. (하늘이 내린) 분수가 정해져 있기 때
문이다.

君子所性은 仁義禮智根於心이라 其生色也睟然見於面하며
군자소성　　인의례지근어심　　　기생색야수연현어면

盎於背하며 施於四體하여 四體不言而喩니라
앙어배　　　시어사체　　　사체불언이유

　군자가 본성으로 가지고 있는 바는 마음에 뿌리내린 인의예다. 그
(인의예지 4가지가 겉으로 드러나) 그 신비로운 색이 맑고 윤택하게 얼
굴에 나타나고 등에 흘러넘쳐서 온 몸에 퍼지니 사지는 말하지 않아도
뜻하는 바를 알아서 몸가짐과 동작이 자연스럽다."

---

252 분수에 대해서는 집주의 설명이 참고가 된다. '분수라는 것은 하늘에서 받은 전체다.
그렇기 때문에 벼슬을 얻지 못해 곤궁하거나 벼슬을 얻어 영달하더라도 달라질 바가 없
다.'("分者 所得於天之全體故 不以窮達而有異")

22. 孟子曰伯夷辟紂하여 居北海之濱이러니 聞文王作興하고
　　맹 자 왈 백 이 피 주　　　　거 북 해 지 빈　　　　　문 문 왕 작 흥

曰盍歸乎來리오 吾聞西伯은 善養老者라하고 太公이
왈 합 귀 호 래　　　　오 문 서 백　　선 양 로 자　　　　　태 공

辟紂하여 居東海之濱이러니 聞文王作興하고 曰盍歸乎來리오
피 주　　　거 동 해 지 빈　　　　문 문 왕 작 흥　　　왈 합 귀 호 래

吾聞西伯은 善養老者라하니 天下에 有善養老則仁人이
오 문 서 백　　선 양 로 자　　　　천 하　　유 선 양 로 즉 인 인

以爲己歸矣니라
이 위 기 귀 의

　　맹자가 말했다. "백이가 (폭군) 주(紂)를 피해서 북해의 물가에 살았
다. 문왕이 (왕도정치를 하며) 일어났다는 말을 듣고 말하기를, '어찌 돌
아가지 않으리오. 내 듣기에 서백은 노인을 잘 봉양한다는데!'라고 했다.
태공이 (폭군) 주를 피해서 동해의 물가에 살았다. 문왕이 흥기했다는
말을 듣고 말하기를, '어찌 돌아가지 않으리오. 내 듣기에 서백은 노인을
잘 봉양한다는데!'라고 했다. 천하에 노인을 잘 봉양하는 사람이 있으면
(백이와 태공과 같은) 어진 사람들이 자기 몸을 의탁할 곳으로 삼는다.
(그러면 문왕은 어떻게 정치를 했는가?)

五畝之宅에 樹墻下以桑하여 匹婦蠶之則老者足以衣帛矣며 五母雞와
오 묘 지 택　　수 장 하 이 상　　　필 부 잠 지 즉 로 자 족 이 의 백 의　　오 모 계

二母彘를 無失其時면 老者足以無失肉矣며
이 모 체　　무 실 기 시　　로 자 족 이 무 실 육 의

百畝之田을 匹夫耕之면 八口之家可以無饑矣리라
백묘지전　필부경지　팔구지가가이무기의

5묘의 택지 담장 아래에 뽕나무를 심어서 한 아낙네가 누에를 치면 노인이 족히 비단옷을 입으며 (한 집에서) 다섯마리 어미 닭과 두 마리 어미 돼지를 기르게 하여 새끼 칠 시기를 놓치지 않으면 노인이 족히 고기를 먹지 못하는 일이 없으며 100묘의 토지를 한 농부가 경작하면 여덟 식구의 집이 굶주리는 일이 없게 할 수 있다.

所謂西伯이 善養老者는 制其田里하여 敎之樹畜하며 導其妻子하여
소위서백　선양로자　제기전리　교지수휵　도기처자

使養其老니 五十에 非帛不煖하며 七十에 非肉不飽하나니 不煖不飽를
사양기로　오십　비백불란　칠십　비육불포　불란불포

謂之凍餒니 文王之民이 無凍餒之老者此之謂也니라
위지동뇌　문왕지민　무동뇌지로자차지위야

서백이 노인을 잘 봉양한다는 말은 먼저 그들의 밭과 집을 마련해주고 나무 심고 가축 기르는 법을 교육하고 그들의 처자들을 지도하여 그들의 노인을 봉양하게 했다는 것이다. 쉰 살에는 비단이 아니면 따뜻하지 않고 일흔 살에는 고기가 아니면 배부르지 않으니, 따뜻하지 않고 배부르지 않다는 것은 얼어 죽는다는 말이다. 문왕의 백성 중에 얼어 죽은 노인이 없다는 것은 바로 이것을 말하는 것이다."

23. 孟子曰易其田疇하며 薄其稅斂이면 民可使富也니라
맹 자 왈 이 기 전 주　　　　　박 기 세 렴　　　　민 가 사 부 야

맹자가 말했다. "(바쁜 농사철에 백성을 나랏일에 동원하지 않아서) 그들의 논밭을 잘 관리하게 하고 거둬드리는 그 세금을 적게 하면 백성을 부자 되게 할 수 있다.

食之以時하며²⁵³ 用之以禮면 財不可勝用也니라
식 지 이 시　　　　　용 지 이 례　　　재 불 가 승 용 야

식량을 생산하는 (농사) 시기를 놓치지 않게 하며 예법에 따라 (잘 가르쳐서) 검약하면 재물을 다 쓰지 못할 것이다.

民非水火면 不生活이로대 昏暮에 叩人之門戶하여 求水火어든
민 비 수 화　　불 생 활　　　　혼 모　　고 인 지 문 호　　　구 수 화

無弗與者는 至足矣일새니 聖人이 治天下에 使有菽粟을 如水火니
무 불 여 자　　지 족 의　　　　성 인　　치 천 하　　사 유 숙 속　　여 수 화

菽粟이 如水火면 而民이 焉有不仁者乎리오
숙 속　　여 수 화　　이 민　　언 유 불 인 자 호

---

253 "食之以時"(식지이시)를 "먹기를 제때에 하며"와 같이 글자 그대로 해석하면 그 뒤에 이어지는 '재물이 다 쓰지 못할 정도가 될 것'이라는 말은 자연스럽지 않다. 정조는 왕정에서는 백성을 먹이는 것을 가장 중시하고 농사는 때를 우선으로 한다고 하면서 이 문장에서의 '時'자를 "不違農時"(농사철을 어기지 않게 한다)에서의 '時'자와 같은 뜻으로 보자 ("大抵王政以食爲首 農事以時爲先 舜宜足食之道 惟在於不違農時 而孟子行王政之苦心 與帝舜千載一揆者")고 했다(『홍재전서』「추서춘기」).

백성은 물과 불이 없으면 생활할 수 없는 것인데, 해질녘에 (늦은 시간이라도 급하게 필요해서) 사람들 집 문을 두드리며 물과 불을 구하는데 주지 않을 자가 없는 것은 지극히 풍족한 때문이다. 성인이 천하를 다스리는데 콩류와 곡식을 물과 불처럼 흔하게 했으니, 콩류와 곡식이 물과 불처럼 흔하면 백성이 어찌 어질지 않은 자가 있겠는가?"

24. 孟子曰孔子登東山而小魯하시고 登太山而小天下하시니 故로
  맹 자 왈 공 자 등 동 산 이 소 로   등 태 산 이 소 천 하   고

 觀於海者에 難爲水요 遊於聖人之門者에 難爲言이니라
  관 어 해 자   난 위 수   유 어 성 인 지 문 자   난 위 언

맹자가 말했다. "공자께서 (노나라의 높은 산) 동산에 올라 노나라를 작게 여기시고 태산에 올라 천하를 작게 여기셨다. 그렇기 때문에 넓은 바다를 본 사람에게는 (큰) 물로 인정받기 어렵고 성인의 문하에서 공부한 사람에게는 (훌륭한) 말씀으로 인정받기 어렵다.

 觀水有術하니 必觀其瀾이니라 日月이 有明하니 容光에
  관 수 유 술   필 관 기 란   일 월   유 명   용 광

 必照焉이니라[254]
  필 조 언

---

254 '관수유술'과 '일월유명'에 대한 도암 이재의 『맹자강설』의 설명을 소개한다. '여쭙겠습니다. 물의 근원과 해와 달의 밝음에 대하여 굳이 물결치는 곳에서 물을 보고[觀瀾] 빛이 들어오는 좁은 틈에서 밝음을 본[容光] 연후에야 그 근본을 안다고 할 필요가 있을까요? 설명해주겠다. 물이 그냥 순하게 아래로 흐르는 것을 보며 일반적으로 말하기를 이 물에

물을 보는데 방법이 있으니 반드시 격하게 흐르는 그 물결을 볼 것이다. (그러면 격하게 흐르는 그 물을 낸 근원이 있음을 알게 된다.) 해와 달은 밝음이 있으니 빛을 받아들이는 곳은 반드시 비춰준다. (그러면 빛을 낸 해와 달이라는 그 거대한 밝음의 근원이 있음을 알게 된다.)

모든 현상 속에는 그 현상을 있게 한 근원이 담겨 있는데, 거칠게 흐르는 여울목을 보면서 그 물이 시작된 근원을 생각해보라는 말이다. 도산서원에 '관란헌'(觀瀾軒)이란 건물이 있다.

流水之爲物也不盈科면　不行하나니　君子之志於道也에도　不成章이면
류 수 지 위 물 야 불 영 과　　불 행　　　　군 자 지 지 어 도 야　　　불 성 장

不達이니라[255]
부 달

근원이 있다고 운운하는 것은 물이 굽이치며 흐르는 곳을 취하여 그 근원이 길다는 것을 깨닫게 하는 것만 못한 것이다. 빛이 땅의 어디라도 도달하는 않음이 없다는 것을 보는 데에도 일반적으로 말하기를 이 해와 달의 밝음에 근본이 있다고 운운하는 것은 빛이 좁은 틈이라도 필히 비춰줄 때에 그 밝음의 위대함을 체험하는 것만 못한 것이다. 그렇기 때문에 필히 물결치는 곳에서 물의 근본을 알고, 필히 빛을 받아주는 좁은 틈에서 밝음의 근본을 아는 것이니 (이렇게 관란과 용광은 그 근원을 보는 아주) 좋은 관찰의 방법이라고 이를 만하다.'("問水源也日月之明也　何待觀瀾與容光朕後　知其有本耶　日　觀於順下之流而泛日此水之源有本云爾者　不若就瀿回湍急之處　而識其源之長也　觀於通達之地而泛日　此日月之明有本云爾者　不若於罅隙必照之際而驗其明之大也故　必於湍瀾而知水之本必於容光而知明之本　其可謂善觀矣")
[255] "不盈科면　不行하나니"는 자기 자신으로부터 시작하여 가족, 국가, 천하로 확대되는 인(仁)의 단계적 실천을 물의 흐름에 비유하여 말한 것이고, '不成章이면 不達이니라'는 '배움에 있어서 마땅히 점진적으로 해야 이에 능히 목표에 이를 수 있다는 말이다'("言學當以漸 乃能至也")라는 집주의 설명과 같이 학문과 인격의 점진적 완성을 의미한다. 참고로 '成章'(성장)은 쌓은 것이 두텁게 축적되어 문장이 겉으로 드러난다.'("成章 所積者 厚而文章 外見也" 집주)는 뜻이다.

흐르는 물은 속성상 (낮은 곳으로 흘러가다가 중간에 만나는) 웅덩이를 채우지 않고는 더 이상 (앞으로) 흘러가지 못한다. 군자도 도에 뜻을 두었으나 (안으로 두텁게 실력을 축적하여 그것이 겉으로 드러나는) 문장을 이루지 못하면 통달하지 못하는 것이다."[256]

25. 孟子曰鷄鳴而起하여 孶孶爲善者는 舜之徒也요
    맹 자 왈 계 명 이 기   자 자 위 선 자   순 지 도 야

맹자가 말했다. "닭이 울면 일어나서 부지런히 선을 행하는 자는 순을 따르는 사람들이다.

鷄鳴而起하여 孶孶爲利者는 蹠之徒也니
계 명 이 기   자 자 위 리 자   척 지 도 야

닭이 울면 일어나서 부지런히 이익을 도모하는 자는 도척의 무리다.

欲知舜與蹠之分인댄 無他라 利與善之間也니라
욕 지 순 여 척 지 분   무 타   리 여 선 지 간 야

---

256 박세당은 물과 배움과의 관계를 이렇게 설명한다. '물은 그 성질에 있어서 땅위를 흐를 때 무릇 파인 곳이 있으면 비록 털끝처럼 지극히 가늘고 지극히 작아도 반드시 그것을 채우고 앞으로 나아간다. 비유하면 해와 달이 빛을 받아들이는 틈이 있으면 비추지 않음이 없는 것과 같다. 한편, 물은 담고 채우며 충실하며 근본이 있으며 (보편적으로) 넓게 퍼지며 또 능히 밤낮으로 그치지 않는 그 성질에 있어서는 다른 존재와 비교될 것이 없다. 그래서 배우는 자는 반드시 이것으로써 배울 모범을 삼았고 성인도 이런 이유로 매양 물을 칭송했다.'("水之爲物也 其行於地中 凡有科曰 雖如毫髮之至細至微 必盈滿而後進 譬若日月之明 凡有容光之隙 無不畢照者 然是其積累充實有本有漸而又能不舍於日夜 非他物所得擬 故爲學者 必以是爲法而聖人所以每稱於水也"『사변록』)

순과 도척의 차이를 알려면 다른 것이 없다. (추구하는 그것이) 이익[利]이냐 선(善)이냐 그 차이일 뿐이다."

26. 孟子曰楊子는 取爲我하니 拔一毛而利天下라도 不爲也하니라
　　맹자왈양자　　취위아　　　발일모이리천하　　　불위야

　맹자가 말했다. "양자는 다만 자기만 위할 뿐이니 (단지) 털 하나를 뽑아주어서 천하를 이롭게 한다고 해도 하지 않는다.

　墨子는 兼愛하니 摩頂放踵이라도 利天下인댄 爲之하니라
　묵자　　겸애　　　마정방종　　　리천하　　　위지

　묵자는 사랑하지 않는 것이 없으니 자기 이마를 갈아서 발꿈치에 이르게 하는 것조차도 (이렇게 자기를 희생하여) 천하를 이롭게 한다면 행하기를 마다하지 않는다.

　子莫은 執中하니 執中이 爲近之나 執中無權이 猶執一也니라
　자막　　집중　　　집중　　위근지　　집중무권　　유집일야

　(노나라) 자막은 (기계적으로 묵자와 양자 사이의) 중간을 잡는다. 중간을 잡는 것이 도에 가까운 것 같지만 처한 상황을 고려하지 않고 무조건 중간을 잡는 것 또한 하나에 고집하는 것과 같다.

所惡執一者는 爲其賊道也니 擧一而廢百也니라[257]
소 오 집 일 자　　위 기 적 도 야　　거 일 이 폐 백 야

하나만을 고집하는 자를 미워하는 것은 그런 태도가 도를 해치기 때문이니, 하나를 들고 백 가지를 망친다."

이 문장에 대한 집주에 나오는 '위아해인'(爲我害仁)과 '겸애해의'(兼愛害義)를 정확하게 이해하기 위해서는 보충 설명이 필요하다. 인(仁)은 자기가 주체가 되어 점차 다른 사람에게로 사랑을 확대해가는 것이다. 그런 사랑은 자기 자신에게 가장 가까운 존재인 부모를 사랑하는 것으로 기반을 삼는다. 그리고 여기서 멈추지 않고 계속 그 사랑을 확대해가는 것이 인(仁)이다. 이기적인 위아를 주장하는 자는 자기에 대한 사랑을 넘어서 부모, 백성, 그리고 만물로 확대되는 인(仁)의 확장성을 막기 때문에 이런 자는 인(仁)을 해롭게 한다고 평한 것이다. 한편, 그렇게 인의 확대, 사랑의 대상을 확장해가는 과정에서 의(義)가 개입된다. 의는 그런 사랑을 실천하는 순서에 관한 개념이다. 자기 부모를 남의 부모보다 우선적으로 사랑하는 태도, 그것이 의(義)다. 이 순서를 어기면 의가 아닌 것이다. 인을 확대해가는 과정에서 사랑을 그 순서에 맞게 행하는 것이(그 순서는 자기로부터 시작한다) 의(義)다. 겸애하는 자는 이런 순서를 고려하지 않고 모두를 동일하게 사랑하기 때문에 의(義)를 해롭게

---

257 집주에 이런 설명이 있다. 풀어서 해석해 본다. '爲我는 (자기로부터 시작하는 사랑을 확대해 나가는) 仁을 해롭게 하고 兼愛는 (사랑의 실천 순서를 모르기 때문에 도리를 실천하는데 해롭다. 그래서) 義를 해롭게 하고, 執中은 상황에 맞게 처신해야 하는 時中을 해롭게 한다. 이 3가지 모두 한 가지 원칙에 고집하다가 백가지를 폐하는 것이다.'("爲我 害仁 兼愛 害義 執中者 害於時中 皆擧一而廢百者也")

한다고 평한 것이다.

27. 孟子曰饑者甘食하고 渴者甘飮하나니 是未得飮食之正也라
　　　맹 자 왈 기 자 감 식　　　갈 자 감 음　　　　시 미 득 음 식 지 정 야

　饑渴이 害之也니 豈惟口腹이 有饑渴之害리오 人心이
　　기 갈　　해 지 야　　기 유 구 복　　유 기 갈 지 해　　　인 심

　亦皆有害하니라
　　역 개 유 해

　맹자가 말했다. "굶주린 자는 음식을 달게 먹고 목마른 자는 물을 달
게 마신다. 이것은 음식과 물의 본래 맛이 아니다. 굶주림과 목마름이
(그 간절함 때문에 잠시 맛을 느끼는 기관의) 판단을 흐리게 한 것이다.
어찌 입맛만이 굶주림과 목마름에 의해 영향을 받겠는가? 인심 또한 (외
부 요인에) 영향을 받는다.

　人能無以饑渴之害로 爲心害則不及人을 不爲憂矣리라
　　인 능 무 이 기 갈 지 해　　위 심 해 즉 불 급 인　　불 위 우 의

　누구라도 능히 굶주리고 목마른 정상적이지 않은 상태가 그 마음의
정상적인 판단을 흐리게 하지 않을 수 있다면 (그런 사람이라면 자신이)
위대한 사람의 수준에 미치지 못함을 근심하지 않을 것이다."

28. 孟子曰柳下惠는 不以三公으로 易其介하니라[258]
맹 자 왈 류 하 혜   불 이 삼 공   역 기 개

맹자가 말했다. "유하혜는 삼공의 높은 벼슬로도 그의 기개를 바꾸지
않았다."

29. 孟子曰有爲者辟若掘井하니 掘井九軔而不及泉이면
맹 자 왈 유 위 자 비 약 굴 정   굴 정 구 인 이 불 급 천

猶爲棄井也니라
유 위 기 정 야

맹자가 말했다. "목표를 성취해내는 자는 비유하자면 우물을 파는 것

---

258 "介"(개)자에 대해 생각해본다. 집주에 '개는 (옳고 그름을) 분별함이 있는 뜻이다'("介
有分辨之意")는 설명이 있고 '개'자를 대체로 '절개'로 해석한다(이가원, 1976; 이민수,
1979; 차주환, 1972; 장기근, 1976; 성백효, 2006). 유하혜와 관련해서 보면, 이런 설명도
참고가 된다. '사람들은 모두 유하혜가 현실적 참여와 조화를 중시한다는 점은 잘 알고
있으나 그가 그렇게 조화를 중시하면서 또한 시속에 흐르지 않은 것은 알지 못하기 때문
에 여기에서도 〈不易其介〉라는 4글자로 그런 측면을 드러내 보여주었다.'("人皆知柳下惠
之和而不知其和而不流故 於此表出不易其介四字" 저자 및 필사자 미상의『사서석의』).
보통은 화합[和]을 중시한다고 하면 현실에 영합하는 태도를 생각할 수 있겠다. 유하혜가
했던 것처럼 타락한 정치가 행해지는 곳에서 조차 백성에게 도움이 된다면 자신의 능력을
감추지 않고 적극적으로 현실정치에 참여했으니, 이런 측면만을 보면 그가 고집하는 소신
이나 원칙은 없는 것으로 오해할 수 있겠다. 이 문장은 유하혜가 그런 인물이 아님을 분명
히 밝힌 것이다. 집주에 그가 '바른 도로 사람을 섬기다가 세 번이나 쫓겨나는 지경에
이르렀으니 이것이 그 절개인 것이다.'("直道事人 至於三黜 是其介也")라는 설명이 그것이
다. 이런 유하혜의 태도를 화합과 조화를 중시하지만 상황에 영합하지는 않는다는 의미의
'화이불류'(和而不流), 조화를 중시하지만 나름대로 고집하는 절개가 있다는 '화이개'(和而
介)로 표현한다.

과 같다. 아홉 길이나 팠어도 샘에 도달하지 못했는데 그만두면 우물을 스스로 포기하는 것과 같다."

30. 孟子曰堯舜은 性之也요 湯武는 身之也요 五霸는 假之也니라
　　맹 자 왈 요 순　　　性 之 야　　　湯 武　　　신 지 야　　　오 패　　　가 지 야

　맹자가 말했다. "요순은 타고난 (인의의) 본성대로 살았고, 탕과 무는 자신을 수양하면서 (인의의) 본성을 실천했고 (그래서 본성을 회복했고) 힘으로 천하의 패권을 잡은 5인의 제후는 다만 인의(仁義)를 빌려와 사욕을 챙겼다.

　　久假而不歸하니 惡知其非有也리오
　　구 가 이 불 귀　　　오 지 기 비 유 야

　(그 5인의 제후는) 오랫동안 (仁義의 이름을) 빌려오고는 돌려보내지 않았으니 그들이 실제로 갖고 있지 않다는 것을 어찌 알았겠는가?"

31. 公孫丑曰伊尹이 曰予不狃于不順이라하고[259]放太甲于桐한대
　　공 손 추 왈 이 윤　　　왈 여 불 압 우 불 순　　　　　　　방 태 갑 우 동

---

259 "予不狃于不順"은 『서경』「태갑」에 나온다. 집주에는 태갑의 소행이 의리에 불순함을 말한다("不順 言太甲所爲 不順義理也")라고 하면서 불순한 짓의 주체를 태갑으로 했다. 『서경』의 주에서는 '불순한 자들과 익숙히 지내지 못하도록 하겠다"(我不可使其狃習不順 之人")라고 했다. 이런 차이에 대해 김장생은 '집주는 박절하니 마땅히 『서경』주를 위주로 해야 할 듯하다.'("以孟子註觀之 辭意迫切 似當以書註爲主"「經書辨疑」)고 논평했다.

民이 大悅하고 太甲이 賢커늘 又反之한대 民이 大悅하니
민 대열 태갑 현 우반지 민 대열

공손추가 말했다. "이윤이 말하기를, '나는 (태갑이) 의리에 불순한 짓을 하는 자들과 어울리는 것을 그냥 두고 볼 수 없다.'고 하면서 태갑을 (탕의 능이 있는) 동(桐)으로 내치자 백성이 크게 기뻐했습니다. 태갑이 착해지자 다시 (왕위에) 복귀시키니 백성이 크게 기뻐했습니다.

賢者之爲人臣也에 其君이 不賢則固可放與잇가
현자지위인신야 기군 불현즉고가방여

孟子曰有伊尹之志則可커니와 無伊尹之志則簒也니라
맹자왈유이윤지지즉 가 무이윤지지즉찬야

현자가 신하가 되었는데 그 임금이 현명하지 못하다고 해서 실제로 내칠 수 있습니까?" 맹자가 말했다. "(천하를 공적인 것으로 생각하는) 이윤과 같은 뜻이 있으면 가능하다. 이윤과 같은 뜻이 없다면 임금 자리를 빼앗는 것이다."

32. 公孫丑曰詩曰不素餐兮라하니 君子之不耕而食은 何也잇고
공손추왈시왈불소찬혜 군자지불경이식 하야

孟子曰君子居是國也에 其君이 用之則安富尊榮하고
맹자왈군자거시국야 기군 용지즉안부존영

其子弟從之則孝弟忠信하나니 不素餐兮孰大於是리오
기자제종지즉효제충신 불소찬혜숙대어시

공손추가 말했다. "『시경』에 '(군자는) 일한 성과 없이는 밥 먹지 않는다.'고 했는데, 군자가 경작하지 않고 먹는 것은 어떻게 봐야 합니까?" 맹자가 말했다. "군자가 이 나라에 거처할 때 그 임금이 그를 등용하면 나라가 편안하고 부유하고 존귀한 영광을 보존하게 된다. 그 자제들이 그의 교화를 따르면 효제 충신하게 된다. 일한 공로가 없으면 먹지 않는다고 하는데 무엇이 이보다 더 큰 공로이겠는가?"

33. 王子墊이 問曰士는 何事잇고
　　　왕 자 점　　문 왈 사　　하 사

(제나라) 왕자 점이 질문했다. "선비는 무슨 일을 합니까?"

孟子曰尙志니라
맹 자 왈 상 지

맹자가 말했다. "뜻을 숭상합니다."

曰何謂尙志잇고 曰仁義而已矣니 殺一無罪非仁也며
왈 하 위 상 지　　왈 인 의 이 이 의　　살 일 무 죄 비 인 야

非其有而取之非義也며 居惡在요 仁이 是也라 路惡在요 義是也라
비 기 유 이 취 지 비 의 야　　거 오 재　　인　 시 야　　로 오 재　 의 시 야

居仁由義면 大人之事備矣니라
거 인 유 의　 대 인 지 사 비 의

왕자 점이 말했다. "뜻을 숭상한다니 무슨 말씀인가요?" 맹자가 말했다. "오직 인의(仁義)입니다. 한 명의 죄 없는 사람이라도 죽이면 인(仁)이 아니며 자기 소유가 아닌데 가지면 의(義)가 아닙니다. 머물 곳이 어디냐고 하면 인(仁)이 그곳이고, 어느 길로 가야하냐고 하면 의(義)가 그 길입니다. (선비가) 인에 머물고 의를 걸어가면 (비록 공경대부의 지위에 오르지 못했어도) 이미 (공경대부) 대인의 일이 갖추어진 것입니다. (그러니 선비는 소인들이 하는 일을 하지 않아도 됩니다.)"

34. 孟子曰仲子不義로 與之齊國而弗受를 人皆信之어니와
    맹 자 왈 중 자 불 의   여 지 제 국 이 불 수   인 개 신 지

　是舍簞食豆羹之義也라 人莫大焉이어늘 亡親戚君臣上下하니
　　시 사 단 사 두 갱 지 의 야   인 막 대 언   무 친 척 군 신 상 하

　以其小者로 信其大者奚可哉리오
　　이 기 소 자   신 기 대 자 해 가 재

맹자가 말했다. "(오릉에 사는) 중자(진중자)는 의롭지 않은 것이라면 제나라를 주어도 받지 않는다는 것을 사람들이 다 믿고 있다. (그러나) 이것은 단지 변변치 못한 음식을 사양하는 낮은 수준의 의(義)에 해당한다. (사람에게는 마땅히 행해야 할) 인륜보다 더 큰 의무(의리)가 없는데 (그는) 친척과 군신, 위아래(의 인륜)를 버렸다. (그는 선비로서 가족과 국가에 대한 의무와 의리를 버렸는데) 그 작은 일을 하고서는 그 큰일을 했다고 믿으니 어찌 가당(可當)한가?"

35. 桃應이 問曰舜이 爲天子요 皐陶爲士어든 瞽瞍殺人則如之何잇고
　　도응　문왈순　위천자　고요위사　　고수살인즉여지하

(맹자 제자) 도응이 질문했다. "순이 천자가 되고 (강직한 신하) 고요가 죄인을 다스리는 관리가 되었는데, (만약) 고수가 살인을 한다면 어떻게 할까요?"

孟子曰執之而已矣니라
맹자왈집지이이의

맹자가 말했다. "그를 체포할 뿐이다."

然則舜은 不禁與잇가
연즉순　불금여

(도응이 질문했다.) "그렇다면 순은 막지 않을까요?"

曰夫舜이 惡得而禁之시리오 夫有所受之也니라[260]
왈부순　오득이금지　　부유소수지야

---

260 무엇을 누구에게서 전해 받았다는 말인가? 고요는 법을 전해 받은 바가 있다는 말로 여겨지는데, 이에 대해서는 도암 이재의 『맹자강설』이 참고가 된다. '여쭙겠습니다. 받은 바가 있다는데 받기를 누구에게서 받았다는 것입니까? 설명해주겠다. 선생에게서 받은 것이다. 고요는 다만 법이 있음을 알 뿐 천자의 아버지가 귀하다는 것을 모르고, 순은 다만 아버지가 있음을 알 뿐 천하 권력이 크다는 것을 알지 못하니, 이와 같은 의리가 절대적으로 옳음이 아주 분명하기가 청천백일과 같으니 곧 중용의 중(中)과 대학의 지선(至善)인 것이다. 이것에서 조금이라도 어긋나면 모두 구차할 뿐이다.'("問有所受受之於誰也

맹자가 말했다. "어찌 순이 (천자라고 해서) 막겠는가? 대저 (바른 법을) 전해 받은 바가 있는 것이다."

然則舜은 如之何잇고
연 즉 순　　여 지 하

(도응이 질문했다.) "그렇다면 순은 어떻게 할까요?"

曰舜이 視棄天下하사대 猶棄敝蹝也하사 竊負而逃하사
왈 순　　시 기 천 하　　유 기 폐 사 야　　절 부 이 도

遵海濱而處하사 終身訢然樂而忘天下하시리라
준 해 빈 이 처　　종 신 흔 연 락 이 망 천 하

맹자가 말했다. "순은 천하 버리는 것을 마치 헌 짚신 버리듯 여기면서 몰래 (고수를) 업고 멀리 도망가서 바닷가를 따라서 거처를 정하고 평생토록 매우 기뻐하는 마음으로 천하를 잊을 것이다."

36. 孟子自范之齊러시니 望見齊王之子하시고 喟然嘆曰居移氣하며²⁶¹
　　맹 자 자 범 지 제　　　망 견 제 왕 지 자　　　위 연 탄 왈 거 이 기

曰受之先生 皋陶但知有法而不知天子父之爲尊 舜但知有父而不知天下之爲大 此箇義理明白正大如靑天白日卽中庸之中大學之至善也 小違於此皆茍焉爾")
261 거이기(居移氣)는 거체(생활하는 물리적인 공간과 지향하는 가치를 함께 말한다)가 기상을 바꾼다는 말이다. 양이체(養移體)는 봉양을 잘 받아서 체질이 달라지는 것이다. "自范之齊"에 대한 해석을 조주를 따르면 위의 말은 맹자가 제나라로 돌아와 제자들에게 하는 말이다. 이에 대한 조주를 본다. '범은 제읍이다. 왕 서자가 식읍으로 받은 바이다.

養移體하나니 大哉라 居乎여 夫非盡人之子與아
양 이 체　　　　대 재　　거 호　　부 비 진 인 지 자 여

맹자가 (제나라의 읍) 범에서 제나라에 갔다. 제나라 임금의 아들을 멀리서 바라보고 감탄하며 말했다. "거처가 기질을 변화시키고 봉양이 체질을 바꾸는구나. 참으로 중요하네, 어떤 환경에 거처하는지가! 다 사람의 자식이 아니더냐? (그런데 임금의 자식이라고 저렇게 다르냐.)"

孟子曰[262]
맹 자 왈

맹자가 (계속) 말했다.

王子宮室車馬衣服이　多與人同而王子若彼者는　其居使之然也니
왕 자 궁 실 거 마 의 복　다 여 인 동 이 왕 자 약 피 자　기 거 사 지 연 야

況居天下之廣居者乎아
황 거 천 하 지 광 거 자 호

맹자가 범에 가서 왕자의 외모와 거동을 보니 목소리가 뚜렷하고 분명하여 보통 사람과 같지 않았다. 다시 제나라로 돌아와 제자들에게 감탄하며 말한 것이니 존귀한 데 거처한 (뜻을 둔) 즉 기가 고상하고 비루한데 거처하면(뜻을 두면) 기가 낮으니 거처하는(뜻을 둔) 바가 사람의 기와 뜻을 높고 청량하게 하는 것이니 그것은 육체적으로 잘 공양을 받으면 사람의 몸 형체를 충만하게 할 수 있는 것과 같다. 그래서 거처하는 바(뜻을 두는 바)가 중대한 것이니 마땅히 거처하는 바에 신중할 것이니 사람은 필히 인(仁)에 거처해야 한다.' ("范 齊邑 王庶子所封食也 孟子之范 見王子之儀 聲氣高涼 不與人同 還至齊 謂諸弟子 喟然嘆曰 居尊則氣高 居卑則氣下 居之移人氣志使之高涼 若供養之移人形身使充盛也 大哉居乎者 言當慎所居 人必居仁也")
262 "孟子曰" 3글자에 대해 '장경부(張敬夫)와 추지완(鄒志完)이 모두 이르기를 글 가운데 쓸데없이 낀 글이라고 했다.'("張鄒 皆云羡文也")는 설명이 집주에 있다.

"왕자(王子)의 궁실과 거마와 의복이 상당 부분 다른 사람과 같은데 왕자만 저런 것은 그 거처가 그렇게 만든 때문이다. 그렇다면, 하물며 천하의 넓은 거처[仁]에 사는 사람은 어떻겠는가?

인(仁)과 의(義)라는 큰 뜻을 추구하는 사람도 그 모습이 달라질 것이라는 말이다.

魯君이 之宋하여 呼於垤澤之門이어늘²⁶³ 守者曰此非吾君也로대
로군　　지송　　호어질택지문　　　　수자왈차비오군야

何其聲之似我君也오하니 此는 無他라 居相似也니라
하기성지사아군야　　　차　무타　거상사야

노나라 군주가 송나라에 가서 (송나라 성문) 질택의 문에서 소리를 질렀다. 문을 지키는 자가 말하기를 '이 분은 우리 임금이 아닌데 어찌 그 소리가 우리 임금과 같은가?'라고 했다. 이것은 다른 이유가 아니다. 거처하는 환경이 서로 같기 때문이다."

37. 孟子曰食而弗愛면 豕交之也요 愛而不敬이면 獸畜之也니라
맹자왈사이불애　시교지야　애이불경　　수휵지야

맹자가 말했다. "먹이기만 하고 사랑하지 않으면 돼지로 사귀는 것이다. 사랑하기만 하고 공경하지 않으면 짐승으로 기르는 것이다."

---

263 질택은 '송나라 성문 이름'("垤澤 宋城門名也" 조주와 집주)이라고 한다.

위정자가 선비를 대하는 태도를 말하는 것이다. 선비를 대접할 때 형식이나 물질보다는 예법에 입각한 사랑과 공경의 마음이 먼저라는 말이다.

恭敬者는 幣之未將者也니라
공경자   폐지미장자야

(위정자의 선비에 대한) 공경은 (선비에게) 폐백을 전하기 이전에 있어야 한다.

恭敬而無實이면 君子不可虛拘니라
공경이무실   군자불가허구

(제후가 선비를 대할 때) 공경하는 척해도 (그 진실한) 실상이 없으면 군자는 그런 허례에 헛되이 얽매이지 않는다."

38. 孟子曰形色은 天性也니 惟聖人然後에 可以踐形이니라
    맹자왈형색   천성야   유성인연후   가이천형

맹자가 말했다. "사람의 이목구비[形]와 얼굴표정[色]은 천성(天性)이다. (形色에 天性이 깃들어있다. 性은 形을 통하여 성립하는 것이다.) 오직 성인이라야 천성이 깃든 형색을 이치 그대로 실천할 수 있다."[264]

---

264 위 문장에는 집주가 참고가 된다. '사람의 형(形)이 있고 색(色)이 있는데 그 각각 자연의 이(理)가 있지 않음이 없으니 이른바 천성(天性)이다. 천(踐)은 말을 실천한다고 할 때의 그런 천(踐)이다. 대개 일반 사람들에게 이 형체가 있으나 그 이치를 다하지 못하

39. 齊宣王이 欲短喪이어늘 公孫丑曰爲朞之喪이 猶愈於已乎인저
　　제선왕　　욕단상　　　　공손추왈위기지상　　유유어이호

제선왕이 삼년상을 단축하려고 했다. 공손추가 말했다. "일년상이라
도 하는 것이 그만두는 것보단 낫겠지요?"

孟子曰是猶或이 紾其兄之臂어든 子謂之姑徐徐云爾로다
맹자왈시유혹　　진기형지비　　　자위지고서서운이

亦敎之孝弟而已矣니라
역교지효제이이의

맹자가 말했다. "이것은 어떤 사람이 그 형의 팔을 비트는데 그대가
'좀 천천히 하세요!'라고 말하는 것과 같다. (삼년상을 단축하려는 사람
에게 일년상이라도 하라고 말하기 보다는 근본적인 처방으로) 또한 효
제의 윤리를 가르칠 따름이다. (그러면 삼년상을 단축하는 것과 형의
팔을 비트는 짓은 해서는 안 된다는 것을 알게 된다.)"

王子有其母死者어늘 其傅爲之請數月之喪이러니
왕자유기모사자　　　기부위지청수월지상

기에 그 표현인 형체를 실천할 수 없는 것이다. 오직 성인이어야 이러한 형체가 있으면
또 그 이치를 능히 다하는 것이다. 연후에 그 형체를 실천할 수 있어서 미진함이 없는
것이다.'("人之有形有色 無不各有自然之理 所謂天性也 踐 如踐言之踐 蓋衆人 有是形而不
能盡其理故 無以踐其形 惟聖人 有是形而又能盡其理然後 可以踐其形而無歉也"). 여기서
형(形)은 눈, 귀, 입, 코, 색(色)은 그것의 자연적인 표현, 표정인데, 맹자는 그 형색(形色)
에 '그렇게 되는 까닭'(所以然之故)과 '당위적인 이치'(所當然之則)를 포함하여 말하는 것
으로 여겨진다.

公孫丑曰若此者는 何如也잇고
공손추 왈 약 차 자　하 여 야

그 생모가 죽은 왕자가 있는데 (서자인 그는 살아 있는 왕비 때문에 감히 삼년상을 지낼 수 없었다.) 그의 스승이 이런 그를 위하여 몇 달이라도 상복을 입게 해달라고 요청했다. 공손추가 말했다. "이와 같은 자는 어떻습니까?"

曰是欲終之而不可得也라 雖加一日이나 愈於已하니
왈 시 욕 종 지 이 불 가 득 야　수 가 일 일　유 어 이

謂夫莫之禁而弗爲者也니라
위 부 막 지 금 이 불 위 자 야

맹자가 말했다. "이런 경우는 (삼년상을) 마치려 해도 불가한 처지이니 비록 하루를 더하더라도 그만두는 것보다는 나을 것이다. (나는 삼년 상을) 막는 것이 없는데 하지 않는 자를 염두에 두고 말한 것이다."

40. 孟子曰君子之所以敎者五니
맹 자 왈 군 자 지 소 이 교 자 오

맹자가 말했다. "군자가 (재질과 수준에 따라) 가르치는 방법이 다섯 가지다.

有如時雨化之者하며
유 여 시 우 화 지 자

필요할 때, 때에 맞게 내리는 비가 초목을 자라게 하는 것처럼 (배움
을 받아들일 준비가 된 자에게 핵심을 일러주며) 가르치는 방법이 있고

有成德者하며 **有達財者**하며[265]
유 성 덕 자　　　유 달 재 자

(그의) 덕을 이루게 해주는 방법이 있고, (그 개성과 장점에 따라) 재
능을 달성하게 해주는 방법이 있고

베트남 하노이에 있는 문묘 국자감 문 좌우에 "成德", "達才"라고 새겨
져 있다. 그 기관의 교육 목표인 것이다.

有答問者하며
유 답 문 자

질문에 대답해주는 방법이 있고

---

265 "達財"의 '財'자에 대해 집주에 '財는 材(재주, 재능)와 같다'("財 與材同")는 설명이
있다. 공자가 자로를 평가하는 말 중에 무소취재(無所取材)라고 한 부분이 있는데(『논어』
공야장편) 그 '材'자에 대해 정약용은 『논어고금주』에서 '材'는 '財'와 통하고 '財'는 '裁'와
통한다고 설명했다. 『新訂四書補註備旨 孟子』(鄧林)에 '財는 타고난 재질이 명민하고 하
려는 의욕이 있는 자'("財 指天姿明敏而欲有爲者")라는 설명이 있다.

有私淑艾者하니[266]
유 사 숙 예 자

(그 자신이) 좋은 것으로 스스로 다스리게(공부하게) 하는 방법이 있다.

此五者는 君子之所以教也니라
차오자　군자지소이교야

이 다섯 가지는 군자가 가르치는 방법이다."

41. 公孫丑曰道則高矣美矣나 宜若登天然이라 似不可及也니
　　공 손 추 왈 도 즉 고 의 미 의　　의 약 등 천 연　　　사 불 가 급 야

何不使彼로 爲可幾及而日孶孶也잇고 孟子曰大匠이 不爲拙工하여
하 불 사 피　　위 가 기 급 이 일 자 자 야　　　맹 자 왈 대 장　　불 위 졸 공

改廢繩墨하며 羿不爲拙射하여 變其彀率이니라
개 폐 승 묵　　　예 불 위 졸 사　　변 기 구 률

공손추가 말했다. "도가 높고 아름다우나 마땅히 하늘을 오르는 것
같아서 도달하기 어려울 것 같습니다. 어찌 저들에게 거의 도달할 수
있도록 그 수준을 좀 낮추면서 날마다 부지런히 힘쓰게 하지 않으십니
까?" 맹자가 말했다. "대목(목수)은 재주 없는 견습 목수를 위해 먹줄과
먹통의 기준을 변경하거나 없애지 않으며 (활 잘 쏘는) 예는 활을 제대

---

266 "艾"(예)는 다스릴 治자의 의미다("艾 治也" 조주와 집주).

로 쏘지 못하는 자를 (가르치기) 위해 그 활시위 당기는 법도를 변경하지 않는다.

　교육할 때 변경할 수 없는 법도가 있는데 교육 받는 사람의 재능부족을 이유로 그것을 변경할 수는 없다는 말이다.

　　君子引而不發하여　躍如也하여[267]　中道而立이어든　能者從之니라
　　군자인이불발　　　　약여야　　　　　　중도이립　　　　능자종지

　군자는 활시위를 당기고 쏘지 않으면서 분명하게 보이게 균형을 잡고 서있으면 그렇게 할 수 있는 자는 따라온다."[268]

42.　孟子曰天下有道엔　以道殉身하고[269]　天下無道엔　以身殉道하나니
　　　맹자왈천하유도　　　이도순신　　　　　천하무도　　　이신순도

---

267 '약여'(躍如)와 '중도이립'(中道而立)에 대해서는 박세당의 설명이 참고가 된다. '약여'(躍如)는 활을 쏘려고 살짝 그 발을 들고 마치 뛰려는 사람처럼 하는 것이다. 중도이립(中道而立)은 높지도 않고 낮지도 않고 좌로 기울지도 않고 우로 기울지도 않아서 그 선 것이 중간에 해당하여 기울어짐이 없음이니 이 모두 활 쏘는 방법이다.'("躍如 將發矢而微擧其足 如欲躍者然也 中道而立 不高不下 不左不右 其立當中而無偏也 此皆射之法也『사변록』)

268 '군자가 교육할 때 단지 배우는 방법만 전해줄 뿐 결과를 얻는 묘책[비법]은 일러주지는 않는다는 말이다.'("言君子教人 但授以學之之法 而不告以得之之妙" 집주)라는 설명이 있다.

269 순(殉)을 따를 종(從)의 의미로 해석하는 조주가 참고가 된다. '殉은 따르는 것이다. 천하에 도가 있으면 왕도 정치가 행해지기에 도가 몸을 따르게 하여 공적을 베푼다. 천하에 도가 없으면 도가 행해지지 않으니 몸으로 도를 따르며 도를 지키며 은거한다. 그렇지만 바른 도를 가지고 俗人을 따른다는 말을 듣지 못했다.'("殉 從也 天下有道得行王政 道從身 施功實也 天下無道 道不得行 以身從道 守道而隱 不聞以正道從俗人也")

맹자가 말했다. "천하에 도가 있을 때는 (벼슬에 나아가) 몸을 도가 죽도록 따르게 하고, 천하에 도가 없는 난세에는 (은거하여) 도를 몸이 죽도록 따르게 한다. (그래서 천하에 도가 있거나 없거나 몸과 도가 하나가 되게 한다.)

未聞以道로 殉乎人者也케라
미 문 이 도   순 호 인 자 야

그렇지만 다른 사람을 죽도록 따르기 위해 도를 굽혔다는 말은 듣지 못했다.

43. 公都子曰滕更之在門也에 若在所禮而不答은 何也잇고
공 도 자 왈 등 갱 지 재 문 야   약 재 소 례 이 부 답   하 야

공도자가 말했다. "(등문공의 동생) 등갱이 선생님 문하에 있는데 (귀한 신분을 감안해서) 예우해주실 법한데 (그의 질문에) 대답조차 않으시니 무슨 이유가 있습니까?"

孟子曰挾貴而問하며 挾賢而問하며 挾長而問하며 挾有勳勞而問하며
맹 자 왈 협 귀 이 문   협 현 이 문   협 장 이 문   협 유 훈 로 이 문

挾故而問이 皆所不答也니 滕更이 有二焉하니라
협 고 이 문   개 소 부 답 야   등 갱   유 이 언

맹자가 말했다. "(자신의) 귀한 신분에 의지하여 질문하거나, 자신의

재능에 의지하여 질문하거나, 나이 많음에 의지하여 질문하거나, 큰 공로가 있음에 의지하여 질문하거나, 오랜 친분에 의지하여 질문하면, 모두 (가르침을 받으려는 마음이 간절하지 않은 것이기 때문에) 대답하지 않는다. 등갱은 (이 중) 두 가지 사유에 해당된다."

44. 孟子曰於不可已而已者는　無所不已요　於所厚者薄이면
맹 자 왈 어 불 가 이 이 이 자　　무 소 불 이　　어 소 후 자 박

無所不薄也니라
무 소 불 박 야

맹자가 말했다. "그만두지 말아야 할 데에서 그만두는 자는 어떤 일에서나 그만두지 않음이 없는 자다. 후하게 해야 할 데에서 야박하게 하는 자는 (어디에서도) 야박하지 않음이 없는 자다.

其進이　銳者는　其退速이니라
기 진　　예 자　　기 퇴 속

그 나아감이 급한 자는 그 물러남도 빠르다."

45. 孟子曰君子之於物也에　愛之而弗仁하고　於民也에
맹 자 왈 군 자 지 어 물 야　　애 지 이 불 인　　어 민 야

仁之而弗親하나니　親親而仁民하며　仁民而愛物이니라
인 지 이 불 친　　　친 친 이 인 민　　　인 민 이 애 물

맹자가 말했다. "군자는 짐승과 초목을 사랑하지만 그것들을 백성과
동급으로 어질게 대하지는 않는다. 백성에 대해서도 어질게 대하지만
그들을 부모와 등급으로 어질게 대하지는 않는다. 자기 부모를 부모로
섬긴 다음에 백성에게 어질게 대하고, 백성에게 어질게 한 다음에 짐승
과 초목을 사랑하는 것이다."

『맹자』에는 인의(仁義)에 대한 그의 이론을 염두에 두고 읽어야 할
곳이 많다. 그런 사례 중 하나가 '愛之而弗仁'인데, 다양하게 해석할 수
있겠다. ① 사랑해주지만 어질게 하지는 않는다. ② 사랑해주지만 그것
까지 어질게 하지는 않는다. ③ (仁을 실천하기 위해) 사랑해주지만 (우
선 부모, 그 다음에 백성, 다시 그 다음에 짐승을 사랑한다는 순서가 있
기에) 그냥 (짐승까지) 동등하게 어질게 하지는 않는다. '①'처럼 직역하
면 독자가 오해할 수 있다. '②'와 같이 하면 맹자의 의도를 이해하기가
쉽지 않다. '③'과 같이 하면 이해하기 쉽다. 필자는 '②'와 '③' 사이에서
선택했다.

46. 孟子曰知者無不知也나 當務之爲急이요 仁者無不愛也나
　　 맹 자 왈 지 자 무 부 지 야　　　 당 무 지 위 급　　　 인 자 무 불 애 야

　 急親賢之爲務니²⁷⁰　 堯舜之知로 而不徧物은　 急先務也요
　　 급 친 현 지 위 무　　　 요 순 지 지　　 이 불 변(편)물　　 급 선 무 야

---

270 "急親賢也"(급친현야)는 조주의 설명이 참고가 된다. '物은 일이다. 요순이 백공의
모든 일을 다 알았던 것이 아니고 모두를 동등하게 사랑할 수 있었던 것은 아니다. 어진
현인을 존경하는 일을 먼저 해서 그들이 백성을 다스리게 한 것이지 백성 한 명 한 명에게
스스로 가서 친히 직접 은혜를 베푼 것이 아니다.'("物 事也 堯舜不遍知百工之事 不遍愛衆
人 先愛賢使治民 不一一自往親加恩惠也")

堯舜之仁으로 不徧愛人은 急親賢也니라
요 순 지 인   불변(편)애 인   급 친 현 야

　맹자가 말했다. "지혜로운 사람은 알지 못할 것이 없으나 그래도 마땅히 먼저 해야 할 시급한 일에 신경을 써야 할 것이다. 어진 사람은 모두를 사랑하지 않음이 없으나 그래도 현인을 친애하는 일을 급선무로 여겨야 할 것이다. 요순이 지혜롭다고 해도 보편적으로 모든 일에 그렇게 하지 못했던 것은 먼저 해야 할 시급한 일에 신경을 썼기 때문이었다. 요순이 어질다고 해도 보편적으로 모두를 일일이 사랑하지 못했던 것은 어진 이를 친애하는 일을 우선 급하게 여겼기 때문이었다.

不能三年之喪而緦小功之察하며　放飯流歠而問無齒決이
불 능 삼 년 지 상 이 시 소 공 지 찰　　　방 반 류 철 이 문 무 치 결

是之謂不知務니라
시 지 위 부 지 무

　(중요한) 삼년상은 능히 못하면서 (3개월 상복) 시마복과 (5개월 상복) 소공복은 깐깐하게 따진다. (예절에서 중요한 것인데) 밥을 크게 떠먹고 국을 길게 들여 마시면서 (작은 예법에 속하는 것인데) 이빨로 육포를 잘라먹지 말라고 깐깐하게 따진다. 이런 것을 두고 말하기를 (먼저 힘써야 할) 일의 우선순위를 모른다고 하는 것이다."

問書豈單指書傳而言語言書籍若單言書則不必死書云者

成道理

樟匠輪輿章　借教

問夫子告曾子以一貫之言上可謂但弓規矩耶曰此等言語雖指點猶不死

至曾子心悟而曰惟方是巧處

舜之飯糗章　借

舜之飯糗茹草若將終身被袗衣二女果若固有之此乃貪賤不踐移其

貴不動其心是素位而行不所孚外千載之下想像其言襟廓如此書

曰羹並此光爪霽日直令人瀁昂竪立後以外物之得喪為吾心之作感

以獲便汿若自大者其老已矣了以了肴得悟其之氣

好名之人章　秋

聞仲子乃之辭國而不受也是豈好名之人乎此

不信仁賢章　拾圍

內無政事誰以諶之取之爲言列此政事之而尊說若巴生謂
不命用禀爲政之大意且非文語曰充政事則財用充是故其義重以爲

民爲貴章　祐

隆於曰君又次之而說爲輕二字何義曰此以視大君之輕扵民社二者異
爲言民社復此次君爲最重之經言扎稷次之者謂扎稷董次扵民之
若便言君之扵民但次民稷後故特言君輕以扵人君之
勢而扵民爲重一

모두 38장이다. 『맹자』의 마지막 부분이다. 지식인의 인격 수양과 처신, 맹자의 문명 계승에 대한 책임과 그 자부심에 대한 설명이다.

1. 孟子曰不仁哉라 梁惠王也여 仁者는 以其所愛로 及其所不愛하고
   맹 자 왈 불 인 재   량 혜 왕 야   인 자   이 기 소 애   급 기 소 불 애

   不仁者는 以其所不愛로 及其所愛니라
   불 인 자   이 기 소 불 애   급 기 소 애

맹자가 말했다. "어질지 못하네, 양혜왕이여! 어진 사람은 자기가 사랑하는 것을 점차 확대해서 사랑하지 않는 것도 사랑하는 것으로 만든다. 어질지 못한 사람은 사랑하지 않는 것을 점차 확대해서 사랑하는 것도 사랑하지 않는 것으로 만든다."[271]

   公孫丑曰何謂也잇고 梁惠王이 以土地之故로 糜爛其民而戰之하여
   공 손 추 왈 하 위 야   량 혜 왕   이 토 지 지 고   미 란 기 민 이 전 지

   大敗하고 將復之호대 恐不能勝故로 驅其所愛子弟하여 以殉之하니
   대 패   장 부 지   공 불 능 승 고   구 기 소 애 자 제   이 순 지

   是之謂以其所不愛로 及其所愛也니라
   시 지 위 이 기 소 불 애   급 기 소 애 야

공손추가 말했다. "무슨 말씀입니까?" 맹자가 말했다. "양혜왕은 토지

---

271 인자(仁者)가 사랑의 대상을 확대하는 순서를 집주에는 친친(親親) → 인민(仁民) → 애물(愛物)로 설명한다("親親而仁民 仁民而愛物 所謂以其所愛 及其所不愛也").

때문에 그 백성을 (전쟁에 내몰아 죽어) 문드러지게 하고 전투에서 크게 패했다. 장차 다시 만회하려는데 이기지 못할 것을 우려했기 때문에 그가 사랑하는 자식을 (전쟁터로) 억지로 내몰아 죽게 했다. 이런 것을 두고 말하기를 그가 사랑하지 않는 대상을 확대해서 사랑하는 것을 사랑하지 않는 것으로 만든다고 한다."

다시 양혜왕으로 돌아왔다. 맹자가 왕도정치를 기대하며 찾아가서 만났던 사람이다. 그 역시 부국강병에 목숨 거는 평범한 세속의 제후일 뿐이었다. 이제 맹자의 꿈과 이상은 그가 만났던 제후들에게서 실현될 수 없었다. 맹자는 상대를 죽여야 살아남는 현실의 정치판에서는 선택받지 못했다. 그런 그는 오히려 그의 이상주의로 인하여 사후에 불멸의 정치사상가로 인정받게 된다.

2. 孟子曰春秋에[272] 無義戰하니 彼善於此則有之矣니라
맹 자 왈 춘 추　　　　무 의 전　　　　피 선 어 차 즉 유 지 의

맹자가 말했다. "(제후들끼리의 권력 싸움이니) 『춘추』에 의로운 전쟁이란 없으니 저것이 이것보다 조금 나은 그런 것은 있었다.

---

272 "春秋"를 '춘추시대'보다는 『춘추』라는 책으로 해석했다. 조주에 '『춘추』에 실려 있는 전투와 공격에 관한 일'("春秋所載戰伐之事")이라는 설명이 있다. 『新訂四書補註備旨 孟子』(鄧林)에 '춘추는 경전을 말하는 것이지 춘추시대가 아니다.'("春秋 指經言 非春秋時也")라는 설명이 있다. 한편 『孟子譯注』(楊伯峻)와 장기근 역주 『맹자』(1976)와 차주환 역 『맹자』(1972)에는 "春秋時代"로 번역되어 있다. 어느 견해를 택하거나 의미에 큰 차이는 없겠다.

征者는 上이 伐下也니 敵國은 不相征也니라
정자　　상　　벌하야　　적국　　불상정야

(죄에 대한) 정벌은 위(천자)가 아래(제후)를 치는 것이니 대등한 제후국은 서로 정벌하지 못한다."

3. 孟子曰盡信書則不如無書니라[273]
맹자왈진신서즉불여무서

맹자가 말했다. "(책에 있는) 글을 그대로 다 믿는다면 글이 없는 것만 못하다.

吾於武成에[274] 取二三策而已矣로라
오어무성　　　취이삼책이이의

나는 (『서경』) 「무성(武成)」에서 두세 줄만 취할 뿐이다.

---

273 조주에 "書"는 『서경』이라는 설명이 있다("書 尙書"). 김장생도 동일하게 '서는 곧 서경이다.'("書卽尙書也" 「經書辨疑」)라고 했다. 그러나 도암 이재의 『맹자강설』에서는 '書'를 일반 서적으로 설명한다. '여쭙겠습니다. 서(書), 이것은 단지 『서경』을 말하는 것입니까? 설명해주겠다. 이것은 서적을 통틀어 말한 것이다. 만약 그것이 달랑 서적 한권을 말하는 것이라면 서적이 없는 것만 못하다고 운운하는 것은 도리를 이루지 못하는 문제가 있을 듯하다.'("問書是單指書傳而言否 曰此泛言書籍若單言書則不如無書云者恐不成道理"). 이런 맥락에서 '書'를 그냥 "책"이라고 해석한 사례도 있다(『通俗國解 정본 맹자집주』, 세창서관, 1961).
274 「무성」은 『서경』 주서(周書) 편명이다. 무왕(武王)이 주(紂)를 토벌하고 돌아와서 사실을 기록한 책이다.'("武成 周書篇名 武王 伐紂 歸而記事之書也" 집주)

仁人은 無敵於天下니 以至仁으로 伐至不仁이어니
인인　　무적어천하　　이지인　　　벌지불인

而何其血之流杵也리오
이하기혈지류저야

어진 사람은 천하에 대적할 자가 없다. 지극히 어진 사람이 지독하게
불인(不仁)한 자를 정벌하는데 어찌 그 흐른 피가 절굿공이를 표류하게
할 정도였겠는가?(이런 글을 그대로 믿을 수 있는가?)"

4. 孟子曰有人이 曰我善爲陳하며 我善爲戰이라하면 大罪也니라
　　맹자왈유인　　왈아선위진　　　아선위전　　　　　대죄야

맹자가 말했다. "어떤 사람이 있어서 말하기를 '(전쟁을 부추기면서)
나는 진을 잘 치고 나는 전투를 잘한다.'고 하면 (이런 자는) 큰 죄인이다.

國君이 好仁이면 天下에 無敵焉이니 南面而征에 北狄이 怨하며
국군　　호인　　　천하　　무적언　　　남면이정　　북적　　원

東面而征에 西夷이 怨하여 曰奚爲後我오하나라
동면이정　　서이　　원　　　왈해위후아

나라의 임금이 인(仁)을 좋아하면 천하에 대적할 자가 없다. 남쪽으로
정벌하면 북쪽 오랑캐가 원망하고 동쪽으로 정벌하면 서쪽 오랑캐가 원
망하면서, '어찌 우리를 (정벌하기를) 나중에 합니까?'라고 할 것이다.

武王之伐殷也에 革車三百兩이요 虎賁이 三千人이러니라
무 왕 지 벌 은 야   혁 거 삼 백 량   호 분   삼 천 인

무왕이 은나라를 정벌하는데 가죽으로 덮은 전투용 수레가 삼백 량이
었고 용맹한 군사가 삼천 명이었다.

王曰無畏하라 寧爾也라 非敵百姓也라하신대 若崩厥角하여
왕 왈 무 외   령 이 야   비 적 백 성 야   약 붕 궐 각

稽首하니라
계 수

왕이 말하기를 '두려워 말라. (폭군을 정벌하여) 너희를 편히 해주겠
다. 백성을 대적하려는 것이 아니다.'라고 하자, (백성들이 한편으론 두
렵고 한편으론 공경하여) 두각(頭角)이 무너질듯이 하면서 머리를 아래
로 조아렸다.

征之爲言은 正也니 各欲正己也니 焉用戰이리오
정 지 위 언   정 야   각 욕 정 기 야   언 용 전

정벌[征]이란 말은 바로잡는 것이니, (백성들이 어진 사람에게 빨리 와
서) 각기 자기 나라를 바로잡아달라는데 어찌 전투를 할 일이 있겠는
가?"

5. 孟子曰梓匠輪輿能與人規矩언정 不能使人巧니라
맹 자 왈 재 장 륜 여 능 여 인 규 구　　불 능 사 인 교

　맹자가 말했다. "목수 재인과 장인, 수레 만드는 기술자 윤인과 여인
(輿人)은 배우는 사람에게 기술의 법도를 가르쳐 줄 수는 있어도 배우는
그 사람이 기술에 능통하게 해줄 순 없다. (말로 전해줄 수 없는 미묘한
그런 것이 있으며 궁극적으로 성과를 내는 것은 배우는 사람에게 달려있
다.)"

6. 孟子曰舜之飯糗茹草也에 若將終身焉이러시니 及其爲天子也하산
맹 자 왈 순 지 반 후 여 초 야　　약 장 종 신 언　　　　급 기 위 천 자 야

被袗衣鼓琴하시며 二女果를 若固有之러시다
피 진 의 고 금　　　　이 녀 과　　약 고 유 지

　맹자가 말했다. "순은 마른 밥을 먹고 채소를 먹으며 평생을 그렇게
마칠 듯이 하더니, 천자가 되어서는 무늬를 수놓은 귀한 옷을 입고 거문
고를 타고 (요 임금의 딸) 두 여자가 모시는 것을 원래부터 그렇게 한
듯이 했다."[275]

---

275 순은 가난하거나 부귀한 존재가 되는 외적인 처지의 변화에 그 마음이 달라지지 않았
다. 집주에 '(성인께서는) 처한 대로 편히 여겼다.'("隨遇而安")는 설명이 있다. 애쓰지 않고
처하는 상황마다 편하게 생각하고 행동했다는 말이다.

7. 孟子曰吾今而後에 知殺人親之重也와라 殺人之父면 人亦殺其父하고
　　맹자왈오금이후　　지살인친지중야　　살인지부　　인역살기부

殺人之兄이면 人亦殺其兄하나니 然則非自殺之也언정 一間耳니라
살인지형　　　인역살기형　　　연즉비자살지야　　　일간이

　맹자가 말했다. "나는 이제야 다른 사람의 부모를 죽이는 것이 중대한
범죄임을 알겠다. 다른 사람의 아버지를 죽이면 그 사람도 또한 그 원수
의 아비를 죽이고 다른 사람의 형을 죽이면 그 사람도 원수의 형을 죽인
다. 그렇다면 스스로 (자기 아버지와 형을) 죽인 것은 아니어도 (그렇게
한 것과는) 다만 한 칸의 거리일 뿐이다."

8. 孟子曰古之爲關也는 將以禦暴러니
　　맹자왈고지위관야　　장이어포

　맹자가 말했다. "옛날에 관문(세관)을 설치한 이유는 (출입을 심사하
면서) 난폭한 일을 막기 위함이었다.

今之爲關也는 將以爲暴로다
금지위관야　　장이위포

　(그런데) 이제 관문을 설치한 이유는 (과중한 과세로 백성에게) 난폭
함을 부리기 위함이구나."

9. 孟子曰身不行道면 不行於妻子요 使人不以道면 不能行於妻子니라
　　맹자왈신불행도　　불행어처자　　사인불이도　　불능행어처자

　　맹자가 말했다. "몸이 도를 행하지 않으면 처와 자식에게도 (도를) 행하지 못한다. 사람을 부리기를 도에 입각해서 하지 않으면 처와 자식에게도 행할 수 없다."

10. 孟子曰周于利者는 凶年이 不能殺하고 周于德者는
　　맹자왈주우리자　　흉년　　불능살　　주우덕자

邪世不能亂이니라
사세불능란

　　맹자가 말했다. "재물이 넉넉한 자는 흉년에도 곤궁하지 않다. 덕이 넉넉한 자는 나쁜 세상이 (그의 바른 정신을) 어지럽힐 수 없다."

11. 孟子曰好名之人은 能讓千乘之國하나니 苟非其人이면
　　맹자왈호명지인　　능양천승지국　　　　구비기인

簞食豆羹에 見於色하나니라
단사두갱　　현어색

　　맹자가 말했다. "명예를 좋아하는 사람은 (제후국 정도의) 천승의 나라도 사양할 수 있다. 그렇지만 진정하게 그런 사람이 아니라면 한 그릇의 밥과 국을 다투는 사소한 일에도 그 본심이 얼굴에 드러난다."

12. 孟子曰不信仁賢則國이 空虛하고
맹 자 왈 불 신 인 현 즉 국　　공 허

맹자가 말했다. "(임금이) 어진 현인을 믿는 마음으로 임용하지 않으면 (사람이 없는 듯) 나라가 텅 비고

無禮義則上下亂하고
무 례 의 즉 상 하 란

예의가 없으면 (법도가 없어서) 위 아래질서가 어지럽고

無政事則財用이 不足이니라
무 정 사 즉 재 용　　부 족

정책의 방침과 그 시행 규정이 없으면 (생산 증대 방법은 없으면서 세금 징수에는 한도가 없고 지출에 절도가 없어서 나라) 재용이 넉넉하지 못하다."

국정 운영에 꼭 필요한 3가지를 말했다. ① 인현(仁賢)과 ② 예의(禮義)와 ③ 정사(政事)다.[276]

---

276 집주에 이런 설명이 있다. '윤씨가 말했다. 3가지 중에서 인현으로 근본을 삼을 것이니 인현이 없으면 예의 정사를 처리하는데 모두 그 도에 입각해서 하지 못할 것이다.'("尹氏日三者 以仁賢爲本 無仁賢則禮義政事 處之皆不以其道矣")

13. 孟子曰不仁而得國者는 有之矣어니와 不仁而得天下는
   맹자왈불인이득국자   유지의   불인이득천하

   未之有也니라
   미지유야

   맹자가 말했다. "어질지 못해도 제후국 정도의 나라를 차지한 자는
   있었다. 그러나 어질지 못한데 천하를 차지한 자는 있지 않았다."[277]

14. 孟子曰民이 爲貴하고 社稷이 次之하고 君이 爲輕하니라
   맹자왈민이   위귀   사직   차지   군   위경

   맹자가 말했다. "백성이 제일 귀하고 사직[국가]이 그 다음이고 임금이
   (그중 가장) 가볍다.

   是故로 得乎丘民이 而爲天子요 得乎天子爲諸侯요
   시고   득호구민   이위천자   득호천자위제후

   得乎諸侯爲大夫니라
   득호제후위대부

   이런 이유로 일반 백성의 마음을 얻으면 천자가 되고, 천자의 신임을
   얻으면 제후가 되고, 제후의 신임을 얻으면 대부가 된다.

---

277 천하를 차지하려면 백성의 마음을 얻어야하기 때문이라는 설명이 집주에 있다. '어질
지 못한 사람은 그의 지략으로 천승의 나라를 훔칠 수 있으나 일반 백성의 마음은 얻을
수 없다는 말이다.'("言不仁之人 騁其私智 可以盜千乘之國而不可以得丘民之心")

諸侯危社稷則變置하나니라
제 후 위 사 직 즉 변 치

제후가 (무도하여) 사직을 위태롭게 하면 (어진 제후로) 바꾸어 놓는다.

犧牲이 旣成하며 粢盛이 旣潔하여 祭祀以時호대
희생 기성 자성 기결 제사이시

然而旱乾水溢則變置社稷하나니라
연이한간수일즉변치사직

제사에 올릴 고기가 이미 살찌고 곡물이 이미 정결하여 때에 맞게 정성스럽게 (사직단에 예법에 맞게 제대로) 제사를 지냈는데 가뭄과 홍수가 들면 (이는 사직의 신이 재앙을 막지 못한 것이니 사직단을 허물고) 사직을 (그 위치를) 바꾸어 설치한다."[278]

15. 孟子曰聖人은 百世之師也니 伯夷柳下惠是也라 故로
맹 자 왈 성 인 백 세 지 사 야 백 이 류 하 혜 시 야 고

聞伯夷之風者는 頑夫廉하며 懦夫有立志하고
문 백 이 지 풍 자 완 부 렴 라 부 유 립 지

聞柳下惠之風者는 薄夫敦하며 鄙夫寬하나니
문 류 하 혜 지 풍 자 박 부 돈 비 부 관

---

[278] 사직(토지의 신과 곡식의 신)이 백성을 보호하지 못했으니 사직을 새로 설치한다는 말인데 이런 뜻에서 집주에서는 '이는 사직이 비록 제후보다 중요하나 백성보다 가벼운 것'("是社稷 雖重於君而輕於民也")이라고 설명한다.

奮乎百世之上이어든 百世之下에 聞者莫不興起也하니
분 호 백 세 지 상　　　백 세 지 하　　문 자 막 불 흥 기 야

非聖人而能若是乎아 而況於親炙之者乎아
비 성 인 이 능 약 시 호　　이 황 어 친 자 지 자 호

　맹자가 말했다. "성인은 백세의 스승이니 백이와 유하혜가 이런 분이
다. 그렇기 때문에 백이의 가르침을 들으면 욕심 있는 사내는 청렴해지
고 겁 많은 사내는 뜻을 세우게 된다. 유하혜의 가르침을 들으면 야박한
자는 돈후해지고 속이 좁고 비루한 자는 관대해진다. 백 세대 앞에서
분발했는데 그것이 백 세대 이후에도 전달되어 감동 받아 분발해 일어나
지 않는 자가 없다. 성인이 아니면 누가 이와 같이 할 수 있는가? 그렇다
면 하물며 친히 직접 배운 사람들은 어떠했겠는가?"

16. 孟子曰仁也者는 人也니 合而言之하면 道也니라[279]
　　맹 자 왈 인 야 자　　인 야　　합 이 언 지　　　도 야

---

279 이 문장은 집주의 설명이 참고가 된다. '인이란 사람이 사람답게 되는 이치다. 그러나
인은 이치[理]고 사람은 物이니 이치로서의 仁과 사람의 몸을 합해 말하여 이에 도라고
하는 것이다.'("仁者 人之所以爲人之理也 然 仁 理也 人 物也 以仁之理 合於人之身而言之
乃所謂道者也"). 도암 이재도 『맹자강설』에서 같은 취지로 설명했다. '여쭙겠습니다. 인
(仁), 이것은 사람이 원래 가지고 있는 것인데 어떤 이유로 다시 합한다는 말을 하는 것입니
까? 설명해주겠다. 여기서 합한다고 말하는 것은 원래 분리되었던 것을 이제 합한다는 그
런 말이 아니다. 대개 사람이 사람인 이유는 바로 이것 인(仁) 때문이다. 인(仁)은 모든
사람의 몸에 원래 구비되어 있다. 그렇지만 인(仁)은 곧 이치이고 사람은 곧 형체를 가진
물체이기 때문에 이치로서 물체에 존재하기에 합한다고 말한 것이다.'("問 仁是人身之所固
有者何以又云合也 曰 所謂合者非本離而今合也 盖人之所以爲人者有此仁也 仁固具諸人身
之中矣 然仁則理也 人則物也 以理在此物而言故謂之合也"). 정조는 "仁者人也"에서 인(仁)
이란 사람[人]과 동물[物]을 포괄하는 보편적인 이치[理]인데 왜 '仁者人也'라고 하면서 인
(仁)의 범위를 사람[人]으로 국한시켰냐고 질문했다. 그러자 그의 신하가 여기서는 사람[人]이

맹자가 말했다. "인(仁)은 사람[人]이 사람답게 되는 이치니 (그 이치와 사람의 몸을) 합하여 말하면 도(道)인 것이다."

17. 孟子曰孔子之去魯에 曰遲遲라 吾行也여하시니
    맹 자 왈 공 자 지 거 로   왈 지 지   오 행 야

   去父母國之道也요 去齊에 接淅而行하시니 去他國之道也니라
   거 부 모 국 지 도 야   거 제   접 석 이 행   거 타 국 지 도 야

맹자가 말했다. "공자께서 노나라를 떠나며 말씀하시기를, '더디고 더디네, 떠나는 내 발걸음이!'라고 하셨으니, 부모의 나라를 떠나는 도인 것이다. 그러나 제나라를 떠날 때는 밥을 지으려고 담가놓은 쌀을 건져 가지고 황급히 떠나셨으니, 타국을 떠나는 도인 것이다."

18. 孟子曰君子之戹於陳蔡之間은 無上下之交也니라
    맹 자 왈 군 자 지 액 어 진 채 지 간   무 상 하 지 교 야

맹자가 말했다. "군자(공자)가 진나라와 채나라 사이에서 액운을 당한 것은 이들(나라)의 위(임금) 아래(신하)와 교류가 없었던 때문이다."[280]

물[物]을 포괄하는 대표 개념이며 인(仁)과 그런 사람[人]은 하나이기에 합하여 말하면 도(道)라고 한다고 설명했다("凡生物之理皆仁也 何獨以人言之也…以仁言人 人於萬物之中最靈 故擧人而言 物當在其中…仁與人一也 故曰合而言之則道也"『홍재전서』「추서춘기」). 280 집주에 이런 설명이 있다. '임금과 신하가 모두 악(惡)해서 더불어 교류할 자가 없었다.'("君臣皆惡 無所與交也"). 이런 집주의 설명의 '惡'자에 대해 도암 이재의 『맹자강설』에 이런 질의응답이 있다. '여쭙겠습니다. 집주의 군신개악(君臣皆惡)에서 이 악(惡)자를 호

19. 貉稽曰稽大不理於口호이다[281]
맥 계 왈 계 대 불 리 어 구

맥계가 말했다. "계(맥계)는 사람들 입에 비방의 대상이 되고 있습니다."

孟子曰無傷也라 士憎茲多口하니라[282]
맹 자 왈 무 상 야   사 증 자 다 구

맹자가 말했다. "마음 상할 것 없다. 선비는 더욱 이에 사람들 입에 비방의 대상으로 오르내리는 바가 많다.

詩云憂心悄悄어늘 慍于群小라하니 孔子也시고 肆不殄厥慍하시나
시 운 우 심 초 초   온 우 군 소   공 자 야   사 불 진 궐 온

오(好惡)의 미워할 오(惡)자로 볼 수는 없겠습니까? 설명해주겠다. 성인이 더불어 사귈 자가 없었던 것은 그 시대에 위아래가 다 불선했기 때문이었다. 만약 악인을 미워한다는 글자로 한다면 전혀 의의가 없는 것이다.'("問 註君臣皆惡此惡字是好惡之惡否 曰 謂聖人之無所與交者以其時上下俱不善也 若作疾惡字看則甚没意義")

281 『맹자집주대전』에 '貉의 음은 맥이다.'("貉音陌")라고 되어 있다. 『孟子今註今譯』에 '貉은 학으로 읽는다.'("貉 讀鶴音")는 설명도 있다. 국내의 번역본에도 "학계"로 읽는 사례가 있다(김경탁, 1974년 재판; 차주환, 1972년 3판).

282 여기의 "憎"(증)자에 대해 집주에서는 '더욱'을 의미하는 增자의 오류로 보고 있다. '조씨가 말하기를 〈선비된 자는 더욱 많은 사람의 입에 비방의 대상으로 오르내린다.〉고 한다. 이를 참고하면 憎자는 마땅히 土가 들어간 增자이어야 하는데 이제의 판본에 다 心이 들어간 憎자를 쓰고 있으니 대개 옮겨 쓴 이의 오류다.'("趙氏曰爲士者 益多爲衆口所訕 按此則憎當從土 今本 皆從心 蓋傳寫之誤")

亦不隕厥問이라하니 文王也시니라[283]
역불운궐문　　　　文왕야

(그런 사례를 말해주겠다.)『시경』에 이르기를, '(세상을 걱정하는 마음으로) 근심하고 초조했거늘 여러 소인들에게 원망을 받는구나.'라고 했으니, 공자가 이런 경우다. '이에 오랑캐가 성내는 것을 근절하지 못했어도 또한 (그 분의) 훌륭한 명망은 실추되지 않았다.'라고 했으니, 문왕이 이런 경우다. (이렇게 군자는 바르게 처신해도 소인의 미움을 받는 일이 있다. 그러니 일시적인 비방이 있으면 그 원인을 자신에게서 찾아보고 자신을 수양할 뿐이다.)"

20. 孟子曰賢者는 以其昭昭로 使人昭昭어늘 今엔 以其昏昏으로
　　맹자왈현자　이기소소　사인소소　　금　이기혼혼

使人昭昭로다
사인소소

맹자가 말했다. "어진 사람은 그의 밝은 덕으로 사람들을 밝게 해주려고 하는데, 이제는 (그렇지 못한 자들이) 그들의 어두운 덕으로 사람들을

---

283 이 시를 이해하는데 집주가 도움이 된다. '본래 위나라의 어진 사람이 여러 소인들의 비방의 대상이 된 것을 말한 것인데 맹자는 공자의 일이 이에 해당한다고 한 것이다… 본래 태왕이 (야만인에 대해 할 도리를 다해) 곤이를 (성의껏) 섬겼는데 비록 그 성냄을 풀지는 못했으나 또한 그 훌륭한 명성이 실추되지 않았음을 말한 것인데, 맹자는 문왕의 일이 이에 해당한다고 한 것이다.'("本言衛之仁人 見怒於群小 孟子 以爲孔子之事 可以當之…本言大王 事昆夷 雖不能殄絶其慍怒 亦不自墜其聲問之美 孟子以爲文王之事 可以當之" 집주)

밝게 해주려고 하네."

21. 孟子謂高子曰山徑之蹊間이 介然用之而成路하고
맹 자 위 고 자 왈 산 경 지 계 간   알 연 용 지 이 성 로

爲間不用則茅塞之矣나니 今에 茅塞子之心矣로다[284]
위 간 불 용 즉 모 색 지 의   금   모 색 자 지 심 의

맹자가 (자신에게 배운 적이 있었던) 고자(高子)에게 말했다. "산속 오솔길 사람 다니는 곳은 조금만 다녀도 큰 길이 만들어진다. (그러나) 잠시라도 다니지 않으면 띠 풀이 앞을 가로막는다. (자네가 의리를 수양하는 공부를 그만두니) 이제 띠 풀이 자네 마음을 막고 있구나."

22. 高子曰禹之聲이 尙文王之聲이로소이다
고 자 왈 우 지 성   상 문 왕 지 성

(제자) 고자가 말했다. "우의 음악이 문왕의 음악보다 더욱 좋습니다."

孟子曰何以言之오 曰以追蠡니이다
맹 자 왈 하 이 언 지   왈 이 퇴 려

---

284 "介"자의 한자음은 보면, 『맹자집주대전』에 '介의 음은 알이다.'("介音戛")라고 되어 있다. 『맹자언해』(1590년 교정청간행 도산서원소장본; 내각장판; 임술계춘 영영중간)에도 "알"로 되어 있다.

맹자가 말했다. "무슨 근거로 하는 말이냐?" 고자가 말했다. "종을 맨 끈이 좀 먹어서 끊어지려는 것을 보고 그러는 것입니다. (우의 종은 끊어 지려고 하는데 문왕의 종은 그렇지 않습니다. 많이 연주한 것이 더 좋다 는 증거입니다.)"

曰是奚足哉리오 城門之軌兩馬之力與아
왈 시 해 족 재　　　성 문 지 궤 량 마 지 력 여

맹자가 말했다. "이 어찌 충분한 증거인가? (마차가 통과하는) 성문에 (파인) 수레바퀴 자국이 (어찌 하나의 수레를 끄는) 말 두 마리의 힘에 의한 것이겠는가? (모든 마차가 그 좁은 통로로 다닐 수밖에 없어서 깊 게 파인 것이다. 넓은 대로는 마차가 많이 다녀도 통행이 분산되어 깊게 파이지 않는다.)"

23. **齊饑어늘 陳臻이 曰國人이 皆以夫子로 將復爲發棠이라하니**
　　제 기　　　진 진　　왈 국 인　　개 이 부 자　　장 부 위 발 당

殆不可復로소이다
태 불 가 부

제나라에 기근이 들었다. 진진이 말했다. "제나라 사람들이 모두 선생 님께서 (임금께 권고해서) 다시 (제나라 고을) 당읍 창고를 열게 하실 것으로 기대합니다. (저는 선생님께서 하지 않으시리라고 예상은 하면 서도) 여쭙니다만, 혹시 다시 해주실 순 없습니까?"

孟子曰是爲馮婦也로다 晉人有馮婦者善搏虎하더니 卒爲善士하여
맹자왈시위풍부야　　　진인유풍부자선박호　　　졸위선사

則之野할새 有衆이 逐虎하니 虎負嵎어늘 莫之敢攖하여
즉지야　　유중　축호　　호부우　　막지감영

望見馮婦하고 趨而迎之한대 馮婦攘臂下車하니 衆皆悅之하고
망견풍부　　추이영지　　풍부양비하거　　중개열지

其爲士者는 笑之하니라
기위사자　소지

맹자가 말했다. "(당신들이 부추기는 대로 내가 임금에게 창고를 개방
하라고 충고하는 그 일에 다시 나서는) 이것은 (어리석은) 풍부가 되는
것이다. 진나라 사람 풍부는 호랑이를 맨손으로 잡기를 잘했으나 (그런
일은 그만두고 행실을 바르게 고쳐서) 마침내 선한 선비가 되었다. (그
런 그가) 곧 들판을 가고 있는데 많은 사람들이 호랑이를 쫓고 있었다.
호랑이가 산모퉁이에 기대고 있었는데 사람들은 감히 달려들어 잡지 못
하고 있다가 멀리서 풍부를 보고는 달려가서 맞이했다. 풍부가 (다시
옛날의 모습으로 되돌아가서) 팔을 걷어붙이고 마차에서 내려오자 대중
은 모두 환호했으나 그중에서 선비는 (그를) 비웃었다."

그쳐야 할 때 그칠 줄 모르고 다만 대중의 기대에 부응하려 했으니
식자들의 웃음거리가 된다는 말이다.

24. 孟子曰口之於味也와 目之於色也와 耳之於聲也와 鼻之於臭也와
　　맹자왈구지어미야　　목지어색야　　이지어성야　　비지어취야

四肢之於安佚也에 性也나 有命焉이라 君子不謂性也니라
사 지 지 어 안 일 야　　성 야　　유 명 언　　군 자 불 위 성 야

맹자가 말했다. "입이 맛에 있어서, 눈이 색에 있어서, 귀가 소리에 있어서, 코가 냄새에 있어서, 사지가 편안함에 있어서, 이런 것을 구하는 욕구는 (마음에서 하고 싶어 하는) 본성[性]이다. 그렇지만 (이런 것은 분수로 한정되는 바가 있으니) 하늘의 명(命)이 있는 것이다. 그래서 군자는 (그런 욕구를) 본성[性]이라고 하지 않는다. (분수에 따라 절제할 것이지 무리하게 구하지는 않는다.)"

仁之於父子也와 義之於君臣也와 禮之於賓主也와 智之於賢者也와
인 지 어 부 자 야　　의 지 어 군 신 야　　례 지 어 빈 주 야　　지 지 어 현 자 야

聖人之於天道也에 命也나 有性焉이라 君子不謂命也니라
성 인 지 어 천 도 야　　명 야　　유 성 언　　군 자 불 위 명 야

인(仁)이 부자관계에서, 의(義)가 군신관계에서, 예(禮)가 주인과 손님의 만남에서, 지(智)가 현자에서, 성인이 천도에서, 이런 것은 하늘이 명(命)으로 내려준 것이나 사람이 본성[性]으로 실천하려는 바가 있으니 (노력하면 더욱 잘 할 수 있기에) 군자는 이런 것을 (분수로 한정되는) 명(命)이라고 하지 않는다."

25. 浩生不害問曰樂正子는 何人也잇고 孟子曰善人也며 信人也니라
　　호 생 불 해 문 왈 악 정 자　　하 인 야　　맹 자 왈 선 인 야　　신 인 야

(제나라 사람) 호생불해가 질문했다. "악정자는 어떤 사람입니까?" 맹자가 말했다. "선한[善] 사람이며 신실한[信] 사람이다."

何謂善이며 何謂信이잇고
하 위 선　　　하 위 신

(호생불해가 질문했다.) "어떤 것을 선하다고 하고 어떤 것을 신실하다고 합니까?"

曰可欲之謂善이요[285]
왈 가 욕 지 위 선

맹자가 말했다. "(사람들이 가까이) 하려고 할 만한 것을 선(善)이라고 한다.

有諸己之謂信이요
유 저 기 지 위 신

자기 몸에 선(善)한 실체가 있는 것을 신(信)이라고 한다.

---

[285] "可欲"(가욕)은 무엇인가? 집주의 설명을 소개한다. '하늘의 이치가 그 선한 자는 반드시 가까이 하려고 하고 그 악한 자는 반드시 미워하는 것이다. 그 사람 됨됨이가 (사람들에게) 가히 가까이 하고 싶고 가히 미워하지 않는 것에 합당하면 가히 善人(선인)이라고 할 수 있다.'("天下之理 其善者 必可欲 其惡者 必可惡 其爲人也 可欲而不可惡則可謂善人矣" 집주)

充實之謂美요

충 실 지 위 미

(자기 몸에 선한 실체가 꽉) 채워져 있어서 그런 내면의 아름다움이 겉으로 드러난 것을 미(美)라고 한다.

充實而有光輝之謂大요

충 실 이 유 광 휘 지 위 대

(내면이 아름다움으로 꽉 채워지고) 충실해서 휘황하게 빛나는 것을 대인이라고 한다.

大而化之之謂聖이요

대 이 화 지 지 위 성

대인이면서 (애쓰지 않아도) 저절로 감화시키니 이런 단계를 성인(聖人)이라고 한다.

聖而不可知之之謂神이니

성 이 불 가 지 지 지 위 신

성인이어서 (신묘하여 사람으로서는) 알 수 없는 단계를 신(神)이라고 한다.

樂正子는 二之中이요 四之下也니라
악정자   이지중   사지하야

악정자는 (앞에 나오는 善과 信) 두 가지의 중간이고, (나중에 나오는 美·大·聖·神) 네 가지의 아래다."

① 선(善), ② 신(信), ③ 미(美), ④ 대(大), ⑤ 성(聖), ⑥ 신(神), 사람의 수준을 평가하는 6등급을 말한 것이다.

26. 孟子曰逃墨이면 必歸於楊이요 逃楊이면 必歸於儒니 歸커든
    맹자왈도묵   필귀어양   도양   필귀어유   귀

斯受之而已矣니라
사수지이이의

맹자가 말했다. "묵적(墨翟)을 떠나면 반드시 양주(楊朱)로 돌아오고, 양주를 떠나면 반드시 유가로 돌아오는 것이니, 돌아오면 다만 받아줄 뿐이다.

今之與楊墨辯者는 如追放豚하니 旣入其苙이어든 又從而招之로다
금지여양묵변자   여추방돈   기입기립   우종이초지

이제 양주 묵적과 더불어 논쟁하는 자는 (짐승을 가두는) 우리를 뛰쳐나간 돼지를 뒤쫓듯이 처신한다. 돼지가 이미 그 우리로 들어왔으면 그만인데 (과거의 잘못을 탓하며) 또 따라가서 그 발을 옭아매는구나."

27. 孟子曰有布縷之征과 粟米之征과 力役之征하니 君子用其一이요
맹자왈유포루지정　속미지정　력역지정　　군자용기일

緩其二니 用其二면 而民이 有殍하고 用其三이면 而父子離니라
완기이　용기이　이민　유표　　용기삼　　이부자리

　맹자가 말했다. "세금은 (때에 맞게 할 것이니 여름에) 베와 실로 내는
것이 있고, (가을에) 곡물로 내는 것이 있고, (겨울에) 노동력으로 부담하
는 것이 있다. 군자가 (정치하면 이 중에) 하나만 쓰고 둘은 느슨하게
할 것이다. (동시에) 그 둘을 쓰면 백성이 굶어죽고 셋을 쓰면 부자가
생이별한다."

28. 孟子曰諸侯之寶三이니 土地와 人民과 政事니 寶珠玉者는
맹자왈제후지보삼　　토지　인민　정사니　보주옥자

殃必及身이니라
앙필급신

　맹자가 말했다. "제후에게 보물이 셋이니, 토지와 인민과 정치다. 값
이 나가는 재물을 보물로 여기면 재앙이 반드시 그 몸에 닥칠 것이다."

29. 盆成括이 仕於齊러니 孟子曰死矣로다 盆成括이여 盆成括이
분성괄　사어제　　맹자왈사의　　분성괄　　분성괄

見殺이어늘 門人이 問曰夫子何以知其將見殺이시니잇고
견살　　　문인　문왈부자하이지기장견살

曰其爲人也小有才요　未聞君子之大道也하니
왈 기 위 인 야 소 유 재　　미 문 군 자 지 대 도 야

則足以殺其軀而已矣니라
즉 족 이 살 기 구 이 이 의

(맹자에게 배우다가 중도에 그만둔) 분성괄이 제나라에서 벼슬을 하
게 되었다. 맹자가 말했다. "죽겠구나, 분성괄!" (그런) 분성괄이 결국 죽
임을 당했다. 제자가 질문했다. "선생님께서는 어떻게 그가 장차 죽는다
는 것을 알았습니까?" 맹자가 말했다. "그 사람됨이 작은 재주는 있었으
나 군자의 대도를 듣지 못했으니 (그 작은 재주를 믿고 경거망동할 것이
니) 곧 족히 스스로 그 몸을 죽게 할 뿐이었다."

30. 孟子之滕하사　館於上宮이러시니　有業屨於牖上이러니　館人이
　　　맹 자 지 등　　　관 어 상 궁　　　　유 업 구 어 유 상　　　관 인

求之弗得하다
구 지 부 득

맹자가 등나라에 가서 상궁[여관]에 숙박했다. (여관을 지키는 사람이)
만들던 신발이 창틀 위에 있었는데 여관을 지키는 사람이 찾았으나 찾지
못했다.

或이　問之曰若是乎從者之廋也여　曰子以是로　爲竊屨來與아
혹　　문 지 왈 약 시 호 종 자 지 수 야　　왈 자 이 시　　위 절 구 래 여

日殆非也라 夫子之設科也는 往者를 不追하며 來者를 不拒하사
왈 태 비 야　　　부자지설과야　　왕자　　불추　　　래자　　불거

苟以是心으로 至커든 斯受之而已矣시니라
구이시심　　　　지　　　사수지이이의

　어떤 사람이 물으며 말했다. "이렇듯이 (선생님을) 수행하는 자들은 남의 물건을 숨기는 짓을 하네요!" 맹자가 말했다. "그대는 (나를 수행하는) 이들이 신발이나 훔치러 왔다는 것인가?" (자기의 실언을 깨달은) 그가 말했다. "그런 것이 아닙니다. 다만 선생님께서는 교과를 설치하고 교육함에 있어서 '지난 잘못을 추궁하지 않으며 오는 자를 거절하지 않고 진실로 (도를 배우려는) 이런 마음으로 찾아오면 받아줄 뿐이다.'라고 해서 드리는 말씀입니다."

31.　孟子曰人皆有所不忍하니 達之於其所忍이면 仁也요
　　　맹자왈인개유소불인　　　달지어기소인　　　인야

　人皆有所不爲하니 達之於其所爲면 義也니라
　인개유소불위　　　달지어기소위　　　의야

　맹자가 말했다. "사람은 모두 차마 (남을 해치지) 못하는 불인(不忍)의 마음을 가지고 있다. 그런 마음을 확장하여 해서는 안 될 짓을 함부로 행하는 그런 마음을 바꾸어 나가는데 통달하면 그것이 인(仁)이다. 사람은 모두 해서는 안 되는 짓을 하지 않는 불위(不爲)의 마음을 갖고 있다. 그런 마음을 확장하여 해서는 안 될 짓을 함부로 행하는 그런 마음을 바꾸어나가는데 통달하면 그것이 의(義)다.

人能充無欲害人之心이면 而仁을 不可勝用也며
인능충무욕해인지심　　　이인　　불가승용야

人能充無穿踰之心이면 而義를 不可勝用也니라
인능충무천유지심　　　이의　　불가승용야

사람이 능히 남을 해치지 않으려는 불인(不忍)의 마음을 확충한다면
인(仁)이 다 쓸 수 없을 만큼일 것이다. 사람이 능히 구멍을 뚫고 담장을
넘는 도둑의 짓을 하지 않는 불위(不爲)의 마음을 확충한다면 의(義)가
다 쓸 수 없을 만큼일 것이다.

人能充無受爾汝之實이면　無所往而不爲義也니라
인능충무수이여지실　　　무소왕이불위의야

사람이 능히 남에게 '너'라는 멸시하는 말을 듣지 않으며 무시당하지
않으려는 실정(實情)을 확충한다면 가는 곳마다 의를 행하지 않음이 없
을 것이다.

士未可以言而言이면 是는 以言餂之也요 可以言而不言이면
사미가이언이언　　　시　　이언첨지야　　가이언이불언

是는 以不言餂之也니 是皆穿踰之類也니라
시　　이불언첨지야　　시개천유지류야

선비가 말을 하지 말아야 하는데 말하면 이것은 말을 함으로써 (이득
을) 탐하여 취하는 것이다. 말을 할 만한데 말하지 않으면 이것은 말하지
않음으로써 (이득을) 탐하여 취하는 것이다. 이 모두 구멍을 뚫고 담장

을 넘어서 훔치는 부류다."

32. 孟子曰言近而指遠者는 善言也요 守約而施博者는 善道也니
　　맹자왈언근이지원자　　　선언야　　수약이시박자　　선도야

君子之言也는 不下帶而道存焉이니라
군자지언야　　불하대이도존언

　맹자가 말했다. "말은 (이해하기 쉽고) 비근하나 그 가리키는 바는 먼
것이 좋은 말이다. (자신이) 지키는 원칙은 간략하나 (남에게) 베푸는
것은 넓은 것이 좋은 도다. (그래서) 군자의 말은 (항상 눈에 보이는 허
리 띠 윗부분과 같이 지극히 가까운 곳에 관한 것이나 그것에 도가 있다.
굳이 허리를 굽혀야 볼 수 있는) 허리 띠 아래로 내려가지 않아도 도가
그 속에 도가 있는 것이다.

君子之守는 脩其身而天下平이니라
군자지수　　수기신이천하평

　군자가 고수하는 것은 자기 몸을 수양함으로써 그 결과로 천하가 바
르게 되는 것이다. (이것이 지키는 것은 간략하나 베푸는 것은 넓다는
것이다.)

人病은 舍其田而芸人之田이니 所求於人者重이요
인병　　사기전이운인지전　　　소구어인자중

而所以自任者輕이니라
이 소 이 자 임 자 경

  사람의 고질병은 자기 밭은 버려두고 남의 밭을 김매는 것이다. (자기 자신을 지키는 일은 소홀히 하고 남에게 신경을 쓰니 일은 많고 효과는 적다. 이런 사람이) 다른 사람에게 요구하는 것은 과중하고 자기 책임으로 자임하는 것은 가볍다."

33. 孟子曰堯舜은 性者也요 湯武는 反之也시니라
    맹 자 왈 요 순   성 자 야   탕 무   반 지 야

  맹자가 말했다. "요순은 (애쓰지 않아도 저절로) 본성 그대로 살았던 분이고, 탕왕과 무왕은 (노력해서 완벽한 본래의) 본성을 회복하여 행하셨다.

動容周旋이 中禮者는 盛德之至也니 哭死而哀非爲生者也며 經德不回
동 용 주 선   중 례 자   성 덕 지 지 야   곡 사 이 애 비 위 생 자 야   경 덕 불 회

非以干祿也며 言語必信이 非以正行也니라
비 이 간 록 야   언 어 필 신   비 이 정 행 야

  동작의용과 진퇴가 (애쓰지 않아도) 저절로 예법에 부합하는 것은 덕이 지극한 경지에 있기 때문이다. (이렇게 저절로 예법에 맞는 경지에 있는 요순과 같은 이가) 죽은 이를 위해 곡하고 슬퍼함은 산 자를 위해 (형식적으로) 그러는 것이 아니다. 불변의 덕을 지키며 그것을 왜곡하지

않는 것은 벼슬을 구하려고 (의도적으로) 그러는 것이 아니다. 언어를
반드시 신실하게 하는 것은 (의도적으로) 행동을 바르게 하려고 그러는
것이 아니다.(이것이 본성대로 살았던 분의 일이다.)

君子는 行法하여 以俟命而已矣니라
군 자　　행 법　　　이 사 명 이 이 의

(탕왕과 무왕과 같이 본성을 회복하려는 뜻을 가지고 노력하는) 군자
는 법도를 행하면서 하늘의 명을 기다릴 뿐이다."

34. 孟子曰說大人則藐之하여　勿視其巍巍然이니라
　　 맹 자 왈 세 대 인 즉 묘 지　　　물 시 기 외 외 연

맹자가 말했다. "부귀한 사람이나 고위직 인사에게 유세할 때는 그를
가볍게 여기고 그의 부귀하고 드높은 위세는 보지 말라.

堂高數仞과　榱題數尺을　我得志라도　弗爲也며　食前方丈과
당 고 수 인　　최 제 수 척　　아 득 지　　　불 위 야　　식 전 방 장

侍妾數百人을　我得志라도　弗爲也며　般樂飮酒와　驅騁田獵과
시 첩 수 백 인　　아 득 지　　　불 위 야　　반 락 음 주　　구 빙 전 렵

後車千乘을　我得志라도　弗爲也니　在彼者는　皆我所不爲也요
후 거 천 승　　아 득 지　　　불 위 야　　재 피 자　　개 아 소 불 위 야

在我者는　皆古之制也니　吾何畏彼哉리오
재 아 자　　개 고 지 제 야　　오 하 외 피 재

당(堂)의 높이가 몇 길이나 되고 서까래 머리가 몇 자나 되는 고대광실을 나는 뜻을 이룬다고 해도 살지 않을 것이다. 앞에 늘어놓은 음식이 사방 한 길이나 되는 진수성찬을 차리고 수백 명이 시중을 드는 호사를 나는 뜻을 이룬다고 해도 하지 않을 것이다. 크게 즐기고 술 마시고 말 달리며 사냥하고 마차 수천대가 뒤따르게 하는 것을 나는 뜻을 이룬다고 해도 하지 않을 것이다. 저들에게 있는 것은 모두 내가 하지 않는 것이다. 내게 있는 것은 모두 옛 성현의 법이다. 내 어찌 저들을 두려워하랴!"

35. 孟子曰養心이 莫善於寡欲하니 其爲人也寡欲이면
    맹자왈양심   막선어과욕   기위인야과욕

雖有不存焉者라도 寡矣요 其爲人也多欲이면 雖有存焉者라도
수유부존언자   과의   기위인야다욕   수유존언자

寡矣니라
과의

맹자가 말했다. "마음을 기르는 데에는 (육체적인) 욕망을 줄이는 것보다 더 좋은 것이 없다. 그 사람됨이 욕망이 적으면 비록 다소 (마음을) 보존하지 못함이 있을지라도 그것이 적을 것이다. 그 사람됨이 욕망이 많으면 비록 (마음을) 보존함이 있을지라도 그것이 적을 것이다."

36. 曾晳이 嗜羊棗러니 而曾子不忍食羊棗하시니라
증 석　　기양조　　　　이증자불인식양조

증석이 대추를 좋아했다. 그래서 증자는 (돌아가신 부친 생각에) 차마 대추를 먹지 못했다.

公孫丑問曰膾炙與羊棗孰美니잇고 孟子曰膾炙哉인저
공손추문왈회자여양조숙미　　　　맹자왈회자재

公孫丑曰然則曾子는 何爲食膾炙而不食羊棗시니잇고
공손추왈연즉증자　　하위식회자이불식양조

曰膾炙는 所同也요 羊棗는 所獨也니 諱名不諱姓하나니
왈회자　소동야　양조　소독야　휘명불휘성

姓은 所同也요 名은 所獨也일새니라
성　소동야　명　소독야

공손추가 질문했다. "회와 구운 고기를 대추와 비교하면 어느 것이 더 맛있습니까?" 맹자가 말했다. "회와 구운 고기다." 공손추가 말했다. "그렇다면 증자는 왜 회와 구운 고기는 먹으면서 대추는 먹지 않았습니까?" 맹자가 말했다. "회와 구운 고기는 누구에게나 (먹기 좋은 음식으로) 동일한 것이고 대추는 자기에게 특별한 것이기 때문이다. 돌아가신 부모의 이름은 함부로 부르기를 피하지만 성은 그렇게 하지 않는다. 성은 공유하는 것이고 이름은 개인에게 특별하기 때문이다."

37. 萬章이 問曰孔子在陳하사 曰盍歸乎來리오 吾黨之士狂簡하여
    만장   문왈공자재진   왈합귀호래   오당지사광간

   進取호대 不忘其初라하시니 孔子在陳하사 何思魯之狂士시니잇고
   진취   불망기초   공자재진   하사로지광사

만장이 질문했다. "공자께서 진나라에 계실 때 말씀하시기를, '어찌
(노나라로) 돌아가지 않으랴! 우리 마을 선비는 뜻은 거창하나 하는 일
에는 치밀하지 못하여 그 목표가 고원(高遠)하다. 그렇지만 (비록 바른
도를 얻지는 못했어도 도가 시작된) 그 처음의 근본은 잊지 않았다! (그
래서 옛 것을 잘 지킨다.)'라고 하셨습니다. 그런데 공자는 진나라에 계
시면서 어찌 뜻이 거창한 노나라 선비를 생각했습니까?"

   孟子曰孔子不得中道而與之인댄 必也狂獧乎인저
   맹자왈공자부득중도이여지   필야광견호

   狂者는 進取요 獧者는 有所不爲也라하시니
   광자   진취   견자   유소불위야

   孔子豈不欲中道哉시리오마는 不可必得故로 思其次也시니라
   공자기불욕중도재   불가필득고   사기차야

맹자가 말했다. "공자께서는 중도의 선비를 얻어서 함께 하지 못할
바에는 반드시 뜻이 거창한 선비와 고집 센 선비와 함께 하겠다고 하신
것이다. 뜻이 거창한 선비는 진취적이고 고집 센 선비는 어떤 일은 절대
로 하지 않는 행동의 준칙이 있다고 하셨으니, 공자께서 어찌 중도의
선비를 욕심내지 않았겠는가? 얻을 수 없다는 것을 아셨기에 그 차선을
생각하신 것이다."

敢問何如라아 斯可謂狂矣니잇고
감 문 하 여　　　사 가 위 광 의

(만장이 질문했다.) "감히 여쭙겠습니다. 어찌해야 이에 광자(狂者)라고 할 수 있습니까?

曰如琴張曾晳牧皮者孔子之所謂狂矣니라
왈 여 금 장 증 석 목 피 자 공 자 지 소 위 광 의

맹자가 말했다. "금장, 증석, 목피와 같은 사람이 공자께서 말씀하신 광자다."

何以謂之狂也니잇고
하 이 위 지 광 야

(만장이 질문했다.) "어떤 이유로 이들을 광자라고 했습니까?"

曰其志嘐嘐然曰古之人古之人이여호대　夷考其行而不掩焉者也니라
왈 기 지 효 효 연 왈 고 지 인 고 지 인　　　　　이 고 기 행 이 불 엄 언 자 야

맹자가 말했다. "그 뜻이 크고 말이 거창해서 늘 말하기를 '옛 사람이여, 옛 사람이여!'라고 하지만 평소 그 행실을 보면 말을 덮을 정도가 되지 못한 자들이다.

狂者를 又不可得이어든 欲得不屑不潔之士而與之하시니
광자   우불가득   욕득불설불결지사이여지

是獧也니 是又其次也니라
시견야   시우기차야

광자를 얻으려 해도 얻지 못한다면, 불결(不潔)한 것을 좋게 보지 않
는 선비라도 얻어서 함께하고자 하셨다. 이들이 견자(獧者)인데, 이 또
한 그 다음이다."

孔子曰過我門而不入我室이라도 我不憾焉者는 其惟鄕原乎인저
공자왈과아문이불입아실   아불감언자   기유향원호

鄕原은 德之賊也라하시니 曰何如라아 斯可謂之鄕原矣니잇고
향원   덕지적야   왈하여   사가위지향원의

만장이 질문했다. "공자께서 말씀하시기를, '내 집 문을 지나면서 내
집안으로 들어오지 않아도 내가 유감스럽게 생각하지 않을 자는 그 오직
향원이로다. 향원은 덕을 해치는 자다.'라고 하셨는데 (그 언행이) 어떠
하면 이를 향원이라고 합니까?"

曰何以是嘐嘐也하여 言不顧行하며 行不顧言이요
왈하이시효효야   언불고행   행불고언

則曰古之人古之人이여하며 行何爲踽踽凉凉이리오 生斯世也라
즉왈고지인고지인   행하위우우량량   생사세야

爲斯世也하여 善斯可矣라하여 閹然媚於世也者是鄕原也니라
위사세야   선사가의   엄연미어세야자시향원야

맹자가 말했다. "(향원은 광자를 기롱하며) 말하기를 '어찌 이리도 거창하여 말은 행실을 돌아보지 못하고(말과 행동이 다르고) 행실이 말을 돌아보지 못하면서 말하기를 〈옛 사람이여, 옛 사람이여!〉라고 하는가!'라고 한다. (견자를 기롱하며) 말하기를 '행실이 어찌하여 독불장군이고 쌀쌀맞은가! 이 세상에 났으면 이 세상 사람이 되어 좋은 사람이라는 말을 들으면 되는데.'라고 한다. 은연중에 세상에 아첨하는 자, 이들이 향원이다."

萬章이[286]曰一鄕이 皆稱原人焉이면 無所徃而不爲原人이어늘
만 장　　　 왈 일 향　　 개 칭 원 인 언　　　 무 소 왕 이 불 위 원 인

孔子以爲德之賊은 何哉잇고
공 자 이 위 덕 지 적　　 하 재

만장이 말했다. "(그래도) 한 마을에서 근후한 사람이라고 칭하면 어느 마을을 가더라도 근후한 사람이 아닌 것이 아닌데, 공자께서 덕을 해치는 자라고 하신 것은 어떤 이유입니까?"

曰非之無擧也요 刺之無刺也하여 同乎流俗하며 合乎汚世하여
왈 비 지 무 거 야　　 자 지 무 자 야　　　 동 호 류 속　　　 합 호 오 세

居之似忠信하며 行之似廉潔하여 衆皆悅之어든
거 지 사 충 신　　 행 지 사 렴 결　　　 중 개 열 지

自以爲是而不可與入堯舜之道니 故로 曰德之賊也라하시니라
자 이 위 시 이 불 가 여 입 요 순 지 도　　 고　　 왈 덕 지 적 야

---

286 "萬章"이 조주본에는 "萬子"로 되어 있다. 그 註에 "萬子卽萬章也"라고 되어 있다.

맹자가 말했다. "비판하려고 해도 비판할 것이 없고 풍자하려고 해도 풍자할 것이 없으며 시대의 흐름을 잘 타고 더러운 세상에 잘 영합하고 성실하고 진실한 듯 처신하고 청렴하고 결백한 듯 행동하기에 대중이 모두 좋아한다. 그 역시 스스로 옳다고 여긴다. 그렇지만 이런 자와는 더불어 요순의 도에 들어갈 수 없다. 그렇기 때문에 (공자께서) 말씀하시기를 '덕을 해치는 자'라고 하신 것이다.

孔子曰惡似而非者하노니 惡莠는 恐其亂苗也요 惡佞은 恐其亂義也요
공자왈오사이비자   오유   공기란묘야   오녕   공기란의야

惡利口는 恐其亂信也요 惡鄭聲은 恐其亂樂也요 惡紫는
오리구   공기란신야   오정성   공기란악야   오자

恐其亂朱也요 惡鄕原은 恐其亂德也라하시니라
공기란주야   오향원   공기란덕야

공자께서 말씀하시기를 '나는 비슷하지만 진짜가 아닌 것을 미워한다. 논에 난 (잡초) 피를 미워하는 것은 그것이 벼의 싹과 혼동되는 것이 걱정스럽기 때문이다. (실질은 없으면서) 말 재주 부리는 자를 미워하는 것은 그가 (義로운 것 같으나 義가 아닌 것으로) 의(義)를 혼란스럽게 하는 것이 걱정스럽기 때문이다. 말 많이 하지만 실질이 없는 입을 미워하는 것은 그것이 진실과 혼동되는 것이 걱정스럽기 때문이다. 정나라 (음란한) 음악을 미워하는 것은 그것이 바른 음악을 혼란스럽게 하는 것이 걱정스럽기 때문이다. 자색을 미워하는 것은 그것이 (두 가지 이상의 색을 혼합하여 나온 間色인데 바른 색인) 주색과 혼동되는 것이 걱정스럽기 때문이다. 향원을 미워하는 것은 그런 가짜가 덕을 어지럽힐까 봐 걱정스럽기 때문이다.'라고 하셨다.

君子反經而已矣니 經正則庶民이 興하고 庶民이 興이면
군자반경이이의　경정즉서민　흥　서민　흥

斯無邪慝矣리라
사무사특의

군자는 오직 (만고불변의) 정상적인 도(道)로 돌아갈 뿐이다. 도가 바
르면 서민이 선한 방향으로 흥기한다. 서민이 선한 방향으로 흥기하면
이에 요사스럽고 간특함은 없을 것이다."

38. 孟子曰由堯舜至於湯이 五百有餘歲니 若禹臯陶則見而知之하시고
맹자왈유요순지어탕　오백유여세　약우고요즉견이지지

若湯則聞而知之하시니라
약탕즉문이지지

맹자가 말했다. "요와 순으로부터 탕에 이르기까지 오백여년이다. (하
늘의 법칙에 의하면 오백년에 한 번 성인이 나온다.) 우와 고요는 (요순
의 인도를 받아 그 도를 전해 받았으니) 보고서 그 도를 알았고 탕은
(후에 전해) 듣고서 그 도를 알았다.

由湯至於文王이 五百有餘歲니 若伊尹萊朱則見而知之하고
유탕지어문왕　오백유여세　약이윤래주즉견이지지

若文王則聞而知之하시니라
약문왕즉문이지지

탕으로부터 문왕에 이르기까지 오백여년이다. 이윤과 내주는 보고서
그 도를 알았고 문왕은 듣고서 그 도를 알았다.

由文王至於孔子五百有餘歲니 若太公望散宜生則見而知之하고
유 문 왕 지 어 공 자 오 백 유 여 세   약 태 공 망 산 의 생 즉 견 이 지 지

若孔子則聞而知之하시니라
약 공 자 즉 문 이 지 지

문왕으로부터 공자에 이르기까지 오백여년이다. 태공망(강태공)과 산
의생은 보고서 그 도를 알았고 공자는 듣고서 그 도를 아셨다. (이렇게
공자에게 그 도가 전해졌다.)

由孔子而來로 至於今이 百有餘歲니 去聖人之世若此其未遠也며
유 공 자 이 래   지 어 금   백 유 여 세   거 성 인 지 세 약 차 기 미 원 야

近聖人之居若此其甚也로대 然而無有乎爾하니 則亦無有乎爾로다
근 성 인 지 거 약 차 기 심 야   연 이 무 유 호 이   즉 역 무 유 호 이

공자로부터 지금에 이르기까지 백여년이다. 성인(공자)이 살았던 시대
와 이처럼 멀지 않으며 성인의 거처가 이처럼 아주 가깝다. 그렇지만 (그
도를 보고서 아는 자) 있지 않으니 (이제 내가 후대에 전하지 않으면 오백
년이 지난 다음에 그 도를 듣고서 아는 자는) 또한 있지 않을 것이로다."[287]

---

[287] "無有乎爾"(무유호이)를 어떻게 해석할 것인가? 집주에 '그러나 이미 보고서 안 자가
있지 않으니 오백년 후에 또 어찌 다시 듣고서 아는 자가 있을 것인가!'("然而已無有見而知
之者矣則五百餘歲之後 又豈復有聞而知之者乎")라는 설명이 있다. 한편, 공자와 맹자가 살
았던 시대와의 시간적 차이, (공자의) 노나라와 (맹자의) 추나라의 공간적 거리의 가까움

『맹자』의 구성

『맹자』는 이렇게 262장(章), 34,685자(字)로 구성되어 있다. 조기(趙岐)의 「맹자제사(孟子題辭)」에 의하면 『맹자』는 7편, 261장이라고 한다.

맹자의 생애

맹자의 생애에 대해서는 잘 알려져 있지 않다. 『분류 오주연문장전산고』 「경사류」 인물 '맹자에 대한 변증설'에 있는 맹자의 생애를 간략히 요약한다.

맹자는 B.C. 370년(기유년)에 출생하여 84세에 졸하였다. 추(鄒) 나라 사람이다. 아버지는 격공의(激公宜)인데, 맹자 3살 때 죽었다고 한다. 어머니는 장씨(仉氏)인데, 「조기제사」에 '어려서 자모의 삼천지교를 받았다'는 설명이 있다. 맹자의 아내는 전씨(田氏), 아들은 중자(仲子)다. 맹자의 학업에 대해서는 「조기제사」에 '자사(子思)에 사사했다'("長師孔子之孫子思")는 설명이 있다. 집주에는 '자사의 문인에게서 공부했다.'("受業子思之門人")는 설명이 있다. 졸(卒)하여 사기산(四基山) 남쪽에 안장(安葬)되었으며, 휘(諱)는 가(軻), 자(字)는 자여(子輿)다.

을 강조했던 맹자의 말에 담긴 의도를 생각한다면 (그 사상적 흔적과 전해짐이 남아있기에) 이 문장은 맹자 그 자신이 그것을 후대에 전하지 않는다면 안 된다는 문명적 책임의식을 자부한 말로 해석할 수도 있겠다. 도암 이재의 『맹자강설』에도 그런 뜻이 있다. '『맹자』 7편이 이 장(章)으로 마치는데 진실로 맹자는 피할 수 없는 사명감을 갖고 있음을 볼 수 있다. 주자도 이 장(章) 하단에 특별히 명도(明道)의 비문을 첨가하여 맹자의 계통을 전했으니 주자 역시 피할 수 없는 문명적 사명감을 가졌음을 또한 이에서 볼 수 있겠다.'("孟子七篇終之以此章固見孟子之有不得辭者而朱子扵章下特添明道墓文以傳孟子之統扵此又可見朱子之亦有不得辭者爾")

참고문헌

〈조선시대 『맹자』 간행본〉

『孟子集註大全』(胡廣 等奉勅撰)

이 책은 조선시대의 대표적인 『맹자』 교과서다. 『맹자』본문(대문)과 주자집주, 그리고 여러 학자들의 소주(小註)가 종합되어 있어서 『맹자』를 자습하는데 유용하다. 조선에서는 세종이 간행한 이후에 여러 판본이 나왔는데 지금까지 유통되는 것은 그 내용이 동일하다. 필자는 이 책을 내면서 『맹자』본문(대문)을 어떤 것을 기준으로 할 것인가를 고민했었다. 좀 이상하게 들리겠지만, 집주와 조주는 주석이 다른 것이지만, 그것을 위주로 하는 집주본 『맹자』와 조주본 『맹자』는 그 본문(대문)에 다른 한자들이 들어있다. 그래서 『맹자』 본문(대문)과 집주, 조주를 하나로 통합한 책은 만들기 어려운 것이다. 해석하는 데에는 지장은 없지만 『맹자』본문(대문)이 통일된 것이 없어서 발생하는 문제는 있다. 그렇지만 이렇게 『맹자』의 본문(대문) 글자가 약간 다르고 판본에 따라 없거나 추가된 글자가 있는 것은 그 고전의 세월을 말해주는 것이기 때문에 자연스러운 것이기도 하다. 판본에 따른 글자나 자형(字型)의 차이에 대해서는 조기(趙岐)의 주, 손석(孫奭)의 소(疏)가 들어있는 『十三經注疏 孟子注疏』에 포함되어 있는 완원(完元)의 「교감기」에 잘 정리되어 있다. 필자는 이 책에서 『맹자』본문(대문)과 한자자형은 정조(재위 1776~1800) 시대에 간행된 『孟子集註大全』(정유자본)

을 그대로 따랐다. 이것의 영인본이 성균관대학교 대동문화연구원에서 간행한
『經書: 大學論語孟子中庸』(1965년)인데, 필자는 1996년 간행 영인본을 참고했다.
이 책은 성균관대학교 출신은 물론 다수의 고전 학습자에게 『맹자』교재로 애용
되고 있다. 크기가 일반 교과서 정도라서 휴대가 편리하고 사서(四書)와 그 집
주, 소주가 한권에 포함되어 있어서 필요할 때 사전처럼 활용할 수 있다.

　근래에는 이런 『맹자집주대전』에 내각장판의 『맹자언해』를 페이지마다 오려
붙여서 2책으로 영인 간행한 것(학민문화사 영인, 『孟子 附諺解』 건, 곤)이 있는
데 이 책 역시 『맹자』교재로 많이 사용되고 있다. 또한, 『口訣 孟子大全 上·
下』(艮齋 口訣 影印本, 충남 부여: 曲阜講堂. 1987)이 있는데, 『맹자집주대전』본
문(대문)에 구결(口訣)을 우측에 수기로 표시하였고 다른 견해가 있는 경우에는
좌측에도 표시하여 비교할 수 있게 했다. 집주에도 구결 표시가 있어서 참고가
된다.

『孟子諺解』

　최초의 『한글 맹자』라고 할 수 있는 『맹자언해』는 1590년 교정청 간행본으로
나왔다. 현재까지 전해지고 있는 그것이 도산서원 소장본이다. 본문(대문) 한자
에 성점(聲點)이 표시되어 있는 것이 특징이다. 이것을 1976년에 대제학 출판사
에서 영인본을 간행했고 동일한 것이 좀 더 작은 크기로 1985년에 『사서언해』라
는 이름으로 2차 영인본이 간행되었다. 필자는 한자음을 조사할 때, 이것을 그
이후 조선시대에 간행된 다른 여러 종류의 언해본과 비교하면서 검토했다. 1612
년 이후에 간행된 『맹자언해』에는 성점이 사라지고 해석과 한자음이 간결하게
정비되었고 이것 이후에 간행된 『맹자언해』는 이와 동일하다. 이런 조선시대
『맹자언해』는 조선시대 『맹자』학습에 있어서 해석과 한자음의 표준이 되었다.
그런 언해본의 한자음과 현토에 대해서는 조선시대 일부 학자들 사이에서 논란
이 있었으나 그래도 이 책은 조선시대 『맹자』 국정교과서로서 그 권위를 인정받

왔다. 지금도 전통서당에서는 이 책이『맹자』학습의 참고서가 되고 있다. 전통적인 서당에서는 아직도 이런『맹자언해』의 현토와 한자음으로 읽고 외운다.

『맹자』를 삼천 번 읽으면 머리에서 〈툭하고 탁 소리가 난다〉는 전설적인 이야기도 전해온다(이가원 교수님의 '〈맹자〉가 우리 문학에 끼친 영향의 가지가지' 안병주, 이운구, 이호형,『新譯四書 Ⅲ 孟子』, pp.552~554에 나온다.) 이런『맹자언해』는 경진신간 내각장판이 대표적인 판본이다. 이외에 임술계춘 영영중간, 갑신신간 영영장판 등이 있는데 그 내용은 내각장판과 모두 동일하다. 이런『맹자언해』를 통칭하여 관본언해라고 한다.

한편, 율곡 이이도 왕명으로『맹자』언해를 시도했는데 그것이 영조 때 홍계희(1703~1771)에 의해 간행되었다.『孟子栗谷諺解』라고 하는데 이 책 역시 그 영인본이 유통되고 있어서 관본언해와 비교하면서 한자음과 해석을 참고할 수 있다. 필자(부남철)는『맹자』한자음에 대해서는 최대한 그 사용 용례를 조사했다. 관본언해와 율곡언해, 집주대전에 (반절과 직음으로) 한자로 표시된 한자음, 1900년대 이후 40년 동안 간행된 여러 종류의 현대적인 활자본『맹자집주』에 한글로 표시된 한자음, 그리고 지금까지 나온 주요『맹자』역주서까지 그 사례를 검토한 뒤에 필자의 견해를 붙여서 소개했다. 필자가 역주한 이 책의 현토는 관본언해 그대로를 현대적인 표기법으로 고쳐서 표시한 것이다. 현토는 일종의 초벌 해석이다. 필자는 가급적 관본언해의 그것을 따르며 해석하려고 했고 논란이 있을만한 것은 각주에서 여러 견해를 상술하였다.

〈중국·일본 간행,『맹자』주석서〉

『四書章句集注』(新編諸子集成 第一輯). 中華書局. 1996.

『十三經注疏 附校勘記』(全八冊),「重刊宋本 孟子注疏 附校勘記」大化書局.(趙岐 注. 孫奭 疏)

『趙註孟子』(小林新造藏版). 明治 12年(1879)

『孟子正義』 清人十三經注疏 焦循 撰. 上海古籍出版社, 1993.

『新訂四書補註備旨』鄧林 著. 鄧煜 編次. 祁文友 重校. 杜定基 增訂. 上海昌文
　　書局印行. 1920.

『漢文大系』一「孟子定本」. 東京: 冨山房. 昭和51년(1976).

『孟子譯注』 楊伯峻 譯注. 北京: 中華書局(臺灣版). 中華民國 81年.

『孟子今註今譯』史次耘 註譯. 臺灣商務印書館 發行. 中華民國七十八年(修訂三版).

　　　　　　　　　　　　　　　　　　　　　　　　•

　『맹자』를 읽으면서 한문 공부도 하려고 할 때 보통은『맹자집주』를 택한다.
『맹자집주대전』은 소주 때문에 분량이 많아서 일반 독자에게는 부담스럽다. 그
래서 일반 독자들은『맹자』본문(대문)과 집주만으로 편집된 책을 선호한다. 그
런 책으로 중국에서 간행된『四書章句集注』를 많이 참고한다. 주자의 집주를
본 다음에는 조기의 주를 비교 참고하는데 조주가 있는 판본으로는『孟子注
疏』(孫奭 疏)와『孟子正義』(焦循 撰) 등이 참고가 된다. 조선 말기에는『四書補
註備旨』(鄧林)가 유행했는데,『맹자』의 장(章), 절(節)에 대한 집주[註], 강(講),
보(補)로 이어지는 설명이 있고, 무엇보다도 이 책의 간결한 구해(句解)는『맹
자』읽기에 도움이 된다.

　한문으로 된 현대적인『맹자』교재로는 일본에서 간행된『漢文大系』一「孟
子定本」을 많이 본다. 이 책은 현토 없이『맹자』를 읽는 서당에서 선호되는 교재
인데, 필자도 이 책을 통하여『맹자』본문(대문)과 주석을 접했다. 집주도 있고
추가적인 해설이 있어서『맹자』를 학습하는데 편리하다. 집주, 조주를 참고하고
이어서 현대적인 역주서를 볼 때『孟子譯注』(楊伯峻)과『孟子今註今譯』(史次耘)
가 도움이 된다. 필자도 이 두 책의 해석을 참고했고, 이것을 국내에서 1950년대
이후에 간행된 현대적인『맹자』역주본과 함께 비교하면서 견해가 다른 해석은
각주에서 소개했다.

〈조선시대 『맹자』 주석서〉

조선시대 지식인의 『맹자』의 이해와 학습은 최고 수준이었다. 선조 시대에 『맹자언해』가 간행되었다는 것 자체가 그것을 보여주는 것이다. 이런 관본언해가 학습의 기준으로 여겨졌지만 이에 대한 반론도 많았다. 퇴계 이황은 『사서석의』「맹자석의」를 통하여 나름대로 현토를 달리하는 해석을 제시하면서 『맹자』에 대한 학자들의 다양한 논의를 가능하게 했다. 그 이후 퇴계의 주장에 대한 찬성과 비판이 계속 이어지는 과정에서 조선시대 유학자들의 『맹자』에 대한 이해가 더욱 정밀해졌다.

학자군주로 유명한 정조는 신하들과 『맹자』를 토론한 방대한 기록을 남겼는데, 그것이 『홍재전서』「맹자강의」다. 이것은 실제로 정치를 하는 입장에서 국왕과 신료들이 함께 『맹자』를 읽으며 토론했던 학술적인 기록이기 때문에 여기에 나오는 『맹자』해석은 더욱 현실적이다. 이 책은 또한 당시의 대표적인 학자 관료들의 『맹자』에 대한 다양한 해석과 의견이 종합된 것이기 때문에 『맹자』에 대한 당시 지식인의 집단적인 이해 수준을 반영하는 자료로서 가치가 있다. 필자는 또한 박세당의 『사변록』「맹자」를 흥미롭게 읽었다. 그에 대해서는 사문난적이라는 선입관이 있어서 집주와는 다른 논쟁적이고 특이한 해석을 많이 했을 것으로 기대했는데 일부의 반론이 있지만 오히려 더욱 학술적 근거에 입각하여 『맹자』를 해석하고 논평했다는 점에서 그의 학문 세계를 다시금 알게 되는 계기가 되었다. 또한 정약용의 『맹자요의』는 추상적이고 막연한 『맹자』의 문장들을 이해하는데 도움이 되었다. 필자가 참고한 조선시대 『맹자』 주석서 목록은 아래와 같다.

『弘齋全書』「經書講義 孟子」. 正祖와 그의 신하들.
『思辨錄』「孟子」朴世堂.

『孟子要義』 丁若鏞(李篪衡 譯註. 『譯註 茶山孟子要義』, 서울: 현대실학사, 1994)

『增補 退溪全書 Ⅲ』「四書釋義」李滉, 성균관대학교 대동문화연구원, 1997.

『韓國經學資料集成』35 孟子 1「經書辨疑」金長生, 성균관대학교 대동문화연구원, 1991.

『厚齋集』金幹, 『韓國文集叢刊』155, 민족문화추진회.

『農巖集』金昌協, 『韓國文集叢刊』162, 민족문화추진회.

『陶菴集』李縡, 『韓國文集叢刊』194, 민족문화추진회.

『順菴集』「經書疑義」安鼎福, 『韓國文集叢刊』229~230, 민족문화추진회.

〈『맹자』 주석서(필사본)〉

필자는 조선시대에 간행된『맹자』필사본에 특별한 관심을 가지고 있다. 그 시대에 책을 낸다는 것은 엄청난 경비가 소요되었기 때문에 문중이나 국가적인 사업이 아니면 해내기 어려운 일이었다. 그렇지만 필사본은 노력만 하면 즉시 만들 수 있어서 더욱 생생한 지식을 담고 있는 자료라고 할 수 있다. 그런 사례가 도암 이재의『맹자강설』이다. 이것은 도암의 제자들이『맹자』를 학습하면서 각각의 장(章)에서 의심나는 부분을 질문하고 도암이 이에 대답한 것을 정리해둔 일종의 강의노트다. 『맹자』를 읽으면서 누구나 궁금했던 것을 또는 잘 이해되지 않는 것을 질문했다는 점에서 특히 공감이 가는 참고서다. 이『맹자강설』은 지금도 다수의 필사본이 전해지고 있는데 그 내용은 거의 동일하다. 그렇지만 필사본이기 때문에 각각 다른 점이 있는데 질문과 대답을 축약하거나 어조사 등이 일부 추가되거나 삭제된 정도다. 성균관대학교 한국경학자료 시스템에 있는『맹자강설』을 인터넷으로도 참고할 수 있다.

또한 저자 필사자 미상의『맹자연의』가 다수 전해지고 있는데, 이것은『맹자』

각각의 장(章)에 대해 간략한 질문과 대답을 정리한 것이다. 또한 퇴계 이황의 『사서석의』와 동일한 제목의 『사서석의』(또는 『맹자석의』) 필사본이 있는데, 이것은 한문으로 간략하게 각각의 장을 설명한 것으로 필자는 이 필사본의 설명을 흥미롭게 읽었고 많이 인용했다. 아래는 필자가 참고한 그런 필사본 목록이다.

『孟子講說』(筆寫本: 陶庵 李縡와 제자들의 질의응답 강의록) 동일내용 7종
『孟子演義』(筆寫本: 刊寫地未詳: 刊寫者未詳, 刊寫年未詳) 동일내용 2종
『四書釋義』(筆寫本: 刊寫地未詳: 刊寫者未詳, 刊寫年未詳) (李滉의 『四書釋義』
　　「孟子釋義」와는 다른 책)
『四書撮要』(筆寫本: 刊寫地未詳: 刊寫者未詳, 刊寫年未詳)
『孟子取義』(筆寫本: 刊寫地未詳: 刊寫者未詳, 刊寫年未詳)
『論孟合做』(筆寫本: 刊寫地未詳: 刊寫者未詳, 刊寫年未詳)
『四書合做』(筆寫本: 刊寫地未詳: 刊寫者未詳, 刊寫年未詳)

〈현대적인 활자본 『맹자』, 영인본 『맹자』〉

조선시대에 완숙했던 『맹자』에 대한 이해는 근대화시기에 접어들면서 근대적인 인쇄술이 도입되자 『맹자』 학습의 대중화로 이어지게 되었다. 『맹자집주』가 현대적인 책의 크기와 형태로 대량 인쇄 보급된 것이다. 『맹자』 본문(대문)에 현토를 더하고 언해와 같은 투로 해석하고 집주를 붙인 책이 다수 간행되었다. 집주에 더하여 소주까지 포함한 판본도 나왔는데, 이런 책은 실질적인 『맹자집주대전』이었다. 『原本辨疑 孟子集註 上下』(高裕相 著作兼發行)는 집주와 소주에 더하여 보충 설명이 필요한 장에는 사계 김장생의 학설을 위주로 하면서 율곡 이이, 퇴계 이황, 계곡 장유(1587~1638)의 학설이 추가되어 있다. 이런 종류의 『맹자집주』의 집주에는 대부분 구두가 되어 있고, 『懸吐釋字具解 集註孟

子』(대창서원, 1913)는 집주의 일부가 생략되어 있었지만 집주까지 현토가 된 판본이다. 이런 종류의 『맹자집주』는 집주와 관본언해의 해석을 주로 따랐고, 그런 해석에 따라 『맹자』 본문(대문)에 현토가 되어 있어서 좀 구식이지만 읽기에 편리하다. 이런 종류의 『맹자집주』를 영인한 책이 지금도 전통적인 서당식 교육기관에서 교재로 애용되고 있다. 그 중, 『비지구해 맹자집주』(신구서림 1914)는 『맹자』 본문(대문)과 집주에 더하여 『등림 비지』의 구해(句解)를 요약해서 붙였고, 일부는 편집자가 추가한 것도 있다. 이런 책 중에서 필자가 소장하고 있으면서 그 해석을 비교하고 각주에 인용한 것을 아래에 소개한다.

『孟子』 上·下, 玄公廉 발행, 京城: 搭印社 인쇄, 隆熙2년(1908년).

『懸吐具解 監本孟子 全』, 魚允迪 集編, 玄公廉 발행, 京城: 隆熙2년(1908년).

『孟子集註』 閔瀒鎬 발행, 京城: 東洋書院, 隆熙3년(1909년), 明治44년 再版.

『孟子講演』 李在夏(講演著述兼發行者) 편저, 京城: 文益書館, 大正2년(1913년).

『懸吐釋字具解 集註孟子』, 京城: 大昌書院 發行, 大正2년(1913년).

『備旨句解 孟子集註 全』 池松旭(편집겸발행), 京城: 新舊書林, 大正3년(1914년).

『懸吐釋字具解 集註孟子』 玄采(저작겸발행), 京城: 誠文社, 大正6년(3판: 1917년).

『原本辨疑 孟子集註』 上·下. 京城: 高裕相 著作兼發行, 朝鮮書籍業組合 발행, 大正10년(1921년).

『備旨具解 原本孟子』 上·下, 池松旭(著作兼發行者), 京城: 朝鮮圖書株式會社, 大正11년(1922년), 昭和2년 再版.

『原本備旨 孟子集註』 上·下, 金東縉(著作兼發行者), 京城: 京城書籍組合, 大正11년(1922년) 再版.

『儒教經典諺譯叢書 孟子』, 京城: 儒教經典講究所, 大正12년(1923년).

『正本 孟子集註』 京城: 朝鮮圖書, 大正15년(1926년) 再版.

『懸吐釋字具解 集註孟子』 玄公廉(著作兼發行), 京城: 大昌書院, 大正14년(1925년).

『原本具解 孟子集註』京城: 光東書局, 新舊書林 發行, 발행연도 미상.

『正本 孟子集註』, 서울: 대조사, 1959.

『正本 孟子集註 全』, 서울: 세창서관, 1957.

『通俗國解 正本 孟子集註 全』, 서울: 세창서관, 1961.

『正本 孟子集註』, 서울: 향민사, 1977.

『言解孟子』上・中・下 3책, 李範圭 著作 겸 발행, 京城: 文言社, 昭和7년(1932년). 昭和12년(3판, 1937년). 이 책은『맹자』본문(대문)에 현토와 한자음을 달고 현대적으로 해석한 것이다. 집주를 반영하여 쉽게 풀어서 설명한 부분이 있고 각각의 문장 다음에는 그 의미를 길게 해설하였다.

〈현대적인 『맹자』 역주서〉

필자는 이 시대의 학자들이 역주한『맹자』의 해석과 그 경향을 파악하는 것이 필자 자신의 역주서를 내는데 있어서 선행 작업이라고 생각해왔었다. 그들의 해석은 조선시대로부터 이어져온『맹자』학습의 전통과 그 유산을 계승한 것이기도 하고, 집주와 조주, 소주 등『맹자』에 대한 다양한 고전적인 주석서를 참고하면서『맹자』를 그들 자신의 학문적 관점으로 소화한 것이기도 하다. 아래 목록에 있는 역주서가 그런 것이고 필자는 이를 검토했고 일부는 각주에서 그 다양한 해석을 소개했다.

金敬琢 譯,『孟子』, 서울: 한국자유교육협회, 1969(1974년 재판).

김용옥,『맹자 사람의 길』상・하, 서울: 통나무, 2012.

金中植 편,『孟子註譯』, 서울: 한국인쇄주식회사, 단기 4289.

成百曉 역주,『懸吐完譯 孟子集註』, 서울: 전통문화연구회, 2004(1991년초판).

成百曉 역주,『懸吐完譯 孟子集註』, 서울: 전통문화연구회, 2006(개정증보판).

成百曉 著,『孟子集註』(附按說 天地人), 서울: 한국인문고전연구소, 2014.

안병주, 이운구, 이호형,『新譯四書 Ⅲ 맹자』, 서울: 현암사, 1965.

李家源 역해,『論語·孟子』, 서울: 동서문화사, 1976.

이기동 역해,『맹자강설』, 서울: 성균관대학교 출판부, 2013.

李民樹 역주,『맹자』상·하, 서울: 서문당, 1979.

이을호 옮김,『한글맹자』, 광주: 전남대학교 출판부, 단기 4291년(1958년).

이토 진사이 지음, 최경열 역해,『맹자고의』, 서울: 그린비, 2016.

楊伯峻 譯註, 우재호 韓譯,『孟子譯注』, 대구: 중문, 2002.

우재호 옮김,『맹자』, 서울: 을유문화사, 2007.

유교문화연구소 옮김,『맹자』, 서울: 성균관대학교 출판부, 2012.

張基槿 역주,『맹자』, 서울: 평범사. 1976.

車柱環 역,『孟子』上·下, 서울: 明文堂, 1970(1972년 3판).

허경진 역해,『孟子』, 서울: 청아출판사, 1992.

洪寅杓,『孟子』, 서울: 서울대학교 출판부, 1996.

황호현,『孟子精解』上, 서울: 금문사, 단기 4290.

〈한자음 표시를 위해 참고한 사전〉

필자는 맹자 본문(대문)의 한자음을 표시하는데 특히 관심을 가졌다.『맹자집 주대전』에 직음 또는 반절로 표시된 한자음을 비롯하여, 1590년에 간행된 교정 청 간행『맹자언해』(도산서원 소장본)를 비롯한 여러 관본『맹자언해』,『맹자율 곡언해』에 한글로 표시된 한자음 사례를 망라하여 검토하였다. 1900년대 이후 에 간행된 여러 종류의『맹자집주』에 표시된 한자음은 조선시대 이후에 현대인 이『맹자』의 한자음을 어떻게 읽고 공부했는지를 아는데 참고가 되는 자료이기 때문에 책마다 다르게 표시된 한자음이 있으면 그 사례를 조사했다. 1950년대 이후에 간행된 현대적인『맹자』역주서 역시 일반 독자들의『맹자』한자음 읽기에 영향을 주었기 때문에 여러 가지로 읽을 수 있거나 논란이 있을만한 한자에 대해서는 관심을 갖고 검토하였고, 그런 한자에 대해서는 주로 아래의 사전에 나오는 한자음을 각주에서 소개했다.

『全韻玉篇』, 1796년(간행 추정).

『增補 全韻玉篇』, 1800년대 후반추정.

『新字典』(조선광문회), 新文館, 1915.

『東亞百年玉篇』, 서울: 두산동아, 2005.

『漢韓大辭典』, 서울: 단국대학교 동양학연구소, 2008.